I0816832

Métaphysique et ontologie

Autour de Frédéric Nef. Objections et réponses

Métaphysique et ontologie

Autour de Frédéric Nef. Objections et réponses

Textes réunis sous la direction de
D. Berlioz, F. Drapeau Vieira Contim et F. Loth

Ouvrage publié avec le soutien
du Centre Atlantique de philosophie, EA 7463
(Universités de Rennes I et de Nantes)

VRIN

6, Place de la Sorbonne, Paris V^e^

ISBN 978-2-7116-2983-1

www.vrin.fr

AVANT-PROPOS

L'ouvrage que nous présentons ici est un témoignage d'estime en l'honneur d'une figure importante de la philosophie française des quarante dernières années, mais c'est aussi l'illustration de ce qui, après le tournant linguistique, constitue bel et bien un retour de la métaphysique. Artisan de ce renouveau, Frédéric Nef n'est pas isolé ; Claudine Tiercelin, Jean Maurice Monnoyer, Peter Simons ou encore Kevin Mulligan, pour ne citer que les plus anciens, ont joué en Europe, par leurs travaux et leur enseignement, un rôle indéniable. La métaphysique, déjà mise à mal par Kant, avait au XXe siècle subit les assauts, notamment dans le courant analytique, du positivisme logique et de philosophes tels que Wittgenstein, sans parler de Quine ou encore de Goodman dont on pensait, à tort ou à raison, qu'ils se détournaient de la métaphysique. Or la métaphysique, le réalisme métaphysique, n'avait pas dit son dernier mot. La discipline, bien au contraire, a connu un nouvel essor, d'abord sous la pression des problèmes d'interprétation de la logique modale dans les années 1960-1980, puis, rayonnant à partir de la question des modalités, sur tous les autres secteurs traditionnels de la métaphysique. Une métaphysique rigoureuse et argumentée était possible. Il fallait remettre l'ouvrage sur le métier. C'est précisément ce à quoi Frédéric Nef s'est attaché en instruisant patiemment des problématiques métaphysiques fondamentales, notamment la théorie de l'objet, après des premières années de recherches consacrées à la sémantique. Il l'a fait sans négliger pour autant, dans ses travaux comme dans son enseignement, l'étude de l'histoire de la philosophie – on pense ici notamment à Leibniz. Le département de philosophie de Rennes, où il obtient sa première nomination, avait déjà l'esprit tourné vers l'Ouest. L'enseignement de la philosophie analytique et de la logique y avait été introduit dès les années 1960 par Gilles Gaston Granger et Maurice Clavelin, suivis de Francis Jacques, dans un dialogue étroit avec l'histoire de la philosophie dont Victor Goldschmidt et plus tard Jean-Marie Beyssade représentaient les deux grandes figures locales. Le terrain était préparé et propice. Frédéric Nef a fait fructifier ce double héritage dans ce qui fait la spécificité de « l'école rennaise » de philosophie analytique. Il a su insuffler un esprit d'ouverture et un goût du débat argumentatif, notamment par les séminaires réguliers où l'on a pu écouter, pour ne citer qu'eux, Claudine Tiercelin, Kevin Mulligan, Ruwen Ogien, Jerold Levinson, Stélios Virvidakis ou bien encore Stephen Mumford, mais aussi à l'occasion de colloques internationaux organisés à Rennes ou à Cerisy, autour de Leibniz notamment. Ainsi, à Rennes et ensuite à l'EHESS, Frédéric Nef, par son enseignement et ses séminaires, son enthousiasme et son énergie, a inscrit ce renouveau de la métaphysique dans la durée et formé plusieurs générations d'étudiants dont plusieurs enseignent aujourd'hui dans les universités françaises et étrangères.

Cet ouvrage est dans la droite ligne de cet esprit. Il s'agit pour les contributeurs, anciens doctorants ou collègues, de poursuivre le dialogue et de solliciter des réponses à leurs arguments. La variété des thématiques est frappante. Elle tient naturellement aux intérêts de chacun mais aussi à la diversité des thèmes philosophiques abordés par Frédéric Nef lui-même, comme en témoigne sa bibliographie. Cette curiosité philosophique insatiable, marque d'une recherche non dogmatique, ouverte, sans esprit de système, a incité ses doctorants à travailler dans des domaines très divers. À chaque fois, Frédéric Nef a su les accompagner de manière exigeante sans jamais en faire des clones, permettant à chacun d'aller au bout de ses potentialités propres.

Quant au présent volume, on pourra légitimement regretter le format par trop bref des contributions, mais laisser toute latitude aux contributeurs, c'était prendre le risque d'un volume pléthorique et s'interdire les réponses de Frédéric Nef, ce à quoi nous tenions. Précédées d'une autobiographie très éclairante de son itinéraire philosophique et suivies d'une bibliographie presque exhaustive de ses travaux, on lira donc dans ce qui suit vingt contributions suivies à chaque fois d'une réponse. Toutes s'inscrivent sous le signe de l'amitié et de l'exigence philosophique. C'est ainsi que nous concevions cet hommage.

Dominique BERLIOZ,
Filipe DRAPEAU VIEIRA CONTIM
et François LOTH

FRÉDÉRIC NEF

BRÈVE AUTOBIOGRAPHIE PHILOSOPHIQUE

À l'occasion d'un retour en arrière sur mon évolution, je réalise que loin de trahir un certain ordre, cet exercice d'auto-exploration risque de manifester un éclatement des performances et des projets. Il est donc utile d'insister sur deux constantes. La première concerne l'histoire de la philosophie. Il existe au moins deux paradigmes inconciliables dans cette histoire : d'une part la filiation Descartes-Kant-Husserl, d'autre part la filiation Leibniz-Bolzano-Frege-Russell. Tout mon travail relève de la seconde. On peut se demander si j'ai ignoré la philosophie antico-médiévale. C'est loin d'être le cas. Je fais même partie des philosophes analytiques ou considérés comme tels qui se sont imbibés de philosophie médiévale, grâce en très grande partie à une amitié de 45 ans avec Alain de Libera, même si je n'ai presque rien écrit dans ce domaine (mais comment écrire dans ce domaine quand il existe des exemples aussi écrasants d'érudition ?). La deuxième constante concerne l'ensemble des outils conceptuels et formels dont je me suis servi. Dans l'ordre chronologique : la logique modale (j'ai écrit en 1976 sur la formule de Barcan), la logique temporelle, la méréologie, la logique meinongienne découverte dans les années 1990. J'ai donc fait le choix de formalismes logiques non standard. Ces deux constantes, historique et représentationnelle, garantissent je l'espère une certaine stabilité à mes recherches. Une autre remarque générale. J'ignore s'il existe des philosophes qui se sont fixés dès le départ la résolution de problèmes philosophiques, leur carrière consistant à les résoudre. Peut-être s'agit-il d'une illusion rétrospective. En tout cas j'appartiens plutôt à une seconde catégorie, qui, elle, est tout fait avérée : celle des philosophes qui ont souffert tout au long de leur vie de difficultés conceptuelles, et qui ont cherché par tous les biais à les dissiper. En fait j'estime que Platon appartient à cette catégorie et Leibniz aussi (dans son cas, j'estime qu'il n'est jamais parvenu à penser l'individualité, de sa dissertation sur l'*Art Combinatoire* à la *Monadologie*). À l'époque contemporaine, Wittgenstein relève aussi de cette catégorie. De grands philosophes systématiques comme Thomas d'Aquin, Duns Scot, Hegel, Peirce, Carnap relèvent eux de la catégorie adverse, celle de l'élaboration progressive à partir d'hypothèses de départ. Je ne suis jamais parvenu à comprendre le lien entre le langage et la réalité, et la conséquence de ce blocage est que la part de ce qui dans la réalité ressort d'une projection du langage devient un enjeu métaphysique.

Une dernière remarque, sur deux points brûlants : le choix entre le français ou l'anglais pour les publications et le choix entre les livres et les articles (les deux choix sont liés car choisir la manière anglo-saxonne c'est privilégier les articles). Dans la *squadra azura* des philosophes analytiques français (PAF) il existe deux tendances : l'écriture en français et l'écriture en anglais. Il se trouve que les PAF dont je fus ou je suis le plus proche sont des praticiens de la philosophie analytique en français. De ce point de vue je me sens particulièrement proche de Jean-Maurice Monnoyer, Pascal Engel et Claudine Tiercelin (même si évidemment ces deux derniers ont écrit de nombreux articles en anglais). En ce qui me concerne, j'ai étudié plus sérieusement l'allemand que l'anglais et finalement je suis beaucoup plus attiré par l'écriture de livres que d'articles. La nouvelle génération de PAF vise la rentabilité académique en se limitant à quelques articles dans des revues comme par exemple *Synthese* ou *Philosophical Studies*. Je n'ai jamais envoyé un texte à une revue de ce genre, comme d'ailleurs je n'ai jamais demandé à participer à un colloque. Je crois que ce choix (mais en était-ce un ?) du français et des livres plus que des articles a une conséquence catastrophique : je n'avais pas prévu que les PAF professionnels (PAFP) (sauf les francophiles) ne me liraient pas parce que d'une part c'était en français, d'autre part parce que je dérogeais au format de production standard dans des revues estampillées et classées. Les PAFP ne m'ont jamais lu, et les philosophes d'orientation phénoménologique ou kantienne non plus : le résultat du choix de la langue s'est avéré très négatif; il était naïf d'imaginer qu'il y avait un public pour, par exemple, un texte sur Lesniewski en français que j'ai édité dans la collection fondée avec Mario Borillo ! La chose était possible à Neuchâtel parce que les Suisses ont plus de bon sens et n'identifient pas la bonne philosophie avec la philosophie en anglais, ce qui provient sans doute de leur caractère souvent polyglotte. J'estime dans ces conditions que c'est un miracle intellectuel que l'on me propose de répondre à cette série de textes qui me prouvent que malgré tout j'ai été lu.

Je me suis inscrit en philosophie à Bordeaux en 1965. J'avais commencé à lire de la philosophie bien avant et je lisais et relisais *La Critique de la Raison Pure* et le *Traité de la Réforme de l'Entendement*. J'ai refusé de rentrer dans une classe de Lettres supérieures et j'ai exclu à jamais la possibilité d'essayer d'être à l'ENS, les deux choses pour des raisons que l'on appelait politiques mais qui étaient personnelles : j'ai préféré être manutentionnaire, agent de nettoyage ou maître auxiliaire. Le cursus à cette époque était principalement centré sur l'histoire de la philosophie, même si à Bordeaux on pouvait apprendre de la psychologie pathologique parallèlement à la philosophie éthique ou épistémologique. J'ai eu la chance de suivre les cours de Maurice Boudot, qui enseignait en particulier Cantor et Russell, et de Maurice Dupuy un grand connaisseur de Max Scheler. Je dois avouer que je n'ai pas bien profité de ces deux enseignements : 1968 est arrivé et je me suis perdu comme beaucoup dans l'idéologie radicale, un mélange spécifiquement bordelais de maoïsme et de situationnisme (en avance donc sur le mouvement des Mao Spontex) et j'ai honte d'avoir compris de travers la grande révolution prolétarienne (il fallut attendre R. Leys en 1971 pour comprendre, mais c'était trop tard, j'avais abandonné le militantisme). J'ai également déçu mon maître André Préau, un des premiers traducteurs de Heidegger, ami d'Henri Corbin, auteur d'un livre sur l'intelligence dont je viens de retrouver la trace grâce à Henri de Montvallier. Adolescent, j'habitais à Bayonne et André Préau s'était retiré à Souston, le parcours Bayonne-Souston se faisait facilement à vélo. Avant 1968, je voulais me tourner vers la philosophie chinoise ou arabe et à la déception d'André Préau j'abandonnai ce projet. Mais dans sa grande générosité il me donna l'occasion d'écrire dans la revue *HERMES*, une livraison sur le Vide où il y avait à la fois Michaux et Heidegger, mon premier article sérieux. Je ne cesserai jamais de m'intéresser au thème du vide, passant progressivement de la mystique à l'ontologie et plus de 40 ans plus tard j'écrirai un livre sur ce thème.

1968 signifia pour moi l'abandon de l'université. S'il m'est arrivé par la suite de fréquenter Paris X et Paris I, pour mon agrégation, notamment Clémence Ramnoux, Georges Canguilhem et Ferdinand Alquié, je me tournai cependant vers l'EPHE, 6e section, pour suivre le séminaire d'Algirdas Julien Greimas. La découverte de la sémantique – Greimas venait de publier sa *Sémantique Structurale* – constitua sûrement le premier pas authentique de mon itinéraire intellectuel.

Cette découverte eut plusieurs conséquences. Tout d'abord, je commençais à m'intéresser à la sémantique des langues naturelles, car je découvrais, au grand dam de mon maître Greimas, le lien entre la sémantique linguistique (que Greimas jugeait superficielle) et la sémantique narrative. De manière un peu incohérente je déposais un projet de thèse sur Johan Heinrich Lambert, auteur dans son *Neues Organon* d'une remarquable Semiotik – je parle d'incohérence car en fait ne voulais-je pas échapper à l'histoire de la philosophie par l'histoire de la philosophie ? Une autre conséquence, qui touche d'ailleurs à l'histoire de la philosophie, est mon inscription profonde dans la philosophie leibnizienne. Lambert faisait partie du courant leibniziano-wolffien qui ne cessa jamais de me requérir, et dans lequel je n'ai jamais cessé de me reconnaître, avec Hans Werner Arndt, Hans Burkhardt (qui combinait philosophie médiévale et sympathie pour Leibniz), Marcelo Dascal et mon amie Dominique Berlioz. J'ai envie d'ajouter

Yvon Belaval, même non wolffien, qui m'encouragea; son livre *Leibniz critique de Descartes* m'ouvrit complètement les yeux et me protégea efficacement contre toute tentation cartésienne. Une dernière conséquence fut la construction d'un projet qui avorta : celui d'écrire une théorie sémantique, c'est-à-dire à la fois argumentative et narrative du discours philosophique. La dernière partie de ma thèse sur Lambert développait une telle théorie (que François Rastier avait développée de son côté à propos de Destutt de Tracy). Je montrai ce travail à Jacques Derrida dont je pensais qu'il pourrait s'y intéresser, et je ne m'étais pas trompé. Mais les sages conseils qu'il me donna pour développer ce projet tombèrent à l'eau car, peu de temps après, la rencontre avec Louis Marin, un des hommes les plus excellents que j'aie jamais connus, aboutit à une candidature à la *Society for the Humanities* de Cornell University, candidature qui réussit et signifia un tournant dans mes intérêts : j'allais passer de la métathéorie philosophique, de la sémiotique des activités intellectuelles à la philosophie analytique, et cela assez tard, à 27 ans.

La bourse de recherche de la Society for the Humanities est idéale : l'accès à l'immense bibliothèque de Cornell, 5 millions de volumes en accès libre, ouverte 7 jours sur 7, 18 heures par jour, un séminaire par semaine, des contacts privilégiés avec des philosophes, à l'époque Norman Kretzman, Robert Stalnaker, et même la possibilité de parler avec R. Malcom, Max Black, Von Wright qui était invité à Cornell. Norman Kretzman m'initia à la philosophie médiévale, à travers un séminaire sur Kilmington et les *Sophismata physicalia* (il publia peu après ces travaux). Norman Kretzman ne chercha pas à m'attirer dans la philosophie médiévale. Il s'intéressait à ce que je continuais à faire autour de Leibniz. L'auteur de l'*History of Semantics*[1] était le philosophe idéal pour me faire passer de l'histoire de la philosophie à la philosophie analytique. C'est donc lui qui joua le rôle de passeur. Il joua un rôle important aussi pour Alain de Libera, qui vint me visiter à Cornell University et put enfin profiter d'une véritable bibliothèque universitaire. Alain venait d'obtenir un poste de chercheur en philosophie médiévale au CNRS et Norman Kretzmann s'intéressant à ses travaux et projets lui donna une place dans la *Cambridge History of Medieval Philosophy*, ce qui démontre, si c'était nécessaire, sa générosité, son désir d'ouvrir les portes aux jeunes philosophes. Robert Stalnaker joua aussi un rôle capital en me faisant lire « Formal Properties of Now » de Hans Kamp, bien trop difficile pour moi à l'époque mais sur lequel je passais des semaines. Cependant les séminaires de Robert Stalnaker s'avérèrent trop dépaysants pour moi, leur totale sobriété me laissant coi. Le séminaire de Norman Kretzman, sur Kilmington cette année-là, m'a initié à l'argumentation scolastique, reconstruite dans la logique analytique. En ce sens, c'est la philosophie médiévale qui m'introduisit à l'analyse. Le fameux texte de

1. *The Encyclopedia of Philosophy*, ed. P. Edwards, London, Macmillan, 1967.

Kamp (celui-là même où il traite de « since » et « until » comme connecteurs fondamentaux) me dirigea, lui, vers la logique temporelle (il me semble que c'est alors que je commençai vraiment à lire Prior (j'avais cependant lu *Past Present and Future* avant les États-Unis). Commençait à germer dans mon esprit le projet d'un travail sur la logique et la sémantique du temps (j'avais emporté dans mes bagages intellectuels, en même temps qu'un article écrit avec Alain de Libera sur Lénine et Hölderlin, un projet de thèse sur la linguistique de Leibniz, contenue dans les deux derniers volumes, V et VI, de l'édition de 1768 des *Opera Omnia* par Dutens, projet que j'abandonnai assez vite quand je pris mes distances à l'égard de l'histoire de la philosophie.

Je continuai à travailler sur ces thèmes lors de ma pérégrination amstellodamoise. Nommé à Amsterdam, à la Vrije Universiteit, l'Université calviniste, auprès d'Aron Kibédi Varga, grand théoricien magyar de la littérature, pour un an et demi, je profitai du climat intellectuel de sémantique formelle, de grammaire de Montague, qui était en pleine floraison. Mon travail consistait à participer à la refonte de l'enseignement de la littérature française sur une base à la fois formelle et structurale ce qui me laissait beaucoup de loisir pour continuer mon apprentissage philosophique. C'est le moment où parut le texte écrit avec Greimas sur la fable de Thurber, *The Lover and his Lass* concernant la vie sentimentale, ou plutôt érotique, des hippopotames, fable dont la morale est « *Laugh and the world laughs with you, love and you love alone* ». Cette fable fut l'objet d'étude de grammairiens du discours dans le volume classique *Grammars and Description*. Le décalage d'une dizaine d'années entre cette parution et sa rédaction a constitué une de mes premières expériences de ce genre. Ce séjour hollandais fut prolongé par une bourse Humboldt dans l'université de Stuttgart pour une recherche sur la sémantique formelle du temps en français moderne (le sujet de ma future thèse d'état). Je bénéficiais de la présence de Hans Kamp, Dov Gabbay, L. Aquist, Jap Hoepelman, tous chercheurs dans le même domaine. J'observais la différence de physionomie intellectuelle de Hans Kamp et de Dov Gabbay : le premier jetait sur le papier des centaines de pages (à cette époque il travaillait sur la sémantique formelle du changement) et le second se morfondait sur un fauteuil d'où il sortait péniblement pour écrire quelques pages de formalisme. La rencontre de Hans Kamp a été un des événements intellectuels de ma vie. Sa générosité infinie, sa connaissance extraordinaire de la logique me permirent d'y voir plus clair dans mes ambitions théoriques. En fait trois chercheurs m'ont déniaisé pour les choses formelles : Hans Kamp donc, Ed Keenan et Peter Simons. Dans les trois cas j'ai eu la chance de partager une amitié avec ces connaisseurs du concept.

Le retour à la maison, l'université française, ne fut pas facile. Je désirais déposer une thèse sur la logique du temps, envisagée d'un point de vue philosophique. Hans Kamp n'avait pas de bourse pour que je puisse travailler avec lui, à l'University College de Londres, où il passa 18 ans (il m'a été donné plus tard de le visiter plusieurs fois dans son appartement londonien qu'il partageait avec sa femme Bianca). La situation de la philosophie dans mon pays ne permettait apparemment pas l'inscription d'un tel travail académique, que ce soit à la Sorbonne, à l'École Pratique des Hautes Études VIe section ou au Collège de France (où Jules Vuillemin enseignait depuis 1962 en refusant, comme il me l'avait déclaré à propos de Johan-Heinrich Lambert, de diriger des thèses). La solution qui s'offrait était de m'inscrire avec le très grand linguistique et romaniste Robert Martin, dont Oswald Ducrot me recommanda la guidance, puisque ce dernier avait beaucoup travaillé sur la sémantique temporelle et montrait un vif intérêt pour la formalisation et la philosophie. La philosophie ne voulait pas de moi, il était raisonnable de chercher refuge du côté des linguistes. Robert Martin ne me reçut ni comme un transfuge ni comme un vagabond mais comprit immédiatement à la fois mon itinéraire un peu compliqué et mon projet de thèse. À l'époque ce que l'on appelait une Thèse d'État représentait un engagement considérable en nombre d'années et de volume. Robert Martin comprit aussi que mon modèle était plutôt anglo-saxon et que je ne désirais pas accumuler des centaines de pages, avec une revue quasi complète de la littérature. Ma Thèse d'État de 350 pages, soutenue en 1983, écrite grâce à un soutien de quatre ans du CNRS, représentait un exploit dans la sobriété et je m'y abstenais de toute érudition inutile. Le sujet de cette thèse était « La logique et la linguistique du temps dans le français moderne », le but étant une comparaison systématique du formalisme logique et des phénomènes sémantiques. J'ai la fierté d'avoir été nommé professeur de philosophie du langage avec une thèse à cheval sur la linguistique et la logique, d'être comme me l'avait dit Norman Kretzman un « borderline ». Pascal Engel dans un compte-rendu important reprocha à juste titre à ce travail de ne pas tirer systématiquement les conséquences philosophiques des représentations logiques et des descriptions linguistiques.

La stratégie philosophique que j'ai suivie dans les années 1980-1983 a consisté à opérer de manière indirecte eu égard à l'ontologie : j'ai ainsi en ce qui concerne le temps construit une sémantique véritconditionnelle, qui avait pour but de permettre une interprétation, grâce à la mise en relief des entités fondamentales (la sémantique comprenant d'une part des familles d'entités, d'autre part des procédures d'interprétation, d'évaluation). Par exemple, la description sémantique du temps grammatical (il en irait de même pour l'aspect) peut mettre en relief des événements. Il existe des arguments pour ou contre l'admission d'événements dans la sémantique. L'ontologie agit alors de manière indirecte, car on ne considère pas directement les arguments strictement philosophiques opposés ou favorables aux événements. On voit donc sur cet exemple simple ce que l'on entend par ontologie indirecte. J'ai progressivement réalisé que cette démarche indirecte qui donnait la priorité à la construction formelle ne permettait pas de trancher les véritables problèmes philosophiques liés au choix d'une ontologie (ou de toute métaontologie).

Toutefois, pendant cette période j'ai bénéficié d'un long séjour à Los Angeles, dans le département de français de l'UCLA, où j'ai suivi le séminaire d'Ed Keenan (il finissait le manuscrit de *Boolean Semantics of Natural Language* et son séminaire exposait au matin le fruit de ses cogitations nocturnes, surtout des démonstrations de théorèmes inédites). Ed Keenan m'a appris beaucoup sur la logique des langues naturelles et il m'a montré que l'approche booléenne pouvait être plus compréhensive que le montagovisme. Montague était présent dans le département de philosophie. Je fréquentai son camarade Donald Kalish, qui se lia avec mon amie Marleen Rozemond (qui plus tard fit une carrière sur Descartes aux USA et qui est actuellement enseignante à Toronto). Parallèlement au séminaire d'Ed Keenan, je suivais celui de David Kaplan sur les démonstratifs. C'est ce séminaire qui m'a fait progresser dans la conception philosophique de la langue naturelle. David Kaplan m'avait fait remarquer que mon amphibologie (entre linguistique et philosophie) n'était en rien un avantage : « pourquoi se tourner vers la linguistique quand on a la chance d'être philosophe ? » me déclara-t-il assez rudement, mettant à bas ma fierté gallicane, dans un véritable *kōan* qui me déniaisa. Son séminaire, de plus, me permit de comprendre les différences profondes entre les divers types de sémantique, frégéenne, russellienne et celle qu'il mettait au point pour les démonstratifs purs comme *dthat* (*demonstrative that*). En un certain sens la rencontre et la fréquentation de Ed Keenan (mon voisin à Venice, un village de LA au bord de l'océan) et de David Kaplan a marqué pour moi le passage de l'ontologie linguistique à l'ontologie métaphysique.

Le séjour à UCLA avait coïncidé avec ma nomination comme chercheur au CNRS. Je fus cependant affecté dans un laboratoire de linguistique, celui de Blanche-Noëlle Grunig, laboratoire dédié à la théorie linguistique et à sa formalisation (Blanche-Noëlle Grunig avait évolué d'une carrière de germaniste à des préoccupations purement théoriques). Cette affectation me permit de travailler avec un membre du laboratoire Jacques François, qui avait écrit sa thèse sur le temps et l'aspect en allemand (un sujet très proche donc de celui de ma thèse pour le français). Avec Jacques François, j'écrivis des articles sur le temps et la grammaire narrative, notamment en ce qui concerne les dépêches de presse (ces dépêches constituant progressivement des récits en précisant les relations entre les événements). Bien qu'extrêmement libre dans ce laboratoire, appréciant extrêmement la compagnie courtoise et non autoritaire de sa directrice, je souffrais de mon absence de contexte strictement philosophique. J'ai pu bénéficier d'un transfert de laboratoire et de discipline en étant autorisé à rejoindre le laboratoire d'Henri Joly, « Groupe de recherche sur la philosophie et le langage », grâce à Pascal Engel qui en était membre, étant à l'époque enseignant à Grenoble. Pascal m'associa à la construction d'un groupe de recherche en philosophie du langage, lui, plus orienté vers Davidson et moi-même vers Montague. Parmi les multiples organisations de manifestations philosophiques, nous organisâmes un colloque sur Lesniewski, qui marqua certainement son entrée sur le paysage philosophique français. Denis Miéville avait depuis longtemps développé des activités lesniewskiennes à Neuchâtel mais celles-ci restaient assez discrètes en France, malgré l'intérêt de Denis Vernant – d'ailleurs, Denis Miéville et Denis Vernant publièrent les actes du colloque sous le titre *Lesniewski aujourd'hui* en 1995. Ce colloque me permit de développer une réelle amitié avec Peter Simons, sur une base solide d'affinités intellectuelles. Je ne cessai à partir de là de rencontrer régulièrement Peter Simons et en ce qui concerne les tropes, les vérifacteurs, la méréologie modale je n'ai cessé de m'instruire en le lisant et en bavardant avec lui. Il est pour moi un modèle de philosophe analytique. Je publiai dans ce volume d'actes, *Lesniewski Aujourd'hui*, un article sur les objets et les propriétés et cet article vaut comme programme des années qui suivirent, puisque *L'objet quelconque* (1999) et *Les propriétés des choses* (2006) développèrent l'ontologie de l'objet et des propriétés. C'est grâce à ma nomination à l'Université de Rennes que j'ai eu la possibilité de développer mes travaux en métaphysique bien que j'y fusse nommé en tant que philosophe du langage. Roger Pouivet, qui venait de passer sa thèse sous ma direction et qui venait d'acquérir un poste, Dominique Berlioz qui apportait sa précieuse et précise connaissance de l'empirisme anglais et moi-même, fraîchement converti, avons lentement construit, grâce à l'aide de Sandra Laugier qui venait d'y être nommée, au travers d'une multitude d'obstacles, un axe de philosophie analytique. Il faut remarquer que ce département d'une part avait été dans les années 1960 celui de Gilles-Gaston Granger et de Maurice Clavelin (qui avait raccroché le département au campus de sciences, idée brillante) qui y avaient enseigné Wittgenstein et Quine, et d'autre part que ce département était connecté à celui de Nantes pour le DEA, ce qui offrait la chance d'une collaboration avec Jean-Louis Gardies, avec lequel je dirigeai plusieurs années le DEA Rennes-Nantes. Les moyens de cette université ont permis de bâtir un programme régulier de rencontres et par exemple, Claudine Tiercelin, Stephen Mumford, Stelios Virvidakis, Helmut Pape et Alexander Bird furent parmi les derniers invités avant notre départ. Denis Miéville, Paul Gochet furent régulièrement invités pour esquisser un groupe de métaphysique romane, ce que Jean-Maurice Monnoyer, avec qui je collaborai étroitement, mit plus tard sur pied à Aix-en-Provence. Les contacts avec Paul Gochet, qui m'a toujours encouragé furent particulièrement étroits : c'est grâce à lui que je compris le sens philosophique de la grammaire de Montague. Sa perte avec celle de mon ami Mario Borillo, qui avait établi à Toulouse un centre de sémantique formelle en lien avec l'informatique théorique, centre auquel collaborait Hans Kamp, est la plus cruelle qui fut pour moi. En les perdant tous les deux je perdais des modèles de bonté et de rigueur. Et je devins intellectuellement orphelin.

Ce furent sûrement les meilleures années de ma vie académique et ma maison du Rocher-aux-Bœufs, au-dessus des collines de Saint Broladre, un balcon en forêt au-dessus de la Baie du Mont Saint Michel, devint un lieu de discussion pour mes étudiants notamment Franck Lihoreau, Sébastien Madouas, Ghislain Guigon, François Loth et Filipe Drapeau Contim, ce que nos ennemis appelaient par ironie « l'école rennaise ». Il est toujours certainement inutile, facile et déprimant de faire le compte de ses erreurs, mais il est certain que j'ai eu tort de quitter le CNRS et encore plus tort de quitter Rennes et je ne peux ici que recommander à mes jeunes lecteurs de ne jamais céder à l'ambition académique, et donc de rester où ils sont sans bouger, de pratiquer la posture assise immobile, le *zazen* ou le *shikantaza*. Le travail que j'ai mené à Rennes s'est déroulé en grande partie dans mon Séminaire de Métaphysique. Parmi les sujets traités figurent la théorie meinongienne des objets, la métaphysique de Brentano (bien avant qu'il ne soit à la mode en France), la métaphysique des mondes possibles de Lewis et la métaphysique des tropes de D.C. Williams. Roger Pouivet, Filipe Drapeau Contim et Dominique Berlioz participèrent longtemps à ce séminaire. Le livre *L'objet quelconque* qui est un recueil de travaux des années 1995-1998 défend une métaphysique de l'objet qui prend ses distances avec l'ontologie quinienne de la quantification, et donc avec la théorie quantificationnelle de l'objet. Le tournant de la sémantique à la métaphysique dont j'ai touché un mot un peu plus haut était donc en grande partie accompli. Se dessinait le projet d'une somme comprenant un volet sur l'objet, un sur les propriétés et un sur le lien entre l'objet et les propriétés (c'est ce dernier volet qui subit beaucoup de modifications dans l'exécution).

Après le CNRS et l'université de Rennes I vint le moment de l'EHESS, en 2001, pour boucler un parcours dans les trois grands types d'institutions, CNRS, Université et EHESS (dans chaque cas entre 12 et 15 ans). J'avais rejoint l'École en 1969 pour travailler avec Greimas, j'y avais fréquenté Gilles Fauconnier, Jean Petitot, Michel de Certeau et Louis Marin quelques années après – il était donc fatal que j'y finisse ma carrière. Mais autant je suis certain d'avoir été considéré comme un bon chercheur en linguistique au CNRS et un bon professeur à Rennes, autant la structure de l'EHESS a fait que la philosophie y étant marginale j'ai disparu dans une relative solitude. L'absence de cursus des étudiants me désorienta car j'avais pris l'habitude dans un département de philosophie de construire des cursus et de les faire suivre aux étudiants qui s'intéressaient à mon enseignement ; de plus l'École n'était plus celle des années 1970 ou 1980, j'eus très vite l'impression étrange de revenir dans le passé, d'être à nouveau au CNRS. Paradoxalement je profitai de beaucoup moins de moyens de recherche qu'à l'université et les liens personnels noués à l'institut Jean-Nicod auquel j'appartiens encore, étaient des liens purement amicaux et désintéressés. Certes, j'ai pu bénéficier du système d'invitations de l'EHESS et profiter de la présence de métaphysiciens comme Dean Zimmerman ou Peter van Inwagen mais le résultat de mon changement ne fut guère fameux. La course aux contrats européens ou l'ANR avait remplacé la liberté intellectuelle, la philosophie étant parent pauvre. Je me réfugiai dans la direction de plusieurs thèses de haut niveau, car l'École attire l'excellence chez les étudiants. C'est ainsi que certaines relations de direction devinrent des relations (ou des connexions ?) de collaboration. Je pense ici (sans vouloir être injuste) à Muriel Cahen, avec laquelle je travaillais sur la topologie temporelle et qui sut à chaque instant m'interdire d'être vague, à Gilles Kévorkian qui devint à maintes reprises mon éditeur et qui m'obligea à revenir à une définition correcte de l'atomisme logique. Je profitais aussi de la possibilité de faire des séminaires à quatre ou six mains (avec Alban Bouvier, Pierre Livet, Luc Schneider, Christophe Pébarthe, Muriel Cahen, Sophie Berlioz, Xiyin Zhou, Jean-Marie Schaeffer, Otto Pfersmann…) et je me tournai vers la publication de livres. L'intitulé de mon programme de recherche (il n'y a pas de chaire à l'EHESS, pas de départements) étant « la logique et l'ontologie des objets sociaux » je décidai très vite de consacrer les premières années à un livre écrit avec Pierre Livet, livre sur les Êtres Sociaux. Ce livre qui pour des raisons contingentes ne reçut qu'un accueil très froid (et même glacial à l'École), à part une recension fouillée par Michel Messu [1] est cependant à mon sens parmi ce que j'ai écrit de plus inventif, et cela grâce à la créativité insensée et écrasante de Pierre Livet, qui a fait de cette rédaction une magnifique expérience. Ce livre se propose de dégager les caractéristiques ontologiques fondamentales des entités et des relations sociales à partir des concepts de processus et de virtualité. Parallèlement à ce travail de fond, je rédigeai deux livres plutôt pédagogiques, pour combler le trou qui existait dans la littérature en français sur la métaphysique contemporaine et l'ontologie actuelle. Si *L'objet quelconque*, comme me le fit remarquer à juste titre Pascal Engel, était finalement un capharnaüm, ces deux livres *Qu'est-ce que la Métaphysique* et le *Traité d'Ontologie*, furent écrits, eux, chacun d'un seul jet, à la Simenon. Leur parution a été rendue possible par le courage éditorial d'Éric Vigne, le *Monsignore* de la philosophie analytique chez Gallimard – il publia presque tout mon laboratoire ! Publier de tels livres, assez difficiles, en livre de poche relève de la gageure et je me réjouis que la métaphysique ait refait surface sous une forme inattendue et aussi sympathique. C'est ici peut-être l'endroit où dire tout ce que je dois à mon éditeur indéfectible, Vrin. La parution

1. « La sociologie peut toujours faire l'économie d'une ontologie », SociologieS-Revues.org/4849.

de la trilogie sur l'objet, les propriétés et la connexion n'était possible que chez un éditeur à la fois courageux et curieux et je dois à Jean-François Courtine, Denis Arnaud et Elsa Constantini d'avoir eu la patience de conduire cette entreprise sur vingt ans, tout en publiant à côté plusieurs ouvrages, sur la métaphysique et l'ontologie ou sur Leibniz. *Qu'est-ce que la Métaphysique ?* est un ouvrage à la fois critique et systématique. La critique porte sur la quasi élimination de la métaphysique de la scène philosophique française et porte sur la faiblesse des arguments avancés pour se débarrasser de la métaphysique. Le contenu systématique, qui fut beaucoup moins bien aperçu (ce qui réduisit la vision de ce livre à de la pure polémique, de la fantaisie), portait sur la modalité. J'ai essayé de manière détaillée de montrer que la métaphysique classique est en grande partie une métaphysique de la modalité (notamment en discutant Duns Scot et Leibniz) et que la métaphysique contemporaine était elle aussi une métaphysique de la modalité, ce qui établit une sorte de continuité et met radicalement en cause la thèse d'une rupture avec la métaphysique. Le *Traité d'ontologie* représente la reprise d'une tradition abandonnée : depuis fort longtemps nul traité d'ontologie n'avait paru en France – à l'exception peut-être du *Court traité d'ontologie provisoire* d'Alain Badiou, mais qui se situe dans une perspective toute autre. À côté de ces travaux introductifs, pédagogiques, j'ai poursuivi la trilogie. La publication des *Propriétés des choses* est grosso modo contemporaine des deux ouvrages pédagogiques. Cet ouvrage contient une importante introduction, sous la forme d'un dialogue, introduction qui développe de manière extrêmement écrite une épistémologie de la métaphysique (et donc de l'ontologie qui en est le noyau). Cette introduction dans mon esprit répondait au reproche que l'on avait pu me faire de ne pas préciser les conditions de la connaissance métaphysique, mais finalement cette réponse à ce reproche s'avéra inutile, car elle demeura absolument non lue. Ce que je pense avoir écrit de plus brillant s'est avéré servir à rien. *Les propriétés des choses* est un livre beaucoup plus difficile que *Qu'est-ce que la métaphysique ?* – la contrainte pédagogique avait du bon et de plus le livre sur les propriétés était peut-être encore plus rhapsodique que celui sur l'objet. Il faut attendre la fin du livre pour en comprendre le fil directeur comme me le fit remarquer Bruno Lörenz qui auparavant avait fait le trajet Munich-Le Rocher aux Bœufs en voiture pour discuter de *Qu'est-ce que la Métaphysique ?* La sanction d'une telle difficulté fut l'absence d'écho critique, à part deux comptes rendus incisifs et positifs de François Loth sur son blog [1] et de Jean-Maurice Monnoyer [2]. La thèse sur la non-perception des tropes est la seule qui ait été discutée (contestée en fait), par Jérôme Dokic. Pourtant, ce livre traite des propriétés singulières et donc des tropes et donc de l'ontologie particulariste et on devait s'attendre à une réaction

1. *Métaphysique Ontologie Esprit*, en ligne : https://francoisloth.wordpress.com

2. « Défense et illustration de la métaphysique des particulier abstraits », *Philosophiques*, 36, 2009, Erudit.

au moins négative, réaction négative, mais très discrète, qui viendra quelques années plus tard dans le *Ciment des choses* de Claudine Tiercelin qui proposa une essence connective, mais dispositionnelle, à la différence de moi. Cet ouvrage défend un réalisme fort, un réalisme structural où les structures métaphysiques contiennent des tropes et des objets. Le livre discute trois questions fondamentales : perçoit-on les briques de la réalité, les propriétés particulières ou tropes ? La réponse est oui, mais pas directement. Quel est le lien entre les tropes à l'intérieur des objets ? D'où un approfondissement du thème de la connexion. Enfin, que sont les universaux dans cette ontologie particulariste radicale et notamment : quelle est la différence entre l'exemplification et l'instanciation, relations ou connexions ? Ce livre défend donc la non-neutralité de l'approche cognitive de la perception, n'en déplaise à mon ami Jérôme Dokic, un modèle ontologique des faisceaux et l'universalité de la connexion en ce qui concerne les liens entre tropes et l'exemplification. La voie était ouverte pour une ontologie de la connexion : il devenait urgent de passer de la relation à la relation de relation, c'est-à-dire par exemple à la relation entre les relations que nouent les tropes, la relation entre les relations que nouent les universaux et les particuliers. Mais entre le livre sur les propriétés et celui sur la connexion, s'est intercalé un ouvrage sur le vide, *La Force du Vide, Essai de Métaphysique*, qui a un lien étroit avec ce qui précède dans la mesure où ce qui est soutenu dans ce livre c'est que le vide connecte les tropes. La métaphysique classique, aristotélicienne ou leibnizienne, pose un substrat ou un fondement substantiel pour lier les tropes : si deux tropes sont fondés dans le même substrat, ils sont liés l'un à l'autre. Par exemple, si le poids et le volume d'un même particulier concret sont fondés dans la substance de ce particulier, alors le poids et le volume de ce particulier concret sont liés, connectés par la substance. Si l'on choisit une métaphysique du particularisme abstrait, les tropes étant des particuliers abstraits, les propriétés sont connectées entre elles, éventuellement par le vide. Cette question de la connexion est distincte de celle de la nature des relations. On ne peut identifier la connexion entendue de cette manière avec la relation interne (la connexion est *de re* mais elle n'est pas forcément nécessaire) ou la dépendance. Le dernier volet de la trilogie, *L'Anti-Hume* est consacré en partie à distinguer relation interne, connexion et dépendance.

Dans les dernières années, grâce notamment aux conversations avec mes étudiants Yann Schmitt et Alejandro Perez, j'ai continué un certain nombre de recherches sur la métaphysique des propriétés divines. L'origine de cet intérêt se situe dans la discussion de la preuve de l'existence de Dieu par Gödel. De manière plus lointaine, c'est la preuve leibnizienne de l'existence de Dieu qui suscita mon intérêt par son aspect modal. L'implication du possible par le nécessaire me tourmenta des années durant. Le concept qui devint central dans cet ordre de préoccupations est celui de propriété positive. J'avais mûri le projet d'un livre sur ce concept, mais la philosophie analytique de la religion ne me sembla pas mûre et les logiciens modaux faiblement intéressés par la théodicée et la preuve de l'existence divine. Je me tournai donc vers une autre question, plus directement métaphysique et moins technique logiquement, celle de la simplicité divine. C'est dans un colloque genevois avec Pascal Engel, Richard Swinburne et Nicholas Wolsterstorff que je défendis ma version de la simplicité divine. J'essuyai là une triple déconvenue : le premier ne croyait guère à la métaphysique théiste, le deuxième était très opposé à la justification de points de dogme par la logique (comme on le sait, il est du côté de la rationalité bayésienne et d'ailleurs il n'accorde pas de crédibilité à la preuve ontologique), le troisième me déclara qu'il avait abandonné depuis longtemps ce genre d'intérêts (dans le passé il avait écrit des choses remarquables sur la simplicité). Parallèlement à cet intérêt pour la philosophie de la religion, je dois insister sur le fait que je n'ai pas exploré la métaphysique de l'esprit et de la personne. Cependant, Jean-Maurice Monnoyer et moi-même organisâmes un colloque sur la Personne à Aix-en-Provence. Jean-Maurice a le génie de rassembler des philosophes : grâce à lui j'ai par exemple eu le privilège de fréquenter David Armstrong dans un colloque mémorable sur les *truthmakers*, c'est lui qui m'a fait connaître Jonathan Lowe, trop tôt disparu. Dans ce colloque je défendis, en présence de Peter van Inwagen (avec qui nous avions pu très longuement discuter un an avant à Paris lors de son invitation à l'Institut Jean-Nicod et à l'ENS) un texte écrit avec Xiyin Zhou, philosophe et médecin de Shanghai qui fit sa thèse à l'ENS, texte qui soutient finalement une ontologie nihiliste de la personne puisque la réponse à la question « y a-t-il des personnes dans la réalité métaphysique profonde ? » est largement négative. Xiyin Zhou me fit gagner en clarté et ce texte qui doit paraître en anglais dans les actes du colloque nous requiert toujours.

Lors de notre rencontre, en 1983 à Konstanz, Kevin Mulligan étonné de mon intérêt pour la mystique, rare chez un praticien de la sémantique formelle, me posa la question : « Penses-tu qu'il puisse y avoir une mystique athée ? ». Il organisa plus tard un colloque à Genève avec Alain de Libera sur « mystique et philosophie », ce qui était typique de sa bonté. Je n'ai jamais cessé de réfléchir à la réponse à fournir à cette question. En 1989-1990 pendant mon long séjour à Rome, je revins systématiquement à la question de la mystique, grâce à la bibliothèque de l'Université Grégorienne. Mais j'écrivis *Logique, Langage et Réalité* et le livre sur la mystique resta à l'état d'ébauche, la question de la mystique athée restant à l'état d'énigme. C'est avec Alain de Libera que je fis un progrès significatif dans ma critique acerbe, dans *Littoral*[1], du livre de Michel de Certeau *La fable mystique*. Ce livre n'est pas une réflexion philosophique sur la mystique

1. A. de Libera et F. Nef « Le discours mystique, Problèmes d'histoire et de méthode », *La Discursivité*, Littoral n°9, juin 1983, p. 79-102.

et nous n'opposâmes pas des arguments philosophiques mais nous contestâmes la vision de la mystique qui y était exposée, dans un cadre énonciatif, narratif, psychanalytique, typique des années 1970 et 1980. Actuellement, enfin, je pense réaliser ce projet sur la mystique, si Dieu me prête vie.

PUBLICATIONS DE FRÉDÉRIC NEF

1969

« L'expérience du vide dans le courant rhénan », *Le Vide/Expérience spirituelle en Orient et en Occident*, Paris, Hermès 6, 1969.

1973

« Alternance et contradiction » avec A. de Libera, *Matières*, 1, 1973.

1976

« Entretien avec A. J. Greimas sur les structures élémentaires de la signification », dans F. Nef (dir.), *Structures élémentaires de la signification*, Bruxelles, Éd. Complexe, 1976.

« *De Dicto, de Re*, formule de Barcan et sémantique des mondes possibles », *Langages*, 43, 1976, p. 23-38.

« La philosophie du langage et la sémiotique de Johann-Heinrich Lambert à la lumière de sa [*sic*] époque », dans J. Sulowski (dir.), *Studia z Hitorii Semiotyki, III (Semiotic Historical Studies III)*, Varsovie, Académie des Sciences de Pologne, 1976, p. 161-209.

1977

« Introduction to the Reading of Greimas : Toward a Discursive Linguistics », *Diacritics*, 7/1, 1977, p. 18-22.

« La critique du discours sur la *Logique de Port-Royal* et les *Pensées* de Pascal », *Annales, Histoire, Sciences Sociales*, 32/3, 1977, p. 529-532.

« La vie sentimentale des hippopotames », avec A. J. Greimas dans A. Van Dijk et J. Petöffi (dir.), *Grammars and Descriptions*, Berlin/New York, De Gruyter, 1977, p. 85-104.

1978

« Maintenant 1 et Maintenant 2 : sémantique et pragmatique du maintenant temporel et non temporel », dans J. David et R. Martin (dir.), *La notion d'aspect*, Metz, Université de Metz, 1978, p. 146-166.

« Résidus, déchets et détritus », *Traverses*, n° spécial *Le Reste*, Éditions de Minuit/Centre Beaubourg, 1978, p. 122-139.

1979

« Logique, grammaire et métaphysique dans les *Essais d'un art de signifier* de J. H. Lambert », *Colloque international Jean-Henri Lambert (1728-1777)*, Paris, Éditions Ophrys, 1979, p. 165-180.

Compte-rendu de C. Fuchs & A.M. Léonard : « Vers une théorie des aspects, Paris, 1979 », *Semantikos. Homo homini lupus*, 3/2, 1979, p. 69-78.

« La langue universelle et les langues : Leibniz biface[EspaceFine]? », *Critique*, 387-388, 1979, p. 736-751.

« Sémantique et philosophie du langage de 1975 à 1978 », *Rapports*, Het Franse Boek, 2, 49e année, 1979, p. 89-96.

« Case grammar and actantial grammar », dans J. Petöffi (ed.), *Texts and Sentences*, Hambourg, Buske, 1979.

1980

« Quelques remarques sur la grammaire de Montague », *Histoire, épistémologie, langage*, 2/2, 1980, p. 87-98.

« Note sur une argumentation de Peirce (à propos de la valence verbale) », *Langages*, 58, 1980, p. 93-102.

« Le récit voltairien : tolérance et résignation. Voltaire et la figure juive de l'intolérable particularité », *Voltaire, Rousseau et l'idée de tolérance. Travaux et mémoires de la Maison Descartes à Amsterdam*, Québec, PUL, 1980, p. 114-129.

« Les verbes aspectuels du français : remarques sémantiques et esquisse d'un traitement formel », *Semantikos*, 4/1, 1980, p. 11-46.

1981

« Remarques sur la logique du changement » avec Marleen Rozemond, ms, 1981.

« Encore », *Langages*, 64, 1981, p. 93-107.

« Temps linguistique et temps logique » avec R. Martin, *Langages*, 64, 1981, p. 7-20.

Traduction de Franck Vlach « La sémantique du temps et de l'aspect en anglais », *Langages*, 64, 1981, p. 65-79.

« Nom et échange dans le Rosier de Madame Husson », dans H. Parret et H. G. Ruprecht (éd.), *Exigences et perspectives de la sémiotique, Essays in Honor to A.J. Greimas*, Benjamin, Amsterdam, 1981, p. 761-769.

1982

« À propos des modalisateurs dénonciation 1 », *Revue Romane*, 17/2, 1982, p. 34-54.

« Polifonia, dialogo, e dialogo interiorizzato », in *Il Dialogo*, Sellerio Editore, Palerme, 1982, p. 177-186.

« Le Règne de la Parole de Brisset et l'étymologie spéculative », *Littoral*, 3/4, *L'assertitude paranoïaque*, Toulouse, Éditions Érès, 1982, p. 741-757.

« Quelques remarques sur la logique des phrases d'action » (avec P. Engel), *Logique et Analyse*, 99, 1982, p. 291-319.

« À propos de la conversion dans une sémiotique formelle », *Actes Sémiotiques*, V, 1982.

1983

Contribution à l'étude des relations entre logique et linguistique : la description de la deixis *temporelle du français moderne*, Dissertation doctorale, 1983.

« Conspectus de Sémantique intensionnelle, suivi d'une bibliographie », dans F. Nef (dir.), « La sémantique logique : Problème d'histoire et de méthode », *Histoire, Épistémologie, Langage*, 5/2, 1983, p. 5-18.

« Le discours mystique : problèmes d'histoire et de méthode » (avec A. de Libera) [avec une réponse de Michel de Certeau], *Littoral*, 1983, p. 79-102.

« Présentation des *Sophismata Physicalia* de Kilmington. Contribution à l'étude du chiasme sémantique/physique », dans L. Brind'amour et E. Vance (dir.), *Archéologie du Signe*, Montréal, Institut Pontifical d'Études Médiévales, 1983, p. 287-304.

1984

L'analyse logique des langues naturelles 1968-1978 : Anthologie, Paris, « Éditions du CNRS, 1984.

« Introduction à l'analyse des langues naturelles » (avec F. Guenthner), *L'analyse des langues naturelles*, Paris, Éditions du CNRS, 1984, p. 13-36.

« Deux méthodes convergentes d'analyse et de synthèse de l'enchaînement événementiel dans les micro-récits » (avec J. François), *Cahiers de Grammaire Toulouse*, 8, 1984, p. 77-115.

« La constitution des théories de la référence. De la sémantique intensionnelle à la sémantique des situations », *DRLAV Revue de Linguistique*, 31, 1984, p. 121-153.

« La logique intensionnelle et la langue naturelle », *Intellectica*, 9, 1984, p. 21-40.

1985

Contribution à l'étude des relations entre logique et linguistique, Bern-New York, Peter Lang, 1985.

« Ne… que : échelles évaluatives et argumentatives » (avec L. Jurgenson), *Français (Le) Moderne Paris*, 53/1-2, 1985, p. 1-21.

1986

Sémantique de la référence temporelle en français moderne Contribution à l'étude des relations entre logique et linguistique, Bern, Peter Lang, 1986.

« Indexicalité et indicialité : pragmatique formelle et théorie de l'énonciation », *Histoire Epistémologie Langage*, 8/2, 1986, p. 252-275.

« Sémantique discursive et argumentation », *Cahiers de linguistique française*, 7, 1986, p. 69-92.

« La sémantique de saint Augustin est-elle vraiment mentaliste ? Sur la distinction augustinienne entre le verbe mental et le verbe proféré », dans H. Joly (dir.), *Philosophie du langage et grammaire dans l'Antiquité*, Bruxelles, Éditions Ousia, 1986.

1987

« Qu'apportent les modèles cognitifs à la sémantique du discours ? Reconnaissance des relations temporelles entre événements et constitution d'un univers de savoir à la lecture d'une dépêche de presse » (avec J. François), *DRLAV*, 36, 1987, p. 199-226.

« Activité sémantique et réalité », *Fundamenta Scientiae*, 7, 1987 p. 377-390.

« Sémantique des noms propres et essentialisme », *Critique*, 479, 1987, p. 319-335.

1988

Logique et analyse : essais de sémantique intensionnelle, Paris, Hermès, 1988.

« Identité, vague et essences » (avec P. Engel), *Les Études Philosophiques*, 4, 1988, p. 475-494.

« Logica e mystica a proposito do atomismo logico de Russell e Wittgenstein » *Analise*, 1988, p. 89-102.

« Termes de masse, pluriel et événements », dans *Le Pluriel,* Paris, Klincksieck, 1988, p. 249-265.

« Union, analogie, négation », [c.r. de travaux d'Alain de Libera sur Maitre Eckhart] *Critique*, 497, 1988, p. 811-827.

1989

Sémantique formelle et philosophie du langage, Recherches sur la philosophie et le langage, Grenoble, Université des Sciences Sociales, 1989.

1990

La logique du langage naturel, Paris, Hermès, 1990.

« Le rationalisme analogique en question », dans B. Pinchard (dir.) *Rationalisme analogique et humanisme théologique*, Paris, Éditions de la MSH, 1990.

« Convention linguistique », « Langage », « sémantique formelle », dans S. Auroux (dir.), *L'encyclopédie universelle*, Paris, P.U.F, 1990.

« La sémantique de la référence temporelle », *L'âge de la science*, 1990.

« Problèmes de classification des adverbes d'un point de vue logique », *Langue Française*, 88,1990, p. 51-59.

1991

Logique, langage et réalité, Paris, Éditions Universitaires, Paris, 1991.

« L'intentionnalité et les mondes possibles », dans J. Bouveresse (dir.), *L'âge de la science, Lectures philosophiques, Philosophie de la logique et philosophie du langage*, I, novembre 1991, p. 191-201.

« Pourquoi y-a-t-il un monde et pourquoi est-il unique ? Fantaisie modale », *Les Cahiers de Philosophie*, 13, 1991.

« Grammar », dans H. Burkhard, B. Smith (dir.), *Handbook of Ontology*, Munich, Philosophia Verlag, 1991.

1992

« Réalisme et anti-réalisme en logique : à propos de : "La norme du Vrai". Philosophie de la logique », *Archives de Philosophie,* 55/3, 1992, p. 461-478.

« Pojem grammatik a grammatika pojmov u wittgensteiniani (1929-1934) », *Filozofia*, 1992, p. 97-105.

« Sémantique et ontologie : un survol », *Sémiotiques*, 2, 1992, p. 7-15.

« Renan : préjugés raciaux et hypothèses linguistiques (1846-1855) », dans R. Uriac (éd.), *Actes des Journées d'étude d'Ernest Renan*, Saint Brieuc, Lycée Ernest Renan, 1992.

« À propos d'une controverse entre Carnap et Schrödinger », dans M. Bitbol et O. Darrigol (dir.), *Erwin Schrödinger Philosophy and the Birth of Quantum Mecanics*, Dreux, Éditions Frontière, 1992, p. 151-160.

« Sémantique et ontologie. Un survol », *Sémiotiques*, 2, 1992, p. 7-17.

1993

Le langage : une approche philosophique, Paris, Bordas, 1993 ; trad. portugaise L. Magalhães, Frédéric Nef, A. linguagem uma abordagem filosófica, Rio de Janeiro, Jorje Zahar, 1995.

« Leibniz et le vague modal – à propos de l'Adam vague », dans M. Dascal et E. Yakira (dir.), *Leibniz and Adam*, Tel Aviv, Tel Aviv University Publishing Project, 1993.

« Vérité » (avec R. Brague), *Dictionnaire de Spiritualité*, Paris, Beauchesne, 1993.

« La France très philosophique », dans P. Engel (dir.), *Philosophy and the analytic, continental divide*, *Stanford French Review*, n° spécial, 1993.

« L'Europe est-elle romaine ? », *Critique*, 548/549, 1993, p. 74-88.

« Caritas dat caritatem », dans R. Brague (dir.), *La métaphysique de la charité dans* les Sermons sur le Cantique des Cantiques *et l'ontologie de la contemplation*, dans *Saint Bernard et la philosophie*, Paris, P.U.F, 1993, p. 47-54.

« Tableau et couleur. Note sur Jean-Pierre Pincemin », dans *Portrait de la couleur*, Orléans, IAV, 1993 p. 135-136.

1994

« Temps, indétermination et modalité, à propos de la doctrine peircienne du futur », *Histoire, épistémologie, langage*, 16/1, 1994, p. 65-88.

« Que signifient les propositions ? », *Cahiers de philosophie ancienne du langage*, 1994.

« L'œuvre littéraire d'après Ingarden », *L'œuvre et ses métamorphoses*, Orléans, IAV, 1994, p. 191-207.

1995

« Des variables aux objets arbitraires », *Travaux du Centre de Recherches Sémiologiques* (Neuchâtel), 63, 1995, p. 149-160.

« Sémantique et ontologie : réflexions sur la théorie des objets et des propriétés », dans D. Miéville et D. Vernant (dir.), *Stanislaw Lesniewski aujourd'hui*, *Groupe de recherche sur la philosophie et le langage*, Grenoble, Université des Sciences Sociales, 1995, p. 147-177.

« The question of signification appraised and solved », dans L. Formagari et D. Gambarara (dir.), *Historical Roots of Linguistic Theories*, Amsterdam, Benjamin, 1995.

« L'homme sans propriétés », *Critique* (numéro d'hommage à Jacques Bouveresse), 1995.

1997

« Les logiques non classiques sont-elles des logiques ? Dans quelle mesure sont-elles non classiques ? » *Travaux de Logique*, 11, 1997, p. 1-13.

« La métaphysique du réalisme modal : régression ou enjeu véritable ? », *Revue Internationale de Philosophie*, 51/200, 1997, p. 231-250.

« Éloge de la clarté : la philosophie analytique, style ou méthode ? », dans J.-M. Vienne (dir.), *Philosophie analytique et histoire de la philosophie*, Paris, Vrin, 1997, p. 127-138.

1998

Le formalisme en question Le tournant des années 30, dir. F. Nef et D. Vernant, Paris, Vrin, 1998.

« Brèves remarques sur l'occasionalisme épistémologique », dans B. Pinchard (dir.), *La légéreté de l'être. Études sur Malebranche*, Paris, Vrin, 1998, p. 47-54.

« La philosophie à la télévision », *Tr@verses*, revue électronique du Centre Beaubourg, 1998.

1999

L'objet quelconque, Recherches sur l'ontologie de l'objet, Paris, Vrin, 1999.

« La philosophie modale de Leibniz est-elle cohérente ? Essai sur des problèmes d'interprétation de notions modales leibniziennes à propos du mythe de Sextus et de l'oracle de Kégila », dans F. Nef et D. Berlioz (dir.), *L'actualité de Leibniz : les deux labyrinthes*, Stuttgart, Steiner, 1999, p. 277-305.

« La lecture par Brentano des catégories aristotéliciennes et l'ontologie formelle », *Travaux de logique*, 13, 1999, p. 63-92.

« Propriétés, mondes possibles, objets et profils, Problèmes de Méréologie Modale », *Travaux de logique*, 14, 1999, p. 1-21.

« Réflexions sur la nature du temps », *Journal de l'exposition : le temps vite !*, Centre Beaubourg, Paris, 1999.

2000

Leibniz et le langage, Paris, P.U.F, 2000.

« Des espaces perçus à l'espace géométrique : logique du monde sensible et critique du conventionnalisme géométrique chez Nicod », dans L. Boi (éd.), *Sciences et philosophie de la nature. Un nouveau dialogue*, **Berne**, Peter Lang, 2000, p. 349-361.

« Peut-on axiomatiser la monadologie ? Démonstration et métaphysique de l'un et du multiple », dans R. Palaia et A. Lamara (dir.), *Unita e molteplicita nel pensiero filosofico e scientifico di Leibniz*, Florence, Leo Olchski, 2000, p. 39-70.

2001

« La théorie modale de Meinong », dans K. Mulligan et J.-P. Cometti (dir.), *La philosophie autrichienne de Bolzano à Musil*, Paris, Vrin, 2001, p. 81-99.

2002

« Métaphysique et ontologie : Perspectives contemporaines », dir. F. Nef et J.-M. Monnoyer, *Revue de Métaphysique et de Morale*, 36, 2002.

« Platonisme et particularisme : à propos d'une histoire des propriétés individuelles ou pourquoi Aristote a tort et Platon raison », *Cahiers de philosophie de l'Université de Caen*, 38-39, 2002, p. 159-185.

« Perfection divine et propriétés positives. L'argumentum unicum d'Anselme et la preuve ontologique de Leibniz à la lumière de la preuve gödelienne de l'existence de Dieu », dans S. Bourgeois Gironde, B. Gnassounou et R. Pouivet (dir.), *Analyse et Théologie. Croyances Religieuses et Rationalité*, Paris, Vrin, 2002, p. 95-124.

2004

Qu'est-ce que la métaphysique ?, Paris, Gallimard, 2004.

« Objet et propriété », dans J.-M. Monnoyer (dir.), *La structure du monde*, Paris, Vrin, 2004, p. 277-298.

« Propriété », dans B. Cassin (éd.), *Vocabulaire européen des philosophies, dictionnaire des intraduisibles*, Paris, Le Robert, 2004.

« Accidents individuels leibniziens », dans D. Berlioz et F. Nef (dir.), *Leibniz et les puissances du langage*, Paris, Vrin, 2004.

2005

Leibniz et les puissances du langage, dir. D. Berlioz et F. Nef, Paris, Vrin, 2005.

« À propos de la double survenance des propriétés esthétiques », dans R. Barbanti et L. Boi (a cura di), *Le dinamiche della belleza. pensieri e percosi estetici, scientifici e filosofici*, Rimini, Raffaelli Editore, 2005, p. 235-258.

« Ontologie multi-agent et représentation des frontières » ms, 2005.

2006

Les propriétés des choses. Expérience et logique, Paris, Vrin, 2006.

« Ontologie de l'objet, théorie des propriétés et théorie des ensembles : quelques problèmes et perspectives », *Ontologie. Revue Internationale de Philosophie*, 60/236, 2006, p. 181-207.

« L'argument courageux et l'épistémologie des vertus : le courage est-il aussi une vertu intellectuelle ? », dans M. Le Du et Th. Benatouïl (dir.), *Les Vertus Intellectuelles. Cahiers Philosophiques de Strasbourg*, 20 (n° spécial), hiver 2006, p. 179-195.

« Abstraction, objet éternel et occurrence actuelle », dans F. Beets, M. Dupuis et M. Weber (dir.), *« La science et le monde moderne » d'Alfred North Whitehead*, Heusenstamm, Ontos Verlag, 2006, p. 263-382.

« Berkeley ou l'idée contre la représentation » (avec D. Berlioz), dans Kim Sang-Ong-Van-Cung (dir.), *La voie des idées : Le statut de la représentation XVII*[e]*-XX*[e], Paris, Éditions du CNRS, 2006, p. 163-178.

2007

Métaphysique contemporaine, Propriétés, mondes possibles et personnes (Textes clés sur la), dir. F. Nef et E. Garcia, Paris, Vrin, 2007.

« Je suis ma puce », *Critique*, 720/5, 2007, p. 357-363.

« Qui sont les « nouveaux philosophes » analytiques ? Réponse de Frédéric Nef », *Esprit*, 334/5, 2007, p. 174-176.

« Contemplation », dans J-Y. Lacoste (dir.), *Dictionnaire critique de théologie*, Paris, P.U.F., 2007.

« Béatitude », dans J-Y. Lacoste (dir.), *Dictionnaire critique de théologie*, Paris, P.U.F., 2007.

2008

« Which Variety of Realism ? Some Asseverations on the Dependence of Abstracta upon Concreta », *Philosophia Scientiae*, 12/1, 2008, p. 77-91.

« Paysages ontologiques », dans C. Erismann (dir.), *Compléments de Substance. Études sur les propriétés accidentelles offertes à Alain de Libera*, Paris, Vrin, 2008, p. 250-255.

« Declarative vs procedural Rules for Religious Controversy : Leibniz's Rational Approach to Heresy », dans M. Dascal (dir.), *Leibniz : What Kind of Rationalist ?*, Berlin, Springer, 2008, p. 383-396.

« Concepts et structures ontologiques de la fiction. Quelques remarques sur l'ontologie et l'esthétique de Roman Ingarden », dans J.-M. Schaeffer et C. Potocki (dir.), *Roman Ingarden : ontologie, esthétique, fiction*, Paris, EAC, 2008, p. 51-60.

« *Senex erit puer.* Truthmakers for tensed sentences », dans J.-M. Monnoyer (dir.), *Metaphysics and Truthmakers*, Frankfurt, Ontos Verlag, 2008, p. 221-236.

« Concepts et structures ontologiques de la fiction. Quelques remarques sur l'ontologie et l'esthétique de Roman Ingarden », dans J.-M. Schaeffer et C. Potocki (dir.), *Roman Ingarden : ontologie, esthétique, fiction*, Paris, EAC, 2008, p. 51-60

« Quelques remarques sur l'architecture ontologique de l'œuvre d'art », dans M. Borillo (dir.), *Dans l'atelier de l'art, expériences cognitives. Actes du Colloque Art et Sciences Cognitives de Toulouse, 2008*, Seyssel, Champ Vallon, mai 2010, p. 37-48.

2009

Les êtres sociaux. Processus et virtualité (en coll. avec P. Livet), Paris, Hermann, 2009.

Traité d'ontologie pour les non-philosophes (et les philosophes), Paris, Gallimard, 2009.

« Bergmann et l'ontologie de la connexion », dans J-M. Monnoyer et B. Langlet (dir.), *Phenomenological Realism and Dialectical Realism*, Berlin, De Gruyter, 2009, p. 157-172.

« Les catégories aristotéliciennes et la division de l'être : types de divisions et types d'ontologies », dans S Chauvier (dir.), *Les Diviseurs de l'Être, Cahiers de philosophie de l'Université de Caen*, 46, 2009, p. 45-78.

« Vérité-identité et vérifacteurs : quelques remarques sur la théorie de Lorenz B. Puntel », *Revista Portuguesa de Filosofia*, 65, 2009, p. 1013-1022.

2010

« Comment parler de la théologie négative ? Quelques remarques », *Philosophie analytique de la religion*, *Klesis*, 17, 2010, p. 65-73.

« Similarity, Acessibility and Modal Structures of Moral Actions : a Contribution to the Ontology of Ethics » (avec I. Pariente-Butterlin), dans B. Smith, R. Mizoguchi et S. Nakagawa (dir.), *Interdisciplinary Ontology*, 3, Tokyo (Japon), Keio University, 2010, p. 101-116.

« De l'univers au discours », dans A. Jacob (dir.), *La langue face à l'univers, Degrés. Revue de synthèse à orientation sémiologique*, 38, 143, 2010.

« L'ontologie au miroir de la terminologie », *Thot*, 2010, p. 9-30.

2011

La force du vide. Essai de métaphysique, Paris, Seuil, 2011.

Traduction de : H. J. Glock *Qu'est-ce que la philosophie analytique ?*, « Folio-Essais », Paris, Gallimard, 2011.

« Atomisme et physicalisme à l'épreuve du temps : le principe d'indépendance d'Armstrong et la topologie temporelle » (avec M. Cahen), *Revue de Métaphysique et de Morale*, 72, 2011/4, p. 513-533.

« La mystique a-t-elle une valeur philosophique ? William James et Bertrand Russell », *TheoRèmes*, 2011, https://www.theoremes.revue.org/73.

« Charles Sanders Peirce : amour, logique et continuité », dans P. Capelle (dir.), avec J. Greisch et G. Hébert, *Philosophie et Théologie. IV. Philosophie et théologie à l'époque contemporaine*, Paris, Cerf, 2011, p. 65-80.

2012

« Survenance humienne, physique et métaphysique : Dispositions, structure et connexion », *Klesis*, 24, 2012, p. 78-103.

« La simplicité divine comme propriété positive », *ThéoRèmes*, 2012, https://www.theoremes.revue.org/690.

« Métaphysique et science : structuralisme scientifique et pluralité des structures ontologiques », *Repha, Revue étudiante de philosophie analytique*, 6, 2012, p. 15-32.

« Platon et la métaphysique actuelle », *Études platoniciennes*, 9, 2012, p. 13-46.

« Épistémologie et ontologie en sciences sociales » (avec P. Livet), dans R. Keucheyan et G. Bronner, *La théorie sociale contemporaine*, Paris, P.U.F, 2012.

« Piaget et Guillaume penseurs de la condition temporelle », dans A. Jacob (dir.), *Repenser la condition humaine Gustave Guillaume et Jean Piaget*, Paris, Riveneuve Édition, 2012, p. 53-56.

« Les touts de Platon et leurs parties », dans M. Dixsaut, A. Castel Bouchouchi, G. Kévorkian (dir.), *Lectures de Platon*, Paris, Ellipses, 2012, p. 233-244.

2013

« Commentaire d'un dessin de Sempé », *Philosophie Magazine*, 20, Hors série, 2013.

Préface du volume de François Loth, *Le corps et l'esprit, essai sur la causalité mentale*, Paris, Vrin, 2013.

« Qu'est-ce que la théologie ? », *Open Édition, Sciences sociales et religion*, 2013, pages.

« Pourquoi il n'y a pas de monde vide ? » (avec F. Lihoreau), dans F. Wolff (dir.), *Pouquoi y a-t-il quelque chose plutôt que rien ?*, Paris, P.U.F, 2013.

2014

« Les philosophes analytiques sont-ils des bigots ? Le complot des analytiques français selon Juliette Grange » (avec J. Dokic et P. Engel), *Métaphysique, Ontologie, Esprit*, 2014, en ligne : www.francoisloth.com.

« Littérature et Vérité : Engel lecteur de Benda », dans J. Dutant, D. Fassio et A. Meylan (éd.), *Liber Amicorum Pascal Engel*, Genève, Faculté des Lettres, 2014, p. 83-92.

« Peut-on axiomatiser la monadologie ? Démonstration et métaphysique de l'un et du multiple », *Daphnet Digital Library*, 2014, en ligne : http://151.100.146.63/ojs/index.php/DDL/article/view/382/312.

2015

Préface à Peter Geach et Elizabeth Anscombe, *Trois Philosophes : Aristote, Thomas, Frege*, Paris, Ithaque, 2015, p. 7-9.

2016

« Markus Gabriel ou le constructionnisme sans monde », *Métaphysique, Ontologie, Esprit*, 2016, en ligne : www.francoisloth.com.

« la philosophie vous parait-elle une invention de l'occident ou vous parait-elle émerger ailleurs ? », *Philosophie Magazine*, 100, 2016.

« Entretien » avec A. Levi, *La revue littéraire*, 65, nov.-déc. 2016, Paris, Léo Scheer, p. 115-128.

« Essence » (avec G. Kévorkian), dans M. Kristanek (dir.), *L'encyclopédie philosophique*, 2016 (en ligne).

2017

Ontologie. Identité, structure et métaontologie, dans F. Nef et Y. Schmitt (dir.), Paris, Vrin, 2017.

L'anti-Hume, De la logique des relations à la métaphysique des connexions, Paris, Vrin, 2017.

« Locke's Mereology » (avec D. Berlioz), dans H. Burkhardt, J. Seibt et G. Imaguire (eds), *Handbook of Mereology*, Munich, Philosophia Verlag, 2017.

2018

La connaissance mystique, Paris, Cerf, 2018.

« La mort est-elle une privation ? » (avec X. Zhou), dans F. Loth (dir.), *Klesis*, 41 (n° spécial Thomas Nagel), 2018, p. 232-247.

« Tropes et métaphysique : Les particuliers abstraits : nominalisme ou réalisme ? », dans E. Alloa E. Duhring, (dir.), *Choses en soi. Métaphysique du réalisme*, Paris, P.U.F., 2018.

« Dialogue (presque ?) imaginaire avec Alain de Libera », dans J.-B. Brenet et L. Cesalli (éd.), *Sujet Libre. Pour Alain de Libera*, Paris, Vrin, 2018, p. 233-237.

« La tradition », *Petit Traité des Valeurs*, dans J. Deonna et E. Tieffenbach (dir.), Paris, Ithaque, 2018, p. 287-296.

« Michel Bastit et la preuve de l'existence de Dieu de Kurt Gödel », *Cahiers de l'IPC* (Paris), 86, 2018.

2019

« Métaphysique relationnelle et métaphysique du constituant : plaidoyer méta-métaphysique pour une métaphysique mixte », dans G. Kevorkian et F. Nef, *Giornale di Metafisica*, 41, 2019, p. 78-94.

« Préface » dans C. Tortel, *Le paon dans les religions*, Paris, Geuthner, 2019, p. 9-12.

« L'irréelle réalité du temps dans le fragmentalisme de Kit Fine », ms, Collège de France, GEM, 2019.

2020

« Confesseurs, Martyrs et Héros », *Mémoire en Jeu*, 8, 2020, p. 102-106.

« Le changement », dans J. Gayon (dir.) *L'identité. Dictionnaire encyclopédique*, Paris, Gallimard, 2020.

2021

La nature du social. De quoi le social est-il fait ? (avec S. Berlioz), Lormont, Le Bord de l'Eau, 2021.

À paraître

Qu'est-ce qu'une valeur ?, Paris, Vrin.

« Plato's relational ontology », dans *Actes du Colloque d'Aix en Provence*, 2009, sur « Les Relations ».

« Pathos métaphysique et sémantique philosophique », *L'histoire des idées*, Collège de France.

« Lovejoy et l'histoire des idées », *L'histoire des idées*, Collège de France.

« La métaphysique des relations trinitaires », *Ephemerides Theologicae Loveniensis.*

« Y a-t-il des personnes dans la réalité métaphysique profonde ? » dans *Actes du Colloque d'Aix en* Provence, 2014, sur « Objet et Personne ».

« Panpsychisme et émergence », dans J.-M. Monnoyer (éd.), *Guide de Philosophie compréhensive.*

DOMINIQUE BERLIOZ

BERKELEY, UN PROTO TROPISTE ?

Berkeley est-il, comme l'écrit Leibniz à des Bosses, un excentrique qui compte sur ses paradoxes pour se faire connaître ou bien met-il le doigt sur des questions de première importance ? *Pace* à Leibniz, Berkeley est un découvreur, même s'il reconnaît lui-même le caractère étonnant voire détonnant de certaines de ses thèses.

Ce texte est le résultat d'un étonnement suscité par une lecture de D. C. Williams [1] découvert lors du séminaire d'ontologie de Frédéric Nef, texte auquel je trouvais immédiatement des accents berkeleyens. Cette affinité pressentie trouvait rapidement sa confirmation dans un article de Peter Simons [2] qui relève que les tropes sont les oubliés de l'ontologie, exception faite de la tradition de la scolastique aristotélicienne et de quelques philosophes comme Leibniz, Berkeley ou Hume. Ainsi, pour lui, les idées berkeleyennes sont, avec quelques réserves, des tropes, ou si l'on préfère des accidents individuels ou encore des propriétés particulières.

L'affirmation de P. Simons et la teneur des thèses de D. C. Williams montrent que des concepts mis (ou remis) au jour par certains courants de l'ontologie contemporaine sont susceptibles d'éclairer les thèses berkeleyennes ; on pense notamment aux rapports entre l'abstrait et le concret ou encore entre le particulier et l'universel. Dans ce qui suit, à la lisière de la métaphysique et de l'histoire de la philosophie, on tentera d'examiner à l'aune de l'ontologie contemporaine le Nouveau Principe et certaines de ses conséquences.

1. D. C. Williams, « On Elements of Being 1 », *Review of Metaphysics*, 7, 1953, p. 3-18 ; trad. fr. F. Nef et E. Garcia (éd.), *Textes clés de métaphysique contemporaine*, Paris, Vrin, 2007, p 33-53.

2. P. Simons, « Particulars in Particular Clothing : Three Tropes Theories of Substance », *Philosophy and Phenomenological Research*, 54, 1994, p. 553-557 ; trad. fr. F. Nef et E. Garcia (éd.), *Textes clés de métaphysique contemporaine*, *op. cit.*, p. 55-84.

Deux thèses centrales caractérisent la pensée de Berkeley. Elles s'ensuivent directement du Nouveau Principe « Exister (*existere*) c'est être perçu (*percipi*) ou percevoir (*percipere*) » [1] : le rejet de la substance comme support des qualités et une opposition au réalisme des universaux. Pour Berkeley, n'existe que ce qui est perçu ou perceptible, c'est-à-dire donné ou susceptible de l'être dans une expérience sensible particulière. Il rejette en outre l'idée que nos raisonnements portent sur des idées générales abstraites qui correspondraient aux noms généraux. L'ontologie tropiste permet à mon sens de porter un regard nouveau sur ces thèses.

Une remarque préalable : Berkeley et Williams sont convaincus que la métaphysique ne s'arrête pas aux portes de l'expérience mais s'en nourrit. Certes, le terme de métaphysique est souvent pris en mauvaise part par Berkeley, notamment lorsqu'il dénonce des réflexions abstruses [2] qui conduisent à poser des existences impossibles, toutefois, il existe pour lui une vraie métaphysique qui doit obéir aux règles de toute connaissance et dont l'objet ne peut déroger au Nouveau Principe. Autrement dit, la mauvaise métaphysique est celle qui traite de notions des choses ou d'idées abstraites que l'esprit aurait, selon certains, forgées mais qui ne correspondent en fait qu'à des pseudo-objets [3]. La bonne métaphysique, en revanche, traite de ce qui se donne dans la perception, qu'il s'agisse du perçu ou du percevoir. On trouve un écho de cela dans l'article de Williams qui déclare, que la métaphysique est une « science totalement empirique ». Pour lui comme pour Berkeley, l'expérience est la pierre de touche des catégories de l'ontologie.

On sait que l'immatérialisme s'il ne déréalise pas les idées – les idées sont des choses – ne leur accorde pas le statut de substances ; elles n'ont pas d'existence indépendante comparable par exemple à celle des substances lockiennes dont les idées nous font connaître les qualités. Certes, Berkeley continue à parler de choses mais il rejette toute ontologie du support et fait dépendre leur existence de la relation perceptive. Ces choses sont les objets concrets qui m'entourent et dont je cherche à comprendre la nature grâce à mes facultés qui, au demeurant, sont plus destinées à la satisfaction de mes besoins vitaux qu'à la connaissance de l'essence des choses ou de leur constitution. Toutefois, si nos facultés nous ont été données plus pour agir que pour connaître reste que l'action ne va pas sans la connaissance. Pour comprendre le monde qui nous entoure et dont dépend notre vie, il faut nous interroger sur la nature de ces objets/idées, pour en faire le

1. *Notes philosophiques*, 429, dans G. Berkeley, *Œuvres* I, Paris, P.U.F., 1985.

2. Voir notamment *Trois Dialogues entre Hylas et Philonous* [désormais DHP], p. 172, 255, 258, dans G. Berkeley, *Œuvres II*, Paris, P.U.F., 1987, ou encore l'*Analyste* § 35, dans G. Berkeley, *Œuvres II*, *op. cit.*, p. 47.

3. *Traité des principes de la connaissance humaines* [désormais *Principes*], introduction, § 6, dans G. Berkeley, *Œuvres* I, *op. cit.*, et DHP, III, p. 259.

meilleur usage. Or, pour Berkeley, les idées ne sont pas représentatives et les choses n'existent pas de manière indépendante. Les idées/choses sont des êtres « *inertes, fugaces, dépendants* qui ne subsistent pas par eux-mêmes mais qui ont pour support des esprits ou des substances spirituelles ou qui existent en elles »[1]. Plusieurs questions se posent à leur sujet. Ces êtres dépendants, non représentatifs, sont-ils des modifications de l'esprit, de l'être percevant et voulant ? Quel est leur statut dans l'esprit ? Comment sont-ils constitués ? S'agit-il de touts, de faisceaux, d'assemblages ou pour le dire autrement quels sont les liens entre les objets immédiats des sens (ce rouge, cette forme, ce son…) et les objets médiats des sens (cette pomme, ce dé, cette maison…) ? Enfin, comment comprendre le double usage qui est fait des idées ? D'un côté, l'esprit regroupe certaines d'entre elles sous un nom qui scelle l'unité de données sensibles hétérogènes en un objet sensible, particulier et concret (une pomme, une cerise, un arbre dans un parc, etc.), et d'un autre côté, il peut faire un usage général des idées particulières, en mathématiques notamment. Nous envisagerons successivement ces trois points : le rapport des idées à l'esprit, la constitution des objets du monde, ce qui recouvre les objets médiats des sens et enfin le cas des idées dont il est fait un usage général. Nous verrons que, notamment sur les deux derniers points, des convergences existent entre Berkeley et Williams.

Qu'est-ce donc qu'une idée pour Berkeley ?

La définition qu'il en donne signale, on l'a vu, son caractère fugace mais surtout son statut d'être dépendant. Les idées sont des passions de l'esprit, et, à ce titre, elles existent « in the mind »; l'esprit les reçoit et les accueille en lui. Cette conception rompt avec la théorie représentative de l'idée. Elle permet également de ne plus se référer à l'existence d'une substance matérielle dont l'idée dépendrait causalement, en transférant le support requis par ces êtres dépendants, de la matière vers l'esprit et en affirmant de ce fait une dépendance non causale par rapport à l'esprit. L'esprit serait le lieu des idées, leur siège comme Philonous le dit de Dieu. L'objection qui consiste à dire que si c'est le cas, ces modifications ou ces passions pourraient affecter l'esprit au point de le rendre étendu, rouge ou dur ou cubique, est rejetée car si elles sont dans l'esprit, ces idées n'en sont pas des modes ou des attributs et ne sont présentes dans l'esprit que « by the way of idea »[2], elles l'affectent sans pour autant le modifier, à la manière de ce dont on a conscience ou ce qui est objet de pensée.

Toutefois, cette conception qui consiste à poser l'inhérence des idées à l'esprit vaut surtout par ce qu'elle nie. Elle permet d'envisager une ontologie qui se passe de toute notion de support matériel ou encore de substance étendue. Mais cette solution demande à être précisée, non pas tant parce que, s'il s'agissait d'attributs,

1. *Principes*, I, § 89.
2. *Principes*, I, p. 49.

l'esprit serait le jouet de ses idées, mais surtout parce que la nature même de l'esprit rend difficile ce type d'inhérence. En effet, l'esprit ne peut être pensé comme support que de manière métaphorique [1] en référence aux choses sensibles et dans le vocabulaire qui leur convient. Or, il ne s'agit pas simplement de substituer l'esprit à la matière pour en faire le substrat de propriétés. En effet, comme l'affirme Philonous, être esprit c'est agir, causer, vouloir, etc. [2]. La relation traditionnelle d'une substance à ses propriétés, essentielles ou accidentelles, n'est plus pertinente dès lors que la substantialité est définie comme activité. Si l'on considère l'esprit comme un faisceau d'actes, thèse présente dès ses carnets de jeunesse et qu'au fond Berkeley ne dément pas vraiment, le statut ontologique des idées reste encore complètement à déterminer. Savoir qu'elles sont *in the mind* ou encore *not without the mind*, ne nous instruit pas vraiment.

Une chose semble cependant acquise, c'est que les idées ne peuvent être ni des attributs de la substance matérielle ni des attributs de l'esprit, puisque la substance matérielle n'existe pas (on connaît les arguments de Berkeley) et qu'une relation d'inhérence semble difficile à concevoir entre l'esprit et les idées qui sont en lui non comme des qualités mais comme des perceptions. On se trouve donc dans la situation où l'on perçoit des choses dotées de propriétés, un mur blanc, une pomme verte, dont on ne peut plus traduire le mode d'existence dans les termes traditionnels qui lient une substance à ses attributs; la position idéaliste qui ferait des idées de pures et simples perceptions, des états de conscience ne permettant pas de rendre compte du caractère réel des choses. Or, avec le Nouveau Principe, l'arbre est dans le parc, les livres dans la bibliothèque et le cheval à l'écurie. Les idées, passives, sont différentes de l'esprit qui lui est actif, et en ce sens extérieures à lui; Philonous est très clair sur ce point quand il affirme :

> Je suis donc un principe individuel unique distinct de la couleur et du son, distinct aussi et pour la même raison, de toutes les autres choses sensibles et idées inertes [3].

Les idées dépendent de la perception que j'en ai mais elles sont perçues comme différentes de moi, comme des objets à part entière. Leur dépendance existentielle par rapport à la perception n'entame pas leur objectivité mais qualifie leur manière d'être. Berkeley précise à plusieurs reprises que les idées ne viennent pas de *within the mind* [4]. L'esprit, du moins l'esprit fini, n'est pas l'origine de ses idées. De ce fait, on peut dire que quant à leur origine les idées sont extérieures à lui; elles ne sont pas provoquées du dedans, elles le contraignent et s'imposent à lui. Les idées sont *in the mind* au sens où elles sont à l'esprit dans la

1. Il n'y a pas d'univocité du langage pour les idées et pour les esprits, cf. *Principes*, I, § 144.
2. DHP III, p. 233, voir aussi *Notes philosophiques*, 829.
3. *Ibid.*, p. 233-234.
4. *Principes*, I, § 90.

perception qu'il en a, sans le modifier ni le qualifier. Elles ne peuvent pas être séparées de leur être perçu et en ce sens on peut dire qu'elles existent dans l'esprit si on entend par là que leur existence en dépend. De plus, on sait qu'elles n'ont pas le statut d'images, qu'elles ne ressemblent pas à leur cause et qu'elles ne sont pas non plus des propriétés prédicables de l'esprit car elles ne lui appartiennent pas. Ce sont des choses qui lui arrivent, qui l'affectent et l'informent sur les états de choses et son environnement.

Le paradoxe, c'est que malgré leur dépendance par rapport à l'esprit, Berkeley adopte à leur égard une position réaliste; les idées sont des choses et elles sont telles que je les perçois. Elles ont des caractéristiques qui leurs sont propres et n'appartiennent qu'à elles et non à quelque substance étendue puisque l'existence d'un support matériel a été récusée. Ce ne sont pas non plus des qualités de la substance pensante ou agissante car s'il en était ainsi, ce qui est passif pourrait être une propriété de ce qui est actif ou le qualifier, ce qui rendrait, en fonction des différentes idées perçues, les substances pensantes ou percevantes, étendues, rouges ou cubiques. Le modèle de l'inhérence de l'accident à une substance ne permet pas de rendre compte de la relation perceptive. Or, l'objet du Nouveau Principe est précisément d'instaurer la relation perceptive au cœur de l'existence en lieu et place de la relation d'inhérence en dissociant la qualité de son support substantiel. Ainsi donc, les idées sont des choses à la fois dépendantes de la relation perceptive mais ontologiquement distinctes de l'être qui les perçoit. En tant qu'elles sont perçues les idées réfèrent à des objets, à des choses sensibles différentes du sujet qui les perçoit même si elles n'existent que dans ou par cette relation perceptive, ou du moins si seule cette relation perceptive les constitue comme existantes.

Toutefois, au-delà de la caractéristique commune qui fait des idées des êtres dépendants, il faut, et c'est le deuxième point, distinguer dans les êtres perçus les objets immédiats de sens et les objets médiats. Ces derniers constituent les objets qui nous environnent (maisons, parcs, chaises, fruits, astres.). Ce sont des objets complexes qui peuvent s'analyser de deux manières différentes. On peut en effet considérer que les objets perçus, ou certains d'entre eux, correspondent au regroupement en un même objet d'une pluralité d'objets perçus ou perceptibles tout en restant un regroupement d'objets médiats des sens. Ainsi, je puis considérer une maison comme une totalité, comme un ensemble de pièces ou encore comme une partie d'une ville. Nous pouvons dire également qu'une cheminée est une, de même pour une fenêtre ou une porte et dire aussi qu'est une, une maison qui comporte de nombreuses portes et fenêtres et que cette pluralité de maisons contribue à l'unité qu'est la ville [1]. Les objets concrets peuvent ainsi s'analyser en

1. *Essai pour une nouvelle théorie de la vision*, § 109 [désormais NTV], dans G. Berkeley, *Œuvres I*, *op. cit.*

termes de tout et de parties combinées puisque l'unité entendue comme « nombre n'est rien de fixe et d'établi »[1], et est laissée à la latitude de celui qui perçoit qui peut découper ou regrouper comme il l'entend ses idées selon que cela convient le mieux à ses propres desseins. Cette combinaison est arbitraire mais elle est le résultat de l'expérience. L'esprit accomplit cette recomposition « de la manière que l'expérience lui a montrée la plus commode, expérience sans laquelle nos idées n'auraient jamais été combinées dans ces collections diverses et distinctes, comme elles le sont maintenant »[2].

Le monde sensible qui nous environne est donc organisé en une pluralité de combinaisons d'objets distincts qui sont combinés comme ils le sont en accord avec l'expérience. Ce premier niveau ontologique est suffisamment grossier pour que les constituants de ces objets soient analysés selon la relation tout/parties au sens courant du terme[3]. Nous avons affaire à des objets qui sont des concrets au sens étymologique du terme, c'est-à-dire des composés qui tiennent ensemble sans avoir d'unité d'essence. Ces touts et ces parties correspondent à des objets qui peuvent être isolés et nommés comme le sont les parties, bâtons et la partie sucrée des sucettes, qui servent à Williams d'exemples dans son étude des éléments de l'être. L'analyse peut toutefois prendre une autre forme. Si nous essayons de voir comment et de quoi est constituée une unité isolée à laquelle l'expérience m'a accoutumée, par exemple un arbre ou une pomme, il n'est pas certain que l'analyse en termes de tout et de parties suffise. On peut sans doute considérer que la pomme que je cueille est un assemblage de parties que je peux isoler et nommer comme des parties d'un tout voire comme des touts eux-mêmes, à savoir la peau, la queue, la pulpe ou le trognon. Mais une autre analyse est possible qui prend une autre forme ou se réfère à d'autres types d'idées, où dans le vocabulaire de Williams à des objets plus élémentaires. Alors que dans l'analyse précédente on retrouve, à chaque étape du découpage d'une idée complexe, des idées complexes qui entrent dans la composition de l'objet, comme c'est le cas pour les parties d'une maison, d'un arbre ou d'une sucette, l'autre analyse découpe l'objet complexe en éléments simples et non plus en parties complexes. Williams dit alors que l'on en vient à une analyse des parties plus minces ou plus subtiles de l'objet. Berkeley pratique aussi ce type d'analyse.

1. NTV, § 109.

2. *Ibid.*

3. D. C. Williams distingue les constituants ou les composants et les ingrédients. Parfois ces deux concepts se recouvrent notamment dans les conceptions atomistiques mais les ingrédients se réfèrent à ce qui entre dans la composition d'une chose au sens de ce qui permet sa production ou sa genèse alors que les constituants en sont plutôt les composants qui existent dans un objet complexe. Voir D. C. Williams, « On Elements of Being 2 », *Review of Metaphysics*, 7, 1953, p. 178.

Ainsi, si l'on reprend le cas de la pomme, on pourra dire que cette idée complexe[1], ce particulier concret que je perçois, est constitué de cette couleur, de cette saveur, de cette forme, de cette texture, qui constituent la chose distincte que j'appelle « pomme »; ce sont des parties dépendantes au sens où elles ne sauraient être séparées du tout auquel elles appartiennent[2]. Cette analyse de l'idée complexe, ou de l'objet concret, est tout à fait différente de celle qui distingue les parties indépendantes d'une totalité. En effet, la saveur, la forme et la couleur ne sont pas des constituants séparables comme peuvent l'être la peau ou la queue de la pomme, une porte ou un linteau d'une maison, le manteau ou le foyer d'une cheminée. On est effectivement là dans une analyse de constituants, plus fins selon Williams, qui résultent d'une abstraction et sont tout autant individualisés, et même peut-être davantage, que les objets concrets dont il a été question précédemment.

Si l'on essaie de traduire dans la terminologie berkeleyenne le passage des particuliers concrets, aux particuliers abstraits de Williams, on peut penser à la distinction entre idée médiate et idée immédiate des sens. Les composants[3] de la pomme, saveur, couleur, etc. sont des idées immédiates des sens que je peux isoler par abstraction mais que je ne perçois qu'associés dans un particulier concret[4]. On pourrait dire qu'il y a entre eux une connexion. Ces idées immédiates de la perception sont les constituants ultimes de ce qui est puisque ce sont les constituants ultimes du perçu. Williams parle d'un alphabet de l'être, qualification qui pourrait se trouver sous la plume de Berkeley pour qui notamment les idées immédiates de la vue sont un langage, plus précisément le langage de l'auteur de la nature. L'intérêt de ce type d'analyse est qu'il permet de rendre compte des choses sensibles sans recourir à la distinction entre qualités premières et qualités secondes en reconnaissant que si l'alphabet de l'être est composé des idées immédiates des divers sens, les syllabes de l'être peuvent être diversement composées et plus ou moins complexes. Il existe notamment des associations ou des connexions privilégiées. Ainsi par exemple les idées immédiates de la vue et celles du toucher sont très fréquemment liées et ce lien est si fort et si difficile à défaire que l'on peut croire à l'existence d'un espace commun qui dérogerait au Nouveau Principe. De fait, l'association vue/toucher du fait de

1. *Principes*, I, § 1.

2. Voir aussi chez Husserl la différence entre objet dépendant et objet non dépendant dans *Recherches logiques*, t. 2, Paris, P.U.F., 1959, p. 248.

3. Williams réserve le terme de »partie » aux concrets et le terme de »composant » aux abstraits, le terme de « constituant » pouvant être utilisé dans les deux cas. *Cf.* D. C. Williams, « On Elements of Being 1 », art. cit., trad. fr. F. Nef et E. Garcia (éd.), *Textes clés de métaphysique contemporaine*, *op. cit.*, p. 38.

4. Voir sur ce point F. Nef : « nous n'appréhendons jamais un trope indépendamment d'autres tropes ou d'un objet », *Les propriétés des choses : expérience et logique* [désormais PDC], Paris, Vrin, 2006, p. 60.

sa puissance et de la fréquence de ce lien peut être considérée comme un noyau, un constituant élémentaire de nombreux objets sensibles. L'association des objets de la vue et de ceux du toucher offrirait ainsi un stade intermédiaire entre le particulier perçu, abstrait ou isolé qu'est l'idée immédiate d'un sens et l'objet sensible dans sa complétude qui serait une combinaison composée des idées immédiates de chacun des sens. Entre ces deux extrêmes, on trouve ce qu'on peut appeler des syllabes plus ou moins complexes selon qu'y sont associées les idées d'un plus ou moins grand nombre de sens. Cette recherche est dans la continuité du rejet des universaux. En effet, pour Berkeley, l'universel n'est requis ni pour penser les objets concrets du monde, ni pour raisonner de manière générale notamment en mathématiques. En effet, les choses existent comme des propriétés particulières ou des combinaisons de propriétés particulières qui sont, pour certaines d'entre elles, situées dans un lieu et un temps précis : l'arbre dans le parc, etc. Elles sont composées d'idées sensibles hétérogènes. Cette odeur, ce son, cette forme colorée que je perçois simultanément sont les qualités ou les propriétés particulières qui constituent la chose que je perçois. Nous avons vu que leur unité est nominale, qu'elle résulte d'une décision qui tient compte de l'expérience perceptive. Le monde qui nous entoure serait ainsi fait de collections de propriétés particulières ou de tropes qui constituent des choses elles-mêmes inscrites dans des états de choses qui intègrent les composants de l'espace et du temps, le constituant élémentaire pouvant être considéré comme un trope, ce rouge, cette saveur, etc. Ainsi quand on nomme un objet sensible, par exemple une pomme ou un dé, on nomme un ensemble de tropes concomitants ou comprésents. Et si le nom excède la particularité des propriétés actualisées dans la perception, il ne réfère pas à une entité d'un autre ordre, à un universel mais aux autres propriétés particulières qui sont dans cette relation de comprésence ou pourraient l'être dans d'autres circonstances. La chose perçue n'exemplifie pas des universaux selon un modèle aristotélicien, elle n'est qu'un faisceau qui réunit des idées propres à plusieurs sens en une idée complexe dans une relation de concomitance ou d'affinité. On a vu qu'il existait des affinités entre certains tropes, notamment ceux de couleur et de forme qui sont souvent et même presque toujours associés, ou dans l'association qui fait des objets tangibles des objets médiats de la vue[1]. Ainsi, par le biais de ces associations on atteint une sorte de généralité ou du moins de structure commune, au sens où on retrouve dans chaque objet sensible une structure qui ne s'appréhende que sous les formes particulières qui en sont des manifestations et non des exemplifications. Cette interprétation est corroborée par la position de Berkeley à l'égard des archétypes

1. Sur les relations entre voir et toucher, voir M. Atherton, *Berkeley's Revolution in Vision*, Ithaca, Cornell University Press, 1990, mais aussi, du même auteur, « Apprendre à voir, les enseignements de la *Défense de la théorie de la vision* », dans D. Berlioz (éd.), *Berkeley, langage de la perception et art de voir*, Paris, P.U.F., 2003, p. 135-157.

qui sont censés, pour leurs partisans, assurer la permanence et l'unité des idées. Johnson estime que des archétypes de nos idées existent dans l'esprit de Dieu ainsi que des archétypes des relations, en particulier un espace archétypal[1]. Berkeley récuse tous ces points, refusant que nos idées soient des exemplaires d'idées en Dieu. Et quand Philonous concède l'existence d'un double état des choses, l'un naturel et ectypal, l'autre éternel et archétypal, il n'oppose pas l'universel au particulier mais le temporel à l'éternel, le fugace au permanent[2]. Or, il faut noter que si l'introduction de la temporalité est importante pour distinguer l'ectype de l'archétype, elle n'engage aucune distinction du type de celle qui existe entre particulier et universel. Elle indique néanmoins, ce qui n'est pas anodin ni sans conséquence que les tropes, les faisceaux de tropes, que je perçois sont perçus comme des états de choses successifs.

L'analyse ontologique proposée ici est bien celle de l'être en tant qu'être perçu qui reste particulier mais qui est plus ou moins concret au sens de composé. On notera que cette analyse qui remonte jusqu'aux idées immédiates des sens recouvre celle des objets compris en termes de composants. Ces composants une fois validés par l'expérience et surtout inventoriés dans le lexique des objets, servent de base ou d'arrière-plan aux expériences perceptives fugaces qui se renouvellent sans cesse. En ce sens, la liaison régulière des idées de la vue et de celles du toucher, liaison à certains égards porteuse d'illusion si elle est comprise dans le cadre d'une métaphysique de la substance, fait de l'espace comme objet médiat de la vue le fond sur lequel se donne le plus souvent d'autres expériences perceptives.

Si donc l'on considère que les idées immédiates des sens sont des particuliers abstraits[3], le terme de « trope » peut leur être appliqué. Ainsi, le rouge de cette rose n'est pas à proprement parler une propriété de la rose, une qualité seconde comme aurait dit Locke, ce n'est pas non plus un rouge instancié dans tel particulier fin pour reprendre la terminologie d'Armstrong[4], c'est un rouge particulier, le rouge de cette rose et uniquement cela, perçu comme rouge avant même d'être qualifié comme le rouge de cette rose. La définition que Frédéric Nef donne des tropes semble bien convenir dans la mesure où on peut effectivement dire des idées immédiates des sens ce qu'il écrit des tropes à savoir que « ce sont des traits de la réalité, des manières dont les choses sont en certains

1. « Correspondance avec Johnson », dans Berkeley, *Œuvres II*, *op. cit.*, p. 192.

2. DHP, III, p. 254.

3. F. Nef, *Traité d'ontologie pour les non-philosophes (et les philosophes)*, Paris, Gallimard, 2009, p. 342.

4. D. M. Armstrong, *Les Universaux*, Paris, Ithaque, 2010, p. 117.

moments et en un certain lieu »[1]. Ce sont des données premières, presque infralinguistiques. Comme le note P. Simons, les tropes sont des particuliers qu'aucun nom propre, sauf exception, ne désigne. Le rapprochement entre idées simples, objets immédiats des sens et tropes semble donc pertinent. En effet, comme les tropes, les objets immédiats des sens se découvrent au terme d'un processus d'abstraction et d'analyse d'une réalité complexe et composite[2].

Nous pouvons faire ici une première série de remarques. Si nous acceptons l'équation trope/ idée immédiate des sens, nous pouvons dire que les objets immédiats des sens sont bien les éléments constitutifs de l'ontologie de l'être perçu puisqu'ils ne sont pas décomposables. Les objets du monde, objets médiats des sens, sont ainsi des collections de tropes à complexité variable selon la variété des idées immédiates des sens qui entrent dans leur composition. En outre, on constate que certaines associations, en lien avec la localisation, sont fréquentes alors que d'autres sont plus rares, comme notamment les saveurs ou les odeurs qui, souvent plus diffuses, ne sont pas toujours associées à un objet concret et n'existent alors que sous forme d'événements fugaces. En revanche, eu égard à la localisation, les idées immédiates de la vue et du toucher, régulièrement associées et considérées par le nom qu'elles portent comme constituant un espace, sont de bonnes candidates à la structuration du monde des objets en voie de concrétisation, sans que leur statut ontologique soit pour autant différent de celui des autres idées immédiates. Quand c'est la localisation, ou la proximité spatiotemporelle qui détermine l'association, les idées immédiates des sens qui sont ainsi regroupées en objets, entretiennent des relations de comprésence et de simultanéité. Berkeley insiste souvent sur ce point, les idées sont saisies ensemble et sont pour cette raison considérées comme une seule chose, comme un regroupement (*congeries*)[3] ou un faisceau (*bundle*) de propriétés concomitantes et comprésentes. Ces tropes unis du fait de leur localisation commune forment des particuliers concrets que l'on peut nommer, des pommes, des tables, bref des objets dont Berkeley nous dit que l'ontologie immatérialiste les laisse inchangés; ce sont

1. PDC, p. 180. Voir aussi D. Berlioz et F. Nef, « Berkeley ou l'idée contre la représentation », dans K. Sang Ong-Van-Cung (éd.), *La voie des idées, le statut de la représentation aux XVIIe-XXe siècles*, Paris, CNRS, 2006, p. 163-177.

2. C'est précisément ce que fait Berkeley dans les premiers paragraphes des *Principes*. En effet, il n'est nullement hostile à l'abstraction, entendue comme une attention sélective à un élément d'un ensemble complexe; ce qu'il rejette, c'est l'idée que l'on puisse abstraire du général à partir du particulier. *Principes*, introduction, p. 16.

3. On sait que, dans ses *Notes philosophiques*, Berkeley parle de « bundles » mais aussi de « congeries », d'amas pour caractériser l'esprit mais on sait aussi qu'il décrit les objets comme le dé ou comme la pièce dans laquelle il se trouve en énumérant les caractéristiques sensibles qui sont regroupées sous tel ou tel vocable. Or, comme le fait remarquer Peter Simons, une ontologie de faisceaux est parfaitement économique car on n'a pas besoin de recourir ni à la notion de substrat ni à celle de particulier nu qui serait comme le support individuel de ces qualités.

des totalités qui sont, selon les circonstances, perçues ou seulement perceptibles. Ils jouent dans la construction de l'expérience le rôle d'éléments fixes sur lesquels l'expérience perceptive vient s'inscrire et s'enrichir. Ces particuliers concrets ont une certaine autonomie contrairement aux idées immédiates qui restent totalement dépendantes de l'actualité d'une perception ; le langage les a fixés avec un certain nombre de leurs caractéristiques. Ils deviennent de ce fait des objets stables sur lesquels ou à propos desquels un événement perceptif pourra avoir lieu à la manière des tropes de Williams qui ne se manifestent qu'associés à des concrets. En effet, l'objet fixé par son nom condense les expériences perceptives antérieures mais reste incomplet ou en attente de compléments potentiels, puisque d'autres caractéristiques sensibles non perçues actuellement pourraient se trouver conjointes et perçues dans d'autres circonstances. S'il en est ainsi, les idées immédiates des sens sont doublement dépendantes. D'une part, elles ne peuvent pas exister sans être perçues, ce qui est conforme au Nouveau Principe, mais elles dépendent également d'autres idées puisque, dans l'expérience perceptive, elles ne sont pas perçues de manière isolée mais associées à un faisceau d'idées. Toutefois, cette dépendance ne s'oppose pas au caractère ontologiquement premier des idées immédiates des sens dont les concrétions que sont les choses sensibles sont le résultat.

Jusqu'ici nous avons considéré le cas d'idées immédiates hétérogènes liées du fait de leur concomitance et de leur proximité voire de leur comprésence. Mais les idées peuvent aussi être associées de manières différentes. En effet, les idées immédiates des sens ne sont pas seulement reçues passivement dans la perception, elles peuvent aussi être l'occasion pour l'esprit de déployer à leur sujet une activité, notamment une activité de type cognitive. Ainsi certaines idées permettent d'en anticiper d'autres, c'est le cas des idées de la vue et de celles du toucher [1] ; les idées visuelles peuvent être des pronostics des idées tangibles. Elles instruisent celui qui les perçoit des idées tangibles qu'il est susceptible de percevoir s'il se déplace. Ces idées sont des objets de l'imagination et non des sens, elles ont un pouvoir de suggestion. Mais l'activité peut être de type rationnel. C'est ce qui se passe dans les sciences spéculatives comme la philosophie naturelle et les mathématiques qui traitent « des idées reçues des sens et de leurs relations » [2]. Il faut, pour Berkeley, expliquer le fonctionnement de ces raisonnements scientifiques sans avoir recours aux idées générales abstraites qui sont récusées comme impossibles, inconcevables et contraires au Nouveau Principe [3].

Dans ces conditions comment le raisonnement s'effectue-t-il ?

Dès lors que l'idée générale est impossible à concevoir ou à se représenter, il faut expliquer, dans le contexte de l'ontologie particulariste de Berkeley,

1. *Principes*, I, § 44.
2. *Ibid.*, § 101.
3. *Ibid.*, introduction, § 15.

comment et sur quoi l'esprit raisonne et comment il peut généraliser son raisonnement. Dans le raisonnement géométrique par exemple, nous ne raisonnons pas, à la suite d'un processus d'abstraction/généralisation, sur un objet abstrait et général ou sur un concept commun à plusieurs idées, le triangle général ou la ligne. En revanche, l'esprit raisonne sur une idée particulière dont il ne retient que certaines caractéristiques. Partant d'un faisceau d'idées sensibles ou si l'on veut de tropes, il pratique une abstraction qui résulte d'une attention sélective qu'il porte à certaines caractéristiques d'une idée perçue. Il s'agit d'une abstraction au sens où l'esprit sépare par la pensée, isole un trait d'un particulier, par exemple, la linéarité de ce tracé que je vois sur le sable ou sur un papier. Ainsi, la généralité suppose que l'on isole en premier lieu un élément de l'objet lui-même. Cette opération n'est pas sans conséquence sur la nature de l'idée considérée. En effet, ce travail de l'esprit, notamment en géométrie concerne essentiellement des idées médiates de la vue, des tropes complexes si l'on veut. Dans les raisonnements géométriques, l'idée sensible considérée par le géomètre est une idée tangible[1], une ligne, ou un contour dans le cas du triangle, traduite dans une idée médiate de la vue commune à la vue et au toucher, c'est-à-dire que le raisonnement ne porte que sur un faisceau réduit d'idées sensibles, sur des figures. Le géomètre ne considère pas un faisceau de tropes hétérogènes comme c'est le cas dans la perception d'un objet sensible, il raisonne sur le tracé d'une ligne ou d'une figure triangulaire sur le papier ou ailleurs, sur un objet médiat de la vue qui fait l'objet d'une expérience perceptive dans laquelle l'idée visuelle est la traduction d'une idée tangible. L'objet du raisonnement n'a plus le caractère fugace des idées immédiates de la vue (lumière et couleurs), ou du toucher (la dureté ou la douceur), il a la stabilité d'un objet notionnel tout en restant particulier. Il ne s'agit pas d'une idée générale abstraite de ligne ou de triangle construite à partir d'une propriété commune à tous les particuliers de la même sorte, ce qui est impossible pour Berkeley dans la mesure où cela exigerait, ce qu'il tient pour impensable psychologiquement et ontologiquement impossible, que soient associées dans un même objet des propriétés contradictoires. Pour lui, la généralité réside dans la relation qu'une idée particulière abstraite entretient avec des idées particulières abstraites similaires qu'elle signifie et qu'elle représente[2]. Cette conception permet de rejeter toute thèse qui ferait du particulier est une instanciation de l'universel. Ainsi, les choses qui deviennent universelles par l'usage qui en est fait ne sont pas changées quant à leur nature. L'idée générale de triangle n'est qu'une idée particulière de triangle, ou l'idée d'un triangle particulier rendue générale par l'usage qu'en fait l'entendement. L'usage général d'une idée, ne relève ni de la perception ni de la suggestion mais bien du jugement et de

1. L'objet de la géométrie est en effet l'espace tangible. Un aveugle peut être géomètre. Voir sur ce point NTV, § 124, p. 133.

2. Voir sur ce point *L'Analyste*, quest. 6, dans G. Berkeley, *Œuvres II*, *op. cit.*, p. 324.

l'activité inférentielle de l'esprit. Quittant le domaine du perçu ou plus précisément de l'objet immédiat des sens, il traite d'un objet médiatisé, de l'espace tangible médiatisé par la vue. Ainsi, un triangle particulier peut représenter également et au même titre tous les triangles, sans référence aucune à un triangle universel, du seul fait de la capacité des uns et des autres à se représenter mutuellement. Ce qui permet de raisonner de manière universelle, c'est qu'au terme d'un processus d'exclusion de certaines propriétés que l'on pourrait dire accessoires eu égard à l'objet du raisonnement (nature de l'angle, égalité ou inégalité des côtés, ou encore leur longueur), on retient non un ensemble contradictoire, comme c'est le cas chez Locke si l'on en croit Berkeley, mais une combinaison restreinte de propriétés particulières sur lesquelles on fera porter le raisonnement. L'idée générale n'est pas abstraite, elle est plutôt médiatisée, elle relève du domaine des signes et c'est pour cela qu'elle peut faire l'objet d'un raisonnement. Il s'ensuit que la généralité ne peut être qu'extensionnelle ou distributive. L'universalité consiste seulement à rapporter à toutes les autres innombrables figures qui diffèrent notamment par la taille ou par d'autres caractéristiques, le raisonnement qui porte sur telle figure particulière[1]. La généralité est celle d'une classe de ressemblance. Mais la figure particulière sur laquelle on raisonne n'est qu'une idée médiate c'est-à-dire une idée sensible médiatisée, en l'occurrence l'image visuelle d'une idée tangible. La médiation permet le raisonnement mais cela se fait au détriment de ce qui, dans l'idée immédiate d'un sens, ne peut pas être médiatisé par la vue. On raisonne sur un particulier appauvri en termes de contenu perceptif. Les lignes, ou les triangles, considérés en géométrie, ne sont plus des tropes de lumière ou de couleur mais la traduction visuelle d'idées tangibles, des images d'idées tangibles.

Tout cela conduit à réduire la portée de la comparaison entre les idées berkeleyennes et les tropes. En effet, ne peuvent être comparées à des tropes que les idées immédiates propres à chaque sens et leur regroupement dans des tropes complexes. C'est dans le donné irréductible passivement reçu que la réalité nous est donnée dans cette adéquation de l'être et du perçu affichée dans le Nouveau Principe. Dès lors que l'esprit intervient, qu'il s'agisse de l'imagination ou de l'entendement, l'irréductibilité de perception se perd au profit de la stabilité d'un espace vital construit ou d'un monde d'objets médiatisés par le langage. Toutefois, même si elle n'a qu'une portée limitée, la comparaison avec les tropes permet de mieux mettre en évidence la différence ontologique fondamentale entre les idées immédiates des sens et notamment les idées visuelles qui sont autant de signes de la présence divine et les idées médiates des sens. Qu'il s'agisse de faisceaux d'idées hétérogènes fixées et médiatisées par le nom qu'on leur

1. Voir ce passage : « On doit parler d'une ligne qui sur une figure n'a qu'un pouce de long comme si elle contenait dix mille parties, puisqu'on ne la considère pas en elle-même mais en tant qu'elle est universelle », *Principes*, I, § 126.

donne, ou d'objets de l'imagination, ou encore d'un raisonnement, ces idées médiates sont à la merci d'une illusion ontologique, celle de l'existence d'un monde extérieur et indépendant de l'esprit qui prend racine dans la croyance à l'existence d'un espace extérieur à l'esprit commun à la vue et au toucher.

MURIEL CAHEN

CONNEXIONS TEMPORELLES [1]

La métaphysique contemporaine est marquée par une division entre deux approches du temps. D'une part, l'approche subjectiviste s'appuie sur notre expérience et notre usage des temps grammaticaux (*tenses*) pour soutenir que le temps est fondamentalement la succession du passé, du présent et du futur. D'autre part, l'approche objectiviste, qui entend rendre compte du temps tel qu'il peut exister objectivement, indépendamment de l'esprit, conçoit le temps comme une série d'événements entretenant des relations de précédence. Dans *Les propriétés des choses* [2], F. Nef montre les insuffisances respectives de ces deux conceptions, et tente de définir une position non classique, « irénique », qui les articulerait. Cette recherche n'aboutit pas à une conception tout à fait satisfaisante pour l'auteur, mais, selon nous, à situer le cœur du problème : comment rendre compte des relations temporelles ? On se demandera ici si l'*Anti-Hume* [3], qui achève la trilogie dont PDC est le second volet et qui propose, avec la notion de connexion, une alternative forte à la conception standard des relations, donne une réponse à cette question. D'abord, nous présenterons les objections soulevées dans PDC à l'encontre des conceptions classiques du temps (§ 1). Ensuite, nous examinerons la solution subjectiviste qu'il présente dans AH (§ 2), puis chercherons à dégager, dans ce même ouvrage, une pensée du temps objectif (§ 3). Enfin, nous montrerons comment la connexion pourrait constituer la base d'une autre approche du temps objectif (§ 4).

1. Je remercie F. Nef pour sa lecture de cet article et, bien au-delà, pour m'avoir fait découvrir la métaphysique contemporaine et m'avoir soutenue tout au long de l'élaboration de ma thèse qu'il a si patiemment dirigée.

2. F. Nef, *Les propriétés des choses. Expérience et logique* [désormais PDC], Paris, Vrin, 2006.

3. F. Nef, *L'Anti-Hume. De la logique des relations à la métaphysique des connexions* [désormais AH], Paris, Vrin, 2016.

I

Dans PDC, F. Nef soutient que les objets et le monde sont essentiellement constitués de propriétés particulières, les tropes. Les événements eux-mêmes sont ainsi conçus comme une sorte de tropes :

> [Les événements] ont une extension contrairement aux instants et les tropes, qui sont une catégorie qui comprend les événements, ont aussi une extension [1].

Plus précisément, les événements sont des « tropes temporels », au sens de Bacon [2] :

> La définition d'un trope temporel ne peut être que la suivante. Si un individu est une collection de tropes comprésents [3], un trope temporel est un trope qui appartient à cette collection pour un laps de temps, des conditions spécifiques contraignant à ce qu'il n'y ait pas de remplacement brutal de la totalité des tropes temporels comprésents (problème de l'identité à travers de temps des collections de tropes temporels, que l'on ne discutera pas ici [4].

Puisque ni le temps ni les instants ne sont des tropes, F. Nef se propose de les construire, au sens ontologique du terme, à partir de relations entre des événements :

> On construira donc directement les structures d'instants à partir de structures de tropes, en conservant les opérateurs O (recouvrement) et < (précédence). Il faudra donc définir ces opérateurs avec comme champ d'application les tropes [5].

Il s'agit notamment de construire les instants comme des groupes d'événements qui se recouvrent tous, et de déduire l'ordre des premiers à partir des relations de précédence asymétriques entretenues par les seconds. Ce type de construction, initié par Russell [6] à partir d'une reprise critique de Whitehead [7], parce qu'il ne mentionne aucune perspective subjective, est généralement associé aux approches objectivistes du temps. Cependant, F. Nef soulève une série d'objections contre ces dernières.

1. PDC, p. 100.

2. J. Bacon, *Universals and Property Instances : The Alphabet of Being*, Oxford, Blackwell, 1995.

3. Par souci d'uniformité, nous remplaçons « coprésents » par « comprésents », utilisé dans AH.

4. PDC, p. 103.

5. PDC, p. 100. Le recouvrement assure la simultanéité de ses *relata* sans présupposer leur assignation au même instant.

6. B. Russell, *Our Knowledge of the External World : As a Field for Scientific Method in Philosophy*, Chicago-London, The Open Court Publishing Company, 1914 ; « On Order in Time », *Proceedings of the Cambridge Philosophical Society*, 32, 1936, p. 216-228 ; *Human Knowledge, Its Scope and Limits*, London, George Allen and Unwin, 1948.

7. A. N. Whitehead, *An Enquiry Concerning The Principles Of Natural Knowledge*, Cambridge, CUP, 1919.

Tout d'abord, il soutient qu'elles peuvent difficilement rendre compte du changement, qui est pourtant essentiel au temps [1]. L'argument sous-jacent est donné par McTaggart [2] : puisque, dans les conceptions objectivistes, les relations et les événements sont donnés de toute éternité et constituent intégralement le temps, ce dernier est exempt de changement.

Ensuite, cet éternalisme empêche l'objectivisme de rendre compte de l'opposition entre l'avant et l'après, et donc de conférer une signification proprement temporelle à l'asymétrie de la relation de précédence qu'il se donne [3].

Enfin, l'objectivisme soutient qu'il y a des relations de recouvrement et de précédence entre les événements, mais celles-ci demeurent génériques : la construction proposée ne suffit pas à déterminer la relation particulière entretenue par deux événements singuliers donnés [4].

Pour ce faire, de même que pour rendre compte de l'opposition entre l'avant et l'après, il est nécessaire, selon F. Nef, de considérer un observateur dont la perspective est intrinsèquement orientée depuis un « maintenant ». À partir de ce « maintenant », l'observateur peut désigner des événements singuliers. Sa perspective introduit ensuite le présent, le passé et le futur dans les représentations issues ces désignations, ces temps (*tenses*) n'étant autres que des relations particulières « entre des événements et un événement singulier désigné » [5]. Bien plus, des propriétés de ces représentations temporalisées, leurs « aspects » grammaticaux précisent encore ces relations. Ainsi, dans la proposition « Marie chantait, Paul entra » :

> L'aspect (ici Imperfectif vs Perfectif) permet d'accéder à une représentation où le second est une partie temporelle du premier [6].

Enfin, cette relation tout/partie permet d'établir la relation de précédence particulière entre les deux événements :

> La relation d'antériorité entre deux événements suppose la relation tout/partie : e_1 est avant e_2 si au moins une partie de e_1 est composée de sous parties qui précèdent e_2 [7].

Au contraire, faute de l'introduction d'une quelconque perspective, l'objectiviste ne peut rendre compte, selon F. Nef, ni des temps (*tenses*), ni des aspects, ni des relations temporelles particulières entretenues par les événements :

1. PDC, p. 92.
2. J. E. McTaggart, « The Unreality of Time », *Mind*, 17, 1908, p. 457-474.
3. PDC, p. 96.
4. PDC, p. 99.
5. PDC, n. 3, p. 93.
6. PDC, p. 94.
7. PDC, p. 101.

> Le nœud de la difficulté se situe dans les relations ; car on a vu qu'à la fois nous posons l'existence de relations entre les événements comme structures fondamentales et admettons que ces relations ne peuvent être complétées que relativement à un observateur centré sur son propre « maintenant » ou présent [1].

Cependant, l'introduction de ce « maintenant » semble à F. Nef, de même qu'à nous, également problématique pour la détermination des relations temporelles.

D'abord, elle semble incompatible avec la théorie de la relativité, qui montre qu'il n'y a pas de « maintenant » ou présent absolu. Le présent varie, de même que les relations temporelles qu'il permet établir, selon les observateurs [2]. Dès lors, bien que les structures d'événements déterminées à partir d'un maintenant soient « *a priori* compatibles avec celles qu'une théorie physique peut dégager, il est tout à fait possible empiriquement qu'il n'y ait pas de correspondance entre ces structures » [3].

Ensuite, et même pour un observateur donné, on peut douter de la portée objective de la distinction entre le présent, le passé et le futur, qui semble essentiellement issue de la nature de notre expérience [4]. Pour que les énoncés impliquant cette distinction puissent être considérés comme vrais, il faudrait, selon le principe des vérifacteurs (*truthmakers*), que quelque chose dans le monde les rendent vrais. Ceci est assuré, pour beaucoup de subjectivistes, par l'hypothèse présentiste selon laquelle seules les choses présentes existent. Cependant, cette proposition soulève plusieurs difficultés. D'une part, le présent objectif étant évanescent, sans épaisseur, on peut douter que quoique ce soit puisse y subsister. D'autre part, si le futur et le passé n'existent pas, les propositions temporalisées à ces temps n'ont pas non plus de vérifacteurs. Les temps (*tenses*) permettent certes d'établir une relation entre les contenus de ces dernières propositions et le présent, défini par le moment de l'énonciation, mais cela revient à établir une relation temporelle entre un existant (présent) et un inexistant (passé ou futur). Or ceci est contraire au principe de symétrie qui veut que tous les *relata* d'une relation existent. F. Nef explore plusieurs pistes pour pallier cette insuffisance de la conception subjectiviste en l'articulant à la conception objectiviste, mais aucune ne lui semble complètement satisfaisante [5]. En notant l'ambiguïté de l'ontologie, divisée entre l'ontologie formelle objectiviste et l'ontologie matérielle associée à notre appréhension subjective, il en conclut :

1. PDC, p. 98.
2. *Ibid.*
3. PDC, p. 105.
4. PDC, p. 95.
5. PDC, IIIe part., chap. III.

> Il ne serait pas étonnant que le *truthmaking* des énoncés temporels y prenne un tour aporétique [1].

Une difficulté connexe est enfin soulevée dans PDC et AH, à propos de la façon dont Whitehead [2] conçoit les relations entre le présent, le passé et le futur. Selon lui, le passé étant nécessaire, la relation entretenue par un événement présent à un événement passé est interne. Mais le futur étant seulement possible, la relation d'un événement présent à un événement futur est externe. En d'autres termes, pour deux événements a et b où a est passé quand b est présent (et donc où b est futur quand a est présent), la relation aRb est externe, alors que la relation bRa est interne. Or ceci viole le principe, pourtant soutenu par Russell et Whitehead [3] en 1913, selon lequel toute relation a une converse (qui hérite de ses propriétés). F. Nef en conclut que :

> L'application de la théorie des relations au temps donne des résultats absurdes parce que cette théorie est incapable de rendre compte de la connexion temporelle [4].

Que l'on adopte une conception objectiviste ou subjectiviste du temps, c'est donc l'établissement des relations temporelles qui pose problème. Dès lors, pour rendre compte du lien temporel, c'est peut-être la notion même de relation temporelle qu'il faut remettre en cause, ou du moins compléter, avec celle de connexion.

II

Dans AH, F. Nef définit d'abord la connexion de façon négative, comme un lien plus fort que les relations externes et plus faible, quoique bien plus réel, que les relations internes -réductibles selon lui, à des prédicats de leurs *relata*. La connexion est ensuite définie plus positivement comme un « lien non relationnel », une « relation de relations », et est caractérisée par le fait qu'elle produit des touts unifiés : des objets constitués de tropes et dotés d'une identité à travers le temps, des états de choses constitués d'objets, et un monde composé d'états de choses. Cette dernière caractéristique distingue la connexion de la simple addition méréologique, qui peut produire des sommes arbitraires. La notion de connexion est enfin affinée par la distinction entre les connexions matérielles et

1. PDC, p. 287.
2. A. N. Whitehead, *Science and the Modern World*, Cambridge, CUP, 1925.
3. B. Russell et A. N. Whitehead, *Principia Mathematica*, Cambridge, CUP, 1913.
4. PDC, n. 124, p. 67.

les connexions formelles[1]. Les premières lient des entités matérielles, peuvent être plus ou moins fortes, sont établies à l'aide d'un tiers et sont faiblement antisymétriques. Par exemple, si un bout de bois *x* est cloué à un bout de bois *y*, *y* n'est pas pour autant cloué *x* – sans quoi *x* et *y* devraient être identiques[2]. Les secondes lient des entités abstraites, produisent un tiers, et sont symétriques. Il y a ainsi une connexion formelle entre l'algèbre et la topologie[3].

Le domaine d'application de la connexion ainsi comprise est certes très large, et dépasse le lien strictement temporel. Cependant, le rapide aperçu que nous venons de donner de la connexion laisse déjà entrevoir les avantages qu'elle pourrait avoir sur les relations pour concevoir le temps. D'une part, en étant plus fortes que les relations externes, les connexions temporelles pourraient être établies de façon non arbitraire, et rendre compte de l'unité voire de la continuité du temps. D'autre part, en étant plus faibles que les relations internes, notamment parce qu'elles ne sont pas toujours nécessaires, les connexions temporelles permettraient d'éviter le monisme et le fatalisme.

De prime abord, la connexion permet à F. Nef de résoudre les problèmes liés à la conception subjectiviste du temps, et semble donc trancher en faveur de cette dernière. Il conçoit ainsi la connexion temporelle avant tout comme un lien entre le présent, le passé et le futur– lien dont les simples relations externes ne rendent pas compte, et que le présentisme menace. Corrélativement, il soutient que la connexion temporelle réside dans le « maintenant ». Les conceptions objectivistes ne disposeraient alors que de *relations* temporelles :

> Il faut en effet distinguer la connexion temporelle qui concerne le « maintenant » et les relations temporelles qui concernent la topologie temporelle. Dans le « maintenant » sont connectées les trois dimensions subjectives du temps, passé, présent et futur[4].

La connexion temporelle étant, comme toutes les connexions, une relation de relations, elle s'effectue plus précisément en reliant les relations passé/présent, futur/présent, passé/futur[5]. Elle pourrait ainsi résoudre le problème, souligné à propos de la conception de Whitehead, de la disparité entre les relations aRb et bRa (où a est passé quand b est présent ou futur), précisément en connectant ces deux relations dans le présent. C'est en ce sens qu'on peut comprendre la connexion comme un lien non relationnel et faiblement asymétrique : en reliant aRb et bRa dans le présent, elle assure une identité faible entre a et b, au sens où

1. F. Nef conçoit aussi des connexions mixtes, qui lient des entités formelles à des entités matérielles.
2. AH, p. 44.
3. AH, p. 43.
4. AH, p. 71.
5. AH, p. 72.

elle les rend tous deux présents. En d'autres termes, la connexion temporelle intègre le passé et le futur dans le présent. Or ceci permet de conférer un mode d'existence aux premiers et une consistance au second :

> Si cette connexion n'existe pas, le maintenant est la juxtaposition de trois néants, le néant du passé qui n'est plus, le néant du présent qui n'a pas d'épaisseur et le néant du futur qui n'est pas encore. La connexion du présent et du passé produit quelque chose qui n'est pas du passé et pas du présent, et qui peut prendre la forme subjective et psychologique de la mémoire ; la connexion du futur et du présent produit de même l'anticipation [1].

Le passé et le futur existant ainsi dans le présent par la mémoire et l'anticipation, le dernier problème soulevé à l'encontre des conceptions subjectivistes, celui de la vérifaction des énoncés temporalisés, pourrait alors également être résolu. On peut ainsi justifier la conclusion subjectiviste de F. Nef :

> Le temps est perspectival et suivant le sujet les perspectives peuvent changer [2].

Cependant, ceci soulève d'autres difficultés mentionnées dans PDC. D'abord, la variabilité, selon les observateurs, des relations établies à partir de leurs « maintenant » respectifs, jette un doute sur la correspondance entre les structures définies à partir d'un « maintenant » relatif et les structures objectives décrites par la physique (cf. *supra*).

Ce doute est ensuite renforcé par le caractère apparemment purement mental de la connexion temporelle. En effet, à la fois ses *connecta* – « les trois dimensions subjectives du temps, passé, présent et futur » – et, corrélativement, ses produits – la mémoire et l'anticipation – sont « subjecti[fs] et psychologique[s] ». Il y a donc tout lieu de penser que la connexion elle-même n'est effectuée que par l'esprit. Certes, F. Nef ne dit pas, comme pourrait le faire Augustin, que ce sont la mémoire et l'anticipation qui *établissent* cette connexion. Il laisse ainsi ouverte la possibilité d'une connexion temporelle plus objective. Mais le fait qu'il ne le souligne pas laisse penser que la connexion entre les trois temps est bien dépendante de l'esprit. Or, si cela n'empêche pas *a priori* cette connexion et les structures temporelles qu'elle établit de correspondre à des connexions temporelles et des structures objectives, cela interdit de l'affirmer. Pour pouvoir le faire, il faudrait en outre montrer l'existence de connexions temporelles objectives entre des événements, des instants ou des régions du temps définis indépendamment de l'esprit, et comparer les structures qu'elles produisent aux structures subjectivement connectées, ce que F. Nef ne fait pas.

1. AH, p. 71-72.
2. AH, p. 72.

On pourrait alors supposer que, dans AH, F. Nef adopte une position non seulement idéaliste, mais encore irréaliste sur le temps. Cependant, le résumé de l'ouvrage donné en conclusion [1] écarte fermement cette hypothèse : il montre que c'est parce que l'ontologie humienne et celle des relations spatio-temporelles échouent à établir la connexion entre les points d'espace-temps qu'elles échouent à rendre compte de ce qui est – les objets et le monde –, et que c'est la raison pour laquelle il est nécessaire de poser, en plus des relations et des connexions psychologiques, des connexions spatio-temporelles « réelles ».

AH semble ainsi non pas abandonner le temps objectif, mais être guidé par sa recherche. Dès lors, c'est peut-être dans le dernier chapitre (chap. V) qui, en proposant de « représenter formellement la connexion », en donne une vue d'ensemble, qu'on peut trouver les bases d'une conception objectiviste du temps.

III

Afin de montrer le caractère à la fois primitif et fondamental de la connexion, le chapitre V de AH examine comment elle peut fonder des méréo-topologies, c'est-à-dire rendre compte formellement de la structure de l'espace-temps. F. Nef rappelle notamment comment Whitehead [2] construit, à partir de la seule notion de connexion extensive, les notions d'inclusion, de relation de tout/partie, puis de recouvrement, dont on a vu qu'elles sont essentielles aux structures temporelles. Bien plus, appliquées aux événements, ces relations permettent à Whitehead en 1919 [3] de construire leur ordre temporel. Certes, en soulignant le fait qu'en 1929, cette construction porte sur des régions et non plus des événements, F. Nef utilise ce formalisme pour rendre compte des connexions entre des régions de l'espace [4]. Cependant, on peut, sans trahir la pensée de Whitehead, l'appliquer aux régions spatio-temporelles. Dès lors, les formalisations exposées dans le dernier chapitre de AH ne faisant mention d'aucune perspective subjective, on pourrait penser que la connexion est apte à rendre compte aussi des structures temporelles objectives. Plus précisément, puisque les régions connectées sont alors comprises comme distinctes des événements [5], et donc

1. AH, p. 177-178.

2. A. N. Whitehead, *Process and Reality : An Essay in Cosmology*, New York, Macmillan, 1929, trad. fr. D. Charles, M. Elie et M. Fuchs, *Procès et réalité : essai de cosmologie*, Paris, Gallimard, 1995.

3. A. N. Whitehead, *An Enquiry Concerning The Principles Of Natural Knowledge*, *op. cit.*, IIIe part., chap. IX.

4. « On peut remarquer que la connexion en 1929 porte sur des régions et que donc elle est alors une relation spatiale pour Whitehead alors qu'auparavant elle portait sur des événements » (AH, p. 165).

5. On peut douter que, pour Whitehead, les régions soient réellement séparables des événements et objets. Chez lui, la différence entre régions et événements semble essentiellement résider dans le

abstraites en ce sens, et que la connexion formalisée est symétrique, ce serait la connexion formelle qui permettrait de fonder la structure du temps objectif.

Cependant, la connexion, telle qu'elle est exposée dans ce chapitre, semble insuffisante pour répondre aux objections soulevées dans PDC à l'encontre des conceptions objectivistes. D'abord, on peut douter que la connexion extensive, en tant qu'elle lie des régions spatio-temporelles, rende compte de la spécificité des relations temporelles par rapport aux relations spatiales, notamment de leur asymétrie. Ceci semble d'ailleurs naturel dans la mesure où les méréo-topologies exposées supposent toutes une connexion symétrique. Corrélativement, les formalisations proposées paraissent inaptes à rendre compte du changement, en tant qu'il diffère d'une distinction spatiale. Cette incapacité est encore renforcée par le caractère formel de la connexion proposée : les relations méréo-topologiques qui en découlent semblent pouvoir exister de toute éternité, de même que les régions spatio-temporelles abstraites qu'elles relient. Ceci soulève enfin l'objection majeure faite dans PDC aux conceptions objectivistes du temps : si la connexion et les relations qui en sont dérivées portent sur des régions spatio-temporelles considérées abstraitement des événements, elles ne suffisent pas à établir de relations particulières entre ces derniers. De même, ces régions, indépendamment de leurs événements, sont indiscernables les unes des autres. Elles ne peuvent alors être connectées que de façon générique, en tant qu'elles sont quelconques. Leurs connexions particulières restent donc indéterminées.

C'est peut-être pour ces raisons que F. Nef ne soutient pas que la connexion ainsi formalisée par la méréo-topologie assure la connexion ontologique du temps objectif. D'ailleurs, la première paraît incapable de jouer le rôle essentiellement assigné à la seconde : « produire quelque chose », « produire des touts », à partir d'éléments préalablement individués. En effet, le découpage des régions, considérées indépendamment des événements, semble plutôt supposer la globalité de l'espace-temps dont la connexion doit rendre compte. Et même en supposant de telles régions, on peut douter que leur connexion produise un réel tout :

> Qu'entend-on par une relation qui produit quelque chose ? [...] Ce serait artificiel de considérer que l'espace structuré par une relation serait une production de la relation, parce qu'il serait non homogène, alors que l'espace non structuré par cette relation serait homogène [1].

fait que les premières sont limitées alors que les seconds ne le sont pas. Sur ce point, Whitehead affirme : «en formulation abrégée, les régions sont les objets qui sont connectés » (A. N. Whitehead, *Process and Reality : An Essay in Cosmology*, *op. cit.*, p. 458. Voir aussi R. Palter, *Whitehead's Philosophy of Science*, Chicago, The University of Chicago Press, 1960, p. 109-110. Cependant, il ne s'agit pas ici pour F. Nef d'exposer la philosophie de Whitehead ni même sa notion de connexion extensive, mais de reprendre son formalisme pour exposer sa propre notion de connexion.

1. AH, p. 117-118.

En d'autres termes, plutôt qu'une formalisation annoncée de la connexion en général, ou même de la connexion formelle, le chapitre V de AH semble proposer une connexion formelle spécifique, méréo-topologique, qui ne présente pas les mêmes avantages par rapport aux relations temporelles que la connexion ontologique exposée dans les chapitres antérieurs. C'est ainsi que l'on peut comprendre l'interrogation de F. Nef à l'issue de ce dernier chapitre, qui souligne, une fois encore, la disparité entre la logique – ou la méréologie – et l'ontologie :

> La connexion est un opérateur méréologique et aussi un opérateur topologique [...].
> On peut se demander si ces opérateurs sont à même de représenter le connecteur ontologique de connexion [1].

Cependant, cela ne signifie pas que la connexion méréo-topologique soit un simple homonyme sans lien avec la connexion ontologique. F. Nef poursuit, et achève ainsi ce dernier chapitre :

> Il est légitime d'envisager la possibilité d'une relation formelle de fondation de la connexion méréo-topologique sur la connexion ontologique [2].

On peut en effet légitimer cette hypothèse par celle, endossée dans PDC, selon laquelle les structures d'instants et de régions spatio-temporelles surviennent sur les structures d'événements. Puisque les instants et régions spatio-temporelles considérés indépendamment des événements sont abstraits, alors que les événements sont concrets, il s'agirait de fonder la connexion méréologique formelle sur des connexions matérielles entre des événements [3]. Nous examinons dans la dernière section si une telle hypothèse, que F. Nef n'explore pas, pourrait être à la base d'une conception objectiviste du temps.

IV

La démarche objectiviste qui pourrait, selon nous, être empruntée par une ontologie de la connexion, comprend deux étapes. D'abord, elle fonderait les relations méréo-topologiques de recouvrement et de précédence entre les événements sur leurs connexions matérielles, et répondrait ainsi aux objections soulevées dans PDC. Ensuite, en suivant les propositions de construction du temps évoquées dans PDC [4] (cf. *supra*), elle fonderait les relations temporelles

1. AH, p. 176.
2. *Ibid.*
3. Conformément au principe général énoncé par F. Nef selon lequel : « la connexion formelle survient sur la connexion matérielle » (AH, p. 35).
4. PDC, p. 100.

entre les régions et entre les instants, et plus généralement la connexion méréo-topologique de ces derniers, dans les relations de recouvrement et de précédence entretenues par les événements. Dans cette hypothèse, il y aurait donc bien une priorité de la connexion sur les relations de recouvrement et de précédence, mais ce serait une priorité *ontologique* de la connexion *matérielle* entretenue par les événements sur les relations méréologiques, et non une priorité simplement *formelle* de la connexion *méréologique* sur les relations.

Faute de place, nous n'exposerons pas ici la seconde étape de cette hypothèse, qui a été plusieurs fois développée [1]. Nous tracerons plutôt les grandes lignes de la première étape, notamment en montrant comment la connexion matérielle entre les événements répond, mieux que la connexion méréologique entre les régions, aux objections soulevées dans PDC à l'encontre des conceptions objectivistes du temps.

En suivant la proposition de PDC, nous considérons ici les événements comme des tropes temporels. La connexion matérielle liant en premier lieu des tropes [2] en objets, elle rend compte des individus mentionnés dans la définition des tropes temporels (cf. *supra*). Ces individus étant des « collections de tropes comprésents », la connexion matérielle la plus fondamentale (que l'on notera C_1) assure la comprésence des tropes [3], et donc leur recouvrement au moins partiel (O). En d'autres termes, avec C_1 (x, z) pour « le trope x est connecté$_1$ au trope z » :

$$1)\ \forall x \forall z\, C_1(x, z) \supset O(x, z).$$

Et si, comme nous le supposons, seule la connexion assure le recouvrement, alors :

$$2)\ \forall x \forall z\, \neg C_1(x, z) \supset \neg O(x, z).$$

Ensuite, un trope temporel n'appartenant à un individu que pour « un laps de temps », il doit pouvoir être remplacé par un autre trope qui lui succède – la persistance d'autres tropes comprésents à ces deux tropes assurant l'identité de l'individu à travers le temps [4]. La connexion matérielle, qui assure primitivement la comprésence et donc le recouvrement partiel des tropes, doit donc aussi assurer cette précédence spécifique.

1. Pour une exposition synthétique, voir G. J. Whitrow, *The Natural Philosophy of Time*, Oxford, OUP, 1980.

2. Les tropes sont certes souvent qualifiés de «particuliers abstraits », et cela pourrait laisser penser que leur connexion est formelle. Mais «abstraits » signifie alors que les tropes sont considérés séparément des objets qu'ils constituent, et non qu'ils n'existent pas dans l'espace-temps ou qu'ils sont immatériels. Or c'est ce second sens d' « abstrait » qui détermine une connexion à être formelle.

3. Voir AH, par exemple p. 23, p. 49 et p. 137.

4. PDC, p. 103.

Ceci peut se concevoir en s'inspirant de la construction russellienne de l'ordre spatio-temporel[1]. Si deux tropes *x* et *y* sont chacun connectés$_1$ à un trope *z* sans être connectés$_1$ entre eux, alors *z* recouvre *x* et *y*, et assure de ce fait une connexion matérielle entre eux, une continuité qui rend compte de celle de l'objet constitué par les trois tropes. *x* et *y* n'étant pas connectés$_1$, ils ne se recouvrent pas. Leur connexion matérielle est donc d'un autre type que la connexion$_1$ – on la notera C_2 – et elle assure entre eux une relation spatiale ou temporelle autre que le recouvrement : la précédence (P) ou une disparité spatiale (S).

3) $\forall x \forall y \forall z\, [C_1(z, x) \wedge C_1(z, y) \wedge \neg C_1(x, y)] \supset C_2(x, y)$

4) $\forall x \forall y\, C_2(x, y) \supset [P(y, x) \vee S(y, x)]$

Puisqu'il s'agit ici de rendre compte du temps, on ne peut pas différencier « P » de « S » en stipulant que les *relata* de « P » sont des tropes *temporels*. Par contre, puisque la précédence doit être asymétrique alors que la disparité spatiale ne l'est pas, on peut distinguer « P » et « S » en se fondant sur l'antisymétrie faible de certaines connexions matérielles. Certes, F. Nef soutient que toutes les connexions matérielles sont faiblement antisymétriques, mais on peut en douter. Par exemple deux anneaux c et d d'une chaîne semblent matériellement connectés, mais R(c, d) ∧ R(d, c) n'implique pas l'identité de c et d. La relation R(c, d) a ainsi, contrairement à une relation faiblement antisymétrique, une converse qui n'implique pas l'identité de ses *relata* et qui préserve ses propriétés. En outre, cette connexion ne semble pas être orientée. Les connexions matérielles seraient donc plutôt non-symétriques, au sens où certaines seulement sont faiblement antisymétriques. Dès lors, on pourrait distinguer, dans les connexions$_2$, celles qui déterminent une disparité spatiale (C_{2e}) de celles qui déterminent une précédence (C_{2t}) par la symétrie des premières[2] et l'antisymétrie faible des secondes – ces propriétés étant primitives parce que les connexions le sont :

5) $\forall x \forall y\, [(x \neq y \wedge C_{2e}(x, y)) \supset C_{2e}(y, x)]$

6) $\forall x \forall y\, [(x \neq y \wedge C_{2t}(x, y)) \supset \neg C_{2t}(y, x)]$

On rendrait alors compte de l'opposition entre l'avant et l'après à la façon de Whitehead[3], mais en remplaçant ses relations internes par des connexions$_{2t}$ (ce qui est légitime si relation temporelle n'est pas fondée dans les prédicats de

1. B. Russell, *Human Knowledge, Its Scope and Limits*, *op. cit.*

2. L'exemple suscité du clou, qui assure une connexion spatiale et asymétrique, est problématique à cet égard, mais l'asymétrie du clouage est peut-être due à sa temporalité : il y a d'abord y, auquel on cloue ensuite x.

3. A. N. Whitehead, *Science and the Modern World*, *op. cit.*

ses *relata*), et ses relations externes, plus faibles que la connexion, par une absence de connexion$_{2t}$. Dans ce cadre, pour deux événements x et y, si x est connecté$_{2t}$ à y – y n'étant alors pas connecté$_{2t}$ à x –, alors y précède x et x est postérieur (Q) à y :

7) $\forall x \forall y\, [C_{2t}(x, y) \supset (P(y, x) \wedge Q(x, y))]$

Une connexion ne devant pas nécessairement, contrairement à une relation, avoir de converse, cette proposition échappe à l'objection faite à la proposition de Whitehead. Par contre, elle permet, comme cette dernière, de fonder l'opposition entre l'avant et l'après au sein d'une série d'événements : un événement avant un autre ne lui est pas connecté$_{2t}$, alors qu'un événement après un autre lui est connecté$_{2t}$.

La connexion matérielle ainsi conçue permet donc de rendre compte à la fois de la continuité d'un individu à travers le temps – ce qui répond à la question laissée en suspens dans PDC – et des relations de précédence en tant qu'elles sont authentiquement temporelles, notamment en tant qu'elles impliquent une opposition entre l'avant et l'après. Par conséquent, elle peut également rendre compte du changement. Ainsi, le fait que, dans une pomme, un trope de vert précède un trope de rouge, et que l'unité de la pomme est préservée parce que tous deux recouvrent un trope de texture auquel ils sont connectés$_{1}$, assure un changement de la pomme. Cette conception des connexions matérielles permet donc de répondre aux deux premières objections soulevées à l'encontre de la conception objectiviste.

Elle pourrait même donner une réponse à la troisième et dernière objection. En effet, si certaines connexions fondent des relations de recouvrement et de précédence entre les événements, alors, si les premières sont déterminées, les secondes le sont également. Or il semble que cela soit le cas. Ainsi, contrairement aux régions considérées indépendamment des événements, et de ce fait interchangeables, les tropes sont des propriétés qui peuvent être différenciées les unes des autres. Par conséquent, ils pourraient fonder entre eux des connexions individuelles et déterminées. Bien qu'une telle fondation des connexions sur les tropes ne soit qu'évoquée par F. Nef[1], elle semble nécessaire pour que les produits des connexions soient des individus, des touts, et non des sommes méréologiques arbitraires. On pourrait certes craindre que cela ne réduise les connexions à des relations internes, et, par suite, à leurs *connecta*. Cependant, le fait que les connexions matérielles sont établies à l'aide d'un tiers empêche cette réduction. Dans les cas qui nous intéressent, on peut ainsi penser qu'une

1. Voir AH, p. 105 : « Il est de l'essence des pièces connectées d'être des pièces d'un vélo », un vélo n'étant tel que parce que ses pièces sont connectées. De même, F. Nef déclare : « nous pensons que les relations sont fondées dans la nature des choses, même si elles n'existent pas comme des choses » (PDC), p. 99.

connexion$_1$ assurant la comprésence de deux tropes est établie par une substance ou un troisième trope[1]. La connexion$_2$ entre deux tropes *x* et *y* est quant à elle assurée par un autre trope, *z*, auquel ils sont tous deux connectés$_1$. Dans les deux cas, la connexion matérielle entre deux tropes est bien une « relation de relations », « établie à l'aide un tiers », et, de ce fait, irréductible à ses *connecta*, tout en pouvant être fondée sur eux.

En d'autres termes, si, comme le soutient F. Nef, la connexion matérielle est une relation de relations produisant, à l'aide d'un tiers, des objets unifiés dans le temps, alors les connexions matérielles temporelles C_1 et C_{2t} doivent pouvoir être fondées dans les tropes temporels sans y être réduites, et établir ainsi entre eux des relations de recouvrement et de précédence particulières (parce que les tropes sont particuliers)[2] et déterminées. Elles pourraient notamment ainsi permettre de rendre compte des relations de recouvrement partiel déterminées entre les événements autrement que par les aspects des propositions temporalisées.

On pourrait enfin nous objecter que les connexions temporelles ainsi conçues peuvent assurer l'unité d'un objet à travers le temps, mais qu'elles sont trop faibles ou trop fortes pour rendre compte du lien temporel entre les objets différents et, par suite, de l'unité temporelle du monde. En effet, si la connexion$_2$ entre deux tropes est assurée par la connexion$_1$ de chacun d'entre eux à un troisième, et si cette dernière assure le liage de ces tropes en un seul objet, alors soit (i) deux objets différents n'ont pas de tropes connectés $_{(\text{ni } 1,\ \text{ni } 2)}$, ils sont alors bien distincts mais ne sont pas temporellement connectés, soit (ii) un objet a toujours un de ses tropes connecté $_{(1 \text{ ou } 2)}$ au trope d'un autre objet, les deux objets sont alors temporellement connectés, mais il ne sont plus différenciés : le monde n'est qu'un seul (gros) objet. Cependant, là encore, l'analyse de la connexion donnée par F. Nef semble permettre d'échapper à cette alternative entre la déconnexion et le monisme. Notamment, la distinction de différents degrés de force de connexion matérielle pourrait permettre de soutenir que les objets différents sont bien temporellement connectés – parce que chacun a des tropes connectés à un ou plusieurs trope(s) d'un ou plusieurs autre(s) objet(s) – mais que cette connexion est plus faible que celle liant les tropes d'un même objet. La connexion rendrait ainsi compte de la force particulière du lien spatio-temporel entre les tropes d'un même objet, de la cohésion de ce dernier, ce que les simples relations externes de précédence ou de recouvrement, qui sont les mêmes que leur *relata* appartiennent ou non à un même objet, ne peuvent pas faire.

1. Cela semble certes impliquer que les deux premiers tropes sont individuellement connectés au troisième, et on pourrait penser que cela entraîne dans une régression à l'infini de la connexion. Cependant, F. Nef, en insistant sur le fait que la connexion est *eo ipso*, et qu'il n'y a pas de connexion d'ordre supérieur, soutient que la connexion échappe à cette objection. Voir AH, n. 1, p. 57.

2. Voir PDC, p. 98-99.

La connexion matérielle semble donc bien pouvoir fonder les relations temporelles de recouvrement et de précédence que les constructions objectivistes du temps se donnent, et répondre ainsi aux objections soulevées dans PDC à l'encontre de ces dernières. Dès lors si, comme on l'a suggéré, on peut aussi fonder les relations spatiales entre les tropes dans leurs connexions matérielles, et si l'on peut, comme le proposent plusieurs théories objectivistes du temps, construire, à partir de ces relations spatiales et temporelles, les régions spatio-temporelles, les points, les instants et leurs relations, alors on pourra fonder, conformément à l'hypothèse suggérée à la fin de AH, la connexion méréologique formelle sur des connexions ontologiques matérielles.

CONCLUSION

La connexion conçue par F. Nef, si elle existe et qu'elle assure la liaison des tropes en objets et des objets en un monde, peut donc constituer la base d'une construction ontologique du temps, et résoudre un des problèmes majeurs posés par la métaphysique du temps. Seulement, selon nous, la connexion temporelle primitive ne doit pas être cherchée dans le seul esprit ou dans un formalisme méréo-topologique. Ce doit être avant tout une connexion matérielle ontologique entre les événements. Ces derniers pouvant être mondains mais aussi mentaux, il est possible qu'une telle connexion permette de rendre compte à la fois du temps objectif et du temps subjectif. Ceci, en autorisant une fondation de la connexion méréologique sur la connexion ontologique, permettrait d'articuler ces deux approches du temps et plus généralement de l'ontologie.

FABIEN CAYLA

DÉFAITE DE L'UNIVERSEL ET VICTOIRE DU PARTICULIER

Que les universaux, qui sont les seules données possibles, aient pu être nommés abstractions est peut-être la plus radicale des multiples transformations dont souffre l'apparence immédiate lorsqu'elle tombe aux mains de la foi intellectuelle.
G. Santayana [1].

[...] *la question en jeu n'est pas de savoir s'il y a des universaux, mais s'il n'y a pas aussi quelque chose d'autre que les universaux.*
B. Blanshard [2].

Quelle place pour la conscience dans la métaphysique analytique ? Certainement pas celle d'un sujet structurant et fondationnel, qui contraindrait la possibilité même de celle-ci, ce qui reviendrait à la forme d'idéalisme épistémologique contre laquelle ses fondateurs avaient réagi. Mais à côté de cet idéalisme épistémologique, quasi-officiel par exemple en France avec J. Lachelier, il existait des formes d'idéalisme *expérientiel*, et elles dominaient même la pensée anglo-saxonne. H. Putnam remarquait ainsi que « au tournant du siècle [...] virtuellement tous les philosophes étaient idéalistes sous une forme ou une autre. Mais même les non idéalistes étaient dans une large mesure en accord avec les idéalistes » [3]. Néo-réalistes et réalistes critiques partageaient en effet bon nombre de

1. G. Santayana, « Physical Order and Moral Liberty », *in* J. et S. Laschs (eds), *Previously Unpublished Essays of George Santayana*, Nashville, Vanderbilt UP, 1969, p. 96-97.
2. B. Blanshard, *The Nature of Thought*, vol. 1, London, George Allen and Unwin, 1939, p. 631.
3. H. Putnam, *Mathematics, Matter and Method*, New York, CUP, 1975, p. 43.

thèses de l'idéalisme expérientiel, et le contraste n'en est que plus net avec la majeure partie de la métaphysique analytique actuelle, « naturaliste », c'est-à-dire en fait matérialiste [1]. Il reste qu'à côté de l'idéalisme empiriste, co-existaient les formes de l'idéalisme absolu pour lesquelles tout, ou presque, dépendait bien de l'esprit, de sorte qu'une métaphysique non mentaliste paraissait presque impossible. Mais il ne faudrait pas oublier que la « révolte contre l'idéalisme » du début du XXe ne signifiait pas, loin de là, un rejet du sujet de conscience. Au contraire, pour Russell et Moore, toute métaphysique était fondée sur la relation d'expérience directe du sujet de conscience aux objets de connaissance, ou sur sa converse, celle de *donné* à la conscience. Comme le disait Santayana, « ce qui existe est le fait que le donné (*datum*) est donné (*given*) à un moment particulier [...] l'intuition, non le donné, est le fait existant » [2]; et Russell estimait que « nous pouvons globalement dire que les d*onnées* (*data*) incluent tous les particuliers, universaux et faits, qui sont connus autrement que par inférence ou par croyance non dérivée d'une analyse d'un fait perçu » [3].

Or, c'est cette référence essentielle au sujet d'expérience qui a presque disparu de la métaphysique analytique actuelle. Lorsque, dans ses cours de 1886-1887, un auteur idéaliste comme J. Lagneau enseignait que « les conceptions que nous faisons entrer dans les objets extérieurs y sont mises par l'esprit et représentent moins la nature de ces objets que celle de l'esprit » [4], il formulait exactement ce contre quoi réagissaient Russell et Moore. Mais ces derniers auraient certainement endossé cet autre jugement du même Lagneau : « le commencement pour nous, c'est la sensation totale, indécomposable, intégrale » [5]. La raison de cette élimination implicite du sujet d'expérience n'est pas difficile à trouver : elle tient aux options matérialistes et naturalistes réductionnistes devenues presque indiscutables dans la métaphysique analytique [6]. Un tel consensus résulte, à mon avis, de la domination du néo-behaviorisme et de l'opinion prévalente du

1. Sur un point, cependant, la situation demeure inchangée : « La métaphysique analytique contemporaine est devenue, comme la métaphysique du XIXe contre laquelle s'était révolté Russell, presque entièrement *a priori* » (J. Ladyman et D. Ross, *Everything Must Go*, New York, OUP, 2007, p. 24).

2. G. Santayana, *Physical Order and Moral Liberty*, *op. cit.*, p. 45.

3. B. Russell, *Theory of Knowedge. Collected Papers*, vol. 7, London, George Allen and Unwin, 1984, p. 47.

4. J. Lagneau, *Cours de métaphysique*, manuscrit Lejoindre, CRDP Dijon, 2002, p. 73.

5. *Ibid.*, p. 162.

6. Il est presque d'usage de proposer des thèses «compatibles avec le matérialisme». On doit apprécier la remarque de Scott Sturgeon sur le « *zeitgeist* physicaliste » qui imprègne la profession et qui « forme la base de la plus grande partie des travaux publiés dans le domaine, pose le cadre dans lequel les étudiants sont endoctrinés, dicte les problèmes à résoudre, et pose les frontières de leur solution » (S. Sturgeon, *Matters of Mind*, London, Routledge, 2000, p. 121). L'article repris ici, dans sa première version citait en note, à titre d'exemple, le manuel de J. Kim, *Philosophy of Mind*. Boulder, Westview Press, 1976, trad. fr. dir. M. Mulcey, *Philosophie de l'esprit*, Paris, Ithaque, 2008.

« mythe du donné ». Si la sensorialité est un mythe et si l'organisme n'est rien d'autre qu'un montage de mécanismes, le matérialisme réductionniste devient en effet la seule hypothèse crédible, puisqu'on a éliminé les obstacles essentiels à cette hypothèse. Trop souvent le terme de « réalisme » apparaît en lieu et place de ceux de « naturalisme » et de « matérialisme », alors même que les auteurs qui en usent sont des nominalistes décidés. Il y a ainsi une tendance marquée au « réalisme instrumentaliste », qui consiste à tenir pour réels les modèles sémantico-formels qu'on emploie, l'ontologie devenant en quelque sorte la *réalisation d'un formalisme.* Il est vrai qu'une tendance de cet ordre est aussi très apparente dans les écrits populaires des meilleurs physiciens actuels.

Mais même si l'on n'omet pas la relation au sujet d'expérience, le réductionnisme ambiant incite à rejeter toute analyse de la structure phénoménale de l'expérience, contrairement à ce qui a été l'un des acquis majeurs de l'orientation analytique depuis Russell et Moore. Évidemment, les débats métaphysiques ne sont pas tous concernés par l'ontologie du phénoménal : les grandes oppositions de l'essentialisme et de l'existentialisme [1], du nécessitarisme et du contingentisme [2], mais aussi celle, apparentée, du permanentisme et du temporalisme [3], ne sont pas concernées, du moins en premier lieu, par la question du sujet d'expérience, mais par celle de la structure modale du monde ; elles demeureraient pertinentes même en supposant, contrefactuellement, l'*inexistence* de sujets de conscience (sauf dans le cas singulier de la métaphysique modale de D. Lewis, puisque la sélection de l'*actualité* d'un monde dépend bien de sujets d'expérience) [4]. Mais, si la structure modale du monde ne doit rien aux sujets d'expérience, il est loin d'être évident qu'il en soit de même de sa structure ontologique : les grandes oppositions du concrétisme et de l'abstractisme, de l'universalisme et du particularisme [5] ne peuvent pas, à mon avis, être sérieusement considérées sans prendre en compte les domaines de perception et leur structure phénoménale.

1. A. Plantinga, « On Existentialism », *Philosophical Studies*, 44, 1983, p. 1-20.

2. Voir T. Williamson, *Modal Logic as Metaphysics*, Oxford, OUP, 2012. Williamson juge confuse l'opposition courante entre « actualisme » (mieux rendu en français par « factualisme ») et possibilisme.

3. *Ibid.* Williamson estime également obscure l'opposition établie entre présentisme et éternalisme.

4. Il en allait de même pour l'ontologie «éternitaire » et «nécessitariste » du *Tractatus* de Wittgenstein : « Quelque chose de logique ne peut pas être seulement possible. La logique traite de chaque possibilité, et toutes les possibilités sont ses faits » (*Tractatus logico-philosophicus*, trad. fr. G. Granger, Paris, Gallimard, 1993, p. 34). Du même ouvrage voir également p. 37 : « le fixe, le subsistant et l'objet sont une seule et même chose ».

5. Ces termes sont repris de P. Simons, «Particulars in Particular Clothing : Three Tropes Theories of Substance », *Philosophy and Phenomenological Research*, 54, 1994, p. 553-557, trad. fr. F. Nef et E. Garcia (éd.), *Métaphysique contemporaine*, Paris, Vrin, 2007, p. 55-84.

L'impression du contraire vient de la transition discutable du réalisme au naturalisme dans l'emploi de la notion de vérifacteur. J. Heil note ainsi que « le réalisme requiert évidemment des vérifacteurs indépendants de l'esprit »[1]. Pour cet auteur, les vérifacteurs de toute énonciation assertorique sont, en dernier lieu, les particules et les champs quantiques. Le réductionnisme apparent de cette conception est dissipé, selon lui, par le fait qu'il n'y a pas d'implication analytique ou conceptuelle entre nos notions d'objets matériels et leurs vérifacteurs. On notera cependant que le « réalisme » dont parle Heil *pourrait* être accepté par des idéalistes « objectifs » ou « absolus » comme F. Bradley qui admet que « la vérité, pour être vraie, doit être vraie de quelque chose, et ce quelque chose lui-même n'est pas la vérité »[2]. De même, B. Blanshard estime que « La réalité est le sujet – le sujet métaphysique – de chaque jugement. C'est la relation du contenu jugé comme un tout à ce sujet ultime qui constitue sa vérité ou sa fausseté »[3]. Selon Heil, les thèses ontologiques sont évaluées, non par une confrontation directe avec la réalité, mais en comparant leurs pouvoirs explicatifs respectifs : « Une thèse en défait une autre lorsqu'elle s'avère plus apte à donner un sens à nos expériences de l'univers à la lumière de nos théories scientifiques les plus prometteuses »[4]. Mais lorsque nous tentons de détecter la « structure ontologique » du monde, nous devrions nous rappeler qu'elle est aussi – et peut-être d'abord – la structure logique de la pensée et de l'intuition[5]. T. Williamson notait en ce sens que « les métaphysiciens qui insistent le plus sur leur intérêt pour la réalité, et non pour le langage, sont par là-même les plus exposés à projeter involontairement des traits du langage sur le tout de la réalité »[6].

La structure de l'expérience phénoménale a été la question centrale de l'idéalisme empirico-critique, que ce soit l'idéalisme *réceptif* de Berkeley, l'idéalisme *projectif* de Hume, ou l'idéalisme « copernicien » de Kant – qu'on pourrait nommer idéalisme *nomologique*. Contrairement aux formes ultérieures d'idéalisme *génératif* – celles de Maïmon, de Fichte, de Hegel – visant à engendrer la réalité par des procédures récursives, des mécanismes itératifs et des dynamiques

1. J. Heil, *The Universe as We Find It*, Oxford, OUP, 2012, p. 170.

2. F. H. Bradley, *Essays on Truth and Reality*, Oxford, OUP, 1914, p. 325.

3. B. Blanshard, « Reply to Peter Bertocci », *in* P. A. Schilpp (ed.), *The Philosophy of Brand Blanshard*, La Salle, Illinois, Open Court, 1980, p. 619.

4. J. Heil, *The Universe as We Find It*, *op. cit.*, p. 97.

5. Toujours amateur d'hypothèses «astucieuses» – selon le mot de Putnam –, R. Nozick avait suggéré que la pensée et l'intuition s'accordaient si bien à la réalité en raison d'un processus sélectif d'adaptation. Ainsi, le fait que quelque chose nous paraisse évident ou *a priori* vrai résulterait de la sélection naturelle. Voir R. Nozick, *The Nature of Rationality*, Princeton, Princeton UP, 1993. On a toutefois émis des doutes sur la validité de ce type d'usage de la notion de sélection naturelle. Voir notamment J. Fodor et M. Piattelli-Palmarini, *What Darwin Got Wrong*, Farrar, Straus et Giroux, 2010.

6. T. Williamson, *Modal Logic as Metaphysics*, *op. cit.*, p. 402.

réflexives[1], nous retrouvons la priorité du phénoménal dans l'idéalisme objectif ou « absolu » de Bradley et de Blanshard, mais également dans l'idéalisme « neutre » de James et de Bergson, et dans l'idéalisme panpsychiste de Strong et d'Eddington[2]. Ces diverses formes d'idéalisme *expérientiel* ne sont vraisemblables que si elles ne font pas de l'expérience le tout de la réalité, autrement dit, que si elles se limitent à des formes d'idéalisme *restreint*. Comme le note J. Lowe, toute métaphysique crédible doit faire « au moins la supposition qu'un monde physique existe et que l'idéalisme ne soit pas vrai »[3]. Mais si ce qui est n'est certainement pas seulement ce qui est *pour* des sujets de conscience, ce ne peut pas non plus être seulement ce qui est indépendamment de tout sujet de conscience. Il y a des domaines de perception qui ne sont pas de nature physique mais psychique, et il y a donc des sujets non physiques de conscience : « En tout ce qui concerne la réalité, il y a une nette division entre la réalité de ma conscience – qui est absolue – et la réalité des objets, qui s'étend sur un large spectre »[4].

Même pour des auteurs naturalistes comme D. Williams et D. Armstrong, l'ontologie fondamentale ou « analytique » doit être distinguée de la métaphysique naturaliste. Mais en fait, chez Armstrong, elle en dépend, étant donné son argument principal contre les « entités abstraites transcendantes » telles que « des universaux transcendants, un royaume des nombres, des normes transcendantes de valeur, des propositions éternelles, des objets non existants [...] des *possibilia* et/ou des mondes possibles, des classes « abstraites » comme distinctes de l'agrégat de leurs membres »[5]. Ces entités peuvent-elles, demande Armstrong, agir causalement sur des particuliers ? Si elles le peuvent, elles doivent entrer dans le canevas causal décrit par la métaphysique naturaliste et elles ne sont plus « transcendantes » ; et si elles ne le peuvent pas, dénuées de pouvoir causal elles relèvent alors du simple postulat. Or, c'est en fait la même métaphysique naturaliste qui exclut de son domaine « les entités telles que les esprits cartésiens, les

1. Selon P. Livet, chez Fichte, « la base de la récursivité est la réflexivité elle-même puisque la récursivité est la réapplication à soi-même d'une même opération » (P. Livet, « Intersubjectivité, réflexivité et récursivité chez Fichte », *Archives de Philosophie*, 50, 1987, p. 591). La *Science de la Logique* est interprétée par Livet comme une phénoménologie de l'auto-référence dans son article « Réflexivités et extériorité dans la logique de Hegel », *Archives de Philosophie*, 47, 1984, p. 33-62 et p. 291-318.

2. Russell, note Blanshard, « est passé de l'idéalisme aux limites extrêmes du réalisme, pour finalement revenir à l'idéalisme concernant tout ce qui est objet d'expérience immédiate combiné au réalisme concernant le monde de la physique » (P. A. Schilpp (ed.), *The Philosophy of Brand Blanshard*, *op. cit.*, p. 351).

3. E. J. Lowe, *Personal Agency*, Oxford, OUP, 2008, p. 81.

4. E. Wigner, *Symmetries and Reflections*, Woodbridge, Ox Bow Press, 1979, p. 191.

5. D. M. Armstrong, *Nominalism & Realism*, Cambridge, CUP, 1978, p. 127.

espaces privés visuels et tactiles, les êtres angéliques et Dieu »[1] et qui refuse les universaux platoniciens. Pourtant, si la métaphysique naturaliste veut s'accorder à la physique fondamentale, elle perd une bonne partie de son caractère matérialiste, et semble plutôt sur la voie de ce que Ladyman et Ross nomment « fondamentalisme ontologique ». Il est vrai que Armstrong, dans *A World of States of Affairs*[2], juge finalement plus certaines les hypothèses du naturalisme que l'ontologie des états de choses dans la mesure où les vérifacteurs proposés devraient renvoyer à la structure ontologique du monde comme structure *propositionnelle*. La connexion essentielle des particuliers et des universaux dans les états de choses paraît être nécessaire et non contingente – à moins qu'elle ne soit ni l'un ni l'autre[3]. Si cette connexion essentielle est nécessaire, il se pourrait, note Armstrong, « qu'il n'y ait pas de vérifacteur [pour cette vérité nécessaire] sauf dans la structure du monde »[4]. Il y aurait ainsi des lois ontologiques des états de choses. Mais un vérifacteur comme la structure ontologique ou « loi du monde » peut-il se réduire à une combinatoire d'états de choses *physiques*, comme le veut le naturalisme ? Devrait-on dire que la structure ontologique ou loi du monde est elle-même un universel platonicien ? C'est peut-être cette difficulté qui a conduit un auteur comme E. J. Lowe[5] à établir une sorte de barrière ontologique entre les types d'étants et la structure ontologique elle-même : les catégories ontologiques ne sont pas des étants, ce sont des formes des étants. Mais d'où viennent ces catégories formelles ? Si l'on refuse de les engendrer, comme le veut l'idéalisme que nous nommions plus haut « génératif », par les procédures auto-réflexives de la pensée, il semble qu'il faille, là encore, les envisager comme des universaux platoniciens, possiblement instanciés par les étants du monde. Car on ne voit pas comment une émergence naturelle à partir des étants physiques pourrait produire des « non-étants » *formels*.

La renaissance de l'ontologie analytique est évidemment due avant tout à Quine. La question : « qu'est-ce qu'il y a ? » devait, selon lui, être pensée dans le cadre de la logique du premier ordre, car « la question de nos présuppositions ontologiques se réduit entièrement à celle du domaine des objets couvert par le quantificateur [existentiel] »[6]. Mais, dans un article qu'il lui dédiait, publié trois ans plus tard[7], Chisholm indiquait déjà les difficultés du « critère ontologique »

1. D. M. Armstrong, *Nominalism & Realism*, *op. cit.*

2. *Id.*, *A World of States of Affairs*, Cambridge, CUP, 1977.

3. *Ibid.*, p. 266-267.

4. *Ibid.*

5. E. J. Lowe, *The Four-Category Ontology*, Oxford, OUP, 2006.

6. W. W. O. Quine, « Notes on Existence and Necessity », *Journal of Philosophy*, 60/5, 1943, p. 126.

7. R. M. Chisholm, «The Contrary-to-Fact Conditional », *Mind*, 55/220, 1946, p. 290-307. Si l'on supposait datée l'analyse de Chisholm, évidemment antérieure aux sémantiques modales des

de Quine. Limiter l'« engagement » ontologique au domaine du quantificateur existentiel et à la classe de substitution de la variable individuelle ne rendait pas compte du « conditionnel contrefactuel ». Selon Chisholm, les conditionnels universels qui permettent d'inférer des conditionnels contrefactuels doivent, afin d'éviter les contre-exemples dus à des conditionnels universels « accidentels » – c'est-à-dire, en fait, accidentellement universels – renvoyer à des *implications ou connexions entre propriétés*, de sorte que les conditionnels contrefactuels se ramènent à l'assertion *non* conditionnelle de ces implications ou connexions. Mais, en ce cas, « la *connexion* devient une catégorie ontologique ultime [...], c'était cette doctrine que C. S. Peirce défendait avec son concept de tiercéité »[1]. La seconde analyse du conditionnel contrefactuel proposée par Chisholm partait d'une définition assez intriquée d'où il résultait un « engagement « ontologique soit à des *possibilia* soit à des « objectifs » ou états de choses non spatio-temporels.

Pour le platonisme nomologique – mais aussi, sur ce point, pour le matérialisme réaliste d'Armstrong – une loi physique est instanciée par des entités particulières (c'est-à-dire par des instances de propriétés liées à un *substratum*) ou par des états de choses (c'est-à-dire par des substances individuelles exemplifiant des universaux), mais en elle-même elle est une relation de « second ordre » entre universaux. À cette relation de second ordre, il faut certainement associer des conditions modales – en termes ou non de *possibilia* – pour rendre compte de son pouvoir de nécessitation[2]. Mais si les lois sont toujours instanciées par des entités particulières ou par des états de choses eux-mêmes constitués par une substance individuelle exemplifiant des universaux, il est tentant, pour qui incline au nominalisme, d'abandonner l'« universalisme » pour le « particularisme », et de réduire le second ordre au premier ordre, de sorte que l'ontologie se ramène à des connexions entre entités individuelles, substances individuelles et instances de propriétés, ou sommes méréologiques d'accidents individuels ou tropes. Un tel nominalisme nomologique peut d'ailleurs sans états d'âme faire appel aux « mondes possibles » dans l'interprétation nominaliste de D. Lewis puisque le « réalisme » modal de ce dernier serait plus justement dit un naturalisme modal : brillante adaptation des sémantiques modales aux contraintes ontologiques de Quine[3].

«mondes possibles », on peut la comparer utilement avec un traitement essentialiste et « platonicien » récent, celui de M. Jubien, *Possibility*, Oxford, OUP, 2009, chap. III.

1. R. M. Chisholm, « The Contrary-to-Fact Conditional », art. cit., p. 307.

2. Dans la lignée essentialiste de Plantinga, et avec l'appareil formel des « mondes possibles », voir la très intéressante analyse de D. Ratzsch, « Quantified Subjunctives, Modality and Natural Law », *in* D. F. Austin (ed.), *Philosophical analysis,* Dordrecht, Kluwer Academic Pub., 1988, p. 323-347.

3. Voir T. Williamson, *Modal Logic as Metaphysics*, *op. cit.*, p. XII ; M. Jubien, *Possibility*, *op. cit.*, chap. III.

Si l'ontologie nominaliste exclut par définition le platonisme, il n'en va pas de même pour les entités immatérielles du dualisme et de l'idéalisme phénoménaliste. Le promoteur de l'ontologie des tropes, Donald Williams, prenait soin de préciser que les catégories ontologiques devaient s'appliquer à *tout objet d'expérience*. Les « composantes abstraites » qui sont les constituants de tout monde possible peuvent être interprétées comme phénoménales ou comme physiques. Ces composantes abstraites dont les combinaisons en complexes successifs forment les individus concrets sont la « substance du monde ». La localisation de ces « particuliers abstraits » n'est pas exclusive des champs sensoriels ou phénoménaux et même de « tout domaine d'existence que nous pouvons concevoir – dans tout le déploiement intérieur et la structure d'une monade leibnizienne, par exemple »[1]. D'ailleurs, Williams laisse ouvertes les possibilités suivantes : *seulement* des entités matérielles, *seulement* des entités spirituelles, ou bien les deux. Le choix entre ces options requiert d'autres hypothèses que celles de l'ontologie fondamentale. L'ontologie des universaux et des états de choses d'Armstrong devrait donner les mêmes conclusions. Si celui-ci s'y refuse, c'est en raison de ses options naturalistes réductionnistes, qui sont cependant en droit distinctes de ses thèses d'ontologie fondamentale. En effet, pour Armstrong, il n'y a pas de réalité en soi du psychique, de sorte que, par hypothèse, celui-ci n'est pas inclus dans l'ontologie : la perception des qualités sensibles est en fait une illusion, et il n'y a donc pas lieu de vouloir analyser ces qualités en termes d'entités psychiques. Armstrong écrit ainsi : « une perception de la relation interne de ressemblance engendre l'illusion de la perception d'une qualité intrinsèque »[2].

Mais si l'on admet, avec Santayana, qu'il y a plusieurs règnes de l'être, il est permis – et peut-être même requis – d'être à la fois matérialiste, dualiste et platonicien, puisque chaque règne est ontologiquement irréductible. Si le règne de la vérité est « la description idéale complète de l'existence » – c'est-à-dire la totalité des propositions vraies[3], ou encore « ce segment du règne de l'essence auquel il advient d'être illustré dans l'existence »[4], le règne de l'essence en est indépendant, puisque toutes les essences, chacune à la fois individuelle et universelle, subsistent inaltérables : « L'essence est seulement ce caractère que revêt toute existence pour autant que celle-ci demeure identique à elle-même, et aussi longtemps qu'elle le reste [...]. Être capable de devenir quelque chose d'autre, être sujet au changement et pourtant durer, c'est là le privilège de l'existence ;

1. D. C. Williams, « On the Elements of Being I », *Review of Metaphysics*, 7, 1953, p. 8, trad. fr. F. Pascal, « Les éléments de l'être », dans F. Nef et E. Garcia (éd.), *Métaphysique contemporaine*, Paris, Vrin, 2007, p. 33-53.

2. D. M. Armstrong et N. Malcom, *Consciousness and Causality*, Oxford, Blackwell, 1984, p. 158.

3. G. Santayana, *The Realm of Truth*, New York, Charles Scribner's Sons, 1940, p. 14.

4. *Id.*, *The Realm of Essence*, New York, Charles Scribner's Sons, 1927, p. XV.

tandis que les essences peuvent être échangées, mais non pas changées »[1]. Les faits existants, objets des propositions vraies, une fois devenus passés, subsistent à titre d'essences mais, semble-t-il, à égalité avec l'infinité des essences non exemplifiées car il n'y a pas, dans le règne de l'essence, de privilège lié à l'exemplification : « [...] le non-existant ne peut être limité, puisque les limites de l'existant peuvent toujours être changées. Nier l'être de l'essence parce qu'il peut lui arriver de n'être pas réalisée, est contradictoire en soi : car si elle n'est pas réalisée, elle doit avoir une qualité, qui la distingue des formes réalisées »[2]. Si Santayana, formé à l'idéalisme, s'y est toujours opposé[3], un défenseur de l'idéalisme objectif comme Blanshard peut également écrire : « Je suis platonicien, en soutenant que nous vivons dans deux règnes, l'un, du changement et l'autre de la permanence [...] même les changements dans l'univers sont liés les uns aux autres par des relations qui sont en elles-mêmes intemporelles »[4]. Pour le platonisme de Santayana, chaque essence est une forme inaltérable de l'être, tandis que pour le platonisme de Blanshard, les universaux concrets constituent la trame du monde. Selon Santayana, les essences s'actualisent – ou non – dans des êtres psychiques et des objets physiques[5], mais cette actualisation ne les rend pas pour autant psychiques ou physiques, « même lorsque la conscience ou la matière leur confère une actualité temporaire »[6] : « Les essences sélectionnées, bien qu'elles ne renoncent pas à leur nature idéale lorsqu'elles sont pensées ou exemplifiées, définissent les existants auxquels ou dans lesquels elles apparaissent »[7].

Mais dans l'idéalisme objectif de Blanshard, il n'y a plus du tout de particuliers, physiques ou psychiques, pour exemplifier ou avoir l'expérience de certaines essences, puisqu'en réalité les essences *constituent* les particuliers, qui sont *réductibles* à des complexes d'universaux[8]. Car dire que ce sont des *instances* d'universaux qui existent spatio-temporellement implique que l'universel lui-même soit présent dans ses instances, ce qui nous ramène toujours à la question de l'unité et du multiple : comment l'universel peut-il être multiplement instancié ? La « voie de l'universel » consiste à poser l'identité avant

1. *Ibid.*, p. 23.

2. *Ibid.*, p. 22.

3. G. Santayana, *Scepticism and Animal Faith*, New York, Charles Scribner's Sons, 1923, p. VII : « En philosophie naturelle, je suis un matérialiste décidé – le seul apparemment vivant ».

4. B. Blanshard, *The Philosophy of Brand Blanshard*, *op. cit.*, p. 899.

5. *The Realm of Essence*, *op. cit.*, p. 13 : « L'existence en elle-même est une victoire momentanée de l'essence ».

6. G. Santayana, *Physical Order and Moral Liberty*, *op. cit.*, p. 91.

7. *Ibid.*

8. Russell rappelait l'étonnement de Bergson en 1911 lorsqu'il « remarquait, avec surprise, que je semblais penser que c'était l'existence des particuliers, et non des universaux, qui demandait d'être prouvée » (B. Russell, *My Philosophical Development*, London, Allen & Unwin, 1959, p. 120 ; trad. fr. G. Auclair, *Histoire de mes idées philosophiques*, Paris, Gallimard, 1961, p. 200-201).

l'individuation spatio-temporelle, mais il reste à déterminer quels sont les universaux vrais, c'est-à-dire ceux qui assurent véritablement l'identité. Il est évident que ce ne sont pas les universaux « abstraits » de la logique traditionnelle, qui ne peuvent ni exister ni être conçus : « l'universel, loin d'être un élément séparable, ne serait rien sans son ancrage dans ses spécifications »[1]. L'universel vrai contient ses spécifications à titre de « possibilités alternatives ». La progression de l'universel vide à l'universel concret se présenterait alors ainsi : a) l'universel abstrait comme genre commun à ses espèces, qui ne peut ni exister ni être pensé, b) l'universel générique, qui n'existe que comme objet de pensée, c) l'universel qualitatif, qui ne diffère du précédent que par degré, enfin d) l'universel spécifique, qui existe identiquement dans ses instances. En ce dernier doit se résoudre toute particularité : « ... si ce qui confère la particularité est en soi-même un universel, il n'y a pas de différence essentielle entre particuliers et universaux »[2]. Dans l'idéalisme objectif, toutes les relations d'individuation et de « particularisation » sont elles-mêmes des universaux : « ce qui est ajouté à un complexe de qualités pour le soustraire au règne des universaux se révèle n'être rien de plus que d'autres universaux »[3].

On peut ainsi, *a contrario*, comprendre pourquoi un auteur aussi informé de la tradition idéaliste platonicienne que l'était Armstrong ait toujours maintenu l'irréductibilité des particuliers « abstraits » ou « bare particulars » – particuliers nus, sans qualités –, inséparables des universaux qu'ils exemplifient dans l'unité des états de choses, c'est-à-dire des particuliers qualifiés. Ce caractère irréductible de l'exemplification par des particuliers « nus » ou « particuliers abstraits » d'universaux, la difficulté à concevoir de tels particuliers « nus », et la menace toujours potentielle de la « régression de Bradley », ce sont là sans doute les obstacles à surmonter si l'on veut maintenir un monde de particuliers.

1. B. Blanshard, *The Nature of Thought*, vol. 1, *op. cit.*, p. 584.
2. *Ibid.*, p. 635-636.
3. *Ibid.*

FRANÇOIS CLÉMENTZ

UN PEU DE LIANT : DES RELATIONS AUX CONNEXIONS ET RETOUR

INTRODUCTION

On reconnaît un véritable philosophe, entre autres choses, à la diversité, mais aussi à la cohérence et à la constance de ses objets de réflexion. Frédéric Nef, à cet égard, ne fait pas seulement partie du petit nombre d'auteurs français d'orientation ouvertement « analytique » qui, tout en consacrant d'abord une large partie de leurs recherches, comme il était d'usage dans les années 1970 et 1980, à la philosophie de la logique et du langage, n'ont jamais cessé de défendre pour autant les droits – et même, en un sens, la priorité – de la réflexion métaphysique. En raison, sans doute, de son intérêt déjà ancien pour l'œuvre de Leibniz, mais aussi du fait d'une longue fréquentation de cette admirable tradition intellectuelle qui conduit, en gros, de Brentano à Meinong et Husserl, puis, plus tardivement, jusqu'à Gustav Bergmann et à ses élèves, il figure également au tout premier rang des rares philosophes qui, en France, se sont notamment intéressés à l'épineuse question des *relations*.

Cependant, au cours de la période récente, l'attention de Frédéric Nef, me semble-t-il, aura porté plus particulièrement sur la notion de *connexion*, par opposition, si je comprends bien, à celle de relation proprement dite. Aux yeux du lecteur *lambda* des dictionnaires les plus usuels, il ne se glisse pourtant guère plus que l'épaisseur d'une feuille de papier à cigarette entre les sens respectifs des termes « lien », « liaison », « relation », « connexion », qui ont toutes les chances d'être tenus par tout un chacun pour plus ou moins synonymes. Autant avouer d'emblée que je me sens, à vrai dire, plutôt en accord avec le lecteur occasionnel du *Robert* sur ce point. Néanmoins, je ne puis évidemment pas ignorer non plus le fait que plusieurs philosophes de tout premier plan – à commencer, bien sûr, par Alfred Whitehead et Gustav Bergmann – ont effectivement tenté de promouvoir, chacun à sa manière et fût-ce pour des raisons très différentes, l'idée de connexion, sinon au détriment de, du moins par contradistinction avec celle de relation dans son acception à la fois la plus large et la plus courante. À défaut de pouvoir commenter un tant soit peu sérieusement en détail ici ces deux auteurs, je me propose tout simplement d'examiner de plus près en elle-même, dans les pages qui suivent, une distinction dont il reste malgré tout à vérifier qu'elle correspond bien à une authentique dichotomie métaphysique.

En première approximation, une difficulté majeure, à cet égard, est que les principales motivations philosophiques en faveur de la distinction en question semblent varier assez considérablement d'un auteur à l'autre. Schématiquement, elles paraissent même pointer dans deux directions de prime abord diamétralement opposées. Selon une première interprétation possible, en effet, nous devrions faire appel aux connexions parce que nous avons besoin de disposer d'un type de liens plus étroits, plus *forts*, que ceux que recouvrent les sous-catégories les plus communes de relations répertoriées par la tradition philosophique. Toutefois, suivant une autre interprétation, s'il est nécessaire de recourir à l'idée de connexion, c'est que l'enquête métaphysique requiert au contraire l'existence de liens plus *faibles* et donc, en principe, ontologiquement moins exigeants que le tout venant des relations. Dans le premier cas, en somme, les connexions seraient *davantage* que de simples relations. Dans le second, elles sont en revanche *moins* que des relations *bona fide*. Pour faire vite, on pourrait parler d'*hyper*-relations dans le premier cas et d'*infra* (ou *hypo*)-relations dans le second.

Pour être franc, je n'aurais peut-être pas pris conscience aussi nettement de cette ambiguïté si certains écrits, par ailleurs aussi stimulants qu'amplement documentés, de Frédéric Nef n'avaient attiré mon attention sur ce point. De fait, Nef, qui a beaucoup lu Bergmann et commenté à diverses reprises son œuvre, est clairement un ardent défenseur, lui-même, du concept de connexion – au point de suggérer récemment qu'il y a probablement plus de raisons de douter de la réalité des relations proprement dites que de celle des connexions[1]. Pourquoi pas, en effet, mais tout d'abord qu'est-ce, au juste, qu'une *connexion ?* C'est ici, pour le dire tout de go, que les choses deviennent nettement moins limpides à mes yeux.

1. F. Nef, « Connexion et relation », conférence à l'ENS-Ulm, *Lundis de la philosophie*, 14/10/13.

LIENS, CONNEXIONS, RELATIONS ET AUTRES FORMES DE LIAISON

Sauf erreur de ma part, il existe en effet deux raisons principales, et pourtant de prime abord antinomiques, d'établir un *distinguo* entre les deux notions de relation et de connexion. L'une d'entre elles voudrait que les relations – tant internes qu'externes, je reviendrai bientôt sur ce point – ne sont pas, du moins telles qu'ordinairement conçues, suffisamment *fortes* pour servir de ciment effectif, en quelque sorte, entre leurs *relata*. Toutefois, cette première interprétation est elle-même susceptible de deux lectures passablement différentes.

D'après la première, il conviendrait de faire appel à la notion de connexion, par opposition à la simple idée de relation, chaque fois qu'un complexe est censé être autre chose que la simple somme méréologique de ses constituants, ou qu'un tout organique (voire simplement « structural ») est supposé donner naissance à une nouvelle entité de plein droit. Selon F. Nef, en tout cas, une connexion se distingue d'une relation au sens ordinaire du terme en ce qu'elle entraîne, ou du moins rend possible, l'émergence d'une forme inédite d'entité métaphysique. Afin d'illustrer son point de vue, Nef avance toute une série d'exemples de nature assez diverse et, du moins à mes yeux, quelque peu hétérogène, qui incluent des relations aussi bien « matérielles » que « formelles »[1] : l'assemblage de deux planches en vue de fabriquer tel ou tel ouvrage de charpentier ; le système complexe des interactions entre cellules au sein d'un organe biologique ; le mélange de nodosité et d'opérativité caractéristique des inférences logico-mathématiques ; et même, tout simplement, l'évidence assez largement admise qui veut que le complexe relationnel R (a, b) soit tout autre chose, en effet, que le simple triplet (a, R, b), surtout lorsque R est asymétrique ou même simplement non symétrique. À vrai dire, certains d'entre eux – du type « la France est connexe à l'Allemagne, laquelle est connexe à l'Autriche » (exemple censé illustrer le caractère transitif de la connexion) – me paraissent relever de la connexité dans son acception purement géométrique ou topologique, donc finalement assez éloignée de l'idée de connexion *forte* qui nous intéresse ici. D'autres exemples, tel que « mon cœur est connecté à mon aorte », semblent se situer entre ces deux extrêmes, alors même que d'autres encore occupent à des degrés divers une position elle-même intermédiaire entre relations causales et relations méréologiques. Reste le cas particulier, et à bien des égards paradigmatique, des *structures* au sens fort du terme, c'est-à-dire de complexes tels que chacun de leurs constituants doit intégralement son identité, en principe, à sa position au

1. *Ibid.* ; F. Nef, « Bergmann et l'ontologie de la connexion », dans B. Langlais et J.-M. Monnoyer (éd.), *Gustav Bergmann : Phenomenological Realism and Dialectical Ontology*, Berlin, De Gruyter, 2009, p. 157-172 ; *id.*, « Structures ontologiques, connexions et modalités *de re*. Le réalisme structural », http://jeanicod. cnrs.fr, 2009.

sein du réseau entier de ses relations, directes ou indirectes, avec tous les autres éléments du système considéré. Selon moi, une relation « structurale » n'est pas autre chose, en fait, qu'une relation *interne* – ou, plus précisément, elle n'est rien d'autre qu'une forme extrême de ce que je me propose d'appeler une relation *constitutive*. Mais c'est là également un point sur lequel j'aurai l'opportunité de revenir par la suite.

Dans l'immédiat, et sans qu'il me soit possible de procéder ici à un examen au cas par cas de l'ensemble des différents exemples mis en avant par Nef, j'aurais tendance à penser qu'il est possible de rendre compte de chacun d'entre eux en termes, tout simplement, de différentes espèces de *relations* – comme le donne à penser, aussi bien, l'emploi récurrent des concepts logiques de transitivité, de symétrie ou de réflexivité. En d'autres termes, je ne suis pas sûr de bien comprendre, jusqu'ici, en quoi il serait nécessaire, véritablement, d'opérer une distinction de principe entre *relations* et *connexions*.

Cela étant, si l'on adopte une tout autre (et, selon moi, nettement plus prometteuse) interprétation de la notion de connexion en tant qu'*hyper*-relation, une connexion n'est rien d'autre qu'une relation *authentique* – une relation qui relie *effectivement* et plus ou moins *intimement* ses termes. Mais que faut-il entendre, au juste, par là ? Une relation authentique, tout d'abord, est-elle autre chose que ce que les Médiévaux appelaient une « relation réelle », par opposition à une simple « relation de raison » ?

À ce point, j'imagine qu'il conviendrait de dire au moins quelques mots à propos de cette question à peu près aussi ancienne que la tradition philosophique elle-même : qu'est-ce qu'une relation authentique (*genuine relation*) ? Depuis Platon et Aristote, en effet, les philosophes ne se sont pas contentés de débattre du point de savoir si les relations devaient ou non faire partie, en définitive, de ce que Russell appellera bien plus tard le « mobilier fondamental » du monde. Ils se sont également, et du même coup, régulièrement posés la question du (ou des) *critère*(s) susceptibles de faire, de ce point de vue, la différence. On observera que ce qui vaut, à cet égard, des philosophes globalement enclins à inclure, sinon toutes les relations, du moins une bonne partie d'entre elles, au sein de « l'alphabet de l'être » n'est pas moins vrai de ceux, apparemment majoritaires aujourd'hui, qui croient pouvoir conclure au contraire, tout compte fait, qu'il n'existe tout simplement pas (ou du moins pas « fondamentalement », mais qu'est-ce à dire ?) d'*entités* proprement relationnelles. Toutefois, il en va de même pour les philosophes à peine moins nombreux qui seraient plutôt tentés de penser, comme l'auteur de ces lignes, qu'il s'agit là, en fait, d'une question extrêmement complexe qui dépend pour une large part du *type* de relation considéré. Qu'il suffise, à cet égard, de songer aux innombrables controverses auxquelles de telles questions ont pu donner lieu tout au long du Moyen-Âge, et notamment au cours de la période dite « scolastique ». Comme l'a bien montré Mark

Henninger[1], il semble qu'en dépit de leurs profonds différends sur ce point, les philosophes médiévaux, dans leur immense majorité, se soient tout au moins accordés sur les trois postulats suivants, censés collectivement circonscrire en première approche l'idée même de relation et constituer comme un terrain d'entente minimal sur la base lequel pourrait ensuite se développer une authentique *disputatio* collective touchant le mode d'existence de ce type pour le moins particulier d'entités.

À en suivre, en effet, la tradition aristotélicienne et scolastique (qui n'a cessé, à de très rares exceptions près, de concevoir les relations comme autant de *propriétés* relationnelles ou d'« accidents relatifs »), une relation dyadique *réelle*, par opposition à une simple relation de raison, est une relation telle que :

(i) elle rapporte l'un à l'autre deux termes réellement existants ;
(ii) ses termes sont, eux-mêmes, réellement distincts ;
(iii) elle repose sur un fondement (monadique) dans au moins l'un de ses *relata*.

Cette dernière condition est particulièrement importante, car elle montre qu'une relation (catégorique) réelle, pour les premiers scolastiques, est avant tout une relation *fondée*. Dans ce contexte, les discussions portent principalement sur le point de savoir si cet accident qu'est la relation jouit d'une réalité distincte de celle de l'accident non relationnel qui constitue son fondement. Et c'est donc ici qu'intervient, une fois écartée la doctrine à mes yeux purement *ad hoc* selon laquelle une entité survenante n'ajoute rien, métaphysiquement parlant, par rapport aux entités qui la sous-tendent – la fameuse théorie du « déjeuner ontologique à l'œil » (*ontological free lunch*) selon l'expression désormais fameuse de David Armstrong –, un critère supplémentaire : le critère du *changement réel.*

De fait, une autre intuition fondamentale, et historiquement non moins respectable puisque sa formulation première remonte également jusqu'à Platon et Aristote, est qu'une relation authentique est une relation qui, d'une manière ou d'une autre, *modifie* réellement ses termes. L'insistance sur ce critère sera par la suite une préoccupation constante des philosophes médiévaux eux-mêmes. Au cœur de la controverse scolastique à ce sujet figure en effet la question du « changement réel » (par opposition à ce que Peter Geach appellera ironiquement, en pensant à Russell et à Whitehead, un changement seulement « à la mode de Cambridge »)[2]. L'idée de base était celle de savoir si les relations en question sont de nature à *faire une différence* dans la nature de leurs termes. Mais une différence de quel ordre ? Si, comme Duns Scot, nous sommes prêts à interpréter tout changement relationnel comme constituant, *ex hypothesi*, un

1. M. Henninger, *Relations : Medieval Theories 1250-1325*, Oxford, Clarendon Press, 1989.
2. P. Geach, *God and the Soul*, Ithaca, Cornell UP, 1969.

changement authentique, le risque est d'aboutir à une pure pétition de principe. Dira-t-on qu'à défaut de représenter en elle-même un changement réel, l'instanciation d'une relation (ou d'une propriété relationnelle) fondée *implique*, par définition, un changement au sein des propriétés monadiques – et donc, en principe, des propriétés authentiques – de l'un ou de l'autre de ses *relata* ? La remarque est incontestable, mais ne nous fait guère progresser. Car, tant dans le cas des relations unilatérales que dans celui des relations bilatérales, un changement de relation (fondée) ne peut apparaître que comme la simple conséquence d'un changement intervenu dans les propriétés non relationnelles des termes concernés. À cet égard, il importe de ne pas inverser l'ordre de l'explication (ou de la dépendance) : c'est seulement en vertu du fait que *a* et/ou *b* ont changé intrinsèquement que la relation *Rab* a lieu, ou cesse d'avoir lieu, et non l'inverse. Autrement dit, l'occurrence de *Rab* n'entraîne *par elle-même* aucun changement réel, au-delà de celui qu'implique l'acquisition par au moins l'un de ses termes de la propriété monadique sur laquelle elle survient.

De prime abord, il semble que nous devions aboutir à une conclusion voisine si, conformément au critère causal de l'existence (dit encore « critère de Platon »), nous décidions de formuler la notion de changement réel, ou authentique, en termes *causaux*. Car, justement, il pourrait sembler *a priori* peu probable que les relations fondées, quant à elles, apportent par elles-mêmes une quelconque contribution aux pouvoirs causaux des objets qui les exemplifient. Sans doute faisons-nous constamment appel à des relations de ce type, ou aux propriétés relationnelles correspondantes, dans le cadre de nos explications causales. Mais tout donne à penser que, même dans ce cas, les propriétés véritablement efficaces sont les propriétés monadiques qui les sous-tendent. Soit l'exemple suivant, emprunté à Franck Jackson and Philip Pettit : nul doute que le fait que les électrons *A* and *B* soient soumis, chacun de leur côté, à des forces d'intensité équivalente explique que leur trajectoire obéisse au même taux d'accélération[1]. Mais tout ce qui se produit, en réalité, est que *A* a reçu une certaine quantité de force *F* qui suffit à expliquer que son taux d'accélération soit, disons, d'ordre *Q*, et que sur *B* s'est exercée par ailleurs une force *F'* qui explique le fait que son propre taux d'accélération soit égal à *Q'*. Dans l'hypothèse où $F = F'$ et $Q = Q'$, il est effectivement tentant d'en conclure que la similitude des deux électrons en termes d'énergie est causalement responsable de leur similitude en termes de taux d'accélération. Or, en fait, nous avons affaire à deux processus causaux entièrement indépendants, sans qu'à aucun moment l'égalité $F = F'$ joue ici aucun rôle causal authentique. À s'en tenir à ce genre d'exemple, l'hypothèse la plus vraisemblable est que les relations survenantes peuvent se révéler, à leur manière, causalement pertinentes, mais qu'elles ne possèdent pas, néanmoins, de

1. F. Jackson et P. Pettit, « Functionalism and Broad Content », *Mind*, 97, 1988, p. 381-400.

rôle causal *autonome* - soit qu'elles se bornent à « programmer », au sens de Jackson et Pettit[1], l'existence d'une propriété sous-jacente causalement efficace, soit que leur rôle causal soit lui-même purement « survenant »[2]. Dans un cas comme dans l'autre, les relations considérées ne paraissent pas contribuer *par elles-mêmes* aux pouvoirs causaux de leurs *relata*, de sorte que leur instanciation n'ajoute rien, d'un point de vue strictement ontologique, à la co-occurrence des propriétés intrinsèques sous-jacentes.

Je dois, en toute franchise, confesser avoir moi-même même souscrit naguère à ce genre de raisonnement. Mais il me semble à présent que l'argument est loin, en réalité d'aller de soi. Prenons tout simplement, par exemple, les deux corps célestes *A* et *B*. N'est-ce pas, en partie, le fait que la masse de *A* est en gros dix fois supérieure à celle de *B* qui explique à la fois l'attraction que *A* exerce sur *B* et l'intensité de la force gravitationnelle considérée ? Qui plus est, n'est-ce pas la relation entre les deux masses en question (plutôt que la masse de *A* et la masse de *B* prises en elles-mêmes, fût-ce conjointement), qui est, au moins pour partie, causalement responsable de l'attraction exercée par *A* sur *B ?* Certes, nos intuitions, comme l'on a coutume de dire paresseusement, divergent sur ce point, mais il me paraît en tout cas, à la réflexion, que la seconde hypothèse est au moins aussi plausible que la première. Et donc je suis loin d'être convaincu de la pertinence de ce genre d'argument à l'encontre de la réalité des relations en général.

VOUS AVEZ DIT « RELATION INTERNE » ?

Même si l'on peut fort bien en discerner la préfiguration dans certaines distinctions antérieures, à commencer par celle qu'établit Duns Scot entre relations intrinsèquement et extrinsèquement « advenantes » (ou, dans un registre plus épistémologique, par la division qu'opère Hume entre *relations d'idées* et *points de fait*), la distinction entre relations internes et externes demeure, en tant que telle, l'un des principaux acquits du fameux débat d'ordre à la fois logique et métaphysique entre Russell et Bradley. Mais qu'est-ce, exactement, qu'une relation « interne » ?

L'expression est notoirement ambiguë, y compris sous la plume de Russell lui-même auquel il arrive de définir tour à tour ce qu'il appelle le « dogme » des relations internes comme la doctrine selon laquelle les relations sont fondées, en quelque façon, sur les propriétés intrinsèques de leurs termes, et comme l'idée que ces derniers seraient des entités non pas seulement qualitativement, mais

1. F. Jackson et P. Pettit, « Functionalism and Broad Content », art. cit., p. 381-400.
2. J. Kim, *Supervenience and Mind*, Cambridge, CUP, 1993.

aussi numériquement différentes en l'absence de la relation qu'ils se trouvent *de facto* entretenir. Considérant à tort ou à raison (à tort, me semble-t-il) que les deux doctrines aboutissent en fait la conclusion que les relations ne jouissent d'aucune forme de réalité propre, Russell, il est vrai, ne se soucie guère de les distinguer plus avant. Le fait est cependant qu'aujourd'hui encore, en parlant de relation « interne », on peut avoir principalement en vue (1) une relation qui se trouve être *fondée*, ou « survenir », sur les propriétés monadiques, non relationnelles de ses termes, ou (2) une relation *essentielle* à l'identité d'au moins l'un des *relata*. Dans l'acception d'origine principalement wittgensteinienne devenue au fil des ans, sans doute, la plus courante, une relation interne est une relation du second type, c'est-à-dire une relation telle que ses termes étant posés, la relation elle-même s'ensuit nécessairement. Mais ce n'est pas, comme on le voit, la seule acception possible. Qui plus est, ainsi que le remarquait Moore dès 1922 [1], le fait qu'une relation soit fondée sur certaines propriétés de ses termes n'implique pas qu'elle puisse être regardée comme directement responsable et, en quelque sorte, *constitutive* de l'identité de ces derniers, les propriétés en question pouvant appartenir elles-mêmes à leurs porteurs de façon nécessaire ou contingente. De ce point de vue, il suffit d'observer que le simple croisement des définitions (1) et (2) aboutit à une quadripartition – une sorte de *carré ontologique* – des relations pour comprendre immédiatement que la distinction entre relations internes et relations externes est sans doute un peu plus complexe qu'on ne le suppose habituellement [2].

Par souci de simplification, je m'en tiendrai cependant dans les pages qui suivent à ce que l'on pourrait appeler la définition désormais *standard* de la notion de relation interne :

(*RI*) R(a, b) & nécessairement, étant donnés a et b, alors $R(a, b)$.

Reste qu'il existe malgré tout, comme on l'a vu, deux raisons différentes pour lesquelles une relation est susceptible de satisfaire à une telle définition : soit qu'elle *découle* de la nature de ses termes, soit qu'elle apparaisse au contraire comme directement *constitutive* de leur essence et de leur identité [3]. J'ai déjà eu

1. G. E. Moore, « External and Internal Relations », *Proceedings of the Aristotelian Society*, 20, 1919-1920, p. 40-62.

2. Sur ce point, que je ne puis développer ici, voir F. Clementz, « Réalité des relations et relations causales », dans J.-M. Monnoyer (éd.), *La structure du monde : objets, propriétés, états de choses*, Paris, Vrin, 2004, p. 495-521 ; « Relational Truthmakers », *in* J.-M. Monnoyer (ed.), *Metaphysics and Truthmakers*, Francfort, Ontos Verlag, 2007, p. 163-198 ; « Internal, Formal and Thin Relations », *in* A. Reboul (ed.), *Mind, Values and Metaphysics. Philosophical Essays in honor of Kevin Mulligan*, vol. 1, Heidelberg, Springer, 2014, p. 207-223.

3. *Cf.* la distinction voisine – et sinon conceptuellement, du moins formellement équivalente – qu'établit de son côté Ingvar Johansson entre relations *faiblement* et relations *fortement* internes (« Hypo-realism with respects to relations », http://hem.passagen.se/johansson/index/html, 2012).

l'occasion d'expliquer plus haut en quoi les relations « fondées » en général, contrairement à certaines idées reçues, n'avaient vraisemblablement aucune raison d'être *a priori* exclues du rang des relations ou, si l'on préfère, des *connexions* authentiques. Reste donc le cas, encore plus parlant, des relations constitutives – telles, par exemple, que les relations *structurale*s, du type de celles que sont censées entretenir les nombres entre eux suivant certaines conceptions de l'arithmétique, ou encore les contenus sémantiques et/ou mentaux dans une perspective « fonctionnaliste » en philosophie de l'esprit. De telles relations – à supposer d'ailleurs qu'il y ait lieu d'en admettre l'existence effective en-dehors du domaine des purs *abstracta* – représentent sans doute l'exemple paradigmatique d'une relation *intern*e dans l'acception la plus forte du terme. Une relation constitutive, répétons-le, est une relation à ce point essentielle à l'identité même de ses *relata* que, si elle ne devait pas relier l'un à l'autre, l'un d'entre eux au moins serait une entité numériquement distincte de celle qu'il se trouve être en fait. Je vois mal comment l'on pourrait imaginer, en l'occurrence, changement plus radical. Et, de fait, ce n'est sans doute pas un hasard si Nef lui-même, à plusieurs reprises, se réfère aux travaux de l'excellent philosophe néo-bradleyen Timothy Sprigge [1] et, plus particulièrement, au concept d'*intrinsic conectiveness*, tel qu'illustré, notamment, par le lien plus qu'étroit censé exister entre diverses catégories d'états mentaux et leurs idéats dans le monde, à en croire du moins certaines conceptions à la fois néo-fregéennes et radicalement externalistes en matière de philosophie du langage et de l'esprit (G. Evans, J. McDowell). Les connexions intrinsèques de Sprigge sont typiquement ce que j'entends par « relations directement constitutives » (et font donc partie de ce qu'Ingvar Johansson, quant à lui appelle des relations *fortement* internes) au point que l'on pourrait tout bien les qualifier de relations internes *par excellence*. Il n'en demeure pas moins que les liaisons internes en général, même directement constitutives, ne représentent finalement, d'après ce qui précède, qu'une sous-espèce de *relations*. A ce point, par conséquent, je ne comprends toujours pas la nécessité d'opposer, justement, les *connexions* aux relations.

1. Voir en particulier T. L. S. Sprigge, « Intrinsic Connectedness », *Proceedings of the Aristotelian Society*, 88, 1998, p. 129-145.

D'UN ÉVENTUEL DEGRÉ ZÉRO (OU PRESQUE) DE LA RELATIONALITÉ

Il est largement temps, à présent, de nous tourner vers la seconde des deux principales possibilités théoriques distinguées au début de ce chapitre et de considérer les motifs philosophiques de nature à recourir à la notion de connexion, cette fois et à l'inverse, en tant qu'*hypo*-relation. A vrai dire, la seule raison sérieuse que je vois, pour ma part, de donner corps à l'idée d'*une relation-qui-serait-en-quelque-sorte-moins-qu'une-relation* tient à la nécessité de concevoir une forme spécifique de lien entre, disons, un particulier concret et chacun des différents universaux, eux-mêmes monadiques ou éventuellement relationnels, qu'il est susceptible d'exemplifier. En d'autres termes, les connexions ainsi entendues seraient requises pour résoudre le fameux problème de l'exemplification ou, s'agissant des relations elles-mêmes, pour couper court au paradoxe d'Avicenne (dit aussi « de Bradley »). De là, dans de très nombreux écrits sur ces questions, parmi lesquels ceux de F. Nef, l'évocation récurrente tant du *nexus* de Bergmann que de l'improbable *non-relational tie* de Peter Strawson. Plus généralement, au-delà du cas de l'exemplification aussi bien monadique que polyadique, la notion de connexion est supposée rendre compte des relations dites « formelles » – ou du moins de l'ensemble forcément restreint des relations « ontologiquement formelles », pour reprendre une expression due au regretté Jonathan Lowe –, c'est-à-dire, en d'autres termes encore, de ces rares relations trans-catégorielles que les Médiévaux qualifiaient, quant à eux, de « transcendentales ».

C'est un fait assez généralement admis – et, à mes yeux, en effet difficilement contestable – que les relations formelles constituent autant de relations *internes*. Un des présupposés qui sous-tendent le plus souvent cette affirmation, néanmoins, est que les relations internes en général peuvent, dans la tradition post-russellienne, être regardées plus ou moins comme étrangères au domaine des éléments fondamentaux de l'être. Et l'un des arguments les plus fréquents à l'appui de ce type de considération est qu'il s'agirait là, à tout prendre, de la meilleure façon de faire, d'entrée de jeu, l'économie de la régression de Bradley, du paradoxe du « troisième homme » et autres apories présumées du même ordre. Fort bien. Cependant, si nous voulons éviter que cette solution radicale ne puisse apparaître purement *ad hoc*, il nous faut de toute évidence disposer d'une raison *indépendante* en faveur, conjointement, de l'idée qu'une relation formelle est une relation interne et de sa conséquence présumée, qui voudrait que les propositions relationnelles de type « formel » ne requièrent finalement pas de vérifacteurs (*truthmakers*) qui soient eux-mêmes authentiquement *relationnels*.

S'agissant de la première supposition, l'argument le plus courant est que les relations formelles satisfont à la définition usuelle d'une relation interne comme découlant directement de l'*essence* de ses termes (ou, pour formuler les choses de façon un peu plus prudente, que les *vérités* formelles sont elles-mêmes des vérités essentielles). Jusqu'ici, je ne vois aucune raison d'être en désaccord avec la *doxa* contemporaine : les relations formelles sont autant de relations essentielles et donc, effectivement, d'une manière ou d'une autre, internes.

À considérer les choses un peu plus en détail, il semblerait cependant que la situation soit légèrement plus complexe et dépende en grande partie du type de relation formelle que l'on a présent à l'esprit. Il ne fait certes strictement aucun doute que les relations formelles sont elles-mêmes directement en rapport avec l'essence même de leurs *relata*. Ainsi, par exemple, la raison évidente pour laquelle Marylin Monroe est identique à Norman Jean Baker est qu'il est de l'essence de Marylin Monroe d'*être*, tout simplement, Norman J. Baker[1]. Ou supposons que vous ne souscriviez pas seulement (suivant Armsrtong et *contra* Nef, à ma connaissance plutôt ami des tropes) à une forme quelconque de réalisme immanent des universaux, mais aussi – cette fois, *pace* Armstong lui-même – à l'idée que les universaux ont des *instances* : bien que la tomate que voici ait pu en principe revêtir une autre couleur (après tout, il existe aussi des tomates vertes ou jaunes), il est de l'essence de la couleur qui est en fait la sienne d'être une instance particulière de rouge. Ou bien, pour finir, soit encore le cas de la *dépendance* existentielle : si *A* dépend ontologiquement de *B*, il va sans dire que, dans l'hypothèse où *B* n'aurait pas existé, soit *A* n'aurait pas existé non plus, soit *A* eût été une entité intrinsèquement différente de ce qu'elle se trouve être *de facto*. Sauf erreur, c'est bien là tout ce que recouvre en définitive la notion de dépendance ontologique. En ce sens relativement trivial, il est clairement de l'essence de *A* de dépendre de l'existence de *B*.

De tels exemples, à première vue, paraissent conforter la thèse selon laquelle cette sous-espèce, au moins, de relations internes – qualifiées par Kevin Mulligan de relations « fines » (*thin relations*)[2] – que constituent les relations *formelles* satisfait à toutes les exigences de la désinflation la plus extrême pour ce qui est de la réalité ontologique des relations, de sorte qu'il serait du même coup *a priori* préférable de les requalifier, en effet, en tant que simples « connexions ». De fait, tout donne à penser que Marylin Monroe elle-même (ou, en l'occurrence, Norman Jean Baker !) fournit un vérifacteur suffisant pour rendre compte de la vérité difficilement contestable qui veut que la première soit identique à la seconde. Et tout donne à croire également que la rougeur éclatante de la tomate qui est dans mon assiette suffit, en elle-même, à rendre vraie l'affirmation selon

1. E. J. Lowe, « There are (probably) no relations », *in* A. Mondoro et D. Yates (eds), *The Metaphysics of Relations*, Oxford, OUP, 2016, chap. VI.

2. K. Mulligan, « Relations ; through thick and thin », *Erkenntnis*, 48, 1998, p. 325-353.

laquelle « la couleur de cette tomate est une instance particulière de rouge ». Du même coup, l'on pourrait être tenté de pousser le bouchon un peu plus loin et de poser en principe, à la suite de Lowe lui-même, que les vérités formelles, en règle générale, n'ont carrément pas besoin de vérifacteurs, dès lors qu'il s'agit de vérités essentielles et que les essences ne sont pas des entités à proprement parler, mais seulement ce que *sont* les entités considérées.

Cependant, j'ai déjà eu l'occasion de suggérer que la question, prise dans son ensemble, était vraisemblablement moins simple. Il existe, de ce point de vue, au sein des relations internes elles-mêmes, des différences notables. Assurément, *certaines* relations formelles sont si « fines », en effet, que l'on pourrait même les qualifier de métaphysiquement *diaphanes*. Encore que la chose prête traditionnellement à controverse, la notion d'identité, par exemple, ne paraît recouvrir qu'une *pseudo*-relation, du seul fait que si « $A = B$ » est vrai, alors forcément A et B ne sont pas des entités distinctes. Ou bien prenons, une fois encore, le cas de l'*instanciation*. Imaginons, par exemple, que le particulier concret a (notre amie la tomate) exemplifie la propriété F (mettons, l'universel *rouge*), donnant *ipso facto* naissance à une instance elle-même particulière de rougeur, que l'on appellera p. C'est en soi un état de choses parfaitement contingent qui fait que a se trouve exemplifier F, mais dès lors que tel est bel et bien le cas, p existe et p est essentiellement une instance de F. De surcroît, non seulement est-il *de* l'essence de p d'être une instance de F – de même qu'il est par ailleurs de son essence, également, d'être un « accident individuel » de a, comme auraient dit les Médiévaux –, mais F, en l'occurrence, *est* très précisément son essence même (ou, du moins, une partie d'entre elle). Or je suis d'avis que nous devrions effectivement nous accorder avec Aristote pour considérer qu'une entité et son essence ne sauraient être elles-mêmes deux entités distinctes (ou, pour le dire d'une autre façon, que les essences ne sont pas, quant à elles, des *entités*), puisque, si tel devait être le cas, l'essence d'une entité ou d'une substance devrait posséder à son tour sa propre essence-*qua*-entité, et ainsi de suite, au risque d'une forme évidente de régression à l'infini. Cette fois encore, nous ne sommes pas en présence de deux items réellement distincts qui pourraient donner lieu à une authentique *relation*.

Toutefois, je ne suis pas certain que l'on puisse étendre ce type d'argument à l'*ensemble* des relations (ontologiques) formelles. Prenons tout simplement, pour commencer, le cas de la *dépendance existentielle*. Afin de résumer brièvement ma position sur ce point (qui rejoint globalement cette fois, en revanche, celle de Lowe) [1], au-delà de l'exemple quelque peu particulier de la dépendance ontologique évidente des instances d'universaux vis-à-vis de leurs porteurs respectifs, je ne vois pas bien, tout d'abord, pourquoi le simple fait qu'une entité quelconque dépende d'une autre entité quelconque pour son existence et son

1. E. J. Lowe, *The Possibility of Metaphysics*, Oxford, OUP, 1998, p. 143.

identité, ou bien même qu'elles dépendent de ce double point de vue l'une de l'autre, devrait nous amener à conclure que les deux entités en question ne font qu'un en réalité. Après tout, un exemple majeur de dépendance ontologique dans la tradition médiévale est celui de la dépendance de la créature vis-à-vis de son Créateur : une relation « transcendantale » qui, de toute évidence, n'implique pas que ses termes ne sauraient être considérés pour autant, selon la formule de Hume, comme des existences distinctes. Mais dans cas, et donc une fois écartée l'objection selon laquelle cette sorte de relation échouerait d'emblée à satisfaire l'une des conditions minimales pour qu'elle puisse être une forme de relation *stricto sensu*, on est droit de se demander quel autre argument pourrait être avancé en ce sens. Suffirait-il, par exemple, de faire valoir qu'un énoncé comme « *A* dépend ontologiquement de *B* » n'a besoin que d'un seul vérifacteur : en l'occurrence, *A* lui-même ? Ou bien devrions-nous nous fonder sur l'idée aussi séduisante que vague et en fin de compte largement métaphorique d'après laquelle les propriétés et les relations formelles, vues plus généralement, ne font pas véritablement partie de l'alphabet du monde, mais ressortissent plutôt à sa « syntaxe » ? Les deux hypothèses sont sans nul doute défendables. Mais je dois dire qu'aucune d'elles, à ce stade, ne me paraît fournir, une fois encore, une raison dirimante de refuser à la dépendance ontologique le statut de relation authentique.

Il se peut fort bien, naturellement, que j'aie tort sur ce point, mais l'on observera en tout état de cause que la relation de dépendance ontologique représente probablement l'exemple paradigmatique de ce que l'on entend d'habitude par relation interne. Et c'est même là, du reste, un euphémisme puisque la relation en question est clairement au *fondement* de la notion même de relation constitutive ou *fortement* interne. Si, donc, le raisonnement qui précède n'est pas de bout en bout incorrect, la conclusion provisoire qui s'impose est qu'il n'y a sans doute pas lieu d'opposer, en définitive, les connexions aux relations.

Mais venons-en directement, à présent, à la notion d'*exemplification* elle-même[1]. Il est en soi purement contingent que la tomate qui entre ce soir dans la composition de ma salade mixte soit de couleur rouge, et ce, bien qu'étant donné qu'elle *est* en fait de cette couleur, il soit, comme nous l'avons vu, de l'essence de sa nuance particulière de couleur d'être à la fois une instance de l'universel *rouge* et un accident individuel (ou un mode) de *cette* tomate en particulier. En ce sens, il faut bien admettre, avec Lowe une fois encore, que l'exemplification n'est pas une relation purement « formelle » – ou encore, qu'il s'agit d'une sorte de composé d'une relation interne et d'une relation externe[2]. Du même coup, il est

1. À ne pas confondre, on l'aura compris, avec la notion d'*instanciation*. Sur ce point, voir notamment E. J. Lowe, *The Possibility of Metaphysics*, *op. cit.*, p. 78-79.

2. E. J. Lowe, «Truthmaking as Essential Dependence », *in* J.-M. Monnoyer (ed.), *Metaphysics and Truthmakers*, *op. cit.*, p. 255.

loin, en définitive, d'aller soi qu'en tant que relation formelle (fût-ce dans une acception plus large, et éventuellement plus faible, du terme), elle ne corresponde pas à une relation *bona fide* entre termes réellement distincts et qu'elle ne puisse pas être tenue, en fin de compte, pour une authentique *entité* relationnelle.

Lowe, pour sa part, soutient que nous pouvons faire l'économie, malgré tout, de ce genre d'entité. Selon lui, si l'universel *F* est exemplifié par l'objet *a* de manière à donner lieu à l'existence d'une instance *p* de *F*, la proposition « *a* exemplifie *F* » n'a pas besoin d'autre vérifacteur (*truthmaker*) que *p* elle-même. Formellement parlant, l'observation, en elle-même, est indéniable, mais j'avoue m'interroger sur sa portée exacte. A vrai dire, comme il arrive souvent lorsque l'on fait appel à la notion de *truthmaking* dans l'idée de nier la réalité « fondamentale » des relations, je serais porté à me demander si ce genre de stratégie ne revient pas à renverser, dans ce cas précis, le *sens* de l'explication métaphysique. Ne pourrait-on pas dire en effet, et de manière au moins aussi plausible, que l'existence de *p* est plutôt la conséquence automatique de l'exemplification de *F* par *a*? Nos intuitions, une fois encore, peuvent assurément diverger sur ce point. Mais disons que je ne discerne, à ce point, aucune raison immédiatement concluante qui me conduise à radier d'office l'exemplification de la liste des relations authentiques.

Bien entendu, ce n'est pas encore nécessairement le fin mot de l'histoire. Selon le « second » Russell (car le « premier » Russell, on le sait, défendait au contraire une forme extrême de platonisme en la matière), le paradoxe de Bradley provient du fait que celui-ci « conçoit une relation comme quelque chose d'aussi substantiel que ses termes, et non pas comme une sorte d'entité radicalement différente »[1]. La suggestion est assurément bienvenue s'il s'agit simplement de souligner la différence catégoriale entre les « choses » proprement dites (ou, de façon plus générale, les « objets » au sens de Frege) et, d'autre part, les propriétés et les relations – en insistant par exemple, comme l'on fait divers auteurs au cours de la période récente, sur l'incomplétude (au sens fregéen) de ces dernières, sur leur caractère ontologiquement dépendant ou encore sur leur nature « adjectivale » (les propriétés ne sont pas des « choses », mais des « modes », des *manières d'être*, des choses; les relations sont des manières d'être des choses les unes vis-à-vis des autres, etc.). Toutefois, contrairement à certains avocats de la conception adjectivale (je pense, une fois de plus, à Lowe), je doute fort pour ma part que celle-ci suffise, par elle-même, à bloquer la régression sur laquelle repose le paradoxe de Bradley et à résoudre, plus généralement, le problème de l'exemplification. Comme le note avec raison Jérôme Dokic, « dès lors que l'on distingue la propriété comme une entité réelle, aussi dépendante et peu substantielle que l'on voudra, le problème de sa relation à l'objet devient lui

1. B. Russell, *An Outline of Philosophy*, London, Allen and Uwin, 1927, p. 202.

aussi un problème réel, doué de sens, auquel il faut apporter une réponse non triviale »[1].

Il n'entre évidemment pas dans mon intention de traiter ici du problème du lien prédicatif en général, ou de passer en revue les différentes doctrines qui s'affrontent à ce sujet et dont ce n'est bien sûr pas un hasard, dans ces conditions, si la plupart d'entre elles consistent soit à nier jusqu'à l'existence même d'une *relation* d'exemplification, soit à soutenir qu'il s'agit d'une relation d'un type très spécial : le *nexus* de Bergmann, le « lien non relationnel » de Strawson, etc. Je me contenterai d'évoquer – parce qu'elle paraît être suggérée par la remarque de Russell sur le paradoxe de Bradley – la tentative de solution qui revient à confier, dans un état de choses du type $R(a, b)$, le rôle de ciment entre les différents constituants à la relation R elle-même. Pour prétendre résoudre (en le supprimant) le problème de l'exemplification, une solution de ce genre exige clairement, comme l'a bien vu Mertz, 1) que l'on choisisse de prendre métaphysiquement au sérieux la stratégie de la logique moderne consistant à traiter les propriétés monadiques comme des relations à une place et 2) que les relations soient conçues comme des relations *particularisées*. On aura reconnu deux des thèses centrales du « réalisme modéré » de Mertz. Selon ce dernier, il n'y a pas lieu de se demander comment la relation R s'« accroche » à ses termes, puisqu'il n'existe de relation qu'instanciée et que le propre d'une relation particularisée est, par hypothèse, qu'elle relie effectivement ses termes : le problème de l'exemplification est aussitôt résolu que posé, du fait même de la nature intrinsèquement combinatoire, structurante, « ontogliale », des relations particularisées[2].

La proposition est assurément séduisante[3], mais si je ne suis pas certain qu'elle apporte une solution au problème de l'exemplification pris dans toute sa généralité, c'est en raison de son application supposée au cas des propriétés monadiques (ou des propriétés *stricto sensu*). Car, enfin, que peut bien vouloir dire l'affirmation selon laquelle la propriété F est une relation « à une place », ou qu'elle est, elle aussi, d'essence « combinatoire » – autant d'affirmations qui devraient nous plonger dans la plus profonde perplexité, tant l'idée qu'elles

1. J. Dokic, « L'invisibilité des propriétés : défense d'un conceptualisme post-frégéen », dans V. Carraud et S. Chauvier (éd.), *Le réalisme des universaux, Cahiers de philosophie de l'Université de Caen*, 38-39, 2002, p. 65.

2. D. Mertz, *Moderate Realism and Its Logic*, New Haven, Yale UP, 1996.

3. L'idée, à vrai dire, avait déjà été avancée par Nicholas Wolferstorff, *On Universals. An Essay on Ontology*, Chicago, University of Chicago Press, 1970, qui soutenait que les relations « reliantes », au sens de Russell, ne peuvent être que des instances de relations. Mais il est à noter que Russell lui-même, dans un manuscrit non publié de 1898, « An Analysis of Mathematical Reasoning Being an Inquiry into the Subject-Matter, the Fundamental Conceptions, and the Necessary Postulates of Mathematics », *in* N. Griffin et A. C. Lewis (eds), *Philosophical Papers : 1896-99, Collected Papers*, vol. 2, London and Boston, Unwin, Hyman, 1990, p. 155-242, avait également imaginé une solution de ce type pour disposer du paradoxe de Bradley.

recouvrent paraît *a priori* étrange et, qui plus est, en conflit avec l'intuition qu'il existe au contraire une différence de nature catégoriale entre propriétés et relations –, sinon précisément que chacune de ses instances individuelles est, par nature, intrinsèquement liée à son porteur ? Mais la dissymétrie avec les relations proprement dites devient alors criante. S'agissant de ces dernières, en effet, on voit bien, à la rigueur, comment la relation *R* pourrait, en tant que telle – en tant que relation effectivement « reliante » (*relating relation*), pour parler comme Russell, et non pas en tant que considérée « en elle-même » (*related relation*) – jouer le rôle de « lien » entre elle-même et ses différents constituants. Mais dans le cas des propriétés monadiques, on voit en revanche plus mal comment il pourrait être fait appel sans circularité, pour résoudre la question du lien prédicatif, à la fonction authentiquement reliante d'une entité dont toute la dimension relationnelle *se réduirait* en fait, à ce lien d'exemplification lui-même.

Il s'agit là, de toute évidence, d'une difficulté majeure dont l'examen, pris en lui-même, excéderait largement les limites de ce chapitre. Qu'il me suffise donc d'observer, pour conclure, que quand bien même je devrais avoir tort sur ce point précis et si la solution de Mertz, en dépit des objections qu'elle suscite par ailleurs, devait s'imposer comme la plus plausible en définitive, alors nous nous trouverions encore *moins* que jamais dans la nécessité d'opposer les « connexions » aux relations.

ALAIN DE LIBERA

ET HOC NOMEN EST PERSONA. SUR LA NON-EXISTENCE DES PERSONNES

C'est l'ami que je veux honorer ici, unique en son genre ou seul de son espèce, l'ami, mais aussi le savant, le philosophe, l'écrivain. Il fallait choisir un thème sien, pour nouer publiquement le dialogue. Je choisis celui qui nous taraude depuis (si) longtemps : le rien ou, plutôt, *le rien et la personne.* C'est donc à l'auteur de la *Force du vide*, que je dédie ces lignes, mais, en la circonstance, c'est d'abord un texte écrit avec Xiyin Zhou, qui, pour ainsi dire, tient *ma* plume [1], ce, tant par la force de son questionnement – « Y a-t-il des personnes dans la réalité métaphysique profonde ? » – que par la radicalité et le tranchant de sa réponse – *négative.*

1) Il n'y a pas de fondement substantiel de toutes choses ; il y a des tropes (des particuliers abstraits), et il y a la vacuité : « Tout ce qui existe est composé de qualités abstraites et c'est la vacuité, entendue comme dépendance sans point d'arrêt, qui est le lien entre ces qualités ou tropes » [2]. 2) Il n'y a pas de personnes « au niveau profond de la réalité, au niveau métaphysique » : « La personne n'est pas un concept métaphysique ». Ces deux affirmations, ces deux thèses vont, je crois, de pair. Elles expriment le résultat de choix longuement mûris par Nef entre trois ontologies possibles : l'ontologie de la substance et de l'accident (ou, moyennant quelques ajustements, de l'objet et de la propriété) ; l'ontologie dite « naïve » ou des entités dites « mineures » (« trous, surfaces, ombres, frontières, liquides, silhouettes », etc.) ; l'ontologie des particuliers abstraits ou tropes et de leurs « conditions de concrétude », dont la *Force du vide* distingue deux variétés :

1. F. Nef et X. Zhou, «Y a-t-il des personnes dans la réalité métaphysique profonde ? », à paraître.
2. F. Nef, *La force du vide. Essai de métaphysique* [désormais FV], Paris, Seuil, 2011, p. 20 (c'est « la thèse centrale du livre »).

l'une qui fait des tropes des « propriétés particulières détachées de leur support », l'autre, qui en fait des « entités primitives qui existent indépendamment des individus ou des particuliers et dont l'agglomération produit la concrétude particulière »[1].

L'ontologie des tropes est présentée à la fin de FV comme « consonante avec les doctrines qui se sont efforcées de penser la vacuité », puisque, comme le dit modestement Nef, « il existe des raisons de penser que c'est la vacuité elle-même qui assure l'unité des particuliers, en servant de lien entre les tropes »[2]. Distinguant structures et *substructures* métaphysiques, Nef et Zhou soutiennent que « les personnes ne sont pas des entités qui font partie des substructures métaphysiques », puisque ce ne sont ni des *tropes*, ni des *substances*, ni des *relations*, ni des *connexions*, mais des « artefacts ». Les deux thèmes se connectent dans une redéfinition métaphysique de la personne comme « construction dérivée ». De fait, si les personnes ne font pas partie de la réalité métaphysique profonde, ce ne sont pas pour autant des « fictions », comme Mickey ou la Licorne de terre, pour la raison qu'« elles peuvent être fondées sur des substrats et posséder des structures de faisceaux de tropes solides, même secondaires ». C'est ce statut de « construction dérivée », dans un cadre « tropiste », qui m'intéresse ici comme historien, et c'est sur ce point précis que je voudrais m'attarder.

Nef et Zhou veulent éviter à la fois « l'antienne de l'identité personnelle et la scie du sujet transcendantal ». C'est compréhensible. Est-ce possible ? Leur stratégie consiste à pointer ce qu'ils appellent « l'impasse de la personne » chez deux pionniers de l'ontologie personnelle : Chisholm et Kant, le premier reprenant à sa manière certaines idées du second. Puis, plutôt que de « réparer la définition kantienne ou chislomienne d'origine de la personne », à prouver en au moins trois étapes : 1) que les personnes ne sont pas des entités primitives ; 2) que l'introduction des personnes dans les structures métaphysiques produit des contradictions ; 3) que l'introduction de la personne dans un langage quantificationnel « au sens quinien standard », produit, derechef, une ou des contradictions et que, en tout état de cause, on ne peut « s'appuyer sur les langages quantificationnels » pour « scruter les engagements ontologiques à l'égard des personnes ». Je dis, « au moins trois étapes », car on peut voir comme un quatrième et décisif moment l'analyse et la justification de la distinction entre individu et personne, ainsi que la thèse qui l'encadre à un niveau plus général, à savoir : 4) le rejet de toute identification entre « particuliers fins et épais », d'une part, « individus et personnes » d'autre part.

1. FV, p. 325.

2. FV, p. 330. La phrase éclaire et confirme l'annonce de la p. 20, présentant FV comme consacré « tout entier » à « l'exploration d'un système philosophique *sans ciment ni colle ontologique* ».

En résumé : a) les personnes n'existent pas au « niveau métaphysique » ; b) les personnes sont des « constructions dérivées » et c) « il n'y a pas de particuliers épais qui seraient équivalents à des personnes avec toutes leurs propriétés ». Aucun de ces points ne me semble pouvoir préserver le lecteur *historien* de « l'antienne de l'identité personnelle » et sinon « de la scie du sujet transcendantal », du moins de l'égoïne du « sujet ». Mais voyons.

Dire que les personnes sont des « constructions dérivées », c'est dire que ce sont des « constructions sur des structures profondes, des survenances sur des entités primitives », des « artefacts », « comme des fauteuils ou des lave-linges ». Diverses questions se posent : quel type d'entités primitives entrent dans la constitution des personnes ? De quoi les personnes sont-elles constituées ? Qu'est-ce qui, de ce point de vue, distingue une « personne » d'un « fauteuil » ou d'un « lave-linge » ? Quelle est la « structure » de la personne entendue comme artefact, construction dérivée, survenance ? – quel que soit le nom dont on l'appelle. Qu'est-ce qui fait « tenir » ensemble les divers éléments entrant dans la constitution des personnes ?

Un mot pour commencer sur « l'impasse de la personne » chez Chisholm. Dans *Person and Object*, la nature de la personne est définie par la « production » :

> *x* is a person = Df X is an individual thing which is necessarily such that it is physically possible that there is something which it undertakes to bring about [1].

Selon Nef et Zhou, l'impasse réside dans la difficulté de lier les deux éléments de la définition : la « partie catégorielle » (« la personne est une chose individuelle ») et la « partie modale consacrée à la productivité de la personne » (« elle est nécessairement telle qu'il est physiquement possible qu'il y ait … »), la « définition catégorielle chosiste » et « l'agentivité de la production ». Le rapprochement opéré par Chisholm entre sa définition et celle de Boèce qui sert de « conclusion au livre » : « *A person is an individual substance of a rational nature* » ne lève sans doute pas la difficulté – Nef et Zhou le jugent « problématique ». Justifié ou non, il a au moins un mérite : il renvoie l'ontologie de la personne à son domaine d'origine : la théologie. La formule du *Liber de Persona et duabus naturis contra Eutychen et Nestorium* [2] citée en aveugle *in fine* par Chisholm n'était pas censée fournir une « définition métaphysique de la personne » ni répondre au programme de recherche d'une « ontologie personnelle » : c'était un élément central du dispositif tendu par Boèce contre le

1. R. Chisholm, *Person and Object. A Metaphysical study*, La Salle, Open Court Publishing, 1976, p. 137.

2. Boèce, *De duabus naturis*, 3, PL 64, 1345 : « Persona est rationalis naturae individua substantia. »

monophysisme d'Eutychès, et surtout, pour ce qui nous occupe ici, contre le « nestorianisme », affirmant la coexistence de *deux personnes* dans le Christ. Du point de vue archéologique, c'est là que s'opère le partage que j'appellerai « inaugural » entre les deux conceptions de la personne qui s'affrontent aujourd'hui en l'espèce de ce que, dans son livre sur les universaux, D.M. Armstrong nomme « substance-attribute view » et « bundle of tropes view » [1].

Le lien entre ce que je désignerai pour simplifier comme le *problème de la personne* et *celui des universaux* est archéologiquement, mais aussi philosophiquement, fondamental. C'est dans le même cadre que les deux viennent pour ainsi dire au jour. Ce cadre, cet horizon de « pensabilité » commun, n'est pleinement reconnaissable que si l'on identifie exactement ses composants. La coappartenance originaire des deux champs permet de marquer un autre partage interne à la tradition chrétienne – dont la théologie trinitaire est le révélateur : celui de ce que j'appellerai, de nouveau pour simplifier, l'Orient et l'Occident, plus précisément l'univers théorique des Pères Cappadociens et celui d'Augustin. Au niveau de ce qu'on désignera, des siècles plus tard, sous le titre d'ontologie le lien entre problème des universaux et problème de la personne apparaît clairement dans la position cappadocienne (rejetée par la tradition augustinienne) que Richard Cross nomme « the generic view of God's trinitarian substance » [2], selon laquelle l'essence divine est « a shared universal » [3]. Le même dispositif articule à la fois théologie trinitaire, christologie et anthropologie : ce dispositif est précis, c'est l'ontologie des *Catégories* d'Aristote, réélaborée par les Pères grecs, la théologie byzantine, puis latine, médiévale et postmédiévale. C'est sur ce point que doit se porter l'attention aux « composants ».

L'« ontologie des *Catégories* » ne parle pas intégralement la langue d'Aristote, la langue des *Catégories*. Elle parle aussi celle de ses commentateurs et lecteurs byzantins, philosophes ou théologiens ; celle de Porphyre, de l'*Isagoge* et de sa tradition interprétative. Elle recourt en l'espèce à un mot, et à la famille de mots qui en dépendent, que l'on retrouve en sous-main dans les débats, mais aussi, et d'abord, dans les ambiguïtés et difficultés conceptuelles de toute nature qui les suscitent ; un mot qui, s'il concentre l'attention des théologiens et des historiens de la théologie, ne bénéficie pas du même traitement chez les philosophes et les historiens de la philosophie, en dehors du cercle des spécialistes du néoplatonisme et de ceux qui, pour des raisons diverses, s'intéressent à ses modernes avatars. Ce mot est : ὑποστάσις, « hypostase ».

1. D. M. Armstrong, *Universals : an Opinionated Introduction*, Boulder, Westview Press, 1989, p. 59 *sq*.

2. R. Cross, « On generic and derivation views of God's trinitarian substance », *Scottish Journal of Theology*, 56, 2003, p. 471 : « The generic view does, and the Western view does not, sanction the theory that the divine essence is correctly classified as a universal ».

3. R. Cross, « Two Models of Trinity », *The Heythrop Journal*, 43, 2002, p. 275.

La tendance à l'objectivisme qui marque et a longtemps marqué l'ontologie, ses réticences à intégrer la personne au côté de (ou face à) l'objet, sont un des effets, parmi beaucoup d'autres, de l'oubli de l'hypostase, qu'il s'agisse de l'ὑποστάσις ou de sa traduction latine, *suppositum*, dont est tiré cet autre « absent de l'histoire » qu'est le français « suppôt ». C'est sur la base d'une distinction entre sujet, ὑποκείμενον, et hypostase, ὑποστάσις, que s'articulent problématiquement théorie des universaux et ontologie de la personne comme telles et dans leur histoire au long cours. « S'articulent » signifie : se coordonnent dans un dispositif, ce qu'il faut bien appeler une « structure », où fonctionnent en étroite relation, les notions de nature, d'essence, de sujet et d'hypostase. L'histoire de la personne, comme celle du « sujet », est dans une large mesure issue d'une confrontation entre sujet, *hupokeimenon*, et hypostase (suppôt), non reconnue comme telle.

Revenons, pour prendre un exemple, à la définition boécienne de la personne. Contre ceux qui la rejettent, Thomas d'Aquin, redéfinissant l'ensemble des termes constituant le dispositif de la personne à partir de l'individu considéré dans le genre substance, recourt explicitement à l'ὑποστάσις, en la laissant en grec, comme nous le faisons nous-mêmes en parlant d'« hypostase ».

> Je réponds qu'il faut dire que l'universel et le particulier se trouvent dans tous les genres ; cependant c'est sur un mode spécial que l'individu se rencontre dans le genre substance. La *substance*, en effet, est individuée par elle-même, tandis que les accidents le sont par leur sujet, c'est-à-dire par la substance : on dit en effet « cette blancheur », en tant qu'elle est dans un sujet. C'est donc aussi à bon droit qu'on donne aux *substances individuelles* un nom spécial : on les nomme en effet *hypostases* ou *substances premières*.
>
> Mais le particulier et l'individu se trouvent sous un mode encore plus spécial et parfait dans les *substances raisonnables*, qui *ont la maîtrise de leurs actes* : elles *ne sont pas simplement agies*, comme les autres, elles *agissent par elles-mêmes* ; or *les actions sont dans les singuliers*. C'est pourquoi, parmi les autres substances, les individus de nature raisonnable ont aussi un nom spécial. Et ce nom est *personne*. Et c'est pourquoi, dans la définition de la personne, figure « substance individuelle », puisque [personne] signifie un singulier du genre substance ; et est ajouté « de nature raisonnable », en tant qu'elle signifie un singulier dans les substances raisonnables [1].

« *Et hoc nomen est persona* » : « *Et ce nom est "personne"* ». Une fois posée l'équivalence entre *hupostasis*, *suppositum* et *individua substantia* – constamment affirmée dans l'œuvre thomasienne –, et une fois réintroduit le terme de « suppôt » correspondant au latin « *suppositum* », on peut résumer ainsi les relations existant entre les divers éléments impliqués dans la définition de la personne.

1. Thomas d'Aquin, *Somme de théologie*, *I^a Pars*, q. 29, a. 1.

1) toute substance est individuelle par soi
2) une substance individuelle ou première est une hypostase ou suppôt
3) une substance individuelle douée de raison qui a la maîtrise de ses actes est une personne

Toute substance est hypostase (suppôt) et toute hypostase (suppôt) est individu (substance individuelle), mais tout individu (substance individuelle) qui est hypostase (suppôt) n'est pas personne : seuls les suppôts ayant « pouvoir », « empire » ou « maîtrise » sur leurs actes et agissant ainsi par eux-mêmes, autrement dit les individus raisonnables, sont des personnes. La définition de la « notion de personne » (ou de « personnalité ») comprend donc trois facteurs : la subsistance, l'individualité, la rationalité [1], qui conditionnent ontologiquement son agentivité. Étant définie par l'incommunicabilité, l'individualité comporte elle-même deux traits : la subsistance par soi et l'achèvement ou perfection. N'est individué que ce qui est un *totum completum* subsistant par soi, un « ce quelque chose » au sens aristotélicien du terme (l'âme seule ou le corps seul n'est ni un homme, ni une personne).

Ce dispositif est l'opposé de la thèse de FV soutenant qu'il n'y a pas de fondement substantiel de toutes choses. Mais il n'est qu'une des versions possibles du dispositif de l'hypostase, lequel est non seulement ouvert à l'opposition entre *substance-attribute view* (l'ontologie de la substance et de l'accident) et *bundle of tropes view* (l'ontologie des particuliers abstraits ou tropes), mais la rend possible, pensable, et serait-on tenté de dire inévitable, voire irréductible (c'est-à-dire indéfiniment reconductible, pour de « bonnes raisons »).

La définition chisholmienne de la personne relève du dispositif de l'hypostase : on pourrait probablement pousser plus loin ses affinités avec la version qu'en donne Thomas d'Aquin. Une chose est sûre, telle que la définissent Némésius d'Émèse et Jean de Damas, *l'hypostase est le nom du sujet/agent de l'action :*

Πρᾶξίς déf. : Πρᾶξίς ἐστιν ἐνέργεια λογική [2].

On a donné toutes sortes de traductions de cette définition : Burgundio de Pise en donne deux : en 1153-1154, il traduit la phrase chez Jean de Damas, par : *Actus est operatio rationalis*, et, vers 1165, chez Némésius, par : *Gestio est actus*

1. Thomas d'Aquin, *Super II Sent.*, d. 3, q. 1, a. 2.

2. Nemesius, *De natura hominis* (Περὶ φύσεως ἀνθρώπου), p. 40, éd. M. Morani, *Nemesii Emeseni De natura hominis*, Leipzig, Teubner, 1987 ; trad. lat. Burgundio de Pise, G. Verbeke et J. R. Moncho (éd.), Leyde, Brill, 1975 ; trad. fr. M. J. B. Thibault, *De la nature de l'homme*, Paris, Hachette, 1844. Pour Jean de Damas, cf. *De fide orthodoxa, Versio Burgundionis*, éd. E. M. Buytaert, St. Bonaventure (N.Y.)/Louvain/Paderborn, 1955 ; trad. fr. E. Ponsoye, *La foi orthodoxe* suivie de *Défense des icônes*, Paris, Éditions Cahiers Saint-Irénée, 1966.

rationalis; en 1844, Thibault traduit le grec de Némésius par « l'acte est l'exercice intelligent d'une fonction », tandis que, de nos jours, Ponsoye traduit celui de Jean de Damas par : « l'action est une opération de raison ». Dire que la πρᾶξίς est un certain type d'ἐνέργεια s'entend au Moyen Âge dans l'articulation du théorème affirmant qu'il n'y a pas d'*actio* sans *actus*, que toute action dépend de la mise en acte d'un agent : *Nihil agit nisi secundum quod est in actu*, aucune chose n'agit sans être elle-même en acte. Il y a une série de corollaires à ce théorème, par exemple le principe thomasien de la détermination de l'action par l'acte : « L'action suit le mode de l'acte dans l'agent » *(Actio consequitur modum actus in agente)*[1]. Reste à nommer l'agent dans lequel se trouve l'acte dont découle l'action : son nom est « hypostase » ou « suppôt ».

Le suppôt, l'*hupostasis*, n'est pas le sujet, l'*hupokeimenon*. Les deux termes sont clairement distingués et opposés dans la théorie de l'action de Jean de Damas. Dans *La Foi orthodoxe*, le Damascène distingue l'action (*energia*, id est actio), l'actif (*energeticon*, id est activum), l'acté (*energima*, id est actus), et l'actant (*energon*, id est agens). Puis il explique que « l'actant » ou « opérant », c'est « celui qui use d'opération, c'est-à-dire l'*hypostase* » : ὁ κεχρημένος τῇ ἐνεργείᾳ, ἤτοι ἡ ὑπόστασις (dans le latin de Burgundio : « *energon* autem, id est agens, qui utitur actione, scilicet *hypostasis* »). Ce κεχρημένος τῇ ἐνεργείᾳ, cet « usager d'opération », cet « agent qui use d'opération », est aussi celui qui « use de volonté », telle que le définit la distinction parallèle entre : volonté, volitif, voulu, et voulant, c'est l'hypostase, que Foucault approche à sa manière sous le titre de »sujet de l'usage », « sujet de la *khrêsis* », dans les pages de *L'Herméneutique du sujet* consacrées au commentaire de l'*Alcibiade*[2]. Ce qu'il faut retenir archéologiquement et philosophiquement, c'est la distinction de Jean de Damas entre le voulu, le θελητόν, et le voulant, « celui qui use de volonté » : le θελητόν est l'ὑποκείμενον du vouloir, autrement dit, ce que nous appellerions aujourd'hui « objet », l'*objet* du vouloir – le « sujet » au sens heideggérien de la *subjectité*, ce *sur quoi porte* le vouloir –, le sujet-agent, le sujet actif, l'usager, le sujet au sens de l'agence, ce *dont procède* le vouloir, bref son principe, est seulement l'hypostase, le « suppôt », dont le principe que j'appelle « subjectif » de l'action affirme, de Thomas d'Aquin à Leibniz, que « les actions appartiennent aux suppôts » *(actiones sunt suppositorum)*, encore appelés : « hypostases » ou plus simplement : « singuliers »[3].

1. Thomas d'Aquin, *Contra Gentiles*, lib. 1 cap. 28 n. 7; trad. fr. C. Michon, *Somme contre les Gentils*, I, Paris, GF-Flammarion, 1999, p. 216.

2. M. Foucault, *L'Herméneutique du sujet : Cours au Collège de France (1981-1982)*, éd. F. Gros, Paris, Gallimard/Seuil, 2002, p. 56-57.

3. Thomas d'Aquin, *III^a Pars*, q. 19, a. 1, arg. 3.

Vincent Descombes, sur les pas de Tesnière – un auteur que Fréderic Nef m'avait fait découvrir durant nos jeunes années – a redonné ses lettres de noblesse au « suppôt d'actions ». Stéphane Chauvier a, de son côté, relancé le terme d'« hypostase » dans sa définition égologique de la personne[1]. Il reste, cependant, beaucoup à faire sinon pour réintroduire l'hypostase dans l'ontologie de la personne, du moins pour la retrouver au principe de ses versions successives, qu'elles soient couronnées de succès ou d'échec – y compris, sans doute, dans la distinction de Kit Fine entre « réalisme mondain » et « réalisme de la première personne » *(first personal realism)* évoquée par Nef et Zhou.

Tout d'abord, il faudrait (A) délimiter, fût-ce à grands traits, ce qui dans le dispositif de l'hypostase permet une première rencontre entre ontologie substantialiste et ontologie tropiste; (B) mettre en relation les élaborations théologiques du dispositif de l'hypostase avec la définition de la personne comme « complexe de tropes »; (C) revenir sur la distinction entre « cible d'instanciation » et « cible d'imputation » et, du même pas, entre définition ontologique et définition lockéenne dite « procédurale » de la personne comme « *forensic entity* », « entité discursive relative au raisonnement juridique », dont Nef et Zhou retrouvent la trace dans la définition kantienne de la personne comme « le sujet dont les actions sont susceptibles d'imputation », mais dont d'autres prolongements évidents sont la distinction de Descombes entre l'*ipseitas* de la scolastique (« qui peut s'attacher à n'importe quelle sorte d'individu ») et l'ipséité « au sens venu de l'herméneutique contemporaine » (« qui ne peut concerner qu'un individu lui-même concerné par son individualité et capable d'exprimer des pensées à ce sujet, à l'aide des pronoms personnels »)[2], et, naturellement, la distinction entre « mêmeté » et « ipséité » introduite dans *Temps et récit* par Ricœur, puis systématisée, avec celle de l'*attribution* et de l'*ascription*, dans *Soi-même comme un autre* à partir des *Individuals* de Peter Strawson, ou enfin la distinction, ricœurienne encore, entre « identité substantielle » (qui, comme le rappelle Descombes, « consiste à rester le même dans la diversité de ses états successifs ») et « identité narrative » (qui « consiste à avoir une histoire sienne, une histoire expressive de soi »)[3].

Concernant le point (A), on voit clairement les deux motifs substantialiste et tropiste *se combiner nativement* chez les Pères grecs, avant de se distinguer puis de s'opposer – une combinaison native, qui à mes yeux rend compte en partie (au moins, archéologiquement) de l'étonnante résistance du modèle substantialiste, dont, D. Wiggins en témoigne, l'étoile est loin d'avoir pâli[4]. Pour m'en tenir à

1. S. Chauvier, *Qu'est-ce qu'une personne?*, Paris, Vrin, 2003, chap. I : « La personne et son hypostase ».

2. V. Descombes, *Le parler de soi*, Paris, Gallimard, 2014, p. 147.

3. *Ibid.*, p. 172.

4. Voir D. Wiggins, *Sameness and Substance Renewed*, Cambridge, CUP, 2001.

l'essentiel (qui au passage distingue plus précisément Orient et Occident), je dirai que pour les « saints Pères » évoqués par Jean de Damas au chapitre 30 de *La Foi orthodoxe*, une hypostase est existante (elle a ὕπαρξις), particulière, individuelle, indépendante (elle existe par elle-même, καθ' ἑαυτό), « accidentée » et « contenue » dans un universel – en termes modernes : elle « instantie » un universel. Les hypostases sont des individus qui diffèrent numériquement (ἀριθμῷ) les uns des autres par leurs accidents : ils ne diffèrent ni par leur essence ni par leur nature (φύσει) ni par leur espèce – pour Jean de Damas comme pour Grégoire de Nysse, l'humanité de Pierre n'est pas différente de celle de Paul. Les « accidents », appelés « idiomes caractéristiques », sont « ce qui caractérise », différencie ou distingue « les hypostases ». L'indépendance ontologique (l'existence indépendante : καθ' ἕκαστον) est la marque de l'hypostase en tant qu'individu substantiel (comme elle l'est, derechef, de l'οὐσία πρώτη aristotélicienne) : cela vaut *pour tous les individus substantiels* (ou substances individuelles). Hypostase et personne étant synonymes, les critères susdits valent *aussi bien pour le cheval que pour l'homme* – ce cheval, cet homme (Pierre, Paul) sont des personnes : ce qui fait une énorme différence avec la définition latine, boécienne, de la personne, limitée aux individus de « nature *rationnelle* ».

Concernant le point (B), il faut noter que la théorie tropiste de la personne n'exclut pas par principe tout projet métaphysique d'une ontologie de la personne. C'est le cas, par exemple, de la théorie de la personne comme « highly sophisticated trope complex », développée par Käthe Trettin dans le cadre d'un « ontological framework which is solely based on the category of Trope ». Dans cette théorie, le problème (« l'antienne ») de l'identité personnelle, reçoit une solution élégante : une personne, appelée « Mary » (premier au *hit-parade* des prénoms philosophiques analytiques) est un agrégat d'identités successives déterminées au fil du temps par les tropes qui constituent, si l'on peut dire, son complexe :

> Mary [...] does not have a once and for all determined personal identity. Instead she is something like a plurality or aggregate of « identities », which are temporally determined by the actual tropes which constitute the complex that is identical with « her ». Whenever a trope is gained, or a trope is lost (which is due to a certain sub-relation of ontological dependency – namely – causality), Mary changes her personal identity. All that she is depends on the tropes which constitute her, including eventually the tropes she memorises or anticipates [1].

Une personne intégralement constituée de tropes physiques, physiques et mentaux ou purement mentaux : voilà qui serait peut-être trop demander aux théories patristiques de l'hypostase – surtout si l'on adjoint la notion de « tropes

1. K. Trettin, « Persons and Other Trope Complexes. Reflections on Ontology and Normativity », *e-Journal Philosophie der Psychologie*, juin 2005, p. 8.

temporels » au « package ». L'hypostase remplit cependant une partie non négligeable du programme « tropiste ». De fait (ce qui relativise la portée de la distinction moderne entre individu et personne), individu et hypostase sont généralement présentés comme « constitués par un rassemblement de propriétés » (*athroisma idiotêtôn*) : Porphyre écrit qu'un individu « est constitué de propriétés dont le *rassemblement* ne saurait jamais se retrouver identique en un autre » ; la *Suda*, encyclopédie byzantine du Xe siècle, définit l'« hypostase » comme *ce en quoi* existe un « rassemblement d'accidents » (entrée n° 585 : ὑπόστασις). D'un mot : l'individu est un « syndrome » d'accidents (*sundromê sumbebêkotôn, concursus accidentium*). Les exemples foisonnent. Au Moyen Âge, certains auteurs, partisans de l'individuation de chaque chose par une qualité propre constituée par « la collection de toutes ses propriétés in-dividuelles » (*i.e.* non partagées), vont jusqu'à soutenir que tous les accidents séparables ou inséparables d'un individu comme Socrate étant compris dans le nom « Socrate », la signification de ce nom varie *fréquemment*, selon la variation des accidents de Socrate. On retrouve la trace de cette théorie dans le *De corpore* de Hobbes, en l'espèce d'une théorie attribuée à un anonyme pour qui l'individualité d'une chose « consistant dans l'unité de l'agrégat de tous ses accidents pris ensemble », celle-ci devient une autre chose chaque fois qu'elle acquiert un nouvel accident, et, par là même, un nouveau nom. Théorie absurde aux yeux de Hobbes, qui si on l'admettait ferait que l'homme debout à t ne serait pas le même que celui qui était assis à t -1 ou que l'eau d'un récipient à t ne serait pas la même que l'eau versée à t + 1 [1]. C'est à une objection de ce genre que répond la théorie de Trettin.

Concernant le point (C), qui en un sens découle des deux précédents, la définition dite « procédurale » de la personne, héritée de Locke, apparaît comme le prototype d'une « construction dérivée ». Dans ce qui reste, aujourd'hui encore, son interprétation la plus fidèle, Edmund Law, dans sa *Defence* et l'*Appendix* de cette *Defence*, soutient que la personne est un artefact : « an *artificial distinction*, yet *founded in the nature*, but *not the whole nature of man* ». Partant du fait que le mot « personne » est « souvent utilisé pour signifier l'agrégat total d'un être rationnel » (« the whole aggregate of a rational being »), Law passe en revue les diverses manières d'entendre cette signification [2]. C'est l'occasion de rejeter la thèse commune (« the common way »), que nous dirions « substantialiste », qui considère l'agrégat comme constitué à la fois par l'idée – très imparfaite – de

1. T. Hobbes, *De Corpore*, in *The English Works of Thomas Hobbes*, ed. Molesworth, vol. 1, 1839, p. 132.

2. *Cf.*, pour tout ceci, E. Law, *A Defence of Mr. Locke's Opinion concerning personal identity; in Answer to the first part of a late Essay on that subject*, Cambridge, 1769, in *The Works of John Locke*, vol. II. Sur Locke et Law, *cf.* G. Strawson, *Locke on Personal Identity: Consciousness and Concernment*, Princeton, Princeton UP, 2011.

substance (à supposer que ce soit une idée) et de ses multiples propriétés (« including both the very imperfect idea, if it be any idea at all, of substance, and its several properties »). Une personne n'est pas une substance. *Personne* est le nom d'une qualité ou mode qui fait que l'homme est *dénommé* « agent moral », qu'il est *assujetti* à des lois et peut être *objet* de récompenses ou de sanctions. La personne est un rôle, un personnage, que l'on « porte » comme un masque : il ne faut pas confondre la *persona* avec l'*homo gerens personam*, le masque avec celui ou celle qui le porte. Ontologiquement, la personne est un mode mixte ou une relation, pas une substance. Si, comme je le pense, l'ontologie doit réserver une place aux « constructions dérivées » : une *forensic entity* restant une *entity*, la position de Law dans l'*Appendix* mérite d'être retenue, qui explique que la personne n'est pas une qualité inhérente, une propriété dispositionnelle réclamant un sujet d'inhérence, un sujet ontologique. L'homme, vu par lui, est le sujet d'attribution de la personne, il n'en est pas le sujet d'inhérence. La thèse de l'*Appendix* est *doublement antisubstantialiste*. Elle ne consiste pas seulement à soutenir que la personne n'est pas une substance ; en faisant d'elle un « mode mixte » (*mixed mode*) lockéen, elle l'arrache aussi à la conception substantialiste de la qualité, faisant de cette dernière une propriété inhérente à un sujet, et du même coup renvoie au magasin des antiquités la notion de personnalité : on ne peut tirer un mode d'un mode, sauf à tirer la bravitude de la bravoure. *Personality* n'est pas plus légitime que « the old scholastic terms of *corporeity*, *egoity*, *tableity*, &c. or is even yet more harsh ». On le voit, Law annonce à sa manière les trois points principaux de Nef et Zhou : a) la non-existence des personnes au « niveau métaphysique » ; b) leur statut de « constructions dérivées » et c) le rejet de l'assimilation de la personne à un « particulier épais ».

On ne peut pousser ici plus loin la question de la personne. Il faudrait, pour cela, confronter les thèses de FV sur l'insubstantialité, l'inipséité et la ceciité avec ce qui y est dit de l'haecceité [1] ; reprendre la distinction entre le vide et le rien ; revenir sur l'existence d'une « vacuité centrale en nous ». Contentons-nous de ce modeste résultat : il ne faut pas faire de « personne » le nom d'une substance.

La personne n'est personne : c'est, seulement, le vieil ΟΥΤΙΣ, recyclé en *Nemo, Nobody, Nessuno.* Tous l'attestent, de Homère à Tonino Valerii et Sergio Leone, en passant par l'*Historia de Nemine,* découverte et éditée en 1866 par M. Wattenbach d'après un manuscrit de la Bibliothèque de Heidelberg, du milieu du XVe siècle, *L'éloge de rien dédié à personne* de Louis Coquelet, mais aussi Lewis Caroll, et son coureur (*Nobody runs faster than I do*), Jules Verne, et son capitaine subaquatique, Winsor McCay, et son *Little Nemo*. J'aurais pu, aux confins de l'ontologie et du discours sur la personne, cumuler le tout dans une étude de

1. FV, p. 206 et p. 208.

l'ouvrage composite portant l'extravagant titre franco-latin de *NIHIL. NEMO. QUELQUE CHOSE. TOUT. LE MOYEN. SI PEU QUE RIEN. ON. IL*, paru à Caen, chez « la Veusve de Iaques le Bas, imprimeur du Roi », en 1596 [1]. Cela nous eût, peut-être, divertis.

Je préfère conclure en reprenant l'idée d'absence de fondement et la structure de « dépendance sans point d'arrêt » correspondant à l'usage névien de la vacuité.

Pour faire ressortir l'originalité d'un propos, rien ne vaut l'exposé d'une position apparemment voisine, quoique bien différente, en réalité. Chacun connaît les derniers mots de *Der Einzige und sein Eigentum (L'Unique et sa propriété)* de Max Stirner : « Ich hab mein Sach auf Nichts gestellt » [2]. Mais quel en est le sens ? L'origine de la formule est un vers de Goethe (1749-1832), le premier de *Vanitas! vanitatum vanitas!*, un des *Gesellige Lieder* datant de 1810. « Ich hab' mein Sach auf Nichts gestellt, / Juchhe ! / Drum ist's so wohl mir in der Welt ; / Juchhe [3] ! L'association entre la vanité (vacuité) de *L'Ecclésiaste* et la formule initiale et finale de *L'Unique* a, en apparence, un son névien, si l'on entend cette dernière dans le sens de l'absence de fondement. Mais le peut-on ? La version française du poème par Jacques Porchat, dans les *Chansons de société*, en 1861, rend « *Ich hab' mein Sach auf Nichts gestellt* » par « Je ne veux plus compter sur *rien* » [4]. Le traducteur anglais des *Familiar songs* donne, lui : « My trust in *nothing* now is placed » [5]. À l'évidence, il n'est pas question ici de fondement. L'expression stirnerienne figure également dans l'œuvre de Bach, cette fois à propos de Dieu – le titre de BWV 351 (voix), et BWV 707, 708 et 1113 (orgue) est : « *Ich hab mein Sach Gott heimgestellt* » (« *I have left all that concerns me up to God* », « *My cause is God's, and I am still* », « J'ai confié ma cause à Dieu »). Le sens est judiciaire, pas métaphysique ni *a fortiori* ontologique. Il en va de même dans *L'Unique*. Certes, en 1899, Reclaire choisit : « *J'ai basé ma Cause sur rien* » [6]. Une traduction époquale, dont l'écho se laisse encore entendre dans le passage de *L'Homme révolté* où Camus compare le « nihilisme » de Stirner à celui de Nietzsche [7]. Mais, ce qui se joue là n'est pas l'affirmation du caractère à la

1. Sur cette littérature du « rien » et de « personne », *cf.* C. Ossola (ed.), *Le Antiche Memorie del Nulla*, Roma, Edizioni di Storia e Letteratura, 2007.

2. M. Stirner, *Der Einzige und sein Eigenthum*, Leipzig, Otto Wigand, 1845. Nous citons l'édition Reclam, 1972, en ligne sur http://www.lsr-projekt.de/msee.html. Pour *Ich hab' mein Sach auf Nichts gestellt*, *cf.* p. 3 *sq.*

3. J. W. von Goethe, *Gesellige Lieder*, in *Goethes Werke. Vollständige Ausgabe letzter Hand*, Bd. 1-4 : *Gedichte*, Stuttgart-Tübingen, Cotta, 1827, en ligne sur http://goethe.odysseetheater.com.

4. *Chansons de société*, in *Œuvres de Goethe*, vol. I, Paris, 1861, p. 7-39.

5. *The Poems of Goethe translated in the original metres. Familiar Songs*, http://www.egs.edu/library/johann-wolfgang-von-goethe.

6. M. Stirner, *L'Unique et sa propriété*, trad. fr. R. L. Reclaire, Paris, 1899 ; http://classiques.uqac.ca/classiques.

7. A. Camus, *L'homme révolté*, Paris, Gallimard, 1951, p. 84-85.

fois anhypostatique et authypostatique de l'individu ; c'est le rejet *an-archique*, de toutes ces « causes », au sens romain du terme, que l'Unique ne saurait plus considérer ni se laisser davantage imposer comme *siennes* : « la Cause de Dieu, de la Vérité, de la Liberté, de l'Humanité, de la Justice [...], celle de *mon* Prince, de *mon* Peuple, de *ma* Patrie [...] celle de l'Esprit », « et mille autres encore ». Que signifie dès lors « Ich hab mein Sach auf Nichts gestellt » ? Non pas : j'ai basé ma cause sur le Rien ou le Néant, mais sur *Nichts* au sens de *nichts als*, « rien » au sens de « rien d'autre que moi ». Comme Dieu. Comme l'Humanité. Le Rien sur lequel le « Je » base sa Cause est le *rien d'autre* : le *rien d'autre que Soi*, auquel, comme à Dieu, Rien ne manque, car il ne manque Rien à Rien. Le geste de Stirner rappelle celui de Nef, corrigeant en « ne pas » (terme syncatégorématique) la traduction de « Nicht » par « non » dans un passage clé de *Qu'est-ce que la métaphysique ?*, faisant du néant l'origine de la négation [1]. Mais la comparaison s'arrête là.

Au « *Vanité des Vanités, tout est vanité* » de l'Ecclésiaste, Stirner répond : Je n'ai pas à me plaindre de ma « vanité », de mon « vide » ou de ma « vid-uité ». Je ne suis pas rien au sens du Vide, « je suis le Rien créateur », « le Rien à partir duquel comme Créateur Je crée moi-même Tout ». La Cause du Je est le Je et le Je est cause de soi (*causa sui*) : « Ich bin [nicht] Nichts im Sinne der Leerheit, sondern das schöpferische Nichts, das Nichts, aus welchem Ich selbst als Schöpfer Alles schaffe ». Et de conclure : je n'ai d'autre Cause que ma Cause, je n'ai d'autre Cause que moi, je n'ai d'autre cause que « le Mien ».

Rien n'est plus éloigné de la « voie du milieu ».

1. FV, p. 191-192.

JÉRÔME DOKIC

PERCEVOIR L'INEXISTANT, OU DE L'UTILITÉ ET DE LA NÉCESSITÉ DE FAIRE DE LA MÉTAPHYSIQUE

INTRODUCTION

Frédéric Nef a apporté de précieuses contributions à la métaphysique analytique, mais aussi à la théorie de la perception, et plus précisément aux relations entre la métaphysique et la théorie de la perception. Supposons par exemple que l'analyse métaphysique nous conduise à postuler l'existence de *tropes*, ou propriétés particularisées. Il est alors légitime de se demander si les tropes correspondent dans le domaine de la perception à des *traits*, conçus comme des entités pré-objectuelles directement perçues. C'est précisément la question posée par Frédéric Nef dans *Les propriétés des choses*[1]. S'il défend l'existence de tropes, ou du moins l'utilité du concept de trope en métaphysique, il est plus réservé sur l'identification des traits, comme propriétés manifestes de l'expérience sensorielle, à des tropes. Il considère néanmoins que « la métaphysique [...] peut retirer quelque chose d'important de la discussion des problèmes liés à la perception »[2].

Dans ma contribution au volume collectif sur la métaphysique, édité par Emmanuelle Garcia et Frédéric Nef, j'ai plaidé au contraire pour un principe de *neutralité métaphysique de la perception*[3]. Dans le cas des tropes et des traits, ce principe implique que la théorie de la perception ne saurait fournir d'argument indépendant en faveur de l'existence de tropes (par contraste avec des universaux perceptibles). Si l'expérience sensorielle est intentionnelle et porte

1. F. Nef, *Les propriétés des choses. Expérience et logique,* Paris, Vrin, 2006.

2. *Ibid*, p. 171.

3. J. Dokic, « La neutralité métaphysique de la perception », dans E. Garcia et F. Nef (dir.), *Métaphysique contemporaine. Propriétés, mondes possibles et personnes,* Paris, Vrin, 2007, p. 343-365.

sur des apparences spécifiques, elle présente une forme d'*opacité cognitive* qui masque au sujet percevant tout ou partie des conditions d'identité de ce qu'il perçoit en fait. La source de cette opacité réside dans le fait que la perception d'une entité quelconque ne repose pas sur la possession, implicite ou explicite, de critères d'identité appropriés à cette entité [1]. C'est ainsi que si nous voyons des tropes (ou des universaux), nous ne les voyons pas *comme* des tropes (ou des universaux).

Autrement dit, si la thèse selon laquelle nous percevons des tropes n'est pas en contradiction avec le principe de neutralité métaphysique de la perception, elle doit être établie indépendamment, sur des bases métaphysiques, et ne peut pas être étayée seulement à partir d'une analyse phénoménologique ou conceptuelle de la perception. Ce principe a été critiqué [2], mais je crois qu'il n'affirme pas autre chose que la priorité logique, et en partie méthodologique, de la métaphysique sur la théorie de la perception, à laquelle Frédéric Nef me paraît souscrire également.

Dans ce qui suit, je me propose de revenir sur la division du travail entre la métaphysique et la théorie de la perception, en l'occurrence à propos de la question de l'*existence.* Je vais me demander dans quelle mesure une analyse des objets de la perception tels qu'ils nous apparaissent a des conséquences métaphysiques substantielles touchant à notre conception de la nature de l'existence.

Certains philosophes de la perception ont considéré l'existence comme une propriété que certains objets de la perception possèdent au détriment d'autres. L'énoncé « Certains des objets dont j'ai l'expérience sensorielle n'existent pas » serait non seulement intelligible, mais vrai, et rendu vrai par les phénomènes perceptifs. Autrement dit, la perception serait mieux comprise à partir de l'hypothèse d'un hiatus possible entre l'être et l'existence. Dans ce qui suit, ce n'est pas directement cette hypothèse métaphysique que je contesterai, mais plutôt la thèse selon laquelle la théorie de la perception nous fournit des raisons indépendantes de supposer qu'il y a des objets inexistants.

Ma discussion est organisée comme suit. Je commence par rappeler une opposition familière entre deux conceptions de l'existence, inspirées de Gottlob Frege et de Bertrand Russell d'un côté et d'Alexius Meinong de l'autre. Le reste de mon exposé est consacré au statut qu'il faut accorder à l'énoncé néo-meinongien « Certains objets de la perception n'existent pas ». Deux interprétations possibles, respectivement d'ordre phénoménologique et métaphysique, de cet énoncé sont proposées, mais aucune ne peut être défendue sur la seule base d'une théorie de la perception. Je présente ensuite deux versions du réalisme direct, qui

1. Sur ce point, voir J. Dokic et J.-R. Martin, « Felt reality and the opacity of perception », *Topoi*, 10.1007/s11245-015-9327-2 i, 2015.

2. Voir notamment la thèse de doctorat de Muriel Cahen, *La structure du temps : ontologie et représentation*, sous la direction de F. Nef (EHESS, 2015).

impliquent des conceptions radicalement différentes de l'expérience sensorielle. La version qui me semble la plus prometteuse conçoit la perception véridique comme une relation directe, non représentationnelle, au monde réel. Comme j'essaierai de le montrer, c'est elle qui motive le principe de neutralité métaphysique de la perception.

DEUX CONCEPTIONS DE L'EXISTENCE

À première vue, l'énoncé « François Hollande existe » a la même forme que l'énoncé « François Hollande mesure 1 mètre 70 ». Les deux énoncés sont constitués d'un sujet et d'un prédicat, et attribuent une propriété (respectivement l'existence et une taille déterminée) à un individu (François Hollande). Selon la conception classique de l'existence, dont Gottlob Frege et Bertrand Russell sont les apôtres modernes, les apparences grammaticales sont trompeuses. Sur le plan formel, l'existence n'est pas une propriété d'*objets*, au même titre que la propriété de mesurer 1 mètre 70, d'être bleu, sphérique, ou d'avoir écrit un livre. L'existence doit être canoniquement représentée, non pas par un prédicat du premier ordre, mais par le *quantificateur existentiel*, typiquement exprimé en français par les mots « il y a ». L'énoncé de la logique des prédicats « Il y a un x tel que x est un homme » veut dire précisément « Au moins un homme existe ». Exister, c'est donc être la valeur d'une variable liée par un quantificateur existentiel.

Dans cette perspective, si l'existence doit être considérée comme une propriété, elle est une propriété du *deuxième* ordre, c'est-à-dire une propriété de propriété d'objet. Plus précisément, elle est la propriété, pour une propriété du premier ordre, d'avoir au moins une *instance*, c'est-à-dire un objet qui exemplifie la propriété du premier ordre.

Si la conception classique de l'existence est bien connue[1], ses difficultés le sont également. Elle formalise très bien des énoncés du type « Les tigres existent » ou « Les licornes n'existent pas ». Elle rend également compte des énoncés du type « Le Roi de France n'existe pas », à condition d'adopter une version ou l'autre de la théorie russellienne des descriptions. Les énoncés les plus difficiles à régimenter sont ceux de la forme « Socrate existe » ou « Ceci existe ». Selon la conception classique, leur sens repose sur la possibilité d'identifier une propriété du premier ordre sur lequel le quantificateur existentiel a prise. Il s'agira par exemple, selon le contexte, de la propriété d'être le maître de Platon, ou celle d'être l'objet de mon attention visuelle présente – dans les deux cas, une propriété qui n'est pas véritablement exprimée dans les énoncés en question.

1. On trouvera un exposé détaillé des engagements ontologiques de la conception classique dans F. Nef, *L'objet quelconque. Recherches sur l'ontologie de l'objet*, Paris, Vrin, 1998.

La conception classique de l'existence a été critiquée au motif qu'elle assimile l'être et l'existence. Elle interdit en effet la possibilité de donner un sens intéressant à un énoncé du type « Il y a des objets qui n'existent pas ». Du point de vue classique, la formalisation la plus approchante transforme l'énoncé en contradiction patente : « Il y un objet *x* tel qu'il n'y a pas d'objet *y* tel que *x* est identique à *y* » (autrement dit, « Il y a un objet tel que rien n'est identique à cet objet »). L'énoncé « Tout existe », quant à lui, est rendu au mieux par une tautologie : « Pour tout *x*, *x* est identique à *x* ».

Selon une conception rivale de l'existence, que nous pouvons qualifier de « néo-meinongienne » [1], l'assimilation entre être et exister provoque une perte importante de pouvoir expressif. Le sens commun considère que parmi les entités auxquelles nous faisons habituellement référence, dans le langage ou en pensée, certaines existent ou sont réelles, alors que d'autres sont des entités fictives, réifiées, purement rêvées ou hallucinées [2]. En d'autres termes, l'énoncé « Il y a des choses qui n'existent pas » est non seulement intelligible, mais vrai, alors que l'énoncé « Tout existe » est tout simplement faux.

En un sens, la conception néo-meinongienne marque un retour assumé à l'idée pré-frégéenne, voire pré-kantienne, selon laquelle l'existence est une propriété du premier ordre, que certains objets possèdent au détriment des autres. Par suite, le quantificateur « il y a », que l'on avait l'habitude de qualifier d'« existentiel », doit être rebaptisé. Le quantificateur existentiel est en réalité existentiellement neutre. Son rôle n'est pas de représenter l'existence, mais seulement la quantité. On pourrait l'appeler, suivant Colin McGinn, le quantificateur « partiel » [3]. L'énoncé « Il y a des choses qui n'existent pas » peut alors être formalisé comme suit : « Il y a un *x* tel que *x* n'existe pas ». Dans cet énoncé, le domaine de quantification est l'ensemble des entités, existantes et inexistantes, dont au moins une est dite ne pas exister.

Bien qu'elle soit apparemment coûteuse sur le plan ontologique, la conception néo-meinongienne de l'existence ne doit pas être traitée à la légère. En dehors des écrits de Meinong lui-même, il existe aujourd'hui une abondante littérature néo-meinongienne, représentée par des auteurs tels que Richard Routley, Terence Parsons, Ed Zalta, ou Alberto Voltolini, entre autres [4]. Mon

1. *Cf.* à nouveau F. Nef, *L'objet quelconque*, sur la conception néo-meinongienne et son rapport à la philosophie d'Alexius Meinong lui-même.

2. Dans cet essai, j'utilise les termes « réel » et « existant » comme des synonymes.

3. C. McGinn, *Logical Properties : Identity, Existence, Predication, Necessity, Truth*, Oxford, Clarendon Press, 2003.

4. R. Routley, *Exploring Meinong's Jungle and Beyond*, Atascadero (CA), Ridgeview Pub Co, 1982 ; T. Parsons, *Nonexistent Objects*, Yale, Yale UP, 1980 ; E. Zalta, *Abstract Objects : An Introduction to Axiomatic Metaphysics*, Dordrecht, D. Reidel, 1983 ; A. Voltolini, « Being, Existence, and Having Instances », *in* V. Raspa (dir.), *Meinongian Issues in Contemporary Italian Philosophy*, Berlin, Walter de Gruyter, 2006, p. 261-280.

objectif dans cet essai n'est pas d'évaluer les mérites de la conception néo-meinongienne de l'existence par rapport à son opposant classique. Il consiste plutôt à examiner dans quelle mesure la théorie de la perception peut venir au secours de la conception néo-meinongienne. Comme on le verra, ma réponse à cette dernière question est largement négative.

L'ÉNONCÉ NÉO-MEINONGIEN

La conception néo-meinongienne de l'existence peut-elle s'appuyer sur une analyse de la perception et de ses objets ? Une compréhension adéquate de l'intentionnalité perceptive exige-t-elle de faire référence à des objets inexistants ? Plus précisément, la théorie de la perception est-elle capable de fonder l'intelligibilité, voire la vérité de l'énoncé néo-meinongien « Certains objets de la perception n'existent pas » ?

Pour mieux répondre à ces questions, il convient de distinguer d'emblée deux interprétations de cet énoncé, qui correspondent à deux lectures possibles de l'expression « objets de la perception ».

Selon une interprétation métaphysique de l'énoncé néo-meinongien, les objets intentionnels de nos expériences sensorielles se répartissent en deux classes : d'un côté, les objets existants et de l'autre, les objets inexistants. L'interprétation métaphysique ne se prononce pas sur la question de savoir si l'existence est un trait *perceptible*, c'est-à-dire si elle peut entrer *en tant que telle* dans le contenu phénoménal de l'expérience sensorielle, éventuellement par le biais d'un concept ou de quelque autre mode de présentation.

L'énoncé néo-meinongien peut être interprété en un second sens, qui concerne plus spécifiquement la *manière* dont les objets de l'expérience sensorielle apparaissent au sujet percevant. L'interprétation phénoménologique implique alors que certains objets de l'expérience sensorielle se présentent *comme* existants, alors que d'autres se présentent *comme* inexistants.

L'interprétation métaphysique et l'interprétation phénoménologique sont logiquement distinctes. D'une part, la première n'implique pas la seconde. Si certains objets de l'expérience existent (ou n'existent pas), ils ne se présentent pas forcément au sujet percevant *comme* existants (ou inexistants). D'autre part, l'interprétation phénoménologique peut être en principe désolidarisée de l'interprétation métaphysique. La possibilité de voir un objet comme inexistant, si tant est qu'elle a un sens, ne confère pas *ipso facto* à cet objet le statut métaphysique d'entité inexistante. Il est en effet envisageable que l'expérience de voir un objet comme inexistant soit illusoire. Dans ce cas, il faut à l'évidence expliquer la nature de l'illusion, surtout si elle est systématique.

Examinons à présent ces deux interprétations de l'énoncé néo-meinongien, en commençant par la seconde.

L'interprétation phénoménologique

L'interprétation phénoménologique implique que l'existence est un trait perceptible des objets. Elle suppose, en d'autres termes, la possibilité d'établir un contraste, au sein de l'expérience, entre des objets qui existent et d'autres qui n'existent pas. La question est de savoir si un tel contraste phénoménal existe vraiment.

Un argument bien connu, qui remonte au moins à David Hume, suggère une réponse négative à cette question. L'existence ne saurait être un trait perceptif, capable de faire une différence phénoménale [1]. Voici une formulation récente de cet argument, due à Colin McGinn :

> Pourquoi l'existence n'est-elle pas un trait perceptif des objets ? Parce qu'indépendamment du fait qu'un objet existe ou non, il présente la même apparence sensorielle : des éléphants roses hallucinés ressemblent visuellement à des éléphants roses existants. Un objet inexistant peut apparaître exactement comme un objet existant. Le fait d'être bleu, par exemple, fait une différence quant à la manière dont les choses apparaissent, de sorte que les éléphants bleus ne ressemblent pas du tout visuellement à des éléphants roses, mais le fait d'exister ne fait aucune différence qualitative – il n'y a pas d'*impression* d'existence (comme Hume l'a effectivement dit) [2].

L'argument en lui-même est valide, mais sa portée est limitée. Il ne concerne qu'un certain type d'expérience, à savoir ce que l'on peut appeler les « hallucinations crédibles ». Comme leur nom l'indique, les hallucinations crédibles sont capables de faire croire au sujet qu'il existe devant lui un objet, par exemple un éléphant rose, qui en réalité n'y est pas. Ces expériences ne sauraient avoir une telle disposition si elles présentaient leur objet comme inexistant, ou en général comme subjectivement différent de l'objet des expériences véridiques. Certes, le sujet peut ne pas être effectivement trompé par son expérience, s'il est convaincu par ailleurs qu'il est victime d'une hallucination. Même dans ce dernier cas, pourtant, il n'aura pas l'impression de voir un objet inexistant. Au contraire, il continuera de jouir d'une impression subjectivement identique à celle qu'il aurait devant un éléphant rose réel.

L'argument humien est limité parce qu'il existe d'autres types d'expérience non véridique qui ne sauraient être analysés sur le modèle des hallucinations

1. Voici un argument connexe : parce que le concept d'existence est purement formel (dénué de contenu matériel), l'existence ne peut pas être représentée dans l'expérience.

2. C. McGinn, *Logical Properties…*, *op. cit.*, p. 44. Dans son exemple, j'ai remplacé les rats par des éléphants.

crédibles. Il reste donc à examiner si ces *autres* expériences permettent d'établir, à travers une comparaison avec la perception véridique, un contraste phénoménal entre l'existence et l'inexistence.

Parmi ces expériences pourraient figurer celles d'objets impossibles. Dans certains contextes, il semble que nous ayons l'expérience sensorielle d'objets impossibles : des escaliers qui, comme dans certaines figures d'Escher, montent et descendent à la fois, ou des sons dont la hauteur semble diminuer continuellement sans jamais donner l'impression de changer d'octave. Pour éviter toute complication due à la perception des images bidimensionnelles, le psychologue David Penrose a effectivement construit un objet tridimensionnel qui apparaît comme un triangle impossible sous un angle déterminé.

Sur la base de telles expériences, il est tentant d'envisager l'argument suivant [1] :

(1) Je vois le triangle de Penrose comme un objet impossible.

(2) Les objets impossibles n'existent pas.

(3) Donc, je vois le triangle de Penrose comme un objet inexistant.

Si la conclusion (3) était vraie, il y aurait bien un contraste, au sein de l'expérience visuelle, entre des objets qui existent (une porte, une chaise, une personne) et d'autres qui n'existent pas (comme le triangle de Penrose qui apparaît dans mon champ visuel). L'énoncé néo-meinongien dans son acception phénoménologique serait justifié : il y a bien des objets de perception présentés comme inexistants.

L'argument est-il probant ? Passons sur sa validité logique, qui dépend de la possibilité de substituer un concept (« être impossible ») à un autre (« être inexistant ») dans un contexte intensionnel (celui qu'introduit le verbe « voir »). Je supposerai également la vérité de la deuxième prémisse, qui fait pourtant l'objet d'une contestation de la part de certains philosophes. Par exemple, McGinn considère que certains objets impossibles au moins existent, jetant un doute sur la légitimité de l'implication de l'impossible à l'inexistant.

En fait, c'est la première prémisse qui me paraît être l'élément le plus discutable de l'argument. Quand je suis confronté visuellement à un triangle de Penrose, je ne le vois pas comme impossible. Au contraire, je le vois comme un objet situé dans le monde réel au même titre que les objets ordinaires. Ce qui en fait un objet *extraordinaire*, c'est qu'il semble posséder des propriétés contraires ou contradictoires, en l'occurrence la propriété d'avoir des parties assemblées d'une manière incohérente. Si le triangle de Penrose est, en tant qu'objet inten-

1. Ici comme ailleurs dans cet essai, je n'utilise pas le verbe « voir » au sens factif, comme impliquant l'existence de ce qui est vu. En ce sens, un sujet peut voir une orange en l'absence de toute orange existante.

tionnel de mon expérience, un objet impossible, je ne le vois pas comme impossible, mais il m'apparaît comme ayant le même statut métaphysique que les objets ordinaires de la perception.

Peut-être observe-t-on ici une asymétrie intéressante entre la perception et la représentation conceptuelle. On ne saurait concevoir un objet comme ayant des propriétés contraires ou contradictoires sans le concevoir *ipso facto* comme impossible. En revanche, il semble possible de percevoir un objet comme ayant des propriétés incohérentes mais aussi comme existant réellement. Certes, il est impossible qu'une telle expérience soit véridique, mais c'est une autre affaire. La conclusion pertinente, pour le moment, est qu'elle n'introduit aucun contraste phénoménal entre l'existence et l'inexistence.

Considérons une autre tentative d'établir un tel contraste au sein de l'expérience. Susanna Siegel a défendu la thèse selon laquelle les objets de l'expérience sensorielle ordinaire sont présentés comme étant « à la fois indépendants du sujet et perceptivement liés à lui »[1]. Selon elle, l'indépendance de l'objet de la perception par rapport au sujet percevant n'est pas seulement un trait métaphysique ; c'est surtout un trait qui est normalement perçu *comme tel* par le sujet. Autrement dit, il entre dans le contenu phénoménal de l'expérience ordinaire.

L'un des aspects de l'indépendance de l'objet perçu est censé se manifester empiriquement de la façon suivante. La position d'un objet dans le monde visible est en général indépendante de la perspective spatiale à partir de laquelle il est vu. Lorsque le sujet modifie sa perspective sur l'objet, par exemple en se déplaçant autour de lui, la position de l'objet ne change pas pour autant. Par ailleurs, un changement de perspective sur un objet peut faire apparaître des parties de l'objet auparavant dissimulées, de même qu'il peut faire disparaître d'autres parties de l'objet auparavant visibles.

En d'autres termes, le cours de l'expérience d'objets physiques est soumis à des principes conditionnels de la forme[2] :

Principes d'indépendance

Si le sujet S change sa perspective sur l'objet *o*, *o* ne change pas pour autant de position dans l'espace tridimensionnel.

Si S change sa perspective sur *o*, S cesse de percevoir certaines parties de *o*, et en vient à percevoir d'autres parties de *o*.

Selon Siegel, non seulement ces principes régissent effectivement le cours de l'expérience, mais ils entrent d'une manière ou d'une autre dans le contenu apparent de la perception. Le sujet perçoit les objets ordinaires *comme* étant

1. S. Siegel, *The contents of visual experience*, Oxford, OUP, 2010, p. 175.
2. *Ibid.*, p. 178-179.

soumis à ces principes, d'une manière qui crée en lui des attentes spécifiques. Ces attentes sont proprement perceptives et indépendantes du jugement. En particulier, elles ne peuvent pas être expliquées à partir de simples croyances contrefactuelles du type « Si je regardais cet objet sous un autre angle, je ne le verrais pas pour autant se déplacer ».

Il est raisonnable de supposer que des principes conditionnels de ce genre participent du *sens de la présence perceptive* des objets. On peut ajouter à ces principes, à titre d'hypothèses, le sens que les objets *causent* l'expérience que nous en avons (d'une manière éventuellement réflexive, comme dans la théorie de John Searle) [1], de même que le sens que les objets sont *accessibles* à l'action.

La thèse de Siegel, selon laquelle la perception ordinaire présente ses objets comme indépendants, n'est légitime que si d'*autres* expériences sensorielles sont capables de présenter leurs objets autrement. En effet, c'est seulement à cette condition que l'indépendance fait une différence phénoménale ou qualitative. Si toute expérience sensorielle présente son objet comme une entité indépendante du sujet, alors, selon une réduction familière, aucune ne peut véritablement le présenter ainsi.

De fait, Siegel contraste la perception ordinaire avec d'autres expériences sensorielles, comme celles de phosphènes. Les phosphènes sont des taches lumineuses apparentes dont chacun peut faire l'expérience en pressant légèrement l'un de ses globes oculaires. Contrairement à Siegel, je partirai du principe que l'expérience de phosphènes (comme celle d'autres images consécutives) n'est pas purement de l'ordre de la sensation, mais qu'ils sont perçus, au moins dans certains cas, comme des *objets*. Leur forme est typiquement floue, mais ils peuvent avoir une couleur déterminée (par exemple, bleue ou rouge) et ont une position au moins approximative dans l'espace égocentrique (par exemple, en haut à gauche).

Comme le fait justement observer Siegel, les phosphènes ne sont pas perçus comme étant soumis aux principes conditionnels énoncés plus haut. Je ne peux pas inspecter mes phosphènes sous différents angles, et j'ai l'impression d'avoir toujours affaire au même profil d'objet, ce qui revient à dire, sans doute, que je ne perçois pas mes phosphènes sous quelque profil que ce soit.

Par suite, en dépit du fait que les phosphènes sont des objets intentionnels, ils ne sont pas perçus comme s'intégrant dans la réalité spatio-temporelle au même titre que les objets ordinaires de la perception. Par exemple, si je fixe des yeux un mur blanc tout en ayant un phosphène rouge, je n'aurai pas l'impression de voir une tache ou une ombre rougeâtre sur le mur. Inversement, la vision d'une tache réelle ne produirait pas en moi un effet comparable à celui de l'expérience d'un

1. J. Searle, *L'intentionalité*, Paris, Minuit, 1985, chap. II. Selon Searle, l'expérience sensorielle est satisfaite seulement si l'objet perçu cause cette même expérience.

phosphène. De même, si j'observe la voûte céleste la nuit et me lève brusquement, je pourrai avoir l'impression de « voir des étoiles », mais je n'aurai pas l'impression que ces « étoiles » s'ajoutent au nombre des étoiles réelles que je vois au-dessus de moi.

L'indépendance de l'objet perçu par rapport au sujet percevant est une notion métaphysique distincte de l'existence, sur laquelle Siegel ne se prononce pas directement. Mais on pourrait arguer que si l'objet de la perception ordinaire est présenté comme indépendant du sujet, il est également présenté comme existant. Car le mode d'existence des objets de la perception est lié à leur position stable dans un espace tridimensionnel indépendant du parcours spécifique tracé par le sujet. Nous sommes donc en mesure d'envisager un nouvel argument en faveur de l'énoncé néo-meinongien (dans son interprétation phénoménologique) :

(1) Les objets de la perception ordinaires sont présentés comme existants, par contraste avec les phosphènes.

(2) Donc, les phosphènes sont présentés comme inexistants.

(3) Donc, certains objets sont perçus comme existants, alors que d'autres sont perçus comme inexistants.

Cet argument me paraît fallacieux pour la raison suivante. Tout ce que l'on peut conclure de la première prémisse est la thèse *négative* selon laquelle les phosphènes *ne* sont *pas* perçus comme existants. On ne saurait tirer la conclusion *positive* selon laquelle ils sont perçus *comme* inexistants. Considérons la comparaison suivante. Il est difficile de déterminer visuellement la forme des objets présentés en périphérie du champ visuel. Par exemple, le sujet peut ne pas savoir, sur la seule base de son expérience, s'il voit un carré ou un rond. Or on ne saurait conclure, du fait que le sujet ne voit pas une forme déterminée, qu'il voit une forme indéterminée. Une carence représentationnelle n'est pas la même chose qu'une indétermination objective. De même, les phosphènes ne sont pas présentés comme des objets auxquels il *manque* quelque chose (l'existence). Il faut plutôt les considérer comme les objets d'une *expérience* à laquelle il manque quelque chose, puisqu'il est impossible de déterminer, à partir de celle-ci, si les phosphènes ont une position déterminée dans l'espace objectif tridimensionnel.

Ces quelques réflexions suggèrent la position suivante sur la question de la perception de l'existence (une position que je ne fais ici qu'énoncer). Même si l'existence est un trait perceptible, contrairement à ce que Hume prétendait, elle n'est pas nécessairement perçue comme une propriété du premier ordre. Si l'existence était perçue comme une propriété du premier ordre, au même titre que la couleur, il devrait être possible de percevoir certains objets comme existants et d'autres objets comme inexistants, de même que nous pouvons voir des objets bleus mais aussi des objets présentant d'autres couleurs (rouge, vert, etc.).

En d'autres termes, l'existence empirique peut entrer dans le contenu de la perception, sous la forme de principes conditionnels qui sous-tendent le sens de la présence spatio-temporelle de l'objet perçu, sans être perçue comme une propriété de cet objet. La thèse de la perceptibilité de l'existence n'implique donc pas l'énoncé néo-meinongien selon lequel il y a des choses que l'on perçoit comme n'existant pas.

L'interprétation métaphysique

L'impasse à laquelle nous conduit l'interprétation phénoménologique de l'énoncé néo-meinongien laisse entièrement ouverte l'interprétation métaphysique. Même si nous ne voyons jamais des objets comme inexistants, il reste possible que certains d'entre eux le soient.

Certains philosophes ont considéré que l'énoncé néo-meinongien dans son interprétation métaphysique était la seule manière intelligible de rendre compte des expériences hallucinatoires. C'est le cas de A. D. Smith, qui résume ainsi sa position :

> Dans l'hallucination, au même titre que dans la perception véridique, nous ne sommes pas confrontés à des sensations, à des impressions sensorielles ou à des *sense-data*, mais à des *objets ordinaires*, et de surcroît des objets *physiques* ordinaires, au sens où ils sont présentés dans l'espace physique tridimensionnel. [...] [L]a seule différence entre un objet présenté de manière véridique et un objet halluciné est que le second *n*'existe *pas*, ou est *irréel*[1].

Le raisonnement de Smith dans cette citation peut être formalisé de la manière suivante :

(1) L'expérience hallucinatoire a un objet intentionnel.

(2) Cet objet est exactement du même type que les objets ordinaires de la perception véridique (*littéralisme perceptif*).

(3) Cet objet n'est identique à aucun élément du monde réel.

(4) Donc, il n'existe pas.

La première prémisse a une certaine vraisemblance. Les hallucinations, surtout celles que nous avons qualifiées plus haut de « crédibles » ne sont pas de simples sensations ou impressions visuelles, mais constituent une forme de conscience perceptive. Elles ont un objet apparent, ou objet intentionnel. La tâche de la théorie de la perception consiste justement à expliquer la nature de cet objet.

1. A. D. Smith, *The Problem of Perception*, Cambridge (Mass.), Harvard UP, 2002, p. 234.

La deuxième prémisse est essentielle à l'intelligibilité de l'argument. Je l'appellerai « le littéralisme perceptif ». Kit Fine appelle « littéralisme » la position générale selon laquelle des énoncés du type « Sherlock Holmes est un détective, il habite à Baker Street » sont littéralement vrais, en dépit du fait que Sherlock Holmes est un objet fictif, et donc inexistant [1]. Les objets fictifs ont littéralement les propriétés que la fiction leur attribue. Le littéralisme perceptif est la thèse spécifique concernant les objets de l'hallucination. Macbeth a bien vu un poignard, en dépit du fait que celui-ci n'existe pas. Il a vu un poignard, plutôt qu'un éléphant ou une bouteille de scotch.

La troisième prémisse se justifie de la manière suivante. En dehors des hallucinations *de re*, dans lesquelles le sujet fait l'expérience d'un objet ou d'une personne réelle (par exemple, il a l'impression de voir Churchill s'avancer vers lui), il est difficile d'identifier l'objet de l'hallucination à un objet réel, voire même à un objet possible. De même que, selon l'argument célèbre de Saul Kripke, les personnages fictifs ne peuvent être identifiés à aucun objet réel ou possible [2], aucun fait ontologique ne permet d'identifier l'éléphant particulier halluciné à un éléphant réel ou possible.

La conclusion suit assez directement des prémisses. La *seule* différence entre l'objet d'une hallucination et son équivalent dans le cas véridique revient à ceci que le premier, contrairement au second, n'existe pas. L'énoncé néo-meinongien est donc justifié : il y a des objets de perception (plus précisément, les objets de certaines hallucinations) qui n'existent pas.

De mon point de vue, la prémisse la plus difficile à maintenir s'avère être en définitive la prémisse littéraliste (2). Elle soulève au moins deux problèmes. Le premier est présenté par Kit Fine de la manière suivante :

> Macbeth s'est demandé : « Est-ce un poignard que je vois devant moi ? ». En supposant qu'il s'agisse d'une situation réelle, il est raisonnable de faire l'hypothèse que Macbeth aurait pu se tromper en répondant à cette question, et que si, dans une situation perceptive, il avait pris l'objet qu'il voyait pour un poignard, sa croyance aurait été incorrecte. Mais d'un point de vue littéraliste, il est difficile de voir comment Macbeth aurait pu faire une erreur. [...] [L'] objet aurait été un poignard et sa croyance qu'il y avait un poignard aurait été correcte [3].

Selon l'intuition formulée par Fine, Macbeth a cru voir un poignard, mais il s'est trompé : non seulement il n'y avait aucun poignard réel, mais il n'y avait aucun poignard *du tout* dans son champ visuel.

1. K. Fine, « The Problem of Non-Existents : Internalism », *Topoi* 1, 1982, p. 97-140.

2. S. Kripke, *La logique des noms propres*, Paris, Minuit, 1980.

3. K. Fine, « The Problem of Non-Existents... », art. cit., p. 139, en partie cité par A. D. Smith, *The Problem of Perception*, *op. cit.*, p. 262.

Le second problème est que le littéralisme perceptif fait obstacle à une théorie *unifiée* de l'illusion et de l'hallucination. Contrairement au cas de l'hallucination, l'illusion implique la perception d'un objet réel, présenté comme ayant des caractéristiques qu'il n'a pas réellement. Par exemple, dans l'illusion de Müller-Lyer, le sujet voit deux lignes parallèles réelles, mais il les voit comme inégales alors qu'elles sont en réalité égales. Or le littéralisme conduit à une difficulté dans le cas de l'illusion. Supposons que je sois victime d'une illusion, et voie rouge un livre qui est en fait bleu. Mon expérience n'a qu'un seul objet intentionnel, à savoir un objet qui est réellement bleu et qui m'apparaît rouge. En aucun cas n'a-t-elle un *autre* objet intentionnel, tel qu'un livre rouge irréel. Le littéralisme conduit donc, soit à admettre une asymétrie immotivée entre l'illusion et l'hallucination, soit à faire une concession dangereuse au réalisme direct, en prenant le risque que des objets purement intentionnels (un livre rouge, des lignes inégales) s'interposent entre le sujet et la réalité.

Smith tente de répondre aux deux problèmes, mais d'une manière qui ne me paraît pas convaincante. Il commence par une rétractation : Macbeth n'a pas vu un poignard après tout, mais seulement quelque chose qui avait l'air d'un poignard, qui y ressemblait visuellement en tous points. La raison de cette rétractation est la suivante :

> Puisque [...] la caractérisation de l'objet intentionnel de Macbeth est déterminée par le caractère subjectif de son état visuel, et puisque cet état est subjectivement identique *à la fois* à une perception possible d'un poignard réel et à une perception possible d'une carotte réelle [par exemple, une carotte sculptée et éclairée de telle manière qu'elle ressemble à un poignard], quels sont les fondements pour dire autre chose que ceci : Macbeth est conscient seulement de quelque chose qui *a les caractéristiques visuelles* d'un poignard [1] ?

La réponse de Smith ne le tire pas d'affaire. Le fait que l'expérience d'un poignard peut être causée par la vision d'une carotte n'est pas pertinent. Ce qui compte, c'est que Macbeth a bien vu un objet *comme* un poignard – ses capacités recognitionnelles relatives aux poignards s'est effectivement déclenchée. On peut dire également qu'il a vu un objet comme quelque chose qui ressemble visuellement à un poignard, mais seulement si cette description ne nous oblige pas à revenir sur l'hypothèse initiale, à savoir qu'il a vu un objet comme un poignard. Macbeth a vu un objet comme quelque chose qui ressemble à un poignard *parce qu*'il a vu un objet comme un poignard – et en effet, rien ne ressemble plus à un poignard qu'un autre poignard.

Le littéralisme perceptif conduit donc à des difficultés dont il est difficile de se défaire. Fine lui-même préconise de renoncer au littéralisme concernant les objets de l'hallucination et les objets fictifs. L'énoncé « Sherlock Holmes est un

1. A. D. Smith, *The Problem of Perception*, *op. cit.*, p. 263.

détective » est faux, du moins si le prédicat « est un détective » est pris au sens ordinaire. De même, l'objet que Macbeth a vu comme un poignard n'est pas un poignard, ni même (contrairement à ce que Smith suggère) quelque chose qui ressemble visuellement à un poignard.

Je ne me prononcerai pas ici sur le littéralisme en général, mais seulement sur le littéralisme perceptif, qui me semble être indépendamment contestable. Certes, le rejet du littéralisme perceptif doit s'accompagner d'une réponse acceptable à la question de savoir *ce que* Macbeth a vu exactement, à supposer (suivant la première prémisse de l'argument de Smith) qu'il ait vu *quelque chose*. Il ne suffit pas de dire qu'il a vu quelque chose comme un poignard, ou qu'il n'a rien vu qui existe réellement, car ces réponses échouent à caractériser positivement l'objet de l'expérience de Macbeth tel qu'il *est*.

Le point le plus important, en ce qui nous concerne ici, est que le rejet du littéralisme perceptif, c'est-à-dire de la deuxième prémisse de l'argument de Smith, fait disparaître l'une des motivations les plus importantes en faveur de l'interprétation métaphysique de l'énoncé néo-meinongien. Selon la position anti-littéraliste, l'objet de l'hallucination n'apparaît pas tel qu'il est. Par exemple, il est vu comme un poignard, mais ce n'est pas un poignard. Le sujet ne peut pas savoir ce qu'est l'objet qui lui apparaît sur la seule base de son expérience hallucinatoire. Pour autant qu'il le sache, cet objet pourrait être très différent de la manière dont il apparaît. Partant, l'existence n'est plus la *seule* différence envisageable entre un objet de perception véridique et un objet d'hallucination. La troisième prémisse de l'argument de Smith n'est plus garantie : l'objet halluciné pourrait bien être identique à quelque configuration réelle.

Deux conceptions de la perception

L'une des tâches les plus importantes d'une théorie de la perception est de rendre compte des expériences sensorielles non véridiques, et en particulier des hallucinations crédibles. Car le sujet victime d'une hallucination crédible a l'impression d'être directement en rapport avec un objet réel. En d'autres termes, il a l'impression que son expérience a un objet intentionnel déterminé. La question est de savoir dans quelle mesure cette impression doit être prise au sérieux. Trois options principales se présentent ici au théoricien de la perception :

A. Nier que l'hallucination ait réellement un objet intentionnel.

B. Affirmer que l'hallucination a un objet intentionnel inexistant.

C. Affirmer que l'hallucination a un objet intentionnel existant.

La première option n'est autre que la négation de la première prémisse de l'argument de Smith présenté plus haut. La deuxième option affirme que l'expérience hallucinatoire vise quelque chose plutôt que rien, mais rien qui n'existe dans le monde réel. Enfin, la troisième option insiste sur le fait que l'expérience hallucinatoire, comme la perception véridique, vise un élément du monde réel (mais peut-être pas celui que l'on croit).

Avant de conclure cet essai, je me propose d'examiner brièvement ces options en rapport avec deux grandes familles de théories de la perception. Si, comme nous allons le voir dans un instant, ces dernières diffèrent sur un point crucial, qui concerne la nature de la perception véridique, elles partagent le souci d'analyser les phénomènes hallucinatoires dans le cadre du réalisme direct. Le réalisme direct est la thèse selon laquelle l'objet intentionnel de la perception véridique est identique à un objet réel ou existant. Par exemple, quand le sujet est en relation visuelle véridique avec un lampadaire, son expérience a un objet intentionnel qui n'est rien d'autre que le lampadaire physique réel devant lui. La question cruciale qui divise les membres des deux familles en question est celle de savoir si l'expérience sensorielle est *relationnelle*. Les partisans du *relationnalisme* répondent par l'affirmative, et les défenseurs de l'*intentionnalisme* par la négative [1].

Le relationnalisme prend au sérieux l'intuition selon laquelle la perception ordinaire nous met directement en rapport avec le monde réel, indépendant de l'esprit, sans l'intermédiaire d'une représentation (conceptuelle ou non). Le relationnalisme n'implique pas que la faculté de perception soit indépendante de la capacité de représentation. Au contraire, l'expérience sensorielle humaine peut être expliquée, au moins en partie, en termes de dispositions à former des jugements fondés sur la réalité. La thèse relationnaliste est plutôt que l'objet de la perception véridique n'est pas initialement déterminé comme l'objet d'une représentation. Il est essentiel que je puisse porter un jugement sur ce que je vois, mais ce que je vois est déterminé indépendamment de mon jugement ou de toute autre représentation.

Dans le cadre du relationnalisme, l'option A, dont l'adhésion est parfois attribuée à Gareth Evans et John McDowell [2], implique que le sujet victime d'une

1. *Cf.* respectivement J. Campbell, *Reference and Consciousness*, Oxford, OUP, 2002 et T. Crane, « Is There a Perceptual Relation ? », *in* T. S. Gendler et J. Hawthorne (dir.), *Perceptual Experience*, Oxford, OUP, 2006, p. 126-146.

2. *Cf.* G. Evans et J. McDowell, « Introduction », *in* G. Evans et J. McDowell (dir.), *Truth and Meaning. Essays in Semantics*, Oxford, Clarendon Press, 1999.

hallucination n'est visuellement conscient de *rien*. L'impression qu'une expérience hallucinatoire a un objet intentionnel constitue une sorte d'illusion métacognitive. Le sujet croit avoir une expérience sensorielle lui présentant quelque chose (existant ou non), mais sa croyance est fausse. Cependant, beaucoup de philosophes accepteront difficilement de rejoindre cette position. Le sujet peut se tromper sur la question de savoir si son expérience est véridique ou hallucinatoire. Il est moins évident qu'il puisse se tromper sur le fait que quelque chose lui apparaît effectivement dans son champ visuel.

L'option B n'est pas véritablement ouverte au relationnalisme, pour des raisons essentiellement métaphysiques. L'exemplification d'une relation dépend au minimum de l'existence de ses *relata*. L'hallucination ne peut donc pas être définie comme une relation réelle à un objet inexistant.

Enfin, l'option C paraît également compromise. Car à quel objet réel pourrait-on bien identifier le poignard de Macbeth, ou l'éléphant rose de l'ivrogne ? Il semble que cette question ne puisse recevoir aucune réponse ontologiquement fondée [1].

Les difficultés du relationnalisme ont conduit un certain nombre de philosophes de la perception à rejoindre l'autre grande famille théorique, à savoir l'intentionnalisme. Selon cette option, la perception est une représentation de la réalité, certes différente du jugement et peut-être de la représentation conceptuelle en général.

Les partisans de l'intentionnalisme nient que la perception enveloppe essentiellement une relation à ce qu'elle représente. En général, une représentation peut représenter qu'un objet a une propriété sans qu'il n'existe quoi que ce soit qui ait réellement cette propriété [2]. Comme la perception véridique, l'hallucination a un contenu représentationnel. Dans le premier cas, le contenu est vrai et l'objet intentionnel de l'expérience existe ; dans le second cas, il est faux et il n'existe pas [3].

Dans le cadre de l'intentionnalisme, l'option A n'est pas viable, puisque toute expérience sensorielle, véridique ou hallucinatoire, a un objet intentionnel, déterminé par des critères d'identité internes à nos représentations sensorielles. Dans le cas d'une hallucination, la représentation sensorielle ne correspond à aucun élément du monde réel – l'option C est donc écartée. Cette représentation correspond néanmoins à un objet possible, puisque le sujet d'une hallucination sait ce

1. Par exemple, la thèse selon laquelle nous hallucinons des universaux ne me paraît pas rendre compte du caractère particulier des objets de l'expérience sensorielle, même hallucinatoire.

2. *Cf.* T. Crane, « Is There a Perceptual Relation ? », art. cit., p. 132.

3. Je laisse de côté ici le problème des « hallucinations véridiques », sur lequel je me suis prononcé ailleurs ; *cf.* J. Dokic, « Le cercle bipolaire. Intentionnalité et contenu perceptif », *in* P. Livet (dir.), *De la perception à l'action. Contenus perceptifs et perception de l'action*, Paris, Vrin, 2000, p. 83-118.

qui devrait être le cas dans le monde réel pour que son expérience soit véridique[1]. L'intentionnalisme peut donc adhérer à l'option B, en faisant éventuellement dépendre l'objet inexistant de l'hallucination d'une représentation.

À première vue, donc, l'intentionnalisme est mieux qualifié que le relationnalisme pour rendre compte des objets de l'hallucination. Toutefois, notre discussion de l'argument de Smith nous oblige à revenir sur cette première impression. Nous avons mis en évidence les difficultés d'une position littéraliste à propos des objets de l'hallucination. Or si le littéralisme est rejeté, il est envisageable que l'objet d'une expérience hallucinatoire soit très différent de son apparence perceptive. Dans l'illusion, un objet bleu peut apparaître rouge, mais rien n'est littéralement rouge. De même, dans l'hallucination, un objet peut apparaître comme un poignard sans être littéralement un poignard.

La possibilité d'un hiatus entre l'être et l'apparaître des objets de l'hallucination suggère qu'ils ne sont pas entièrement fixés par une représentation. Même dans le cadre d'une théorie externaliste (par exemple causale) de la référence, il n'est pas très plausible de supposer que l'on puisse représenter un objet tout en se trompant *entièrement* sur sa nature. Or la perception semble admettre une possibilité de ce genre : on peut percevoir un objet tout en ayant une représentation radicalement fausse de sa nature. C'est que l'objet de l'expérience sensorielle, véridique ou non, n'est pas initialement déterminé par des représentations.

Le relationnalisme doit-il alors se rapprocher de l'option C, selon laquelle l'hallucination est, comme la perception véridique, une relation directe (non représentationnelle) à la réalité ? Si l'expérience sensorielle est cognitivement opaque, au sens où elle peut viser son objet indépendamment de la possession (même implicite) de critères d'identité, alors l'hallucination pourrait viser un objet réel, très différent de la manière dont il apparaît. L'hallucination visuelle, par exemple, serait un cas extrême de trompe-l'œil. Certes, le relationnaliste qui adhère à l'option C a encore la charge d'expliquer ce que sont réellement les objets de l'hallucination. Quel objet réel a vu Macbeth, si ce n'est un poignard ? Quelque perturbation biochimique dans son cerveau visuel, ou la chaleur ambiante (comme Macbeth lui-même l'envisageait) ? Ces questions ne peuvent recevoir une réponse satisfaisante que dans le cadre d'une théorie substantielle de la perception, que je ne saurais fournir ici. Je me suis seulement contenté d'écarter ce qui me semble être un obstacle persistant à l'idée que les objets de l'hallucination existent, à savoir le littéralisme perceptif.

1. *Cf.* J. Searle, *L'intentionalité*, *op. cit.*, chap. II.

Conclusion

Dans cet essai, je me suis demandé si la théorie de la perception pouvait nous fournir des raisons indépendantes d'affirmer l'énoncé néo-meinongien, « Il y a des objets qui n'existent pas ». J'ai distingué deux interprétations possibles de cet énoncé appliqué aux objets de l'expérience sensorielle : l'interprétation phénoménologique, selon laquelle certains objets sont perçus comme inexistants, et l'interprétation métaphysique, selon laquelle les expériences hallucinatoires ont des objets qui n'existent pas (qu'ils soient perçus comme tels ou non). La première interprétation est injustifiée : même si nous admettons que nous percevons certains objets comme existants, il n'est pas vrai que nous percevions d'autres objets comme inexistants. La seconde interprétation, qui identifie les objets de l'hallucination à des objets inexistants, se heurte à des difficultés. Elle semble être liée à une doctrine contestable, à savoir le littéralisme perceptif. Dans une perspective anti-littéraliste, l'appel à des entités inexistantes pour rendre compte des phénomènes perceptifs doit être indépendamment motivé, puisqu'il ne découle plus d'une analyse des objets de l'hallucination, distingués de la manière dont ils nous apparaissent.

J'en déduis que la théorie de la perception ne nous fournit à elle seule aucune raison de renoncer à la conception classique de l'existence, qui identifie l'être (introduit par le quantificateur « il y a ») à l'existence. Il faut se garder de conclure que la théorie de la perception accrédite d'une manière ou d'une autre la conception classique. Ici comme ailleurs, c'est la métaphysique qui prime sur la théorie de la perception dans l'ordre de l'explication, et non pas l'inverse. C'est d'abord sur ce plan que doit être évaluée l'alternative entre la conception classique et la conception néo-meinongienne de l'existence. Considérée en elle-même, la théorie de la perception est métaphysiquement neutre, du moins sur ce point. Cette conclusion est en parfaite convergence avec l'observation générale de Frédéric Nef selon laquelle « la métaphysique est utile et même nécessaire pour les sciences cognitives, comme pour toutes les autres sciences » [1].

1. *Les propriétés des choses*, *op. cit.*, p. 171.

FILIPE DRAPEAU VIEIRA CONTIM

LA RIGIDITÉ SANS L'IDENTITÉ

Les modalités constituent la pierre angulaire de la métaphysique de Frédéric Nef, et parmi elles, la modalité *de re*, qui entre en jeu dès lors qu'une propriété est attribuée *possiblement* ou *nécessairement* à un objet. Dans ce domaine, Nef aura été un farouche défenseur de la position de David Lewis pour qui la modalité *de re* doit se fonder sur la relation de contrepartie (*counterpart relation*) et non sur la relation d'identité transmonde (*transworld identity*) comme le recommande pourtant la sacrosainte thèse de la rigidité des noms propres de Kripke. Si les écrits théoriques de Nef aussi bien que ses travaux d'histoire de la philosophie, ceux dédiés à Leibniz notamment, font la part belle à la métaphysique modale, ils laissent en revanche dans l'ombre un certain nombre de questions d'ordre sémantique, à commencer par celles-ci : si la métaphysique des contreparties exige d'abandonner la thèse de la rigidité, qu'advient-il de la différence sémantique intuitive entre les termes authentiquement référentiels et les descriptions définies, relevée par Kripke ? Nous faut-il vraiment choisir entre la rigidité et les contreparties ? Ne peut-on pas formuler un équivalent de la thèse de la rigidité, de l'intérieur du cadre contrepartiste ? Pour les anciens étudiants de Nef, dont je suis, il pourrait paraître étonnant que Nef n'ait pas cherché à trancher ces questions car, à leurs yeux, il n'est pas seulement le métaphysicien que l'on connaît aujourd'hui, il a d'abord été, avant le tournant de *l'Objet quelconque* (1998), ce philosophe du langage, pionnier en son pays, qui les a initiés aux sémantiques intensionnelles de Montague, Kripke et Kaplan. Cette apparente omission s'explique en réalité par la conviction méthodologique, que Nef partage avec Lewis et Armstrong, selon laquelle la métaphysique est autonome à l'égard de la philosophie du langage ; elle n'a pas à se plier aux intuitions sémantiques, pas plus que la biologie ou la physique ne doivent se régler sur les taxonomies naïves ou la physique de sens commun. Ce qui suit se veut un minuscule post-scriptum à la métaphysique modale de Nef, l'annexe sémantique que Nef aurait ajouté à sa théorie des contreparties si les affaires métaphysiques lui en avaient laissé le temps. J'espère y montrer que l'on peut avoir la rigidité *et* les contreparties, la rigidité sans l'identité transmonde, et réconcilier ainsi les deux Nef, Nef-le-philosophe-du-langage et Nef-le-métaphysicien.

IDENTITÉ TRANSMONDE *VS* CONTREPARTIES

Quelles sont les conditions de vérité des énoncés modaux *de re ?* Depuis la fin des années 1960, la question oppose deux types de sémantiques : celles fondées sur la relation d'identité transmonde, issues des travaux de Saul Kripke [1], et celles qui s'appuient sur la relation de contrepartie, dont David Lewis est le pionnier [2]. Par « énoncés modaux *de re* », on désignera ici les énoncés dans lesquels on attribue un prédicat modal de type : pouvoir être F, ne pas pouvoir être F, être nécessairement F, être F de façon contingente. Ces prédications peuvent revêtir deux formes : ou bien l'opérateur modal figure dans un énoncé singulier comportant des termes référentiels (noms propres, pronoms personnels, démonstratifs, etc.), comme dans (1) et (2) ; ou bien la modalité est attachée à un prédicat dont la variable est liée par une expression quantifiée (« tous les perdants ») qui contient l'opérateur modal dans sa portée, comme dans (3) :

(1) Humphrey aurait pu remporter les élections présidentielles américaines de 1968.

(2) Nécessairement, je suis une personne.

(3) Tous les perdants auraient pu être des gagnants.

Dans une sémantique fondée sur l'identité transmonde, un énoncé tel que (1) est vrai si et seulement s'il y a au moins un monde possible dans lequel Humphrey lui-même, le *même* homme que celui qu'on désigne par ce nom dans le monde actuel, remporte les élections de 1968. Une telle sémantique repose sur deux assomptions métaphysiques :

1. S. Kripke, « A Completeness Theorem in Modal Logic », *Journal of Symbolic Logic*, 24/1, 1959, p. 1-14; « Semantical Considerations on Modal Logic », *Acta Philosophica Fennica*, 16, 1963, p. 83-94; *La logique des noms propres*, Paris, Éditions de Minuit, 1982.

2. D. Lewis, « Counterpart Theory and Quantified Modal Logic », *Journal of Philosophy*, 65/5, 1968, p. 113-126; « Counterparts of Persons and their Bodies », *Journal of Philosophy*, 68/7, 1971, p. 203-211; *Counterfactuals*, Oxford, Basil Blackwell, 1973; « Postscripts to "Counterpart Theory and Quantified Modal Logic" », in *Philosophical Papers I*, New York, OUP, 1983, p. 39-46; *On the Plurality of Worlds*, Oxford, OUP, 1986.

(i) Les domaines des mondes possibles se chevauchent (même s'ils peuvent ne pas être coextensifs) : un même objet peut exister dans plusieurs mondes.

(ii) Ce qui confère à un objet la propriété modale (non actualisée) d'*être possiblement F*, c'est le fait que cet objet lui-même possède la propriété catégorique d'*être F* dans un autre monde possible.

Dans une sémantique des contreparties, le rôle qui incombe à l'identité transmonde est pris en charge par la relation de contrepartie. Dans sa version lewisienne [1], la théorie des contreparties se décline en trois thèses :

(i) Un individu n'existe que dans un *seul* monde, chaque individu est confiné à un monde (*worldbound*) ; il n'y a pas d'identité transmonde.

(ii) Les conditions de vérité des énoncés modaux *de re* sont formulées en termes non pas d'identité mais de relation de contrepartie : un énoncé tel que (1) est vrai si et seulement s'il y a au moins un monde possible dans lequel l'une des contreparties de Humphrey dans ce monde – et non Humphrey lui-même – remporte les élections de 1968. Chaque individu a des contreparties qui le *représentent* dans d'autres mondes possibles, et ce sont les propriétés non modales ou catégoriques (remporter les élections, être une personne, etc.) de ses représentants qui lui confèrent ses propriétés modales (pouvoir remporter les élections, être nécessairement une personne, etc.).

(iii) La relation de contrepartie est une relation de *similarité comparative :* un individu est représenté dans un autre monde possible par le ou les individus qui lui ressemblent le plus dans ce monde. Il s'ensuit qu'à la différence de l'identité transmonde, la relation de contrepartie n'est ni symétrique ni transitive.

Il importe de garder à l'esprit que les thèses (i) à (iii) sont indépendantes les unes des autres. On peut ainsi avoir des raisons d'accepter la thèse (i) de confinement à un monde, encore appelée thèse de la « rigidité modale » ou « rigidité

1. Précisons que dans son article fondateur de 1968, Lewis ne conçoit pas la théorie des contreparties comme une sémantique des énoncés modaux *de re*, mais comme une théorie extensionnelle du premier ordre, alternative à la logique modale quantifiée, dans laquelle on élimine les opérateurs modaux (dans une veine quinienne) en quantifiant directement sur les mondes et les individus possibles (dans une veine moins quinienne). L'avantage, selon Lewis, est qu'on dispose ainsi d'un langage qui non seulement est extensionnel mais qui en outre s'avère plus expressif que la logique modale quantifiée. Ce rôle ambitieux que Lewis entend faire jouer à la théorie des contreparties semble avoir les faveurs de Nef, qui y voit un gain dans la clarification des engagements ontologiques ; sur ce point voir F. Nef, *Qu'est-ce que la métaphysique ?*, Paris, Gallimard, 2004 [désormais QM], p. 664-674. À l'instar d'autres contrepartistes, notamment Graeme Forbes, je cantonnerai ici la théorie à un rôle plus modeste, qui est de formuler les conditions de vérité des énoncés modaux *de re*. *Cf.* G. Forbes, « Two solutions to Chisholm's Paradox », *Philosophical Studies*, 46/2, 1984, p. 171-187 ; *The Metaphysics of Modality*, Oxford, OUP, 1985.

métaphysique » dans QM et PDC, tout en rejetant (ii) et (iii), par exemple en endossant une sémantique basée sur l'identité transmonde. Une telle position, qui a peut-être tenté Leibniz [1], conduit à dire que toutes les propriétés d'un objet lui sont essentielles (super-essentialisme), puisqu'il n'y a aucun autre monde possible dans lequel ce même objet existerait, et donc, *a fortiori*, aucun autre monde où il possèderait d'autres propriétés que celles qu'il a actuellement. On peut également accepter les thèses (i) et (ii) sans accepter (iii). Cette position transparaît dans un passage de *Qu'est-ce que la Métaphysique ?* dans lequel Nef fait reposer la relation de contrepartie non pas sur la relation de similarité comparative mais sur la relation d'« avoir la même essence que », qu'il tient pour primitive ou du moins indéfinissable par la relation de contrepartie [2], au contraire de Lewis qui définit l'essence d'un objet comme étant l'ensemble des propriétés que toutes ses contreparties ont en commun [3].

La théorie des contreparties a reçu un accueil contrastée. Si la théorie est assez populaire auprès des métaphysiciens de tradition analytique, elle demeure en revanche marginale en philosophie du langage, comme le souligne Nef dans son histoire de la métaphysique contemporaine :

> La coexistence de ces deux types de logiques modales [*i.e.* Les sémantiques kripkéennes et les sémantiques lewisiennes] a créé un état de choses où en gros les métaphysiciens et les épistémologues travaillent dans le cadre de Lewis et les philosophes du langage, linguistes et informaticiens, moins allergiques aux difficultés métaphysiques, plus sensibles aux possibilités de correspondance avec d'autres systèmes formels, séduits quelquefois par la reformulation brillante de certains problèmes sémantiques, dans le cadre de Kripke [4].

Aux raisons qui, selon Nef, expliquent les préférences des philosophes du langage, il faut rajouter celle-ci, à mon sens décisive : il est généralement admis – à tort, comme j'essaierai de le montrer – que *la théorie des contreparties est incompatible avec la thèse de la rigidité* des termes référentiels (noms propres, démonstratifs, indexicaux) mise en avant par Kripke puis Kaplan. Or la thèse de la rigidité représente le noyau dur de la théorie de la référence directe, laquelle constitue l'orthodoxie en matière de référence et de signification, depuis l'abandon du paradigme descriptiviste.

1. Voir par exemple la lettre du 4/14 juillet 1686 de Leibniz à Arnaud dans G. W. Leibniz, *Discours de métaphysique et correspondance avec Arnauld*, Paris, Vrin, 1988.

2. QM, p. 665.

3. On remarquera que dans cette version nefienne, la relation de contrepartie devient symétrique et transitive, à l'instar de la relation « avoir la même essence que », ce qui ne permet plus de bloquer les paradoxes modaux de type sorite.

4. QM, p. 664-665.

La thèse de la rigidité énonce que les termes authentiquement référentiels, par exemple les noms propres, sont des désignateurs rigides au sens où ils désignent le même objet, et rien d'autre, dans tous les mondes possibles dans lesquels cet objet existe. La thèse a son pendant négatif, qui dit que les descriptions définies ordinaires sont des désignateurs non rigides, leur dénotation variant selon le monde possible considéré. On ne peut donc plus soutenir, comme le faisaient les descriptivistes classiques (Russell, Searle), que les noms propres seraient des synonymes de descriptions définies, puisque celles-ci n'ont pas la rigidité de ceux-là. Comparons ainsi (4) et (5) :

(4) Le vainqueur des élections présidentielles françaises de 2007 aurait pu être une femme.

(5) Nicolas Sarkozy aurait pu être une femme.

Lorsque nous proférons (4) en imaginant une situation où Ségolène Royal l'aurait finalement emporté sur son rival d'alors, nous avons la claire intuition que la description définie « le vainqueur des élections présidentielles françaises de 2007 » ne désigne plus son objet habituel : en raison de la présence de l'opérateur modal, la description cesse de désigner l'objet (ici Nicolas Sarkozy) qu'elle désigne habituellement lorsqu'on l'emploie dans un énoncé non modalisé décrivant le monde actuel, pour désigner l'objet (Ségolène Royal) qui satisfait la condition descriptive dans le monde possible qu'on imagine. À l'inverse, en assertant (5), nous avons l'intuition très nette que le nom propre continue à désigner, relativement au monde possible imaginé, la même personne que celle qu'il désigne actuellement, et c'est pourquoi l'énoncé nous semble dire qu'une même personne aurait pu changer de sexe d'un monde à l'autre.

Ces exemples, choisis parmi tant d'autres, mettent en jeu un certain type d'*intuition sémantique*, l'intuition de rigidité. Pour la plupart des philosophes du langage, l'intuition de rigidité est non négociable : une théorie sémantique qui serait incompatible avec le phénomène de rigidité, ou incapable d'en rendre compte, devrait être rejetée. On fera remarquer que même du côté des néo-descriptivistes, il s'agit moins de contester la rigidité des noms propres, que de leur associer des descriptions définies sophistiquées, aptes à simuler leur rigidité – en somme « sauver » la rigidité dans un cadre descriptiviste [1]. Or, précisément,

1. Les néo-descriptivistes disposent pour cela d'au moins trois grandes stratégies. Ils peuvent tout d'abord, à la suite de Dummett, adopter une stratégie « syntaxique », qui consiste à dire que les noms propres sont des descriptions définies qui ont, conventionnellement, une portée large en présence d'un opérateur modal. Une autre possibilité est d'opter pour la stratégie dite de la « rigidification » suggérée par Alvin Plantinga et reprise aujourd'hui par Michael Nelson : les noms propres seraient des descriptions définies rigidifiées par l'opérateur « actuellement » ou l'adjectif « actuel ». Enfin, on peut se rabattre sur une forme plus faible de descriptivisme, dans laquelle les noms propres ne sont pas des synonymes de descriptions définies mais ont néanmoins leur référence fixée au moyen d'une

on ne voit pas comment on pourrait réconcilier la théorie des contreparties avec l'intuition de rigidité : si vraiment le nom propre « Nicolas Sarkozy » est un désignateur rigide, alors, quand nous assertons véridiquement (5), nous décrivons un monde possible qui contient la *même* personne qu'actuellement (identité transmonde), et ce sont les propriétés catégoriques qu'elle possède dans ce monde qui lui confèrent ses propriétés modales actuelles.

Si l'intuition de rigidité condamne la théorie des contreparties, comment se fait-il que cette dernière soit aussi populaire auprès des métaphysiciens? La raison en est que les intuitions n'ont pas le même poids en philosophie du langage et en métaphysique. En métaphysique, toute intuition est négociable, à commencer par les intuitions sémantiques, comme l'explique Nef dans ce passage où il fait sienne la position de Lewis :

> Un lewisien répliquerait que nous ne devons pas construire nos métaphysiques modales sur nos intuitions sémantiques, parce que dans ce domaine elles sont aussi peu fiables qu'en physique. Sur ce point, Lewis est en accord avec Quine : nos engagements ontologiques doivent dériver d'un langage formel relatif à une ontologie et non de nos intuitions psychologiques ou sémantiques directement. Si effectivement la défense de Kripke consiste à dire que son interprétation est conforme à nos intuitions linguistiques, c'est une défense autodestructrice pour Lewis, une défense qui de plus met les choses à l'envers en plaçant la philosophie du langage aux commandes de l'ontologie [1].

Les intuitions ne sont pas des data indiscutables, il y en a de bonnes et de mauvaises, leur tri ne pouvant pas lui-même être affaire d'intuition. Les bonnes intuitions sont celles qui auront encore leur place dans la théorie métaphysique la plus vertueuse en termes de parcimonie, de cohérence et de portée explicative :

> Nous ne pouvons qu'explorer les conséquences de certaines intuitions modales, de la manière la plus cohérente et la plus économique possible, en confrontant ces développements à la solution de problèmes philosophiques réels (comme la causalité, le rapport corps-esprit, etc.) Si effectivement nous aboutissons à un cadre logique libre de contradiction, à une métaphysique cohérente qui jette une lumière sur des problèmes philosophiques importants, nous avons des raisons de croire (sans avoir forcément raison de croire, dans l'absolu) que notre intuition n'est pas complètement erronée, mais cela ne peut constituer en aucune manière une justification de l'intuition de départ que l'on peut contester et qui peut être abandonnée au profit de métaphysiques rivales [...] [2].

description, fût-elle non rigide. *Cf.* M. Dummett, *Frege: Philosophy of Language*, London, Duckworth, 1973, p. 128; M. Nelson, « Descriptivism Defended », *Noùs*, 36/3, 2002, p. 408-436; A. Plantinga, *The Nature of Necessity*, Oxford, Clarendon Press, 1974.

1. QM, p. 673-674.
2. QM, p. 681.

Or, justement, si l'on obéit non plus au diktat des intuitions mais à des considérations de systématicité, la théorie des contreparties l'emporte sur la sémantique de l'identité transmonde. Le sacrifice de l'intuition de rigidité compte peu en effet au regard des bénéfices apportés par la relation de contrepartie dans les matières métaphysiques. La théorie des contreparties offre la solution sans doute la plus simple aux paradoxes de la modalité *de re*, comme les paradoxes modaux de type sorite[1], le paradoxe de la réduplication[2] ou celui des quatre mondes[3]. La modalité *de re* transpirant dans tous les secteurs de l'ontologie, la théorie des contreparties a été appliquée avec succès à des problèmes plus éloignés de son champ originel d'application, comme le paradoxe de la constitution matérielle[4], ou la dualité entre les propriétés phénoménales et les propriétés physiques[5]. Nef, pour sa part, y recourt en réponse à ce qu'il appelle le « vague modal », un vague selon lui constitutif de la modalité en général, qu'elle soit *de re* ou *de dicto*[6]. Contrairement à l'identité, la relation de contrepartie tolère en effet une forme de vague, hérité de la relation de ressemblance, qui en fait un candidat idéal pour traiter le vague inhérent aux paradoxes modaux[7]. Compte tenu des services

1. *Cf.* H. S. Chandler, « Plantinga and the Contingently Possible », *Analysis*, 26/2, 1976, p. 106-109.

2. *Cf.* R. Chisholm, Roderick, « Identity through Possible Worlds : Some Questions », *Noùs*, 1/1, 1967, p. 1-8.

3. *Cf.* N. Salmon, *Reference and Essence*, Princeton, Princeton UP, 1982.

4. Voir notamment A. Gibbard, « Contingent Identity », *Journal of Philosophical Logic*, 4/2, 1975, p. 187-221 ; D. Lewis, *On the Plurality of Worlds*, *op. cit.*, chap. IV, § 5.

5. Pour une neutralisation des arguments dualistes au moyen de la théorie des contreparties, voir D. Ball, « Properties Identity and Modal Arguments », *Philosophers' Imprint*, 11/13, 2011, p. 1-19.

6. Sur ce point, Nef est très proche de Lewis, la théorie des contreparties étant, chez ce dernier, en partie motivée par la reconnaissance d'un vague proprement modal. L'autre motivation de Lewis tient à son réalisme extrême des mondes possibles, auquel Nef ne souscrit pas. La question du vague modal est une constante de la métaphysique de Nef, présente aussi bien dans ses travaux historiques, notamment ceux dédiés à Peirce et à Leibniz, que dans ses essais et traités de métaphysique (OQ, QM, PDC). Pour les premiers, voir par exemple F. Nef, « Leibniz et le vague modal : à propos de l'"Adam vague" », *in* M. Dascal et E. Yakira (eds), *Leibniz and Adam*, Tel Aviv, University Publishing Projects, 1993, p. 57-64; « Temps, indétermination et modalité, à propos de la doctrine peircienne du futur », *Histoire Épistémologie Langage*, 16/1, 1994, p. 65-88.

7. Précisons qu'à l'instar de bien d'autres métaphysiciens, Nef rejette l'idée selon laquelle l'identité pourrait être vague, d'où son rejet de l'identité transmonde. Dans un article co-écrit avec Pascal Engel, Nef suggère toutefois de conserver l'identité transmonde, en adoptant une stratégie alternative à la théorie des contreparties, inspirée de Nathan Salmon. L'idée consiste à traiter les paradoxes de la modalité *de re* en jouant non pas sur la relation de contreparties mais sur la relation d'accessibilité entre mondes possibles. Dans une sémantique avec une relation d'accessibilité non symétrique et non transitive, l'axiome de Brower ($\Phi \rightarrow \Box\Diamond\Phi$) et l'axiome S4 ($\Diamond\Diamond\Phi \rightarrow \Diamond\Phi$) ne sont plus valides, ce qui bloque les inférences responsables des paradoxes. Voir P. Engel et F. Nef, « Identité, vague et essence », *Les Études philosophiques*, 4, 1988, p. 475-494. Dans ses travaux ultérieurs, Nef abonne cette stratégie au profit de la théorie des contreparties, considérant, comme la plupart des

rendus, on ne s'étonnera pas de ce que la théorie des contreparties ait les faveurs des métaphysiciens[1].

Est-on alors condamné à cette alternative : la rigidité ou les contreparties, la philosophie du langage ou la métaphysique ? Je ne le crois pas. Nous pouvons avoir la rigidité et les contreparties, une théorie de la signification empiriquement adéquate en même temps que la meilleure métaphysique de la modalité *de re*. Je ne crois pas non plus que Nef veuille nous forcer à ce choix, du moins est-ce une façon de le lire. Ce que Nef rejette, notamment chez Kripke, ce n'est pas tant en effet la thèse de rigidité elle-même, que le fait d'utiliser l'intuition de rigidité afin d'asseoir une thèse métaphysique, l'identité transmonde, comme si le conflit entre métaphysiques rivales pouvait être tranché en invoquant le tribunal des intuitions sémantiques. Or ces dernières ne peuvent venir justifier qu'une thèse *purement* sémantique, la thèse de la rigidité des termes référentiels, qui ne dit rien du cadre métaphysique sous-jacent – contreparties ou identité transmonde. Aller au-delà et convertir la rigidité en identité transmonde, c'est céder à un effet de projection, celui de l'ombre portée par la rigidité des termes sur le possible, à l'origine de ce que Nef appelle des « illusions modales »[2], en détournant malicieusement l'expression remise au goût du jour par Kripke[3]. Dans ce qui suit, je développerai plus avant cette position, et défendrai que le fait sémantique de la rigidité *sous-détermine* la métaphysique de la modalité *de re* : un philosophe du langage qui souscrit à la thèse de la rigidité reste libre de choisir entre une métaphysique de l'identité transmonde et une métaphysique des contreparties. Inversement, un métaphysicien qui embrasse la théorie des contreparties pour les raisons mentionnées plus haut, n'est nullement obligé de renoncer à la rigidité, et peut se porter indifféremment vers une théorie de la référence directe ou au contraire vers une théorie descriptiviste, selon qu'il juge que c'est telle ou telle théorie qui systématise le mieux ses intuitions sémantiques. Pour le montrer, je me propose de reformuler la thèse de la rigidité dans un cadre contrepartiste, en explorant une piste suggérée par David Lewis.

métaphysiciens des modalités, que la modalité au sens métaphysique vérifie l'axiome S5 ($\Diamond\Box\Phi \rightarrow \Box\Phi$), qui est l'axiome modal le plus fort.

1. Voir par exemple G. Forbes, *The Metaphysics of Modality*, *op. cit.*, K. Hawley, *How Things Persist*, Oxford, OUP, 2001 ; T. Sider, *Four-Dimensionalism*, Oxford, OUP, 2001.

2. QM, p. 664.

3. Sur la théorie kripkéenne des illusions modales, voir S. Kripke, *La logique des noms propres*, *op. cit.*, p. 129-132.

RIGIDITÉ POUR CONTREPARTISTES

Pourquoi la thèse de la rigidité serait-elle incompatible avec la théorie des contreparties ? Dans un passage célèbre de *Naming and Necessity*, Kripke donne l'argument suivant, connu sous le nom de « Humphrey objection » :

> [Selon la théorie des contreparties,] si nous disons « Humphrey aurait pu gagner les élections (s'il avait fait ceci ou cela) », nous ne parlons pas de quelque chose qui aurait pu arriver à *Humphrey* mais à quelqu'un d'autre, une « contrepartie ». Il est toutefois probable qu'aux yeux de Humphrey, le fait que quelqu'un d'*autre* aurait été victorieux dans un autre monde possible ne représente strictement aucun intérêt, quelle que soit la ressemblance entre cet autre et lui. La conception de Lewis, ainsi, paraît encore plus bizarre que la notion usuelle d'identification à travers les mondes, qu'elle remplace [1].

Il est reconnu aujourd'hui que l'objection de Kripke, telle qu'elle est formulée, repose sur une confusion entre le porteur des propriétés *modales* et le porteur des propriétés *catégoriques* [2]. Contrairement à ce qu'affirme Kripke, le contrepartiste n'est nullement conduit à dire que quelqu'un d'autre aurait remporté les élections : il s'agit de dire que Humphrey *lui-même*, et non quelqu'un d'autre, *aurait pu* gagner (propriété modale), en vertu du fait que quelqu'un d'autre qui lui ressemble *gagne* (propriété catégorique) dans un monde possible. La théorie des contreparties respecte donc notre intuition de rigidité selon laquelle en disant « Humphrey aurait pu gagner », nous continuons à parler du même homme que celui qui porte ce nom dans le monde actuel.

Toutefois, l'objection de Kripke ne s'arrête pas là. Ce que Kripke pointe ici confusément, c'est que l'énoncé contrefactuel « Humphrey aurait pu gagner les élections » est vrai du monde actuel en vertu du fait que l'énoncé *simple, non modalisé*, « Humphrey gagne les élections » est vrai du monde possible imaginé. Or l'intuition de rigidité nous dit que l'énoncé « Humphrey gagne les élections » est vrai d'un monde possible si et seulement si Humphrey lui-même, et non quelqu'un d'autre, fût-il sa contrepartie, gagne les élections dans ce monde.

Là encore, le contrepartiste a les ressources pour répondre à l'objection. Il fera en effet valoir que l'objection de Kripke manque une distinction cruciale que fait Lewis entre les individus que *représente* un monde possible et les individus qui *font partie de* ce monde [3]. La théorie des contreparties ne conteste nullement qu'il existe un monde possible w qui rend vrai l'énoncé simple « Humphrey gagne les élections », dans la mesure où w est bien une possibilité qui représente

1. S. Kripke, *La logique des noms propres*, *op. cit.*, n. 13, p. 33 ; Kripke souligne.

2. Cette confusion est relevée dans A. Hazen, « Counterpart-Theoretic Semantics for Modal Logic », *Journal of Philosophy*, 76/6, 1979, p. 319-338.

3. Sur cette distinction, voir notamment D. Lewis, *On the Plurality of Worlds*, *op. cit.*, p. 196.

le fait que Humphrey gagne. Et lorsque nous disons que *w* représente une possibilité de victoire pour Humphrey, nous continuons à parler rigidement de Humphrey et non de quelqu'un d'autre, l'intuition de rigidité est donc respectée. Toutefois, le fait que *w* représente Humphrey comme étant victorieux n'implique pas que Humphrey fasse lui-même partie de *w*. Dans la théorie des contreparties, *w* représente Humphrey victorieux, en ayant pour partie quelqu'un d'autre de victorieux qui représente Humphrey dans *w* – sa contrepartie dans *w*. La situation est analogue à celle dans laquelle on pointerait deux mannequins de cire dans un musée, en disant « Ici, de Gaulle rencontre Churchill » : le dispositif représente de Gaulle et Churchill (et non leur mannequins) bien qu'il ne les inclue pas eux-mêmes comme composants. Et de même qu'il arrive qu'un acteur puisse incarner son propre personnage, la théorie des contreparties admet que « être représenté dans » et « faire partie de » peuvent parfois coïncider. Ainsi, le monde actuel représente Humphrey comme étant vaincu, en ayant pour partie Humphrey, lui-même, vaincu.

Ce qui est l'exception chez Lewis constitue la règle chez Kripke : un monde possible ne peut pas représenter que Humphrey est F à moins de contenir Humphrey lui-même, comme étant F. Autrement dit, si ce scénario de monde était réalisé, l'univers correspondant comprendrait Humphrey en chair et en os, instanciant F, et non un de ses représentants. Cette vue est défendable, soit, mais Kripke se trompe en pensant qu'elle nous serait imposée par nos intuitions de rigidité. La thèse de rigidité est en effet *neutre* sur ce point. Elle se contente d'affirmer que lorsqu'on imagine une situation possible représentant que Humphrey gagne, le nom « Humphrey », tel qu'on l'utilise dans la description de ce que représente la situation contrefactuelle, continue à désigner le même homme que celui qu'on désigne en décrivant le monde actuel, et sur ce point, on l'a vu, Lewis rejoint bien volontiers Kripke. Mais la thèse de rigidité *ne* nous dit *pas* comment un monde représente Humphrey, s'il le représente *in absentia*, via une contrepartie, ou bien *in praesentia* comme le réclament Kripke et les partisans de l'identité transmonde. Pour trancher la question, il faut quitter le terrain de la philosophie du langage et s'aventurer dans le domaine de la métaphysique modale, mettre en balance les mérites et désavantages respectifs de la métaphysique de l'identité transmonde et de la métaphysique des contreparties, ce que ne fait pas Kripke. En somme, l'erreur de Kripke est d'avoir fait passer une thèse métaphysique en contrebande, sous couvert de théoriser nos intuitions sémantiques.

Ce point étant clarifié, nous pouvons donner une définition de la rigidité qui est métaphysiquement neutre, ou du moins neutre à l'égard de la controverse entre lewisiens et kripkéens :

Rigidité : Un terme *t* est un désignateur rigide d'un certain objet *o* si et seulement si *t* désigne le ou les représentants de *o* et rien d'autre dans tous les mondes où *o* est représenté.

Si l'on combine (Rigidité) avec la thèse selon laquelle la relation de représentation modale est implémentée par la relation d'identité transmonde – un objet ne peut être représenté dans un monde que par lui-même –, on obtient une définition métaphysiquement chargée de la rigidité, qui correspond à la rigidité kripkéenne :

Rigidité$_K$: Un terme *t* est un désignateur rigide$_K$ d'un certain objet *o* si et seulement si *t* désigne *o* et rien d'autre dans tous les mondes où *o* existe.

De même, en combinant (Rigidité) et la thèse selon laquelle la relation de représentation est implémentée par la relation de contrepartie, on obtient une définition métaphysiquement chargée de la rigidité, correspondant à la rigidité lewisienne, ou ce que Lewis appelle la « quasi-rigidité » [1] :

Rigidité$_L$: Un terme *t* est un désignateur rigide$_L$ d'un certain objet *o* si et seulement si *t* désigne la ou les contreparties de *o* et rien d'autre dans tous les mondes où *o* a des contreparties.

On peut donc faire une place à la rigidité dans le cadre contrepartiste, et se passer ainsi de l'identité transmonde – hypothèse gratuite pour le philosophe du langage mais dangereuse pour le métaphysicien.

Le kripkéen protestera certainement : « Vous vous payez de mots. Appelez-cela comme bon vous semble, " quasi-rigidité " ou " rigidité$_L$", vous n'en ferez pas de la rigidité. La rigidité est affaire de tout ou rien : ou bien un terme désigne, relativement à la situation contrefactuelle qu'on imagine, le même objet que celui qu'il désigne actuellement, auquel cas on peut le qualifier à bon droit de rigide. Ou bien ce terme désigne quelque chose d'autre, auquel cas il n'est pas rigide, point. Que cette chose ressemble ou pas à l'actuel référent, qu'elle en soit une contrepartie ou non, ne change rien à l'affaire : le terme n'en n'est pas moins non rigide que n'importe quelle description définie ordinaire, et vous perdez la propriété sémantique dont les philosophes du langage ont besoin pour distinguer les termes authentiquement référentiels des descriptions définies ».

Le kripkéen a raison de rappeler qu'on ne peut pas se contenter de redéfinir la rigidité en termes contrepartistes. Pour que la réconciliation entre contreparties et rigidité ne soit pas seulement verbale, il faut encore montrer que la notion de rigidité$_L$ ou quasi-rigidité est apte à jouer le rôle qui incombe à la rigidité dans la théorie de la référence directe : capturer la différence de comportement entre les termes authentiquement référentiels et les descriptions définies ordinaires lorsqu'on les plonge dans des contextes modaux. Toutefois, le kripkéen se trompe en pensant que la rigidité$_L$ ne pourrait pas honorer ce cahier des charges.

1. D. Lewis, *On the Plurality of Worlds*, *op. cit.*, p. 256.

La notion de rigidité$_L$ est en effet suffisamment contraignante pour défendre une version de la thèse de la rigidité de Kripke dans un cadre contrepartiste :

Thèse de la rigidité$_L$: les termes authentiquement référentiels, et notamment les noms propres, sont des désignateurs rigides$_L$, tandis que les descriptions définies ordinaires sont des désignateurs non rigides$_L$.

Pour l'illustrer, imaginons un monde possible, appelons-le w_1, qui contienne, entre autres, trois personnes, Bob$_1$, Hubert$_1$ et Richard$_1$. Bob$_1$ ressemble à Robert Kennedy quant à la physionomie, la psychologie et l'origine sociale, plus que n'importe qui d'autre dans w_1. Bob$_1$ en est donc la contrepartie dans w_1. Supposons qu'il en aille de même pour Hubert$_1$ et Richard$_1$ à l'égard, respectivement, de Humphrey et Nixon. Imaginons aussi que Bob$_1$ échappe par miracle aux balles tirées le 5 juin 1968 à Los Angeles, qu'il remporte l'investiture démocrate face à Hubert$_1$, et qu'il batte finalement Richard$_1$ aux élections présidentielles américaines de 1968. Comparons à présent les énoncés (6) et (7), qui sont respectivement vrai et faux relativement à cette circonstance contrefactuelle :

(6) Le candidat démocrate aux élections américaines de 1968 aurait battu Nixon. (vrai)

(7) Humphrey aurait battu Nixon. (faux)

La description définie « le candidat démocrate aux élections américaines de 1968 » désigne Humphrey dans le monde actuel et Bob$_1$ dans le monde w_1 car il se trouve que Bob$_1$ est l'objet qui satisfait dans w_1 la condition descriptive d'être l'unique candidat démocrate. Or Bob$_1$ n'est pas une contrepartie de Humphrey. La description définie n'est donc pas rigide$_L$. À l'opposé, le nom propre « Humphrey » désigne des contreparties de Humphrey, ici Hubert$_1$ dans w_1, et rien d'autre, dans tous les mondes possibles où Humphrey a des contreparties. Le nom est donc rigide$_L$. Comme on le voit, la différence entre les descriptions définies et les noms propres, et plus généralement les termes référentiels, demeure même à l'intérieur d'un cadre contrepartiste : la dénotation d'une description définie obéit à un mécanisme satisfactionnel qui la rend insensible aux représentants de l'objet qu'elle désigne actuellement ; la description désigne l'objet quel qui soit qui satisfait la condition descriptive dans le monde possible imaginé, sans considération pour ce que cet objet représente pour son actuel *designatum* en termes de possibilité *de re*. C'est l'inverse pour un terme référentiel. La rigidité n'est donc pas soluble dans l'eau des contreparties : un théoricien de la référence peut fort bien endosser la thèse de la rigidité et défendre par ailleurs une métaphysique des modalités *de re* fondée sur la relation de contrepartie.

L'OBJECTION DE LA TRIVIALISATION

Une difficulté pointe cependant. Le risque est que la théorie des contreparties conduise à *trivialiser* la notion de rigidité. Comme on l'a vu, l'objection habituelle consistait à dire qu'en remplaçant l'identité transmonde par la relation de contrepartie, on rend de ce fait tous les noms propres non rigides, au même titre que les descriptions définies, ce qui empêche de les distinguer sémantiquement. La difficulté que je voudrais soulevée ici est exactement inverse : la théorie des contreparties conduirait à faire de toutes les descriptions définies des désignateurs rigides, au même titre que les noms propres, gommant ainsi leur différence. En somme, la théorie des contreparties pécherait par excès de rigidité, et non par défaut.

Pour faire apparaître la difficulté, revenons à l'exemple vu plus haut. Nous avons dit que la description définie « le candidat démocrate aux élections américaines de 1968 » n'est pas un désignateur rigide$_L$ car elle désigne Humphrey dans le monde actuel tandis qu'elle désigne Bob$_1$ dans w_1, qui n'est pas une contrepartie de Humphrey. Ce n'est pas tout à fait exact. Il faudrait préciser *l'aspect de similarité* sous lequel on dit que Bob$_1$ n'est pas une contrepartie de Humphrey. En effet, toute relation de ressemblance est *relative* à un aspect de comparaison, deux objets semblables sous tel aspect pouvant ne plus l'être sous tel autre[1]. Or pour un objet donné, il existe toujours une multitude d'aspects – autant qu'on veut dit Lewis – sous lesquels il peut être comparé à d'autres. Autant d'aspects de similarité différents, autant de relations de contrepartie différentes pour un même objet, c'est ce qui a conduit Lewis à adopter une théorie des « relations multiples de contrepartie »[2]. Dans notre exemple, Bob$_1$ ne ressemble pas (ou en tout cas moins que d'autres habitants de w_1) à Humphrey sous l'aspect de la physionomie et de la psychologie, mais il y a d'autres aspects sous lesquels Bob$_1$ ressemble à Humphrey plus que n'importe qui d'autre dans w_1, notamment en ce qui concerne le rôle politique : Bob$_1$ est le seul habitant de w_1 à remporter l'investiture démocrate aux élections présidentielles américaines de 1968, tout comme Humphrey dans le monde actuel. Relativisons à présent la relation de contrepartie à ces aspects de similarité. Nous obtenons pour un même objet actuel, Humphrey, deux relations de contreparties, contrepartie$_{phy}$ et contrepartie$_{pol}$, qui divergent entre elles en ce qu'elles lui assignent des représentants distincts : dans w_1, Humphrey a pour contrepartie$_{phy}$ Hubert$_1$ et non Bob$_1$, tandis qu'il a pour contrepartie$_{pol}$ Bob$_1$ et non Hubert$_1$. Or ce qui est vrai du monde w_1 l'est des autres mondes possibles : tout objet qui satisfait la condition exprimée par « le candidat démocrate aux élections américaines de 1968 » dans un monde

1. D. Lewis, « Counterparts of Persons and their Bodies », art. cit., p. 208.
2. *Ibid.*, p. 209-210.

possible est *ipso facto* la contrepartie$_{pol}$ de Humphrey dans ce monde. La description définie désigne donc des contreparties$_{pol}$ de Humphrey et rien d'autre dans tous les mondes possibles où Humphrey a des contreparties sous cet aspect, ce qui en fait un désignateur rigide$_{L}$ d'après la définition donnée plus haut de la rigidité$_{L}$.

Plus généralement, la théorie des contreparties conduit à dire que *toutes les descriptions définies sont rigides*$_{L}$: une description définie « le F » désigne des contreparties$_{F}$ de l'actuel F, et rien d'autre, puisque l'objet qui satisfait la condition d'être l'unique F dans un monde possible est, de ce fait même, l'objet qui, dans ce monde, ressemble le plus à l'actuel F sous l'aspect F. Il s'avère donc que la thèse de la rigidité$_{L}$ est fausse : la rigidité n'est pas la marque des termes référentiels canoniques (noms propres, démonstratifs…), elle s'étend à tous les termes singuliers, y compris aux descriptions définies. Or en écrasant la différence entre les termes référentiels et les descriptions définies, il semble que la théorie des contreparties vide de son sens la notion de rigidité. Kripke aurait-il finalement vu juste ? Rigidité et contreparties ne seraient-elles pas, au bout du compte, inconciliables ?

DE LA RIGIDITÉ À L'HYPER-RIGIDITÉ

Je ne le pense pas. Je tâcherai de montrer que la théorie des contreparties de Lewis offre les ressources suffisantes pour définir un concept non trivial de rigidité apte à jouer le rôle discriminant qu'en attend le théoricien de la référence directe.

Je partirai d'une piste suggérée par Lewis lui-même, à savoir l'idée selon laquelle *la rigidité est relative à un aspect de similarité qui varie en fonction du contexte de la conversation*[1]. L'idée peut surprendre car la rigidité est une notion absolue et non indexicale chez Kripke, mais c'est une conséquence attendue chez Lewis. On sait en effet que la rigidité$_{L}$ est définie en termes de contreparties et que la relation de contrepartie est relative à un aspect de similarité. On sait aussi qu'il y a une profusion d'aspects, trop pour que le discours puisse tous les prendre en compte simultanément. Il faut donc faire un tri, c'est là qu'intervient le contexte conversationnel : ce qui compte comme une contrepartie à un moment donné de la conversation dépend de l'aspect de similarité que les locuteurs ont alors en tête[2]. Il s'ensuit que la rigidité$_{L}$ d'un terme peut varier

1. Sur la relativité contextuelle de la rigidité, voir notamment D. Lewis, *On the Plurality of Worlds*, *op. cit.*, p. 256.

2. Sur la relativité contextuelle de la relation de contrepartie, voir D. Lewis, « Postscripts to "Counterpart Theory and Quantified Modal Logic" », art. cit., p. 42-43 ; *On the Plurality of Worlds*, *op. cit.*, chap. IV, § 5.

selon l'aspect qui est considéré comme pertinent dans le contexte conversationnel.

En guise d'illustration, considérons de nouveau le monde w_1, un monde où Bob_1 l'emporte sur $Hubert_1$ et sur $Richard_1$. Imaginons qu'on soit dans un contexte conversationnel *c* dans lequel le rôle politique des personnes, et non leur physionomie ou leur psychologie, constitue l'aspect de similarité pertinent pour sélectionner les contreparties. Dans *c*, Bob_1, et non $Hubert_1$ est la contrepartie de Humphrey, et dans *c*, w_1 est donc un monde qui représente que Humphrey gagne. Comme il se trouve que Bob_1 est aussi l'objet qui satisfait la condition exprimée par la description définie « le candidat démocrate aux élections américaines de 1968 », il s'ensuit que la description définie est *rigide*$_L$ *dans le contexte c :* elle désigne les contreparties dans *c* de Humphrey (ici Bob_1), et rien d'autre, dans tous les mondes possibles (ici w_1) dans lesquels Humphrey a de telles contreparties.

À présent, décrivons le monde w_1 en nous plaçant cette fois-ci dans un contexte *c'*dans lequel la physionomie et psychologie des personnes, et non leur rôle politique, constituent l'aspect pertinent sous lequel on sélectionne les contreparties. En changeant de contexte, on ne change pas bien sûr le monde w_1, w_1 reste un monde où Bob_1 l'emporte sur $Hubert_1$ et $Richard_1$. En revanche, on change ce que le monde w_1 *représente* pour notre actualité : dans le contexte *c'*, c'est $Hubert_1$, et non Bob_1, qui est la contrepartie de Humphrey; dans *c'*, w_1 est donc un monde qui représente que Humphrey perd. Or Bob_1 continue à être désigné par la description définie « le candidat démocrate aux élections américaines de 1968 », puisqu'il satisfait la condition qu'elle exprime. Il s'ensuit que la description définie est *non rigide*$_L$ *dans le contexte c' :* elle désigne, dans des mondes possibles (ici w_1), des objets (Bob_1) qui ne sont pas les contreparties dans *c'* de l'objet qu'elle désigne actuellement (Humphrey).

L'exemple montre que *dans la théorie des contreparties, les descriptions définies sont des désignateurs dont la rigidité*$_L$ *varie selon le contexte conversationnel :* une même description définie peut s'avérer rigide$_L$ dans un contexte et non rigide$_L$ dans un autre. Qu'en est-il à présent des noms propres ?

Lorsqu'on se place dans le contexte *c*, le nom « Humphrey » désigne dans tous les mondes possibles les objets qui constituent les contrepartie$_{pol}$ de Humphrey et rien d'autre, ici Bob_1 dans w_1. Le nom est donc rigide$_L$ dans le contexte *c*. Lorsqu'on change de contexte et qu'on se place dans le contexte *c'*, on change la relation de contrepartie, mais la dénotation du nom se calque alors sur la nouvelle relation de contrepartie. Le nom désigne cette fois-ci les contreparties$_{phy}$ de Humphrey, à savoir ici $Hubert_1$ dans w_1, et non plus Bob_1. C'est ce qui explique pourquoi l'énoncé contrefactuel (7), qui est vrai dans *c* (car Bob_1 est la contrepartie dans *c* de Humphrey et Bob_1 gagne contre $Richard_1$) devient faux dans *c'* (car $Hubert_1$ est la contrepartie dans *c'*de Humphrey et $Hubert_1$ perd l'investiture). La rigidité$_L$ du nom propre n'est donc pas affectée par le changement de contexte : le nom est constitutivement sensible aux « lignes » de contreparties, il continue à désigner les contreparties de Humphrey et rien d'autre, quelle que soit la relation de contrepartie assignée dans le contexte.

Il en va inversement de la description définie « le candidat démocrate aux élections américaines de 1968 ». La description est insensible aux lignes de contreparties : elle continue à désigner, pour un monde possible donné (ici w_1), le même objet (Bob$_1$) d'un contexte à l'autre, que cet objet soit ou non la contrepartie en contexte de ce qu'elle dénote actuellement. C'est ce qui explique pourquoi la valeur de vérité de l'énoncé contrefactuel (6) est contextuellement invariable ; l'énoncé, qui est vrai dans le contexte *c*, l'est toujours dans le contexte *c'*. Lorsque la description s'avère rigide$_L$ dans un contexte donné, par exemple dans le contexte *c*, c'est pour ainsi dire par accident : il se trouve que l'objet qui est sélectionné par la description est, *de fait*, dans ce contexte, la contrepartie de l'objet qu'elle désigne actuellement, mais rien dans la signification de la description définie ne garantit qu'elle restera rigide$_L$ si l'on change le contexte de contrepartie. Pour reprendre la terminologie de Kripke[1], on peut dire que, dans la théorie des contreparties, une description définie qui s'avère rigide$_L$ dans un contexte donné, l'est seulement *de facto*, tandis qu'un nom propre est rigide$_L$ *de jure : la signification d'un nom propre garantit que le nom est rigide$_L$ dans tous les contextes conversationnels, quelle que soit la relation de contrepartie qui est assignée dans le contexte.*

Partant, nous pouvons enfin capturer la différence sémantique entre descriptions définies et termes référentiels, de l'intérieur du cadre contrepartiste. Pour ce faire, introduisons la notion d'hyper-rigidité$_L$, en la définissant à partir de celle de rigidité$_L$ définie plus haut :

Hyper-rigidité$_L$: un terme est un désignateur hyper-rigide$_L$ si et seulement s'il est rigide$_L$ dans tous les contextes conversationnels, quelle que soit la relation de contrepartie qui est assignée par le contexte.

La notion permet de formuler une version plus forte de la thèse de la rigidité$_L$, qui cette fois-ci est valide dans un cadre contrepartiste :

Thèse de l'hyper-rigidité$_L$: les termes authentiquement référentiels, et notamment les noms propres, sont des désignateurs hyper-rigides$_L$, tandis que les descriptions définies ordinaires sont des désignateurs non hyper-rigides$_L$.

1. S. Kripke, *La logique des noms propres*, *op. cit.*, Appendice, n. 21, p. 173.

La thèse de l'hyper-rigidité$_L$ me semble être un bon équivalent « contrepartiste » de la thèse de la rigidité de Kripke. Dans cette mesure, j'espère avoir montré qu'on peut réconcilier la rigidité et les contreparties, notre théorie de la référence la plus intuitive avec notre meilleure métaphysique des modalités *de re*.

Conclusion

Si ce que j'ai avancé est juste, la rigidité est un fait purement sémantique qui sous-détermine le type de métaphysique modale auquel on peut l'adosser – identité transmonde *vs* contreparties. Le théoricien de la référence directe peut donc vaquer à ses affaires sans se mêler de métaphysique. Inversement, le métaphysicien contrepartiste n'est pas condamné à rejeter les intuitions de rigidité comme étant illusoires et à embrasser la théorie descriptiviste des termes singuliers [1]. Cela étant, ai-je été fidèle à la ligne adoptée par Nef, et notamment à son engagement essentialiste ? Je n'en suis pas sûr. Pour accommoder la rigidité aux contreparties, je me suis placé d'emblée dans la théorie des contreparties telle que Lewis la défend. Or la théorie lewisienne repose sur une approche contextualiste extrêmement libérale à l'égard de la modalité *de re* : un énoncé attribuant une propriété nécessaire peut être vrai dans un contexte conversationnel et faux dans un autre ; un même objet peut se voir assigner autant de relations de contreparties que voulu, suffisamment pour rendre vrai à peu près n'importe quel énoncé modal le concernant, pourvu qu'on se place dans le bon contexte de contrepartie [2]. On voit mal comment concilier ce relativisme modal avec l'essentialisme « sérieux » professé par Nef [3]. À l'inverse, dans la théorie des contreparties telle que Nef la conçoit, les relations de contreparties sont rares car contraintes du dehors par une notion d'essence qui est absolue, non relative au contexte. Y a-t-il une place pour la rigidité dans un tel cadre ? Oui, et sans doute plus naturellement que dans le cadre lewisien, dans la mesure où la parcimonie

1. Cette conclusion n'a pas valeur générale ; je ne prétends pas dire que toute thèse sémantique serait métaphysiquement neutre, ni, en particulier, que la thèse de rigidité n'emporterait avec elle aucun engagement métaphysique.

2. D. Lewis, « Postscripts to "Counterpart Theory and Quantified Modal Logic" », art. cit., p. 42.

3. Lewis admet par exemple qu'il puisse y avoir un contexte de similarité dans lequel il est vrai de dire « j'aurais pu être un œuf poché » (*On the Plurality of Worlds*, *op. cit.*, p. 243), tandis que l'essentialisme de Nef exclut explicitement ce genre d'affirmation (voir QM, p. 663) – tout n'est pas possible pour l'essentialiste sérieux. Lewis prend ses distances avec l'essentialisme notamment dans « Postscripts to "Counterpart Theory and Quantified Modal Logic" », art. cit., section C. Pour une lecture anti-essentialiste de la théorie lewisienne des contreparties, voir F. Drapeau Vieira Contim, « L'essence en contexte », *Klesis*, 24, 2012, p. 104-155, section VI.

des relations de contrepartie écarte alors tout risque d'une trivialisation de la notion de rigidité[1]. Par où l'on voit de nouveau que la rigidité est compatible avec la théorie des contreparties, quelles qu'en soient les versions, essentialistes (version nefienne) ou non (version lewisienne).

1. La théorie neféenne des contreparties ne reconnaît pas, par exemple, l'existence de la relation de contrepartie$_{pol}$ vue plus haut. Une telle relation reposerait sur des ressemblances trop peu « naturelles » et conduirait à rendre vrai « Humphrey est nécessairement le candidat démocrate aux élections de 1968 » dans le contexte approprié, ce qui est inacceptable du point de vue essentialiste (il ne fait pas partie de l'essence d'Humphrey d'être un candidat démocrate). Or en l'absence de la relation de contrepartie$_{pol}$, il n'y a plus aucun contexte dans lequel la description définie « le candidat démocrate aux élections américaines de 1968 » serait rigide$_L$. Inversement, il y aura toujours au moins une relation « naturelle » de contrepartie pour rendre rigide$_L$ le nom « Humphrey ». La thèse de la rigidité$_L$ demeure donc intacte dans un tel cadre.

PASCAL ENGEL

PROLÉGOMÈNES À UNE MÉTAPHYSIQUE FUTURE DE LA CONNAISSANCE

INTRODUCTION
QUELQUES PRÉLIMINAIRES MÉTHODOLOGIQUES

Il y a au moins trois sens dans lesquels on peut parler d'une « métaphysique de la connaissance ».

Le premier, qui ne me concernera pas ici, est celui d'une analyse des limites de la connaissance, et du problème de savoir si l'on peut connaître les choses telles qu'elles sont en soi, indépendamment de nos représentations [1]. La question de savoir s'il peut y avoir une connaissance métaphysique relève aussi de cette enquête, ainsi que l'épistémologie de la métaphysique elle-même. Bien des métaphysiciens contemporains semblent tenir que l'enquête métaphysique sur ce qui est n'a pas besoin d'une épistémologie, c'est-à-dire d'une conception de la manière dont on connaît l'existence et la nature des entités qui composent la réalité [2]. Je soupçonne qu'ils aient cette conception parce qu'ils ont tendance à assimiler toute enquête de ce genre à une forme de vérificationnisme, selon lequel savoir ce qu'est une entité, c'est savoir comment on peut la connaître. Mais une épistémologie de la métaphysique n'a aucunement cette conséquence

1. C'est en ce sens, je crois, que Jules Vuillemin parle d'une « métaphysique de la connaissance », dans l'introduction de ses *Leçons sur la première philosophie de Russell*, Paris, A. Colin, 1968.

2. Voir par exemple, E. J. Lowe, *The Possibility of Metaphysics*, Oxford, OUP, p. 7; D. Zimmerman, « Metaphysics After the 20th Century », *in* D. Zimmerman (ed.), *Oxford Studies in Metaphysics*, vol. 1, Oxford, OUP, 2004, p. IX-XXII; M. Devitt, *Putting Metaphysics First*, Oxford, OUP, 2010, p. 3-7; J. Heil, *From an Ontological Point of View*, Oxford, OUP, 2003. Bien qu'il n'ait pas, à ma connaissance, discuté explicitement des relations entre la métaphysique et l'épistémologie au sens où je l'entends, je subodore que Frédéric Nef a une position sur ces sujets assez proche de celle de Lowe.

problématique. Ce n'est pas parce qu'un type d'entité existe qu'on est dispensé de la question de savoir comment on la connaît.

Le second sens est proprement kantien et concerne l'analyse des concepts. Kant appelle « métaphysique » les propriétés d'un concept pris en lui-même, indépendamment de toute expérience, par opposition à ses propriétés en relation à une expérience possible, auquel cas on a affaire à une exposition transcendantale de celui-ci [1].

Le troisième sens concerne aussi l'analyse des concepts, mais il est assez différent du sens kantien. Les épistémologues contemporains opposent l'analyse conceptuelle de la connaissance à son analyse métaphysique. Par la première, ils entendent l'analyse du concept de connaissance, que ce soit sous la forme des conditions (*a priori*) de possession de ce concept ou sous la forme des conditions linguistiques de l'emploi des mots « savoir » et « connaître ». Par la seconde, ils entendent une analyse de l'essence et de la nature de la connaissance, dont il est possible de donner une définition réelle. Rien n'indique mieux la différence entre ces deux positions que les interprétations rivales des contre-exemples de Gettier données respectivement par un philosophe néo-wittgensteinien comme Peter Hacker et par un métaphysicien réaliste tel que Timothy Williamson [2]. Le premier y voit une forme d'analyse conceptuelle très limitée, alors que le second y voit l'exposé de contre-possibilités réelles au sujet d'une entité dotée de conditions modales. Pourtant même les tenants de l'analyse métaphysique ne refusent pas l'analyse conceptuelle ni l'analyse linguistique : ils considèrent cette dernière comme un guide, ou comme la base d'une inférence à la meilleure explication de ce qu'est la connaissance. Même chez Moore, qui inaugura ce genre d'analyse au XXe siècle, la frontière n'est pas toujours nette entre la dimension linguistique et la dimension qu'on pourrait appeler substantielle de cette analyse [3].

Quand je parle ici de « métaphysique de la connaissance », j'entends, comme les tenants de la seconde position, une analyse de la *nature* de la connaissance, du type de chose ou de propriété qu'est la connaissance. Mais je ne crois pas que cette enquête puisse se limiter au niveau strictement ontologique et puisse se dispenser des deux autres niveaux d'analyse – linguistique et conceptuel. Certes la métaphysique de la connaissance est d'abord une enquête ontologique, au sens de la question de savoir quelle sorte d'entité est la connaissance et quelles sont ses propriétés. Est-ce une entité primitive et indéfinissable, ou bien un composé

1. E. Kant, *Gesammelte Schriften*, Bd. IV, Berlin, De Gruyter, 1923, p. 32.

2. T. Williamson, *The Philosophy of Philosophy*, Blackwell, Oxford, 2007 ; P. M. S. Hacker, « A Philosopher of Philosophy », *The Philosophical Quarterly*, 59/235, 2009, p. 337-348.

3. *Cf.* par exemple le débat entre N. Malcolm, « Moore and Ordinary language », *in* P. A. Schilpp (ed.), *The Philosophy of GE Moore*, Open court, La Salle, 1951 ; R. Chisholm, « Philosophers and Ordinary Language », *Philosophical Review*, 60, 1951, p. 317-328.

d'autres entités ? Est-ce une propriété ? Est-ce une relation, et si c'en est une, à quoi et à quelles entités ? Et une entité de quel type ? Mentale ? Physique ? Si elle a des propriétés, quelle est leur nature ? Modale ? Non modale ? Mais est-ce que cette enquête ontologique sur la nature de la connaissance est indépendante de l'analyse du concept de connaissance au sens où la pratiquent les philosophes qui construisent des expériences de pensée sur des cas possibles ? Je ne le crois pas. Elle n'est pas non plus indépendante d'une analyse des propriétés sémantiques de « savoir », telles que la plupart des philosophes de la tradition analytique contemporaine la pratiquent. Mais ces analyses conceptuelles sont essentiellement *a priori*. En ce sens elles sont conformes à ce que Kant appelle l'analyse métaphysique d'un concept.

Bien qu'il faille distinguer le niveau linguistique et sémantique de l'analyse du concept de connaissance du niveau conceptuel proprement dit d'une part, et le niveau métaphysique de l'analyse de la nature de la connaissance d'autre part, ces trois niveaux ne sont pas totalement indépendants. Un bon moyen de les distinguer et de voir leurs liens est de suivre ici Ernest Sosa, qui confronte aux trois niveaux une analyse de la connaissance, avec une analyse de l'action et une analyse de la perception [1].

Au niveau linguistique, l'analyse de l'action, de la perception et de la connaissance consiste en un examen de la logique et de la sémantique des expressions qui imputent l'action, tels que les verbes d'action, leurs sujets et leurs compléments d'objet. Cette analyse nous donne des informations sur le concept d'action, en particulier les liens inférentiels qui l'unissent à d'autres concepts, comme ceux d'agent, de cause, de raison ou d'intention. Elle nous permet aussi, si nous acceptons la thèse selon laquelle il y a un rapport entre la forme logique, les conditions de vérité et les entités auxquelles font référence ces phrases, de nous demander si les phrases d'action font référence à des événements, des processus ou des substances. Ni la sémantique de ces phrases ni l'analyse du concept d'action ne nous livrent directement la clef de l'ontologie de l'action, mais elles peuvent nous l'indiquer au sens suivant : si une ontologie – par exemple des événements singuliers – est incompatible avec l'analyse sémantique des verbes d'action, alors nous aurons une raison (bien que non décisive) de rejeter une telle ontologie. De même, si l'analyse conceptuelle – par exemple de la notion de causalité – est en conflit avec une analyse ontologique de la causalité –, nous aurons une raison (à nouveau non décisive) de douter de la seconde. Une métaphysique de l'action demandera plus qu'une analyse de la forme logique : elle demandera une théorie des entités en question. Mais ces relations ne valent que si l'on a une certaine conception des concepts. Pourquoi ce qui est vrai des concepts devrait-il être vrai de leurs référents ou des objets qui tombent

1. E. Sosa, *Judgment and Agency*, Oxford, OUP, 2015, chap. I.

sous ces concepts ? Il est certain que si l'on définit un concept uniquement comme une représentation mentale ou linguistique, ou uniquement par son rôle inférentiel indépendamment des conditions de vérité des pensées auxquelles il contribue, ce que nous savons des concepts ne pourra pas nous guider vers les objets ou entités auxquels ils s'appliquent. Il faut, en d'autres termes, accepter le principe selon lequel posséder un concept c'est savoir ce que c'est pour quelque chose que d'être la valeur sémantique [1].

Si l'on se tourne vers la connaissance, on retrouvera cette division. Au niveau sémantique, on s'intéressera à la sémantique des expressions de la forme « X sait que *p* », à leurs liens inférentiels avec d'autres expressions comme « X croit que *p* », à leur caractère factif, etc. Au niveau conceptuel, on se demandera si le concept de connaissance est associé à d'autres, et aux conditions de possession de ce concept. Au niveau ontologique, on se demandera si la connaissance est un état, une disposition, un processus, et si c'est un état mental ou non. On se demandera si ce qui est connu sont des faits ou des propositions. Mais même si l'analyse ontologique est supposée porter sur ce qu'est objectivement la connaissance, elle est tout autant une analyse du concept de la connaissance qu'une analyse de la connaissance elle-même. Ainsi Williamson, quand il propose de traiter le concept de connaissance comme un concept primitif, et comme l'état mental factif générique, nous dit qu'il propose « une analyse modeste du concept de *savoir* » [2]. Il tient son analyse conceptuelle comme impliquant une ontologie de la connaissance. De même Jackson nous dit que la « métaphysique sérieuse » passe par l'analyse conceptuelle [3].

Il y a donc un sens dans lequel l'analyse sémantique, l'analyse conceptuelle et l'analyse ontologique ne s'opposent pas, même si elles ne sont pas équivalentes. Dans ce qui suit je vais d'abord, à travers un parallèle entre action, perception et connaissance, revenir au problème du primat de la connaissance, c'est-à-dire de savoir si c'est une notion simple primitive. Je voudrais examiner ce que cela implique, et défendre l'idée que Williamson n'a pas montré que c'était une notion simple et primitive, même si son argument en faveur de l'idée que savoir est l'attitude factive la plus fondamentale est correct.

1. Ce que C. Peacocke, *A Study of Concepts*, Cambridge (Mass.), MIT Press, 1992, p. 16-27, appelle « l'identification ».

2. T. Williamson, *Knowledge and its Limits*, Oxford, OUP, 2000, p. 22.

3. F. Jackson, *From Metaphysics to Ethics*, Oxford, OUP, 1998 ; *cf.* les analyses de C. Tiercelin, « La métaphysique et l'analyse conceptuelle », *Revue de Métaphysique et de Morale*, 4, 2002, p. 559-584.

LA CONNAISSANCE EST-ELLE INANALYSABLE ?

Comme le dit Williamson au début de *Knowledge and its Limits*, la connaissance et l'action sont les relations centrales entre l'esprit et le monde. Dans l'action, le monde est adapté à l'esprit, et dans la connaissance, l'esprit est adapté au monde. Quand le monde est mal adapté à l'esprit, il y a un résidu de désir, et quand l'esprit est mal adapté au monde, il y a un résidu de croyance. Presque tout le livre de Williamson et son programme philosophique visent à réduire la croyance à ce rôle de résidu dans la relation esprit-monde, et à placer la connaissance au centre. Mais quand on dit que la direction d'ajustement de la connaissance est esprit-monde et que la croyance est ce qui reste quand l'esprit est mal adapté au monde, cela laisse entendre que la croyance est une composante de la relation esprit-monde, au même titre que le désir à l'égard de la relation monde-esprit. Mais ce n'est pas du tout ce que veut dire Williamson : au contraire, il tient la relation première comme étant la connaissance, admet que celle-ci implique la croyance, mais refuse la thèse selon laquelle la connaissance serait un composé de la croyance, du monde et de ce quelque chose = X, la glu qui les attache ensemble. On a parfois l'impression que la thèse de la « connaissance d'abord » que défend Williamson implique que la relation entre l'esprit et le monde par la connaissance « première » est une relation *directe*, qui ne passe pas par la croyance. Il soutient en effet que la connaissance est une notion primitive, inanalysable. Il donne un argument bien connu en faveur de ce qu'il appelle le « primat » (*primeness*) de la connaissance qui est en gros le suivant [1] :

(i) Les analyses usuelles du concept de *savoir* comportent habituellement une condition non mentale, la vérité.

(ii) Tout concept qui serait composé d'une conjonction d'un concept non mental et d'un concept mental serait un concept non mental.

(iii) le concept de *savoir* est un concept mental.

(iv) Le concept de *savoir* n'est pas un concept conjonctif. C'est un concept inanalysable.

(v) Aucune analyse conjonctive de *savoir* n'est correcte.

L'argument est supposé se situer au niveau des *concepts* mais il se transpose au niveau métaphysique : l'état de *savoir* est distinct de l'état *de croire vrai*. Mais les deux types de contrastes, *conceptuel* et *métaphysique*, ne s'impliquent pas l'un l'autre. Mais, nous dit Williamson, il est néanmoins difficile de voir comment on

1. T. Williamson, *Knowledge and its Limits*, *op. cit.*, p. 27 *sq.*, trad. fr. J. Dutant et P. Engel (éd.), *Philosophie de la connaissance*, Paris, Vrin, 2005, p. 259-303.

pourrait accepter le premier contraste sans accepter le second : si le concept de *savoir* était un concept non mental d'un état mental, sa coextensivité avec un concept mental serait une coïncidence bizarre.

Non seulement l'état de *savoir* est distinct de l'état *de croire vrai*, mais il l'est aussi de *croire vrai* plus une condition quelconque anti-Gettier sur la justification.

Le fait d'accepter cet argument entraîne-t-il que nous devions renoncer à toute analyse conjonctive du savoir ? Pour le voir considérons un parallèle, exposé par Sosa[1], entre action, perception et connaissance. Comme on le sait depuis Davidson, on peut définir une action comme la conjonction d'une raison ou intention et d'un événement qu'elle cause. Mais cette analyse est sujette à l'objection selon laquelle la chaîne causale conduisant de l'intention à l'action peut être déviante. La seule réponse que l'on semble pouvoir donner est que la relation causale doit être *appropriée*. De même on peut définir causalement la perception comme le fait d'avoir une expérience sensorielle causée par un événement dans l'environnement. Mais là aussi la relation causale doit être appropriée, pour éviter par exemple les hallucinations véridiques. De même encore, nous dit Sosa, on peut définir la connaissance comme la croyance apte, c'est-à-dire causée de manière appropriée par la bonne sorte de compétence, elle-même causée de telle manière que le hasard épistémique n'intervienne pas. C'est une analyse conjonctive. Mais tout comme pour l'action et la perception, cette analyse conjonctive est sujette à des contre-exemples. De même qu'un archer peut atteindre la cible par l'effet du lancer compétent de sa flèche mais dans une situation où un coup de vent aurait d'abord détourné la flèche, puis un autre coup de vent de nouveau détourné la flèche pour la remettre dans la bonne direction, on peut imaginer des situations où la connaissance est obtenue par des manières compétentes mais détournées. Nous avons besoin que la compétence atteigne la vérité *de la bonne manière*.

Action, perception et connaissance sont ce qu'on peut appeler des phénomènes factifs : ils impliquent tous trois une relation entre l'esprit et un fait du monde. Mais dans cette relation il y a toujours un « bon cas » et un « mauvais cas », comme dans le scénario sceptique. Un partisan de l'analyse conjonctive – un conjonctiviste – dira que ce qui différencie le bon et le mauvais cas est un « facteur d'ordre supérieur » commun aux deux cas : pour la perception une sensation, pour l'action une intention, pour la connaissance une croyance ou un jugement accompagné d'une relation causale appropriée. Un partisan de l'analyse disjonctive dira au contraire qu'il n'y a pas de facteur commun de ce genre. Il y a juste une relation causale entre action et fait, perception et fait, connaissance et fait, qui ou bien est là ou bien n'est pas là.

1. E. Sosa, *Judgment and Agency*, *op. cit.*, chap. I.

Si l'on accepte l'argument williamsonien du primat de la connaissance, alors on doit admettre qu'on ne peut pas analyser le bon cas en termes de facteurs indépendants : intention + action, percept + fait, croyance + vérité. Et donc on doit admettre le disjonctivisme pour les trois phénomènes. Il n'est pas possible de trouver une relation causale qui serait le facteur commun au bon et au mauvais cas. Dans l'action, la perception et la connaissance, on ne peut donner une analyse métaphysique en termes de facteurs indépendants conjoints par un facteur commun.

Mais est-ce que cela interdit pour autant de donner, dans le cas de l'action, de la perception et de la connaissance, une analyse causale correcte ? Non. Prenons le cas de l'action. Face au problème des chaînes déviantes, on a proposé, comme Searle, de recourir à des notions comme celles d'intention antérieure à l'action et d'intention dans l'action. Une conception cognitive de l'action, comme celle de Jeannerod, introduit des états intermédiaires à un niveau cognitif subpersonnel [1]. De même pour la perception. Qu'est-ce qui alors, pour le cas de la connaissance, nous interdit de formuler des conditions correctes de causalité ? On peut soutenir comme Sosa que la connaissance est la croyance apte, fondée sur le bon type de compétence, ou telle que la compétence se trouve manifestée. On peut soutenir, comme les fiabilistes, qu'il y a une notion de croyance fiable que l'on peut spécifier. Il y a certes un risque que la notion de compétence ou de fiabilité utilisée reste ouverte à des contre-exemples du type familier.

Ce qui vaut pour l'argument williamsonien du primat vaut aussi pour son argument en faveur de l'idée que la connaissance est « l'attitude factive la plus générale ». Cette thèse peut être comprise, comme l'a montré John Hyman [2], de deux manières. Elle peut être comprise d'abord comme la thèse selon laquelle savoir est le genre dont les attitudes factives telles que percevoir, se souvenir, remarquer, etc. sont des espèces (ou si l'on préfère, pour reprendre la formulation de Williamson, la relation est celle de déterminable à déterminé, comme celle entre avoir une couleur et avoir une couleur spécifique). Mais elle peut aussi être comprise comme l'idée que pour avoir une attitude factive, il faut d'une manière ou d'une autre avoir un certain type de savoir, autrement dit comme la thèse selon laquelle la connaissance est une condition nécessaire à la possession d'une attitude factive. La première thèse – toute attitude factive est une forme de savoir – est bien plus ambitieuse que la seconde – toute attitude factive suppose une forme de savoir – qu'elle implique, alors que la seconde n'implique pas la première. Pour voir la différence considérons la relation entre connaître quelqu'un et l'aimer (ou le haïr) : pour aimer quelqu'un, il faut le connaître, mais

1. *Cf.* J. Searle, *Intentionality*, Cambridge, CUP, 1983, trad. fr. C. Pichevin, *L'intentionnalité*, Paris, Minuit, 1986 ; M. Jeannerod, *Motor Cognition*, Oxford, OUP, 2006 ; E. Pacherie, « La dynamique des intentions », *Dialogue*, 62/3, 2003, p. 447-480.

2. J. Hyman, « The most General Factive Attitude », *Analysis*, 74/4, 2014, p. 561-565.

il ne s'ensuit pas que l'amour soit une forme de connaissance : aimer ou haïr quelqu'un ne sont pas des manières de connaître quelqu'un (même si ce sont des attitudes factives : en principe ce qu'on aime ou ce que l'on hait existe). De même pour d'autres attitudes factives. On peut être heureux que l'automne approche, et il semble impossible d'avoir cette attitude sans que l'automne approche, c'est-à-dire sans être en relation avec le *fait* que l'automne approche, c'est-à-dire encore sans *savoir* que l'automne approche. La thèse selon laquelle toute attitude factive suppose un savoir est correcte ici. Mais s'ensuit-il que l'attitude d'être heureux que l'automne approche soit elle-même une forme de savoir ? De même pour *démentir*. On ne dément que des nouvelles qui ont été annoncées comme telles et sont sues comme telles. Il ne s'ensuit pas que démentir soit une forme de savoir. Ou encore on peut s'amuser d'une de mes blagues, ce qui suppose que j'aie effectivement fait une blague. Mais il ne s'ensuit pas que s'amuser de mes blagues soit une forme de savoir.

La conclusion – certainement trop vite atteinte ici – est que l'on peut admettre, avec les partisans de la conception de la « connaissance d'abord » en épistémologie, qu'on ne peut pas donner une définition de la connaissance en termes de conditions nécessaires et suffisantes, ni au niveau des concepts ni au niveau des choses, mais qu'il ne s'ensuit pas qu'on ne puisse pas décomposer la connaissance en éléments plus simples, comme les notions de croyance, de causalité et de compétence. Par conséquent des trois thèses de Williamson :

(a) Le concept de *savoir* est primitif et indéfinissable
(b) Savoir est l'attitude factive générique
(c) Savoir est une condition nécessaire de toute attitude factive

on peut admettre (a) et (c), mais il n'est pas clair que (b) soit correcte. Et il n'est pas clair non plus que l'indéfinissabilité du savoir interdise d'avoir une conception substantielle de sa nature, autrement dit que toute conception conjonctive soit impossible.

La connaissance est-elle une relation à des faits ?

Tournons-nous à présent vers la seconde des questions ontologiques soulevées par la notion de connaissance : avec quel type d'entité sommes-nous en relation quand nous sommes en possession de connaissance ? La réponse naturelle, étant donné que la connaissance est factive, est que nous sommes en relation avec un fait. La connaissance ne semble pas avoir le même type d'objet que la croyance. Quand je crois que *p*, *p* peut être faux ; mais quand je sais que *p*, *p* est toujours vrai. *P* doit être toujours un fait. Mais un fait, au sens ordinaire, est une vérité : les faits au sujet de quelque chose sont simplement les vérités à son propos. Mais qu'est-ce qu'une vérité ? On peut dire que c'est simplement *une proposition vraie*. Mais on peut dire aussi que c'est la *vérité d'une proposition*. Or les deux ne sont pas la même chose. La vérité d'une proposition n'est pas une proposition vraie, pas plus que la beauté d'une femme n'est une belle femme, ou la bonté d'un homme un homme bon. Les faits et les propositions n'ont pas les mêmes propriétés modales. Par exemple si Federer l'avait emporté sur Djokovic, la proposition que Federer l'a emporté contre Djokovic aurait continué à exister, mais le fait n'aurait pas existé. Les faits sont découverts ou ignorés. Mais la découverte d'un fait est la découverte de la vérité d'une proposition, pas la découverte d'une proposition. Si je suis surpris de l'absence de Jacques, je suis surpris du fait que Jacques est absent, pas de la vérité de la proposition que Jacques est absent. Par opposition à cela, quand une personne croit que *p*, elle est en relation avec une proposition. Même quand nous disons des choses telles que « J'ai toujours cru que X était un imbécile, à présent je le sais », ces assertions semblent référer à des propositions comme objet de connaissance. Mais l'article défini ici ne renvoie pas à la proposition ; il renvoie à la vérité de la proposition. Ces considérations ont conduit bien des auteurs à penser que la connaissance est une relation à des faits.

Keith Hossack, dans *The Metaphysics of Knowledge*, défend précisément cette thèse. Il entend caractériser la connaissance comme une relation simple entre l'esprit et le monde, et rejeter la thèse selon laquelle savoir c'est croire de manière justifiée une proposition vraie. Mais Hossack construit ce que j'ai appelé la relation de connaître la vérité d'une proposition comme une forme de conscience ou d'*accointance* directe avec un fait. Un fait n'est pas une proposition vraie, mais, au sens russellien, c'est un complexe d'objets et de propriétés ou de relations dans le monde.

Selon lui croire de manière justifiée une proposition vraie *cause*, mais ne *constitue* pas la connaissance d'un fait. La connaissance d'un fait est la connaissance d'un fait causée par un acte mental propositionnel tel que croire ou juger que *p*. Et la connaissance est toujours attribuable *de re* et non pas *de dicto* : Si Pharaon est conscient du fait qu'Hespère brille, il doit aussi être conscient du fait que Phosphore brille, car ce sont un seul et même fait.

Plus exactement la forme logique de la relation de connaissance est :

« S sait que A » =df

($\exists x$) ($\exists p$)(x est un acte mental et p est un fait et contenu (x) = que A et que-A est un mode de présentation de p et S sait que p en vertu de x)

Mais c'est une très curieuse définition. Car tout d'abord, il est très bizarre de dire, par exemple, qu'on sait que 2+2 = 4 en vertu du fait qu'on a un acte mental sous un certain mode de présentation d'un contenu. Cela semble dissocier la compréhension d'une proposition de la connaissance de son contenu. Mais si la connaissance est une relation avec un fait, c'est la conscience même du fait en quoi consiste le connaître, pas la saisie indépendante d'un contenu qui a comme effet de produire en nous ce résultat [1]. Ensuite, contrairement aux intentions de Hossack, sa définition de la connaissance comme relation à un complexe russellien s'applique tout aussi bien à la croyance. Une des conséquences d'une théorie russellienne des attitudes est celle que Ruth Marcus a formulée dans un article fameux où elle soutient que la Reine blanche ne peut pas, contrairement à ce qu'elle affirme, croire « six choses impossibles avant le petit déjeuner » parce que la croyance est toujours une relation à un état de choses possible, et par conséquent qu'on ne peut croire l'impossible :

> It seems to me that there is greater symmetry between knowing and believing than is allowed by prevailing views... The position I propose is that, just as knowing that p relates an agent to an actual state (or states) of affairs, otherwise the knowledge claim [the claim that one knows] is mistaken, so there is an important and neglected sense of 'believes'such that believing p relates an agent to a possible state (or states) of affairs, otherwise the belief claim [the claim that one believes] is mistaken despite the apparent evidence to the contrary [2].

Ici Marcus suggère, comme le fera plus tard Williamson, qu'il y a bien plus de similitudes entre la croyance et la connaissance que l'opposition entre une relation à une proposition et une relation à un fait ne le laisse penser. Il y a toute la différence du monde entre soutenir que la connaissance est une espèce de croyance et soutenir que la croyance est une espèce dont la connaissance est le genre. Or Marcus soutient, à la différence de Hossack, que la croyance et la connaissance sont des attitudes propositionnelles. La seule différence entre elles est que la croyance est une relation à un état de choses possible alors que la connaissance est une relation à un état de choses nécessairement réalisé ou réel. Hossack, au contraire, soutient alors que la connaissance n'est pas une attitude propositionnelle. Autrement dit, la question de savoir si la connaissance est une relation à des entités telles que des faits ou des vérifacteurs est indépendante de la question de savoir si elle est une attitude propositionnelle ou pas, puisque la croyance également peut être conçue comme une relation à des vérifacteurs ou à des états de choses.

Je n'entrerai pas ici dans mes raisons de ne pas tellement aimer l'idée que la connaissance n'est pas une attitude propositionnelle. La première est que si l'on donne aux attributions de connaissance des formes logiques comme celle que propose Hossack, on sera sans doute obligé de reformuler la logique épistémique, ou de la complexifier. Or j'ai tendance à avoir, vis-à-vis de la logique, une attitude

1. Je dois cette remarque à M. Textor, « Knowing the Facts », *Dialectica*, 65/1, 2011, p. 75-86.

2. R. B. Marcus, « Rationality and Believing the Impossible », *Journal of Philosophy*, 80/6, 1983, p. 321-338; repris dans *Modalities*, Oxford, OUP, 1995 et *Les vices du savoir*, Marseille, Agone, 2019.

conservatrice, un peu comme celle de Quine, mais aussi de Williamson, qui soutient que si une proposition métaphysique va à l'encontre de la logique, c'est sans doute la métaphysique qu'il faut réviser, pas la logique. La seconde est que si l'on refuse le statut d'attitude propositionnelle à la connaissance, on perd l'idée que la connaissance pourrait avoir, comme toutes les attitudes propositionnelles, des conditions de correction [1]. Or les conditions de correction sont associées à des raisons, et j'accepte aussi l'idée que l'on doit pouvoir donner des raisons de connaître. La question : « Pour quelle raison le savez-vous ? » sonne bien plus bizarre que la question « Pour quelle raison le croyez-vous ? » Mais cela ne veut pas dire qu'on ne puisse pas dire dans quelles conditions nos raisons pour savoir sont correctes ou adéquates.

Une chose est de dire qu'une vérité, ou en ce sens un fait, n'est pas la même chose qu'une proposition vraie, et que la connaissance est une relation à des faits ; c'en est une autre de défendre la thèse néo-russellienne selon laquelle les faits sont des entités indépendantes et autonomes dans le monde, composés de propriétés, de relations et d'individus, et dotés d'un certain pouvoir causal. Il n'est pas question ici de s'engager dans la discussion sur la nature des faits. Je me contenterai de remarquer ici qu'il n'est pas nécessaire d'avoir une conception des faits comme entités autonomes et *sui generis* pour distinguer une proposition vraie d'un fait. Il suffit de soutenir qu'un fait est un état de choses réalisé, par opposition à une proposition vraie [2]. On peut aussi s'interroger pour savoir si la connaissance d'objets (connaître Paris, le Dalaï Lama, l'odeur de l'herbe coupée) est une forme de connaissance propositionnelle (Hossack soutient que ce sont aussi des faits) et sur la question de savoir si d'autres formes de la connaissance que la connaissance propositionnelle, comme la connaissance pratique et le savoir-faire, sont des connaissances de faits. Je reviens sur ce point dans ce qui suit.

CONNAISSANCE ET APTITUDE

Une métaphysique de la connaissance, au sens adopté ici, est supposée nous dire ce qu'est la connaissance, et j'ai exprimé mon accord avec la thèse selon laquelle la connaissance est une notion simple, primitive, inanalysable, et par conséquent pour le programme « connaissance d'abord ». Mais j'ai aussi suggéré que le fait d'accepter ce programme ne nous dispensait pas de chercher à expliquer la connaissance en termes d'autres notions. Les auteurs qui défendent

1. Pour quelques unes de mes raisons d'adopter ce type d'analyse, *cf.* P. Engel, « Belief and the Right Kind of Reasons », *Teorema*, 32/3, *2013*, p. 19-34.

2. *Cf.* K. Mulligan, « Intentionality, Knowledge and Formal Objects », *in* T. Rønnow Rasmussen *et al.* (eds), *Festschrift for Wlodek Rabinowiz*, http://www.fil.lu.se/HommageaWlodek/site/papper/MulliganKevin.pdf.

ce programme ne s'en privent pas. Williamson recourt aux notions de sécurité et de fiabilité pour expliquer comment fonctionne la connaissance, à défaut de chercher à la définir en ces termes. On vient de voir que Hossack utilise la notion de causalité pour exprimer la connaissance. Toute la question est de savoir jusqu'à quel point on peut utiliser des notions comme celles-ci sans revenir au programme traditionnel qui cherche à définir la connaissance de manière conjonctive. Il y a deux manières de perdre, en quelque sorte, le bénéfice du primat de la connaissance.

La première consiste à ramener le problème de savoir ce qu'est la connaissance à celui de savoir quelles sortes de connaissances il y a et comment on l'acquiert. On pourrait comprendre ainsi l'idée williamsonienne selon laquelle la connaissance est aux formes de connaissance comme la couleur est aux différentes manières d'être coloré, c'est-à-dire un déterminable par rapport à des déterminés. Mais ce serait une erreur si on devait le comprendre comme Quassim Cassam [1] qui soutient que l'on peut expliquer ce que c'est que savoir que *p* en identifiant différentes *manières par lesquelles on vient à savoir que p.* Cela revient à identifier la connaissance à la manière dont elle est acquise. Mais même si c'est une idée qui sous-tend certaines conceptions entretenues par des historiens des sciences (il n'y a pas de nature du savoir, il n'y a que des manières, historiquement situées, de savoir) et peut être est-ce aussi proche de certaines idées wittgensteiniennes et contextualistes d'aujourd'hui, c'est là une idée fort bizarre. Prenez le fait qu'il y a plus d'eau à Venise qu'à Rome. Une liste des manières de venir à savoir ce fait contient sans doute le fait qu'on m'ait dit qu'à Venise il y a des canaux partout, que j'y sois allé, que j'aie regardé une carte, et que j'aie comparé les propriétés correspondantes à Rome, par exemple qu'il n'y a pas d'*aqua alta* à Rome et qu'on peut y acheter un appartement au rez-de-chaussée sans problème. Mais comment peut-on dire que savoir cette liste de faits explique *ce que c'est que savoir qu'il y a moins d'eau à Rome qu'à Venise?* Expliquer ce qu'est acquérir la connaissance est une chose, et expliquer ce qu'est la connaissance en est une autre. Une liste de manières d'apprendre quelque chose n'est pas la même chose que donner une définition de cette chose. Pourquoi est-ce que ce point socratique banal est souvent oublié ? Sans doute parce que bien souvent nous associons la question de savoir ce qu'est la connaissance à la question de savoir comment nous connaissons. C'est sans doute aussi parce que nous voulons réfuter le sceptique qui nous demande toujours : « Comment le savez-vous ? » et qui hyperbolise en demandant « Comment savez-vous ? ». Et une réponse tentante est évidemment de dire : « Je le sais comme ci, je le sais comme çà ».

1. Q. Cassam, *The Possibility of Knowledge*, Oxford, OUP, 2007.

Et c'est ici que cette idée s'associe une autre idée familière, qui est que la connaissance consiste en une certaine forme de disposition ou d'aptitude, ou en un ensemble de dispositions ou d'aptitudes. L'idée est séduisante pour deux raisons. La première est une raison que l'on peut appeler rylienne, qui est que la connaissance n'est pas de nature propositionnelle mais de nature habituelle, pas une forme de savoir que, mais une forme de savoir-faire. La seconde est qu'elle peut s'associer à l'idée répandue selon laquelle la connaissance est l'aptitude à répondre correctement à des questions [1].

L'idée selon laquelle la connaissance est une certaine forme d'aptitude est donc tentante. Mais comment la réconcilier avec l'idée que la connaissance est une attitude factive ? Car la conception rylienne non seulement est souvent associée à l'idée qu'il y a une différence de nature entre le *knowing that* et le *knowing how*, mais aussi à l'idée que le *knowing how* est plus fondamental que le *knowing that*, et peut être que le second se réduit au premier. Sans ici chercher à trancher la question de savoir qui, du savoir que et du savoir comment, est primitif, il me semble désastreux de séparer les deux à la manière dont le font Ryle et ses successeurs contemporains. Nous pouvons très bien admettre la thèse selon laquelle la connaissance est une aptitude sans pour autant renoncer à l'idée qu'elle est une relation à des faits et à des propositions. John Hyman [2] a proposé l'idée suivante : la connaissance est l'aptitude à être guidé par un fait. Cette idée d'être « guidé » est un peu mystérieuse. Mais nous pouvons essayer de la rendre moins mystérieuse si nous soutenons que les faits sont aussi les raisons que nous avons de croire. Tout fait est potentiellement une raison de faire ou de ne pas faire quelque chose, de croire ou de ne pas croire quelque chose. Dire que la connaissance est l'aptitude à être guidé par un fait, c'est dire qu'il y a une nature de la connaissance, mais que celle-ci peut s'exprimer de nombreuses manières. Pour reprendre une analogie de Hyman, on peut se marier par amour ou pour de l'argent. Ce sont certainement des formes de mariage très différentes. Mais il ne s'ensuit pas qu'elles n'instancient pas le même type d'acte, en l'occurrence le mariage. De même pour le savoir : on ne peut dire que c'est une aptitude qui se manifeste de diverses manières, mais cela ne veut pas dire qu'il n'y ait pas une unité derrière cette aptitude.

Mais quelle unité ? Juste l'unité de l'aptitude ? Comme avec les dispositions en général, je suis un catégoriciste : autrement dit, je pense qu'on doit pouvoir les réduire à leur base. Et leur base, c'est un certain état. Un état mental. Cela ne veut pas dire que la notion de connaissance ne soit pas, en un sens, identique aux aptitudes qui la composent. Mais ces aptitudes consistent en *l'enquête*, non pas en la connaissance.

1. *Cf.* A. R. White, *The Nature of Knowledge*, Totowa, Rowman and Littlefield, 1982. Voir aussi F. Lihoreau (ed.), *Knowledge and Questions*, *Grazer Philosophische Studien*, 77, 2008.

2. J. Hyman, *Action, Knowledge and Will*, Oxford, OUP, 2015.

Cette image est conciliable avec celle de Sosa, déjà évoquée, mais elle en diffère. Selon Sosa, la connaissance est une certaine sorte de performance qui requiert ce qu'il appelle l'*accuracy* d'une croyance, l'exactitude (ce que j'appellerai pour ma part la correction), atteindre un but, qui est le vrai, mais aussi la compétence, ce que Sosa appelle le fait d'être adroit (*adroitness*), mais aussi le fait que la performance manifeste la compétence. Sosa traite l'ensemble de l'attitude de connaître comme une performance, au moyen de la métaphore de l'archer : l'archer a la compétence de viser la cible et il l'atteint à travers son exercice de cette compétence ou disposition. Là où Sosa traite l'ensemble du processus comme de la connaissance, je mettrais la connaissance dans l'état, la compétence initiale : elle est déjà connaissance d'un fait. L'aspect relatif à performance est distinct : il relève de l'enquête, c'est-à-dire de l'aptitude à répondre à des questions.

GHISLAIN GUIGON

PARCIMONIE HUMIENNE

Débétonner l'avenir, décimenter l'histoire, pour que notre présent retrouve sa fluidité libre, son cours fluctueux, riche de possibles, voilà l'enjeu d'une résistance ouverte à la domination muette.

Revue Spirale, 2001

Introduction

David Hume a affirmé : « Il n'y a pas d'objet qui implique l'existence d'un autre, si nous considérons ces objets en eux-mêmes et ne regardons pas au-delà des idées que nous en formons » [1]. On appelle « métaphysique humienne » une famille de thèses philosophiques inspirées par ce passage de la philosophie de Hume et en particulier par sa version contemporaine appelée « le *dictum* de Hume » : il n'y a pas de connexions métaphysiquement nécessaires entre des entités distinctes. David Lewis est l'un des principaux défenseurs contemporains du *dictum*. Sa défense de la métaphysique humienne a aussi pris la forme d'une défense de la survenance humienne.

Certains ont objecté à Lewis que, détaché de l'empirisme de Hume, son attachement à la métaphysique humienne est peu justifié. Je pense, pour ma part, que de Hume à Lewis, la métaphysique humienne est guidée par un même principe métathéorique mal identifié dans la littérature. Et je me propose dans la

1. D. Hume, *Traité de la nature humaine*, trad. fr. P. Baranger et P. Saltel, Paris, Garnier-Flammarion, 1995, Livre I, partie III, § 4.

première partie de cet article d'identifier ce principe que j'appelle « le principe de parcimonie structurelle ».

Frédéric Nef, dans un article sur la survenance humienne chez Lewis [1] et dans un ouvrage à paraître sur la connexion [2], a défendu une métaphysique des connexions contre la métaphysique humienne. Dans la seconde partie de cet article, je m'appuie sur le principe de parcimonie structurelle pour expliquer en quoi je ne suis pas convaincu par la nécessité d'une métaphysique des connexions.

Pourquoi humien ?

Hume et Lewis

Les métaphysiques humiennes peuvent être plus ou moins générales ou restreintes. Dans sa version la plus proche de Hume, le *dictum* de Hume a uniquement pour but de rejeter les connexions nécessaires *causales* entre des événements. Mais dans la littérature contemporaine, on trouve des formes de métaphysique humienne qui appliquent le *dictum* à tout type d'entités et toutes formes de connexions : causales ou non, nécessaires ou non [3].

L'hypothèse de la survenance humienne de David Lewis [4] peut apparaître comme une forme de métaphysique humienne généralisée à *toutes* les connexions :

> La survenance humienne est ainsi nommée en l'honneur du grand opposant aux connexions nécessaires. Il s'agit de la doctrine selon laquelle tout ce qu'il y a au monde est une vaste mosaïque de faits particuliers locaux, juste une petite chose et puis une autre. … Nous avons la géométrie : un système de relations externes de distances spatiotemporelles entre des points. […] Et à ces points nous avons des qualités locales : des propriétés intrinsèques parfaitement naturelles qui ne requièrent rien de plus grand qu'un point pour les instancier. Pour résumer : nous avons un arrangement de qualités. Et c'est tout. Il n'y a pas de différence sans différence dans l'arrangement des qualités. Tout le reste survient sur lui [5].

En décrivant la réalité comme une *mosaïque*, Lewis semble suggérer que les éléments de la réalité sont déconnectés les uns des autres, et ce peu importe qu'il s'agisse de connexions nécessaires ou contingentes. Toutefois, il serait caricatural

1. F. Nef, « Survenance humienne, physique et métaphysique : disposition, structure et connexion », *Klesis*, 24, 2012, p. 78-103.

2. AH, Paris, Vrin, 2017.

3. Voir J. Wilson, « What is Hume's Dictum, and Why Believe It ? », *Philosophy and Phenomenological Research*, 80/3, 2010, p. 597-598.

4. Lewis a plusieurs fois affirmé que la survenance humienne était, de son point de vue, une *hypothèse* plutôt qu'une thèse.

5. D. K. Lewis, *Philosophical Papers t. II*, Oxford, OUP, 1986, p. IX-X ; ma traduction.

de décrire la survenance humienne comme donnant lieu à une métaphysique sans connexions. Car cette hypothèse est compatible avec l'admission de connexions qui *surviennent* sur les arrangements locaux de qualités. C'est à l'irréductibilité des connexions, plutôt qu'à leur existence, que s'oppose la survenance humienne.

Certains commentateurs ont fait remarquer que Lewis justifie peu son attachement au *dictum* de Hume. Par exemple, Fraser MacBride remarque qu'« il est curieux que les partisans du programme humien contemporain – y compris Lewis – ayant abandonné la théorie empiriste de la pensée qui soutient le rejet humien des connexions nécessaires offrent si peu de raisons en faveur de cette position »[1]. Mais Lewis justifie son engagement en faveur de l'hypothèse de survenance humienne. Et, considérée sous sa forme abstraite, sa justification est en droite ligne avec la critique par Hume des connexions nécessaires.

La critique par Hume des connexions nécessaires repose sur son épistémologie empiriste qui veut que notre justification pour la croyance vienne de l'expérience. Nous avons une *idée* d'une connexion nécessaire entre la cause et l'effet. Selon Hume, cette idée n'est pas fondée sur l'expérience, car nous ne pouvons avoir d'*impression* sensorielle de connexion *nécessaire*. La seule chose dont nous faisons l'expérience, nous dit Hume, c'est une conjonction constante entre la cause et l'effet. Or cette expérience n'implique pas la présence d'une connexion nécessaire entre événements. Dans ce cas, comment expliquer notre idée d'une connexion nécessaire ? La question que se pose Hume est de savoir si nous *devons* postuler qu'il y a des connexions nécessaires entre les événements *pour expliquer* cette idée. Sa réponse est négative. Selon lui, nous pouvons fort bien expliquer notre idée d'une connexion nécessaire par « la tendance, que produit la coutume, à passer d'un objet à l'idée de son concomitant habituel »[2]. C'est pourquoi il conclut directement à la suite de cette explication :

> Telle est donc l'essence de la nécessité. Somme toute, la nécessité est quelque chose qui existe dans l'esprit, non pas dans les objets [...]. L'efficacité ou l'énergie des causes ne réside ni dans les causes elles-mêmes, ni dans la divinité, ni dans le concours de ces deux principes, mais elle appartient entièrement à l'âme qui considère l'union de deux ou plusieurs objets dans tous les cas passés. C'est là que réside le pouvoir réel des causes, ainsi que leurs connexions et leurs nécessités[3].

1. F. MacBride, « Lewis'Animadversions on the Truthmaker Principle », *in* H. Beebee et J. Dodd (eds), *Truthmakers : The Contemporary Debate*, Oxford, OUP, 2005, p. 127. Voir aussi J. Wilson, « What is Hume's Dictum, and Why Believe It ? », art. cit. et « Hume's Dictum and Metaphysical Modality : Lewis's Combinatorialism », *in* B. Loewer et J. Schaffer (eds), *The Blackwell Companion to David Lewis*, Chichester, Blackwell, 2015, p. 138-158.

2. D. Hume, *Traité de la nature humaine*, *op. cit.*, Livre I, IIIe partie, § 14.

3. *Ibid.* Il va sans dire que je rejette l'interprétation « new Hume » de Galen Strawson qui fait passer Hume pour un idéaliste kantien avant l'heure. Voir G. Strawson, *The Secret Connection : Causation, Realism, and David Hume. Revised Édition*, Oxford, OUP, 2014.

La structure de l'argument est la suivante :

(i) Nous avons une tâche explicative, un phénomène dont il faut rendre compte : la présence en notre esprit d'une idée de connexion nécessaire.
(ii) Nous avons une explication *structuraliste* de ce phénomène : il y a des connexions nécessaires dans les choses qui structurent la réalité.
(iii) Hume se demande si, pour rendre compte du phénomène en question, il est nécessaire, au vu des évidences dont nous disposons, d'admettre l'explication structuraliste.
(iv) Hume montre que cela ne l'est pas : il y a une manière moins spéculative de rendre compte de ce phénomène.
(v) Hume conclut que l'explication anti-structuraliste, celle qui ne postule pas que les choses sont connectées de la manière controversée, est la bonne.

Au vu des progrès scientifiques du XXe siècle, on ne peut reprocher aux humiens contemporains de ne plus partager la confiance de Hume envers les impressions sensibles. Il est donc légitime que quand Lewis justifie la survenance humienne, c'est à la physique plutôt qu'aux impressions qu'il fait appel :

> Le but d'une défense de la survenance humienne n'est pas de défendre une physique réactionnaire, mais plutôt de résister aux arguments philosophiques dont la conclusion est qu'il y a plus de choses au ciel et sur la terre que ce dont rêve la physique [1].

Comme le remarque Barry Loewer [2] sur la base de ce passage, la raison pour laquelle Lewis défend la survenance humienne est qu'il veut défendre un *physicalisme*. En particulier, il veut, sur la base de la thèse de survenance humienne, s'attaquer aux théories réalistes à propos des concepts nomiques - lois, chance, et causalité - selon lesquelles ces concepts représentent des traits nomiques *irréductibles* de la réalité. Suivant Loewer, l'hypothèse de la survenance humienne est, pour Lewis, la raison qui justifie un projet réductionniste à propos de ces concepts.

Mais il y a un problème, dont Lewis était conscient : les physiciens eux-mêmes rêvent à des choses que réprouve la survenance humienne :

> En vérité, ce que je défends, c'est moins la vérité de la survenance humienne que sa *soutenabilité* [tenability]. Si la physique venait à m'apprendre qu'elle est fausse, je n'en serai pas affligé.
> Cela peut se produire : peut-être que la leçon du théorème de Bell est justement qu'il y a des entités physiques non localisées, et qui par conséquent pourraient faire une différence entre des mondes [...] qui sont parfaitement similaires eu

1. D. K. Lewis, « Humean Supervenience Debugged », *Mind*, 103, 1994, p. 474, je traduis.
2. B. Loewer, « Humean Supervenience », *Philosophical Topics*, 24, 1996, p. 101-127.

égard à leurs arrangements de qualités locales. Peut-être bien. Je suis prêt à le croire. Mais je ne suis pas prêt à recevoir des leçons de la part de la physique quantique telle qu'elle est maintenant. D'abord, je dois voir à quoi elle ressemble quand elle est purifiée de sa frivolité instrumentaliste et ose dire quelque chose non seulement à propos de lectures de pointeur [pointer readings] mais à propos de la constitution du monde; et quand elle est purifiée de sa logique déviante de mauvaise foi; et – avant tout – quand elle est purifiée de ces histoires surnaturelles à propos du pouvoir d'esprits observateurs capables de faire sauter les choses. Si, après tout ça, elle nous apprend toujours la non-localité, je me soumettrai de bon gré à la meilleure des autorités [1].

Dans ce passage, Lewis dit bien que, si la science venait à lui montrer qu'il est *nécessaire* de concevoir les choses comme plus connectées que ne le propose la survenance humienne, alors il accepterait de bon gré les évidences qu'on lui donne. Mais il nie que la physique ait donné de telles évidences. Selon lui, la physique quantique est dans un état de délabrement méthodologique tel que nous sommes en droit de ne pas lui donner un blanc-seing [2].

En regardant les choses sous un angle abstrait, la démarche argumentative de Lewis semble être la même que celle de Hume :

(i) Il y a des phénomènes dont nous devons rendre compte : des régularités nomiques, causales, et des phénomènes de non-séparabilité.
(ii) Nous avons des explications structuralistes de ces phénomènes : les choses sont dans la réalité structurées au moyen de traits nomiques *irréductibles*, au moyen d'intrications irréductibles.
(ii) Le humien se demande si, au vu des évidences *physiques* dont il dispose, il est nécessaire de structurer les choses de cette manière.
(iv) Montrer que les phénomènes à expliquer peuvent l'être conformément à l'hypothèse de survenance humienne, comme l'ont fait Lewis (1994) puis

1. D. K. Lewis, *Philosophical Papers t. II, op. cit.*, p. XI, je traduis.

2. Il est important de noter que Tim Maudlin, repris par Nef, a répondu à Lewis qu'il existe des versions de la physique quantique, comme celle de Bohm, qui sont purifiées des défauts méthodologiques identifiés par Lewis. Mais, dans sa réponse, Maudlin ne tient pas compte du fait que Barry Loewer a proposé une version révisée de la survenance humienne qui s'accorde avec la théorie de Bohm. Voir T. Maudlin, *The Metaphysics Within Physics*, Oxford, OUP, 2007, p. 62; F. Nef, « Survenance humienne, physique et métaphysique », art. cit.; D. Bohm et B. J. Hiley, *The Undivided Universe : An Ontological Interpretation of Quantum Mechanics*, New York, Routledge, 1993; B. Loewer, « Humean Supervenience », art. cit., p. 179-180. Ajoutons que certaines découvertes récentes suggèrent que les humiens pourraient bien avoir raison contre Maudlin. Voir l'article de Natalie Wolchover daté 30 juin 2014 dans *Wired*: http://www.wired.com/2014/06/the-new-quantum-reality/.

Loewer[1] (1996), est une manière pour le humien de répondre que ceci n'est pas nécessaire.

(v) Le humien conclut que les explications anti-structuralistes des phénomènes nomiques et d'intrication quantique, celles qui sont conformes à la survenance humienne, sont préférables.

Par conséquent, malgré leur désaccord sur ce qu'ils tiennent pour la meilleure source de justification (impressions *vs* physique), il y a une structure argumentative commune à l'argument de Hume et à celui de Lewis.

Le principe de parcimonie structurelle

Mais il y a un vide argumentatif entre l'étape (iv) et l'étape (v) du raisonnement humien, que ce soit celui de Hume ou celui de Lewis. C'est une chose de montrer que l'explication structuraliste n'est pas nécessaire ; c'en est une autre de conclure que l'explication anti-structuraliste est la meilleure. Selon moi, la raison pour laquelle Hume et Lewis pensent que la transition entre (iv) et (v) est légitime est qu'ils présupposent tous les deux que le principe méthodologique suivant est un bon principe :

Parcimonie structurelle : il ne faut pas structurer la réalité, *i.e.* connecter les choses qui la composent, au-delà de la nécessité.

Les principes de parcimonie sont des principes métathéoriques. Ces derniers nous permettent d'évaluer de manière comparative les vertus et les coûts de théories rivales[2]. Les principes de parcimonie sont des principes d'économie dont la justification est indissociable de la loi du marché (théorique ou non) : si deux produits donnent les mêmes résultats mais que l'un d'eux est moins coûteux que l'autre, alors, si vous êtes rationnel, vous choisissez le moins cher.

Il est important de noter que le principe de parcimonie structurelle est distinct des principes de parcimonie avec lesquels nous sommes familiers : la parcimonie ontologique et la parcimonie idéologique.

Le principe de parcimonie ontologique, ou rasoir d'Occam, est le suivant :

Parcimonie ontologique : il ne faut pas multiplier les entités au-delà de la nécessité.

1. D. K. Lewis, « Humean Supervenience Debugged », art. cit. ; B. Loewer, « Humean Supervenience », art. cit.

2. Pour un exemple devenu paradigmatique d'une évaluation métathéorique de théories métaphysiques rivales, voir G. Rodriguez-Pereyra, *Resemblance Nominalism : A Solution to the Problem of Universals*, Oxford, Clarendon Press, 2002, p. 199-226.

Ce principe est cher aux nominalistes dont je fais partie [1].

Si le rasoir d'Occam est le principe *Pluralitas non est ponenda sine necessitate*, la décolleuse de Hume est le principe *Pluralitas non est struenda sine necessitate*. On peut voir que ces principes diffèrent de la manière suivante. Deux théories métaphysiques T1 et T2 peuvent avoir un coût structurel équivalent – c'est-à-dire être telles que les choses qui composent la réalité sont aussi connectées les unes aux autres selon T1 que selon T2 – mais être telles que T1 est *ontologiquement* plus économique que T2. La différence que j'ai à l'esprit est que, selon T2, les connexions entre les choses sont des entités réelles *sui generis*, alors que les défenseurs de T1 sont des nominalistes qui offrent une analyse réductionniste des connexions [2]. Parallèlement, deux théories métaphysiques T3 et T4 peuvent avoir un coût ontologique équivalent – supposons par exemple qu'il s'agit de deux théories qui conçoivent les particuliers comme des faisceaux de propriétés particulières – mais être telles que T3 est structurellement plus économique que T4 parce que T3 est une métaphysique humienne tandis que T4 admet que les choses entretiennent entre elles des connexions nécessaires irréductibles, bien que particulières. Puisqu'aucune des deux n'implique l'autre, on voit ainsi que la parcimonie ontologique est une chose, la parcimonie structurelle en est une autre.

Le principe de parcimonie structurelle est aussi différent du principe de parcimonie idéologique, c'est-à-dire du principe selon lequel il est préférable qu'une théorie métaphysique fasse appel à un nombre restreint de prédicats extra-logiques primitifs. Car si le nombre de prédicats primitifs d'une théorie a à voir avec la simplicité et l'unité d'une théorie, elle est en soi indépendante de la complexité et de l'unité que cette théorie *attribue à la réalité* qu'elle analyse [3].

Comment justifier la valeur théorique du principe de parcimonie structurelle ? En quoi le fait d'avoir une ontologie très connectée constitue-t-il un *coût* théorique ? Je vais ici me contenter d'effleurer ce sujet. La valeur théorique du principe de parcimonie structurelle me semble d'abord liée à notre conception de l'espace des possibles. Plus un système d'objets est structuré, connecté, plus il y a d'interdépendances entre des états différents d'objets différents. Le résultat est qu'introduire un changement, une perturbation, dans un système très structuré d'objets implique plusieurs changements dans le système, ce qui rend impossibles

1. Voir G. Guigon, « Coextension and Identity », *in* G. Guigon et G. Rodriguez-Pereyra (eds), *Nominalism about Properties : New Essays*, New York, Routledge, 2015, p. 135-155.

2. Sur les différentes variétés de nominalisme, voir par exemple l'introduction de G. Guigon et G. Rodriguez-Pereyra (eds), *Nominalism about Properties : New Essays, op. cit.*

3. Sur le rôle du principe de parcimonie idéologique et sa valeur, voir A. Oliver, « The Metaphysics of Properties », *Mind*, 105, p. 1-80 ; G. Rodriguez-Pereyra, *Resemblance Nominalism : A Solution to the Problem of Universals, op. cit.*, p. 202-204 ; J. Melia, « Nominalism, Naturalism, and Natural Properties », *in* G. Guigon et G. Rodriguez-Pereyra (eds), *Nominalism about Properties : New Essays, op. cit.*, p. 175-188.

des situations contrefactuelles dans lesquelles un changement minimal est effectué (quand bien même ce changement n'implique pas d'impossibilité logique). Au contraire, un système d'objets peu connectés implique moins d'interdépendances entre les états du monde et rend ainsi possibles des situations contrefactuelles avec des changements minimaux d'états du monde qui sont impossibles selon une conception sur-connectée de la réalité. En somme, plus une ontologie est structurée, connectée, plus elle limite le champ des possibles. Donc si le principe de parcimonie structurelle est un bon principe, c'est parce que, toutes choses étant égales par ailleurs, mieux vaut ne pas limiter sans raison le champ des possibles [1].

CONNEXIONS ET PARCIMONIE STRUCTURELLE

Frédéric Nef a défendu une métaphysique des connexions à l'encontre de la métaphysique humienne dans plusieurs interventions, articles et dans un livre à paraître. Le projet de métaphysique des connexions que développe Nef me semble original, intéressant et important. Ce qui ne m'empêche pas de m'y opposer ; l'art noble de la dispute est le carburant sans lequel la philosophie ne saurait avancer.

Dans le reste de cette contribution, je me propose de revenir sur deux arguments en faveur des connexions nefiennes que je juge importants [2]. Mon but dans cette critique est d'abord de mettre en évidence le rôle dialectique que peut jouer la parcimonie structurelle dans la résistance humienne à la sur-connectivité. Telles que Nef les conçoit, les connexions sont des *liens non relationnels qui produisent quelque chose*. Ceci implique deux choses : (i) que la catégorie des liens est plus étendue que la catégorie des relations, et (ii) une réponse modérée à la question spéciale de la composition. Ce sont ces deux implications que je critiquerai.

1. Pour prendre une métaphore théologique, réduire le champ des possibles revient à réduire la toute-puissance de Dieu. Descartes pensait que s'il pouvait concevoir clairement et distinctement des choses comme réellement distinctes, alors Dieu au moins pourrait les séparer (voir le fameux argument de la séparabilité en faveur du dualisme cartésien dans la 6e des *Méditations métaphysiques*). Le *dictum* de Hume n'est rien d'autre qu'une version séculaire du principe de séparabilité cartésien qui s'appuie sur la toute-puissance divine.

2. J'espère toutefois que le lecteur reconnaîtra dans ma critique de ces arguments une stratégie *globale ;* je n'ai pas l'espace requis pour discuter chaque argument de Nef.

Avons-nous besoin de liens non relationnels ?

Dans son ouvrage à paraître sur la connexion, Frédéric Nef propose d'étendre le domaine des liens en admettant des liens *non relationnels* productifs, qu'il nomme des *connexions.* Supposons qu'il y ait des relations, les liens non relationnels entre les choses constituent manifestement un coût structurel dont nous devons nous demander s'il est justifié. C'est la question que je me pose ici.

Qu'est-ce qu'une relation ? Les relations sont les valeurs sémantiques des prédicats polyadiques satisfaits (comme « aime » dans « Cyrano aime Roxane » ou « est sur » dans « ma tasse de café est sur la table ») tout comme les attributs sont les valeurs sémantiques des prédicats monadiques satisfaits (comme « est bleu » dans « le ciel est bleu », ou « est froide » dans « la neige est froide »). Les métaphysiciens ne s'accordent pas sur la nature des relations : sont-elles des universaux, des tropes, ou des ensembles de classes ordonnées d'objets ? Mais ce qui compte pour mon propos, c'est qu'*a priori*, pour tous prédicats polyadiques *R* et *S*, si *R* et *S* ont chacun une valeur sémantique, alors celles-ci sont traditionnellement comprises comme appartenant au même type, celui des relations.

Dans la littérature contemporaine qui fait suite aux travaux de David Armstrong sur le problème des universaux, l'admission de liens non relationnels est un ajout structurel théorique *ad hoc*[1]. Armstrong a accepté des liens non relationnels purement et simplement pour résoudre un problème de régression à l'infini. Selon Armstrong, les métaphysiciens *doivent* rendre compte de toutes les prédications vraies. Pour Armstrong, la meilleure manière de rendre compte des prédications vraies est en termes d'*instanciation* d'un universel. Selon lui, si le ciel est bleu, c'est parce que le ciel *instancie* l'universel bleu, et si Abélard aime Héloïse, c'est parce qu'Abélard et Héloïse instancient ensemble une relation d'amour. Ainsi pour Armstrong, ce qui *joue le rôle de relation*, c'est un universel instancié par plusieurs choses. Il y a toutefois une restriction : il y a des relations qui sont dites *internes* et, selon Armstrong, il ne faut pas admettre qu'il y a un universel instancié *qui joue le rôle* de relation interne. Car si *R* est une relation interne, alors le fait que des choses *a* et *b* sont reliées par *R* découle directement de la nature intrinsèque de *a* et *b*. Si on admet cet épicycle, cela rend superflu l'admission d'universaux relationnels correspondant à des relations internes car les propriétés intrinsèques des choses reliées, dans ces cas-ci, suffisent à l'analyse[2]. Le problème de régression auquel fait face Armstrong est dû au fait qu'il y a, selon sa théorie, des prédications vraies de la forme « *x* instancie l'universel U ». Les choses iraient pour le mieux si l'instanciation entre un particulier

1. Voir surtout D. M. Armstrong, *Les universaux : une introduction partisane*, trad. fr. S. Dunand, B. Langlet et J.-M. Monnoyer, Paris, Ithaque, 2010, p. 129-132.

2. La ressemblance est, pour les réalistes des universaux, l'exemple paradigmatique d'une relation interne.

et un universel était une relation interne. Mais elle n'en est pas une, sinon il n'y aurait pas de cas d'instanciation *temporaire* ou *accidentelle*. L'instanciation n'étant pas une relation interne, le réaliste des universaux doit, selon son schéma d'analyse, postuler qu'il y a un universel d'instanciation instancié par la paire <*a*, *F*> (pour *a* et *F* respectivement un particulier et un universel quelconques). Mais si c'est le cas, par le même schéma d'analyse, le réaliste des universaux doit admettre qu'il y a un universel d'instanciation instancié par le triplet <*a*, *F*, *instanciation*> ; et ainsi de suite, indéfiniment.

La solution d'Armstrong à ce problème consiste à dire que, même si l'instanciation a tout l'air d'une relation, elle n'en est pas une : c'est un lien non relationnel. En postulant que les propositions qui assertent que des choses sont liées par un lien non relationnel n'ont pas à être analysées en faisant appel à l'instanciation d'un universel correspondant à ce lien, la régression est bloquée.

Nef partage l'opinion d'Armstrong selon laquelle l'instanciation est un *nexus*, un lien non relationnel. Nef admet d'autres connexions. Mais je dois avouer que, de tous les exemples de connexion qu'il donne, l'instanciation, si elle est une connexion, me semble être l'exemple le plus plausible d'une connexion *irréductible*. Or comme je l'ai indiqué dans la section 2.1, seules les connexions irréductibles sont réellement problématiques pour le humien. C'est pour cette raison que l'argument d'Armstrong est pertinent ici.

L'admission par Armstrong de liens non relationnels est un coût structurel de sa théorie. Sur la base de mon principe de parcimonie structurelle, je dois donc me demander : « Est-il nécessaire d'accepter ce coût ? ». Or, même en laissant mon nominalisme de côté, il ne me semble pas que le coût structurel de la solution d'Armstrong soit indispensable.

Tout d'abord, pour que la solution d'Armstrong soit indispensable, encore faudrait-il qu'elle fonctionne. Et on peut en douter. Armstrong fait comme si appeler l'instanciation « lien non relationnel » au lieu de l'appeler « relation » résolvait son problème. Mais les mots n'ont pas ce pouvoir magique. Vous pouvez appeler votre chien « minou », vous n'arriverez pas à le faire miauler. Ou pour reprendre un bon mot de Lewis, ce n'est pas parce qu'on s'appelle « Armstrong » qu'on a des gros biceps[1]. Pour qu'une régression soit bloquée, il faut nous donner des raisons non *ad hoc* de croire deux choses. La première chose qu'il faut justifier d'une manière non *ad hoc*, c'est l'affirmation que l'instanciation n'est pas une relation malgré les apparences[2]. La seconde chose,

1. D. K. Lewis, « New Work for a Theory of Universals », in *Papers in Metaphysics and Epistemology*, Cambridge, CUP, 1999, p. 40.

2. Je soupçonne qu'à cette demande Nef réponde ainsi : « Toute relation est soit externe soit interne. Or ni les relations externes ni les relations internes ne produisent quoi que ce soit. Comme les connexions sont par définition des liens *productifs*, elles ne sont ni des relations internes ni des relations externes. Donc elles ne sont pas des relations ». Je pense que le nœud de mon désaccord avec

est l'affirmation selon laquelle les attributions de liens non relationnels ne requièrent pas d'analyse philosophique. En l'absence de telles raisons, il n'est pas évident que la solution d'Armstrong résolve quoi que ce soit.

Mais même si la solution d'Armstrong fonctionnait, il y aurait des raisons de penser qu'elle n'est pas indispensable. Comme l'a bien montré Lewis[1], le problème d'Armstrong est dû au fait qu'il a mis la barre analytique trop haute en demandant que *toutes les prédications* soient analysables. Toute théorie doit accepter des prédications primitives, non analysables, car il faut bien que l'analyse commence quelque part. Or c'est parce qu'Armstrong cherche à analyser *toutes* les prédications qu'il est conduit à une régression à l'infini qu'il résout finalement en admettant que les prédications de « instancie » ont une valeur sémantique qui est d'une catégorie *sui generis* : un lien non relationnel. Il aurait été moins coûteux, plus direct et plus justifié, pour Armstrong, de simplement admettre que les prédications de la forme « *x* instancie l'universel U » sont inanalysables. Car, comme le remarque bien justement Lewis, toute solution au problème des universaux doit se résoudre à admettre des prédications inanalysables.

En conclusion, l'indispensabilité d'admettre que des éléments du monde entretiennent des *liens non relationnels* d'instanciation est loin d'être établie. Comme l'instanciation est, selon moi, l'exemple le plus plausible d'un lien non relationnel *irréductible*, j'en déduis, par mon principe de parcimonie structurelle, qu'il est préférable de se passer de tels liens.

Connexion et composition

L'une des raisons pour lesquelles Nef défend une ontologie connectée, me semble-t-il, est qu'il veut défendre une réponse *modérée* à la question spéciale de la composition[2]. Dans cette dernière sous-section, j'explique brièvement pourquoi je ne suis pas non plus convaincu par cette raison de structurer la réalité au moyen de connexions.

Nef sur ce point est qu'il conçoit la division externe/interne comme une différence binaire, alors que, selon moi, cette division est une affaire de degré. Certaines relations sont *totalement* internes au sens où leur instanciation survient totalement sur la nature des *relata*; *c'est le cas* des relations *purement* « de *Cambridge* ». D'autres relations sont *totalement* externes au sens où leur instanciation *ne dépend absolument pas* de la nature des *relata* ; c'est le cas, selon Lewis, des relations spatio-temporelles. Mais il y a tout un spectre de relations entre ces extrêmes dont l'instanciation dépend en partie de la nature des *relata* et en partie de facteurs externes. L'amour, qui est l'un des exemples de relations favoris de Russell, est sans doute une relation de ce type. Or s'il y a bien un lien productif, c'est l'amour…

1. D. K. Lewis, « New Work for a Theory of Universals », art. cit., p. 20-25.
2. Sur cette question, voir P. van Inwagen, *Material Beings*, Ithaca, Cornell UP, 1990.

Dans son *Anti-Hume*, Nef accepte la proposition suivante :

Pour tout x et y, si x et y sont *connectés*, alors il y a un z distinct de x et y produit par cette connexion.

On pourrait se demander si la connexion nefienne n'est pas simplement l'opération de sommation de la méréologie extensionnelle classique selon laquelle l'entité produite n'est autre que la somme méréologique de deux objets [1]. Si c'était le cas, alors le humien n'aurait aucun reproche à faire à la connexion nefienne. Car la sommation méréologique ne structure la réalité d'aucune espèce de manière. En effet, selon la méréologie extensionnelle classique, il est le cas que, pour tout x et y, il y a une chose qui est leur somme méréologique. La sommation méréologique est universelle et triviale, purement formelle. Elle ne crée pas d'interdépendances entre des choses distinctes, elle ne limite en rien le champ des possibles.

Mais nous aurions tort d'assimiler la connexion nefienne à la sommation de la méréologie extensionnelle. Car, selon Nef, il n'est pas le cas que n'importe quoi soit connecté à n'importe quoi et produise quelque chose. La connexion nefienne structure la réalité en créant des liens privilégiés et élitistes là où la sommation méréologique laisse les choses intactes et séparables.

Ainsi, selon Nef, seules certaines choses sont *connectées* de manière à produire une autre chose. Probablement, il pense que les cellules qui composent un organisme sont connectées et c'est pourquoi elles *produisent* un organisme. Par contre, il n'y a probablement aucune connexion entre la moustache de Nietzsche, la Lune, et le ballon de football de Lionel Messi. Car ces choses ne semblent pas produire quoi que ce soit ensemble.

Si ma lecture de Nef est correcte, alors l'une des conséquences de sa métaphysique des connexions est qu'elle donne lieu à une réponse modérée à la question spéciale de la composition qui est la question : « dans quelles conditions des choses composent-elles un tout ? ». La réponse de Nef à cette question est que les choses composent *parfois* une autre chose, mais parfois elles n'en composent pas. Les choses composent quelque chose « quand elles sont connectées ».

Considérez maintenant mon principe de parcimonie structurelle. Face à la réponse modérée nefienne à la question spéciale de la composition, mon principe de parcimonie m'incite à me demander si postuler des connexions est nécessaire pour apporter une réponse satisfaisante à cette question. Mais pour que ce soit le cas, encore faudrait-il que j'accepte qu'il faille une réponse *modérée* à la question spéciale de la composition. Et j'ai de sérieux doutes à ce sujet.

1. *Cf.* P. Simons, *Parts : A Study in Ontology*, Oxford, OUP, p. 32.

De fait, toute réponse modérée à la question spéciale de la composition représente un coût structurel plus grand que les réponses extrêmes à cette question. Selon la réponse nihiliste à cette question, des choses ne composent jamais rien dans la réalité, l'impression de composition est due à des phénomènes cognitifs. Il est clair que le nihiliste a une ontologie moins structurée que le partisan d'une réponse modérée à la question spéciale de la composition. D'un autre côté, selon la réponse *universaliste* à cette question, il y a de la composition à chaque fois qu'il y a de la sommation méréologique car l'universaliste pense que la méréologie extensionnelle classique est la théorie vraie à propos de la composition. Or nous avons vu que cette théorie ne structure pas la réalité.

Ainsi *toute* réponse modérée à la question spéciale de la composition est structurellement plus coûteuse que chacune des réponses extrêmes. Donc mon principe de parcimonie structurelle m'incite, par défaut si je puis dire, à préférer les réponses extrêmes à cette question. Puisque les connexions nefiennes donnent lieu à une réponse modérée à la question spéciale de la composition, avant même de me demander s'il est nécessaire d'accepter des connexions pour répondre à cette question, il faut déjà que je me demande s'il est nécessaire d'accepter une réponse modérée à cette question. Et la réponse est non.

Suivant l'étude empirique de Rose et Schaffer[1], il semble que nos intuitions modérées sur la composition soient *téléologiques* : nous avons tendance à croire qu'il y a un tout composé quand nous attribuons une *fonction holistique commune* aux parties qui composent ce tout. Or il y a des raisons convaincantes, discutées par Rose et Schaffer mais sur lesquelles je ne peux m'étendre, de penser que la conception téléologique de la composition rencontre de nombreux contre-exemples. En somme, nos intuitions modérées sont incohérentes.

De plus, toutes les réponses modérées à la question spéciale de la composition sont confrontées au problème du *vague*[2]. Et à mon sens, la réponse nefienne à cette question ne fait guère mieux que les autres réponses modérées sur ce point.

Considérez par exemples les connexions que Nef nomme *matérielles*, qui sont des connexions au moyen d'un objet tiers : par exemple des planches *clouées*, des feuilles *collées*, des voiles de bateau *ficelées* ensemble[3]. Y a-t-il, par exemple, une frontière nette entre des coups de marteaux sur un clou telle que *n* coups de marteaux sur le clou ne suffisent pas à connecter les planches entre elles tandis

1. D. Rose et J. Schaffer, « Folk Mereology is Teleological », *Noûs*, à paraître.

2. Voir T. Sider, *Four-Dimensionalism*, Oxford, Clarendon Press, 2001, p. 120-139.

3. Notez que ces connexions ne me paraissent pas problématiques pour le humien. Car les connexions matérielles semblent *survenir* sur les propriétés intrinsèques des objets reliés et de l'objet *reliant*. Or les connexions nefiennes ne posent un problème au humien que si elles sont *irréductibles*. Étant humien, je suis donc prêt à concéder l'existence de connexions matérielles – conçues comme connexions *survenantes*. Mais le problème en jeu ici n'est pas leur *existence*, mais le fait de savoir si ces connexions *composent* quelque chose en un sens mystérieusement distinct de la méréologie extensionnelle.

qu'avec $n + 1$ coups de marteaux les planches sont connectées ? Si vous êtes une brute très forte capable de planter un clou en deux coups de marteau, vous penserez sans doute que oui. Mais imaginez des planches si dures qu'il faut un million de coups de marteau pour enfoncer le clou de la pointe à la tête ? Où est la frontière entre le premier coup de marteau qui rend les planches connectées et le dernier coup de marteau qui ne suffit pas pour la connexion ? De toute évidence, cette frontière est aussi vague que celle entre le nombre de cheveux qui fait la différence entre la calvitie et l'absence de calvitie [1]. Or la réalité n'est pas vague, c'est la manière dont nous conceptualisons les choses qui l'est.

Si la réponse nefienne à la question spéciale de la composition est victime de l'argument du vague, alors je ne pense pas que nous soyons justifiés à juger indispensable d'admettre une métaphysique des connexions qui conduit à une telle conception de la composition.

Conclusion

Mon but dans cet article a été d'identifier et de mettre en évidence le principe de parcimonie structurelle, de montrer le rôle qu'il joue dans la métaphysique humienne et de montrer le rôle qu'il peut jouer dans une critique de la métaphysique des connexions proposées par Nef. Les raisons profondes en faveur de la valeur théorique du principe de parcimonie structurelle restent toutefois à explorer. Mon espoir est qu'une réflexion sur ces raisons enrichisse le débat entre les humiens et leurs opposants.

1. En réalité, le vague sur la limite entre les coups de marteaux est un vague *temporel* plus proche du vague du début et de la fin de vie discuté dans P. van Inwagen, *Material Beings*, *op. cit.*, p. 228-283.

JÉRÔME HAVENEL

PROPÉDEUTIQUE À UNE CLASSIFICATION DES CONTINUS ET DES MODES DE CONNEXION : UNE APPROCHE PEIRCIENNE

À partir d'une méditation sur *L'anti-Hume* de Frédéric Nef, cet essai, inspiré d'abord par Peirce, mais aussi par des travaux récents en sciences cognitives et en intelligence artificielle, soutient les quatre thèses suivantes : 1) On peut percevoir des connexions nécessaires ; 2) l'ontologie est constituée d'existants, de possibles et d'universaux ; 3) la logique de la continuité n'est pas restreinte à la logique des collections ; 4) les outils topologiques et méréologiques permettent une classification des continus et des modes de connexion.

On peut percevoir des connexions nécessaires

La thèse de Hume qu'il n'y a pas de connexions nécessaires entre des existences distinctes a eu, et continue d'avoir, une grande influence dans la tradition philosophique analytique. Cette thèse est liée à la position selon laquelle on ne peut pas percevoir la nécessité ni la connexion, notamment parce que la perception serait trop passive ou trop particulière.

Mais comme l'ont montré Cathy Legg et James Franklin [1], cette thèse répandue a de nombreux points faibles et c'est la position opposée qui va être soutenue ici. D'ailleurs Hume donne lui-même un contre-exemple [2] qui semble invalider sa théorie, à savoir l'exemple d'une succession ordonnée d'un dégradé de couleurs bleues, du bleu le plus clair au bleu le plus foncé, dans laquelle une

1. C. Legg et J. Franklin, « Perceiving Necessity », *Pacific Philosophical Quarterly*, doi : 10.1111/papq.12133. Cette section est en grande partie redevable à cet article.

2. D. Hume, *Enquête sur l'entendement humain*, trad. fr. M. Malherbe, Paris, Vrin, 2008, section II : « Sur l'origine des idées ».

couleur intermédiaire a été retirée et est perçue comme manquante. Or une telle capacité perceptive semble supposer, à l'encontre de Hume, que nous soyons capables de percevoir une relation transitive nécessaire entre ces nuances de bleu.

En effet, les recherches contemporaines en sciences cognitives et psychologie de la perception [1] ne corroborent pas la théorie de la perception développée par Hume. Au contraire, il semble établi que le cerveau compare continuellement ce qui lui vient des sens avec ce à quoi il s'attend, de sorte que de nombreux chercheurs contemporains soutiennent que nos perceptions sont des hypothèses que l'on met à l'épreuve des données des sens. En conséquence, contrairement au modèle de Hume où la perception fonctionnerait de bas en haut à partir d'impressions sensibles, la perception fonctionnerait au contraire de haut en bas avec des hypothèses ou prédictions qui sont ensuite testées en les confrontant aux données des sens.

Cela semble contre-intuitif, mais des études très précises ont montré que la perception d'une symétrie verticale était tellement rapide [2] qu'elle ne pouvait pas être le résultat d'un raisonnement et se situait bien au niveau de la perception. Or une théorie atomiste de la perception comme celle de Hume est mal équipée pour bien rendre compte de la perception de la symétrie car, premièrement, la symétrie est une propriété globale qui correspond à la relation entre des parties potentielles; et deuxièmement la perception de la symétrie ne peut pas s'effectuer de manière passive mais requiert une activité permettant de comparer des parties potentielles pour y percevoir la symétrie.

On pourrait ici objecter que, même s'il s'agit d'un processus extrêmement rapide, se rendre compte d'une symétrie requerrait un niveau d'activité mentale qui dépasserait la perception, et mettrait en jeu le langage et le niveau propositionnel. Cependant, en plus de l'extrême rapidité du processus, on a démontré que même une abeille était capable de percevoir des symétries et d'y réagir [3]; ce qui montre bien qu'il est possible de percevoir des symétries sans faire intervenir un niveau mental supérieur. Et plus généralement, les animaux supérieurs semblent bien capables de comparer et de faire des hypothèses sans être doués de langage.

1. Voir par exemple J. Hohwy, « The Hypothesis-Testing Brain : Some Philosophical Applications », *in* W. Christensen, E. Schier et J. Sutton (eds), *ASCS09 : Proceedings of the 9 th Conference of the Australasian Society for Cognitive Science*, Sydney, Macquarie Centre for Cognitive Science, 2010, p. 135-144.

2. J. Wagemans, « Detection of Visual Symmetries », *in* C. W. Tyler (ed.), *Human Symmetry Perception and its Computational Analysis,* Mahwah NJ, Lawrence Erlbaum, 2002, p. 25-48.

3. M. Giurfa, B. Eichmann et R. Menzel, « Symmetry perception in an insect », *Nature,* 382, 1996, p. 458-461.

Ainsi la perception reposerait en réalité sur la capacité à faire des hypothèses et des inférences subconscientes. Afin de préciser la frontière entre les inférences qui sont subconscientes et de l'ordre de la perception, et les inférences conscientes et contrôlables qui sont de l'ordre du raisonnement, Catherine Legg et James Franklin font référence à la célèbre illusion visuelle de Müller-Lyer, où, selon que les deux flèches aux extrémités sont ouvertes ou fermées, deux segments que l'on sait être de même longueur, sont malgré tout perçus comme étant de longueurs différentes. Il y a dans ce cas une croyance perceptive qui réfère à un objet perçu et qui n'est pas modifiée par la connaissance objective de l'égalité des deux segments. Cette connaissance est d'ordre propositionnel « je sais que ces deux segments sont de longueur identique », alors que la croyance perceptive réfère à un objet perçu. Pour expliquer que la croyance perceptive n'est pas modifiée par la connaissance objective, on peut soutenir que la croyance perceptive demeure au niveau perceptuel et repose sur une inférence subconsciente, ce qui nous donne le cadre pour justifier la possibilité de percevoir la nécessité et la connexion, notamment parce que la perception est bien plus qu'une réception passive de données. Commentant une illusion visuelle similaire, Peirce écrit :

> La première fois qu'on nous la montre, cela semble complètement en-dessous du contrôle rationnel et de la capacité critique, comme c'est le cas pour toute perception. Mais après de nombreuses répétitions de l'expérience devenue familière, l'illusion se dissipe, devenant moins claire, pour finir par cesser complètement. Cela montre que ces phénomènes sont de véritables liens de connexion entre la perception et l'abduction [1].

D'ailleurs cette théorie de la perception qui fait appel à des inférences subconscientes qui sont des hypothèses non contrôlées semblables à des abductions, est utilisée aujourd'hui en robotique et en intelligence artificielle pour développer une théorie de la perception utilisable par un robot, notamment au travers des notions d'abduction et de perception active de haut en bas [2].

Selon Peirce, les jugements perceptifs sont similaires au processus d'inférence abductive, mais à la différence essentielle que les processus qui forment les jugements perceptifs sont subconscients et ne sont pas susceptibles de critique logique, contrairement à l'abduction comme telle, qui est une forme de raisonnement ou activité mentale délibérée et susceptible d'auto-contrôle et de critique logique. Ainsi, Peirce écrit :

1. C. S. Peirce, *Collected Papers of Charles Sanders Peirce* [désormais CP], Cambridge, Harvard UP, 1958, vol. 5, p. 183.

2. Voir S. Murray, « Perception as Abduction : Turning Sensor Data Into Meaningful Representation », *Cognitive Science*, 29/1, 2005, p. 103-134.

> L'inférence abductive se confond progressivement avec le jugement perceptif sans aucune ligne de démarcation nette entre eux [...]. Les jugements perceptifs doivent être considérés comme un cas extrême d'inférences abductives, dont ils diffèrent en étant absolument en-deçà de toute critique. [...]. De même ce processus de formation du jugement perceptif, parce qu'il est subconscient et en-dessous de la critique logique, n'a pas à faire des actes d'inférences séparés, mais effectue cet acte inférentiel dans un processus continu [1].

Ainsi, nous sommes conscients du percept mais nous ne sommes pas conscients des stimuli à partir desquels nos percepts sont synthétisés par des inférences subconscientes ou par des processus d'association non contrôlables. Le jugement perceptif s'impose; lorsque l'on regarde, on ne décide pas de ce qui va apparaître [2]. Par exemple, les jugements perceptifs du genre « ceci est rouge » ne sont pas logiquement critiquables car ils sont en dehors de notre contrôle. C'est pourquoi le contrôle et la critique logique ne peuvent pas atteindre ce qui est en-deçà du jugement perceptif, mais comme le jugement perceptif est composé d'un prédicat général, alors la généralité est donnée dans la perception, tel qu'expliqué ci-dessous.

Après avoir rappelé que le temps est un continu qui n'a pas de parties ultimes et n'est pas composé d'instants [3], ce qui revient à dire que la connexion entre le passé et le futur est continue [4], Peirce argumente qu'aucun jugement perceptif ne nous donne du présent absolument en dehors du vague de la mémoire et de la généralité de l'anticipation [5], de sorte que le continu est donné dans la perception [6]. Comme tout jugement perceptif est temporel, il possède un aspect de généralité car il contient toujours un agrégat potentiel de perceptions, et aucun jugement perceptif ne peut nous donner du présent absolument en dehors du vague de la mémoire et de la généralité de l'anticipation :

> Les jugements perceptifs contiennent des éléments généraux, de sorte qu'à partir d'eux des propositions universelles sont déductibles, à la manière dont la logique

1. CP 5.181. Dans les sophismes de Zénon d'Élée il est supposé que le mouvement d'Achille est une succession d'étapes discrètes séparées, ce qui rend impossible le mouvement, mais cette supposition est erronée, car le continu n'est pas une collection d'éléments discrets. Voir J. Havenel, « Peirce's Clarifications of Continuity », *Transactions of the Charles Sanders Peirce Society*, 44/1, 2008, p. 86-133.

2. CP, vol. 7, p. 627 : « Si quelqu'un voit, il ne peut pas éviter le percept; et s'il regarde, il ne peut pas éviter le jugement perceptif ».

3. CP, vol. 7, p. 652.

4. *Cf.* C. S. Peirce, *The New Elements of Mathematics* [désormais NEM], The Hague, Mouton, 1976, vol. 2, p. 483. Voir aussi *id.*, *Manucripts. Annotated Catalogue of the Papers of Charles S. Peirce* [désormais MS], Amherst, University of Massachussets, 1971, p. 137.

5. CP, vol. 7, p. 653.

6. *Ibid.*

des relations montre que les propositions particulières, le plus souvent mais pas toujours, permettent aux propositions universelles d'être inférées à partir d'eux [1].

Une perception est la structuration de diverses sensations [2], comme on le voit sur l'exemple de la perception d'un encrier sur la table, où, si je bouge la tête, « j'obtiens une perception différente de l'encrier. Cependant ces deux perceptions fusionnent, et ce que j'appelle un encrier est une perception généralisée, une quasi-inférence à partir de différents percepts » [3], un continuum de perceptions fusionnées sans individualités distinctes.

Ainsi, il semble que nous soyons capables de percevoir certaines généralités, relations, connexions et nécessités. Considérons, par exemple, le diagramme élémentaire suivant [4] :

X X X

X X X

Ce diagramme permet de percevoir que 2 x 3 = 3 x 2, et plus précisément que 2 x 3 = 3 x 2 est une vérité nécessaire qui s'impose à nous sans recourir à une action mentale délibérée. On pourrait objecter que c'est un exemple arithmétique élémentaire, mais il ne s'agit pas de montrer que toutes les nécessités mathématiques sont perceptibles, mais que certaines le sont; et on pourrait aussi trouver des diagrammes géométriques un peu plus complexes où il semble bien qu'il est possible de percevoir des relations nécessaires [5]. On pourrait aussi objecter que l'intuition visuelle n'est pas un guide sûr, et donner des exemples dans l'histoire des mathématiques, par exemple sur la différentiabilité des fonctions continues, qui ont notamment guidé Weierstrass et d'autres à se méfier de l'intuition géométrique, ce qui a eu des effets fondamentaux sur les orientations logiques et philosophiques du début du XXe siècle.

C'est là un point épistémologique fondamental, et l'on peut distinguer deux courants opposés, d'abord celui formé par Weierstrass, Dedekind, Russell, et à un degré moindre Frege, et ensuite un autre courant formé par Kant, Poincaré, Wittgenstein, Hintikka, ou Peirce. Ce dernier soutient qu'en mathématique, la pratique, les constructions et les observations sont essentielles et on ne peut pas s'en dispenser même en formalisant [6]. Pour lui, les mathématiques produisent des vérités nécessaires découvertes par observations et expérimentations sur des

1. CP, vol. 5, p. 181.

2. CP, vol. 1, p. 425.

3. CP, vol. 8, p. 144.

4. C. Legg et J. Franklin, « Perceiving Necessity », art. cit.

5. Legg et Franklin proposent plusieurs autres diagrammes où l'on perçoit la nécessité mathématique.

6. C. Chauviré, *L'œil mathématique : essai sur la philosophie mathématique de Peirce*, Paris, Kimé, 2008.

diagrammes imaginaires. Selon cette conception, les mathématiques sont une science d'observation, ce qui veut dire que les mathématiques sont une science où l'on élabore des hypothèses, et où l'on fait des observations et des expérimentations sur ces hypothèses.

Dans le raisonnement du mathématicien, l'observation est nécessaire car, selon Peirce, toute déduction implique l'observation d'un diagramme (optique, tactile ou acoustique). Ici, comme Hintikka, Peirce approfondit le schématisme kantien pour soutenir que la pensée mathématique réside dans la construction et la transformation de diagrammes. Ainsi, le raisonnement mathématique a certes besoin de symboles pour traiter la généralité, mais il a aussi besoin d'icônes (sous la forme de constructions diagrammatiques qui font des mathématiques une science d'observation), ainsi que d'indices pour désigner ce dont il est question (les lettres indiquant les objets dont use constamment le mathématicien). Les mathématiques constituent une certaine pratique sémiotique où la manipulation de signes est essentielle : « Ce n'est pas par une simple contemplation mentale ou par un effort de vision mentale. C'est en manipulant sur du papier ou dans l'imagination des formules ou d'autres diagrammes – en expérimentant sur eux [...] » [1]. L'évidence mathématique est pour Peirce analogue au jugement perceptif « à ceci près qu'au lieu de se référer au percept que nous impose la perception, il se réfère à une création de notre imagination » [2].

Mais comment Peirce peut-il soutenir que c'est à l'aide d'un diagramme comportant des éléments indexicaux et symboliques contribuant à remplir sa fonction iconique que s'impose à nous la nécessité mathématique [3], tout en affirmant que contrairement à l'indice qui renvoie à l'existence, l'icône ne peut renvoyer qu'à la possibilité ? Autrement dit, peut-on ici faire avec Christiane Chauviré [4], reproche à Peirce de faire reposer la nécessité mathématique sur l'expérience du mathématicien, et donc en dernier recours sur la subjectivité ?

Peirce explique que la nécessité de la conclusion d'un raisonnement ne réside pas dans l'assentiment psychologique, même si bien sûr on ressent l'obligation d'acquiescer, mais que la fonction du diagramme est de représenter la nécessité qui découle de la relation entre les faits représentés dans les prémisses et les faits représentés dans la conclusion [5]. Alors que la logique aristotélicienne simple et limitée a pu laisser croire que la logique consistait d'abord à appliquer des règles

1. CP, vol. 4, p. 86.

2. CP, vol. 7, p. 659. On trouve aussi dans NEM 4.316-337, un développement par Peirce d'une phénoménologie de la perception mathématique.

3. CP, vol. 4, p. 532.

4. Voir C. Chauviré, *L'œil mathématique...*, *op. cit.*, et mon compte-rendu de ce livre dans la revue *Philosophiques*, 37/1, 2010, p. 254-262.

5. CP, vol. 4, p. 353.

formelles rigides[1], Peirce soutient qu'avec la logique des relations[2], qui étend la logique déductive à tous les types de raisonnements scientifiques, on comprend que dans tout raisonnement nécessaire il y a une part d'observation de la structure par une représentation iconique ou diagrammatique au sens large.

Le rôle iconique du diagramme (géométrique, algébrique, etc.) qui est au cœur du raisonnement mathématique est de représenter la structure étudiée grâce à des relations entre parties similaires entre l'icône et la structure elle-même, de sorte que des connexions puissent y être découvertes[3]. On peut parler avec Legg[4] d'un « excès relationnel » dans l'icône de sorte que la carte détaillée d'un pays permet d'identifier des connexions spatiales qui n'ont sans doute jamais été remarquées, même par ceux qui ont construit la carte. C'est pourquoi Peirce décrit l'activité mathématique comme l'observation créative de nouvelles connexions entre les parties[5], nouvelles connexions ou nouveaux théorèmes qui peuvent être très éloignés des prémisses initiales.

Si l'observation d'un diagramme permet d'accéder à des nécessités mathématiques, cela ne signifie bien sûr pas que toute nécessité mathématique est obtenue à l'aide de la seule perception sans activité mentale délibérée et contrôlée ; c'est bien évidemment le contraire qui est le cas, mais la porosité de la frontière entre perception et abduction permet de soutenir qu'il est possible de percevoir des connexions nécessaires, par exemple en percevant des symétries élémentaires.

L'ONTOLOGIE EST CONSTITUÉE D'EXISTANTS, DE POSSIBLES ET D'UNIVERSAUX

Dans ses attaques contre le nominalisme, Peirce fait référence à Hume pour défendre contre ce dernier la réalité des connexions[6]. Cependant, en soutenant le faillibilisme repris ensuite par Popper, la position de Peirce n'est pas strictement opposée à celle de Hume car il partage avec lui le refus de la certitude absolue concernant la connaissance des faits, à quoi Peirce ajoute le principe que toute connaissance concernant les faits pourrait être révisée. Mais Peirce se sépare clairement de Hume en dépassant le cadre épistémologique pour soutenir la

1. CP, vol. 3, p. 641.

2. C'est ce que Peirce appelle plutôt la logique des relatifs ou logique des prédicats polyadiques qui dépasse les limitations précédentes de la logique.

3. C. Legg, « Diagrammatic Teaching : The Role of Iconic Signs in Meaningful Pedagogy », *in* I. Semetsky (ed.), *Edusemiotics*, Singapore, Springer, 2017, p. 29-45.

4. *Ibid.*

5 CP, vol. 3, p. 641.

6. R. Roth, « Did Peirce Answer Hume on Necessary Connection ? », *The Review of Metaphysics*, 38/4, 1985, p. 867-880.

thèse ontologique d'après laquelle il y a réellement des lois à l'œuvre dans la nature. Ainsi, Peirce soutient qu'il y a réellement des universaux et des lois de la nature, qui sont des continus, et qui sont à l'œuvre dans la nature ; que ce ne sont pas des représentations imaginaires, mais que ce sont des réalités que l'on peut connaître et sur la base desquelles il est possible de faire des prédictions.

Mais qu'est-ce que ce pouvoir réel à l'œuvre dans la nature ? C'est une tendance à se comporter dans le futur de la même manière dans les mêmes circonstances [1], et ceci indépendamment du fait que l'objet ou l'événement soit actuellement perçu ou non. Ainsi, parler de la dureté d'un diamant revient à dire que si on le soumettait à la pression, alors il résisterait au fait d'être rayé. Il s'agit là d'un énoncé contrefactuel [2], et qui donc est vrai même d'un diamant qui n'a jamais été ou ne sera jamais soumis à la pression. La dureté est ainsi comprise comme une propriété générale qui ne disparaît pas entre les tests [3], ce qui constitue le cœur du réalisme de Peirce. Ce pouvoir réel à l'œuvre dans la nature est donc une potentialité réelle, et non une simple possibilité logique, qui produira nécessairement son effet dans les circonstances adéquates ; et ontologiquement c'est une disposition et un continu [4]. Pour revenir à la comparaison avec Hume, comme pour Peirce ces pouvoirs sont réels, alors ce dernier affirme qu'il y a « des connexions nécessaires, non seulement entre des idées mais entre des événements qui se suivent dans la réalité » [5].

Hume répondrait sans doute à Peirce qu'il ne peut pas justifier son affirmation que ces pouvoirs sont réels et vont opérer dans les événements futurs. Mais Peirce connaissait bien cet argument de Hume, et la justification donnée par Peirce n'est pas de remettre en cause qu'à partir de cas de connexions passées, il est impossible de démontrer que les mêmes connexions seront nécessairement à l'œuvre dans le futur. La justification de Peirce se fonde sur le principe méthodologique qu'il juge le plus en mesure de ne pas bloquer la route de l'enquête en prétendant que quelque chose est inexplicable. Ce pari peircien que le monde est connaissable et que l'on peut élaborer une théorie satisfaisante de la connexion causale, ou de la transitivité de la causalité, est à l'origine de ce que Peirce appelle le synéchisme [6].

1. CP, vol. 5, p. 487.

2. C. Tiercelin, *C. S. Peirce et le pragmatisme*, Paris, P.U.F., 1993.

3. CP, vol. 5, p. 457.

4. C. Tiercelin, *Le ciment des choses*, Paris, Éditions d'Ithaque, 2011.

5. R. Roth, « Did Peirce Answer Hume on Necessary Connection ? », art. cit.

6. « J'appelle ma théorie synéchisme car elle repose sur la théorie de la continuité » (C. S. Peirce, *Le Raisonnement et la logique des choses*, Paris, Cerf, 1995, p. 261). Dans *L'anti-Hume*, Frédéric Nef remarque de manière générale que nous sommes encore loin d'une syndésologie qui signifierait science de la connexion. À noter qu'en plus du terme de « synéchisme » dont il use fréquemment, Peirce définit également, dans un texte pour le *Century Dictionary*, la « synéchiologie » (ou synéchologie) comme la doctrine de la connexion des choses.

Le synéchisme de Peirce suppose un certain idéalisme pour éviter toute coupure entre notre pensée, notre langage, et le monde. Il suppose au contraire une continuité entre l'esprit et la matière, entre notre logique et les processus naturels. L'hypothèse que notre logique est capable d'expliquer la réalité conduit à poser un principe méthodologique de continuité. Le synéchisme, qui soutient que la continuité est la clef de la philosophie [1], a pour but de ne pas accepter l'inexplicable :

> La motivation générale est d'éviter l'hypothèse que ceci ou cela est inexplicable [...]. Supposer qu'une chose est inexplicable ce n'est pas seulement échouer à l'expliquer [...], c'est ériger une barrière sur la route de la science, et interdire toute tentative de compréhension du phénomène [2].

En effet, l'inaccessible, l'inexplicable, l'inconnaissable, ne pourraient pas être reliés à nous par quelque connexion continue que ce soit, car sinon ils deviendraient accessibles, et au moins en partie explicables et connaissables. De plus, comme la continuité, selon Peirce, contient tous les possibles [3], alors

> Dire que quelque chose est continue, c'est laisser ouvertes des possibilités que l'on ferme si l'on affirme que c'est discontinu [...]. Mais on ne peut prouver la réalité d'aucune discontinuité absolue [...]. Nous atteignons alors la conclusion qu'au moins à titre de principe régulateur, la continuité ultime devrait être supposée partout [...] [4].

Ce principe méthodologique de continuité ou idéal d'intelligibilité maximale conduit à rejeter ce qui pour Peirce serait une démission de la pensée, à savoir l'hypothèse d'un premier élément inexplicable. Cela signifie que Peirce est guidé par le respect de l'esprit scientifique qui cherche à expliquer et à comprendre, et par conséquent que Peirce rejette toute forme de métaphysique du fondement qui se base sur des premiers éléments ultimes eux-mêmes inexplicables. Ces théories rejetées par Peirce peuvent avoir diverses formes : affirmer que la série des pensées découle d'un premier élément [5], qu'il y a des intuitions premières qui seraient des prémisses qui ne seraient pas des conclusions [6], que le fondement de la connaissance serait des intuitions intellectuelles, ou bien encore affirmer que le

1. MS 949.1.

2. Voir l'article « *synechism* » de Peirce dans J. M. Baldwin (ed.), *Baldwin Dictionary of Philosophy and Psychology*, New York, The Macmillan Company, vol. 1, 1901, p. 657.

3. Pour simplifier, et en utilisant la terminologie cantorienne, la multiplicité du continu est au-delà de tout cardinal transfini pouvant caractériser une collection d'éléments discrets. Pour plus de détails, voir J. Havenel, « Peirce's Clarifications of Continuity », art. cit.

4. NEM 4.358.

5. C. S. Peirce, *Writings of Charles S. Peirce : A Chronological Édition* [désormais W], Bloomington and Indianapolis, Indiana UP, 1982, vol. 2, p. 211 ; voir aussi CP, vol. 5, p. 263.

6. W, vol. 2, p. 239 ; CP, vol. 5, p. 213.

fondement de la connaissance serait la donnée de premiers ultimes comme des impressions sensibles premières.

D'après Peirce, le processus cognitif n'est pas une suite discrète d'éléments séparés, mais un processus dynamique continu. La cognition est un processus continu et temporel; alors que l'idée d'une intuition est celle d'une prémisse qui ne serait pas une conclusion [1], et une intuition première serait un événement qui se produirait en un instant sans s'écouler dans le temps [2]. Au contraire, il y a toujours une médiation entre les cognitions, chaque cognition est déterminée par une cognition antérieure; la pensée n'est pas une suite de pensées séparées, mais un processus sémiotique dynamique continu :

> Aucun instant de mon état d'esprit ne correspond à une cognition ou représentation, mais ce qui y correspond consiste en la relation de mes états d'esprit à différents instants [3].

Mais que répondre à l'objection que si chaque cognition est déterminée par une cognition antérieure, alors il y a une régression à l'infini ? La réponse est qu'un processus cognitif n'est pas une suite discrète de cognitions séparées, mais un flux dynamique continu, ce qui fait que cette objection est similaire au sophisme de Zénon affirmant que le mouvement est impossible en supposant que le mouvement est une suite discrète de positions dans l'espace. Ainsi, pour toute marque déterminée au sein d'un processus cognitif continu, il y a une infinité de cognitions antérieures déterminables dans ce flux.

Peirce note que l'application de ce principe méthodologique de continuité joue un rôle essentiel car la plupart des grandes avancées dans la méthode scientifique ont consisté en la mise en relation de cas auparavant discrets [4]. En effet, un esprit scientifique ne peut pas être satisfait par les descriptions des faits de l'expérience qui seraient restreintes par des dualités et des oppositions et souhaitera dépasser la dualité en introduisant la troisièmeté qui permet de faire un pont entre des oppositions absolues, pour mettre en relation des cas isolés. Cela explique le progrès du passage du stade qualitatif au stade quantitatif. Le stade qualitatif correspond à des descriptions duales, par exemple déterminer si un prédicat peut ou non être attribué à un sujet, ce qui a empêché pendant des siècles de comprendre le mouvement en le considérant comme l'effet immédiat d'une force. Mais la science a fait un progrès immense lorsque l'on a compris que

1. Voir ce passage : « Si l'on faisait l'objection que le caractère particulier du rouge n'est pas déterminé par une cognition antérieure, je répondrais que ce caractère n'est pas une caractéristique du rouge comme cognition; car s'il y avait un homme pour lequel les choses rouges lui semblent ce qui pour moi me semble bleu, et vice versa, les yeux de cet homme lui enseigneraient les mêmes faits qu'ils le feraient s'ils étaient comme les miens » (CP, vol. 5, p. 261).

2. CP, vol. 5, p. 262.

3. W, vol. 2, p. 227; CP, vol. 5, p. 289.

4. CP, vol. 1, p. 359.

la force qui produit un mouvement n'est pas une variation de vitesse mais d'accélération, ce qui introduit la troisièmeté et la continuité [1].

Peirce explique aussi :

> La supériorité de la géométrie moderne provient certainement de l'unification des innombrables cas auparavant distincts, et nous pouvons aller jusqu'à dire que toutes les grandes avancées dans la méthode de toutes les sciences ont consisté en la mise en relation de cas auparavant discrets [2].

On peut penser ici au développement de la géométrie projective qui a ouvert la voie aux géométries non euclidiennes en affirmant que des lignes parallèles se coupent à l'infini. L'histoire de mathématiques regorge d'exemples illustrant cette idée de Peirce de progrès par une généralisation qui englobe des cas auparavant séparés. On peut citer notamment le théorème fondamental de l'algèbre, qui étend le domaine des nombres aux quantités imaginaires ou complexes, de sorte que toutes les équations polynomiales ont des racines. Un autre exemple est celui de l'invention du calcul différentiel qui étend l'étude des variations aux variations continues et non plus simplement discrètes.

Pour résumer, en partant du fait que pour pouvoir connaître un fait, pour que le monde soit connaissable, il faut pouvoir généraliser [3], Peirce développe une position qui n'est pas une doctrine métaphysique dogmatique et absolue, mais un principe méthodologique qui fait l'hypothèse que le monde est connaissable, que notre logique est capable de connaître le monde, et qu'il y a une affinité et même une connexion entre la logique de notre esprit et la logique du monde. Selon Peirce, prendre le parti de Hume serait se condamner à l'avance à ne jamais pouvoir connaître le monde, à ne jamais pouvoir expliquer les uniformités de l'univers [4]. Ainsi, le synéchisme et le faillibilisme de Peirce font que sa position contre Hume est plus méthodologique que dogmatique [5].

Mais peut-on prouver expérimentalement que des principes généraux sont à l'œuvre dans la nature ? Lors d'une conférence, Peirce pris une pierre dans sa main et prédit que s'il lâchait cette pierre, alors nécessairement elle tomberait [6]. Deux hypothèses semblent possibles, si l'on exclut la lévitation : soit la chute de la

1. W, vol. 6, p. 172 ; CP, vol. 1, p. 359.
2. CP, vol. 1, p. 359.
3. CP, vol. 6, p. 173.
4. CP, vol. 5, p. 101.
5. Comme le mentionne Roth, certains auteurs ont essayé de soutenir qu'il est possible de démontrer de manière absolument certaine la réalité des pouvoirs causaux, R. Roth, « Did Peirce Answer Hume on Necessary Connection ? », art. cit. Voir par exemple R. Harré et E. H. Madden, *Causal Powers : A Theory of Natural Necessity*, Oxford, Basil Blackwell, 1975.
6. M. Thompson, « Peirce's Experimental Proof of Scholastic Realism », *Studies in the Philosophy of Charles Sanders Peirce, Second Series*, Amherst, University of Massachusetts Press, 1964, p. 414-429.

pierre sera attribuée au hasard, soit on admettra que c'est la conséquence d'une loi opérant réellement dans la nature. Comme la pierre tombe toujours, c'est la deuxième hypothèse qui semble bien l'emporter. On peut bien sûr objecter qu'en lâchant une pierre qui se met à tomber, on ne peut pas dire avoir démontré la réalité d'une loi de la nature, car on suppose ce qu'on souhaiterait démontrer, à savoir que les régularités constatées continuellement ne sont pas le fruit du hasard mais la conséquence de connexions réelles sous la forme d'une loi de la nature [1].

Mais il s'agit pour Peirce non pas de dire que la deuxième hypothèse est démontrée de manière certaine, mais de convaincre que la position nominaliste n'est guère raisonnable [2]. Autrement dit, il est bien plus raisonnable de supposer qu'il y a réellement une loi qui explique la régularité des connexions, plutôt que de supposer que c'est un simple hasard; bref tout esprit raisonnable épris de science devrait être réaliste plutôt que nominaliste.

Ainsi, comme le cœur de la science consiste à observer, expérimenter, prédire, vérifier dans le but de découvrir les régularités de la nature, Peirce s'efforce d'élaborer la philosophie la plus en harmonie avec la science et la plus favorable à la science; ce qui requiert de soutenir qu'il y a réellement des connexions nécessaires.

On est alors, d'après Peirce, conduit à soutenir une ontologie avec des premiers (possibles non actuels), des deuxièmes (existants actuels) et des troisièmes (généraux, universels, continus). Une telle ontologie met en avant non pas la substance mais la connexion, sous forme de propriétés dispositionnelles ou de lois de la nature [3]. C'est clairement l'opposé de la position nominaliste qui accepte une déconnexion entre les choses réelles extérieures à l'esprit et les propriétés des choses d'après notre conception; ce qui revient à faire du réel une chose en soi inconnaissable [4]. L'optimisme épistémologique de Peirce le conduit à rejeter ce nominalisme et cette déconnexion, pour défendre au contraire une position réaliste selon laquelle la continuité ou généralité relationnelle fait partie du réel.

Ainsi, pour Peirce, la continuité d'une force physique met en défaut toute ontologie où il n'y aurait que des choses matérielles, et même met en défaut toute ontologie où il n'y aurait que de l'existant et du possible; car il faut supposer qu'il y a aussi des troisièmes, des universaux à l'œuvre dans la nature [5] :

1. M. Thompson, « Peirce's Experimental Proof of Scholastic Realism », art. cit.
2. R. Roth, « Did Peirce Answer Hume on Necessary Connection? », art. cit.
3. C. Tiercelin, *Le ciment des choses*, *op. cit.*
4. E. Vargas, « Synechism and Monadology: Charles Sanders Peirce's Reading of Leibniz », *in* S. C. Brown et P. Phemister (eds), *Leibniz and The English-Speaking World*, Dordrecht, Springer, 2007, p. 181-193.
5. MS 950. 2.

> [...] L'action d'une chose matérielle sur une autre est une action entre deux choses. Il est vrai qu'en dynamique, l'effet instantané d'une force est une accélération, et une accélération est une relation entre trois instants correspondant à trois positions d'une particule. Mais c'est parce que la force agit continuellement, et que la continuité est une troisièmeté [...]. La continuité est elle-même une connexion qu'aucune action physique ne peut produire ou détruire [...]. Par conséquent, partout où une chose influence la connexion entre deux autres, alors il y a un mode d'action qui est non physique [...] [1].

L'application du principe de continuité conduit donc à supposer la réalité d'universaux – qui sont des continus [2] – à l'œuvre dans la nature. Cette doctrine de la réalité de la continuité correspond au réalisme scolastique et repose sur la logique des relations que Peirce développe, en ce qu'elle conduit à soutenir que le général est le continu, ou plutôt qu'il faut étendre la théorie attributive des généraux chez Aristote vers une théorie relationnelle des généraux, où le continu est la généralité relationnelle.

Alors que la logique attributive fonctionne bien pour les prédicats monadiques comme « _ est un homme » ou « _ est un cheval », c'est une logique insuffisante pour des prédicats polyadiques qui sont nécessaires pour exprimer certaines régularités de la nature et qui font intervenir des relations entre différents éléments. Ainsi la notion de « général » ou d' « universel » est enrichie grâce à la logique des relatifs et permet de représenter la généralité relationnelle. Cette généralité relationnelle, comme tout universel classique, est un continuum en référence aux instances individuelles qui peuvent l'instancier :

> La continuité n'est rien d'autre que la modification de la généralité qui est propre à la logique des relatifs [3].

> La logique des relatifs montre que la continuité n'est rien d'autre qu'un type supérieur de ce que nous connaissons comme étant la généralité. C'est la généralité relationnelle [4].

> La logique des relatifs montre que le continuum est le véritable universel [5].

Les lois de la nature sont des continus au sens où elles contiennent toutes les occurrences potentielles qui auraient pu s'actualiser, qui se sont actualisées et qui s'actualiseront. Le continuum, le véritable universel, ou la plus haute et plus riche

1. *Ibid.*
2. *Ibid.*
3. C. S. Peirce, *Contributions to « The Nation »* [désormais CN], Lubbock, Texas Tech UP, 1975-1987, vol. 2, p. 209.
4. C. S. Peirce, *Reasoning and the Logic of Things* [désormais RLT], Cambridge (Mass.), Harvard UP, 1992, p. 258, cité dans E. Vargas, « Synechism and Monadology : Charles Sanders Peirce's Reading of Leibniz », art. cit.
5. RLT, p. 160, cité dans *ibid.*

forme de possibilités, contient les conditions générales qui permettent la détermination des individus [1].

Mais quelles sont ces conditions générales ? Comme dans un *continuum* les éléments potentiels ne peuvent pas avoir des propriétés distinctes car des éléments distincts ne peuvent pas former un *continuum*, il s'ensuit que les conditions générales qui permettent la détermination des individus ne peuvent pas venir des éléments mais d'une propriété du système continu. Et, selon Peirce, les relations sont le seul type de condition générale qui rend possible la détermination ou l'actualisation d'éléments potentiels. « Ce doit donc être au moyen de relations que les individus peuvent être distinguables les uns des autres » [2].Comme une relation dyadique implique des discontinuités, par exemple un début et une fin, alors qu'un continuum véritable retourne sur lui-même [3] ; et comme de plus aucune relation polyadique n'est inexprimable à l'aide de relations triadique, dyadique et monadique [4], il s'ensuit que c'est par une relation triadique qu'un continuum peut spécifier les conditions générales d'actualisation des éléments :

> Mais si nous considérons à la place une relation triadique, comme A est R de B pour C, ou pour fixer les idées par exemple qu'en partant de A vers la droite on atteint B avant C, ... il en résultera un continuum, comme une ligne retournant sur elle-même sans aucune discontinuité [5].

Les trois catégories du possible, de l'actuel et du continu sont au cœur de l'ontologie défendue par Peirce, et correspondent d'ailleurs au fait de privilégier dans l'ontologie la relation et la connexion sur la substance, ou au fait de privilégier en mathématique la topologie sur la théorie des ensembles [6] :

> Les statisticiens peuvent nous dire de manière assez précise combien de personnes à New York se suicideront l'année prochain [...] bien qu'il ne soit pas encore entièrement déterminé qui seront ces personnes [...] ; aucune spécification

1. RLT.
2. CP, vol. 6, p. 188.
3. RLT, p. 250, cité dans E. Vargas, « Synechism and Monadology : Charles Sanders Peirce's Reading of Leibniz », art. cit.
4. Pour la compatibilité du théorème de la réduction de Peirce avec les résultats de Lowenheim et de Quine, voir R. Burch, *A Peircean Reduction Thesis : The Foundations of Topological Logic*, Lubbock, Texas Tech UP, 1991. Sur les résultats de Lowenheim et de Quine, voir L. Lowenheim, « Über Möglichkeiten im Relativkalkül », *Mathematische Annalen*, 75, 1915, p. 447-470 ; W. V. O. Quine, « Reduction to a dyadic predicate », *Journal of Symbolic Logic*, 19, 1954, p. 180-182. En résumé, d'après Burch, il s'agit d'une interprétation de la réduction non pas extensionnelle mais intensionnelle.
5. CP, vol. 6, p. 188.
6. Les concepts fondamentaux des mathématiques, tels qu'utilisés par les mathématiciens, sont bien moins proches de la théorie des ensemble que de la théorie des catégories de Grothendieck.

> générale ne peut [déterminer] un cas particulier. Ce n'est que l'actualité, la force de l'existence, qui éclate la fluidité du général et produit une unité discrète [1].

Bien que Peirce soutienne la réalité du hasard ou tychisme, essentiel pour l'évolution et la croissance de la diversité, il y a une connexion fondamentale entre les objets existants car ils surviennent sur deux continus : le continu des possibilités et le continu des régularités ; ce qui unifie l'univers en un tout connecté et continu.

LA LOGIQUE DE LA CONTINUITÉ N'EST PAS RESTREINTE À LA LOGIQUE DES COLLECTIONS

Contemporain de Cantor, Peirce a développé une théorie des collections très élaborée, dont l'un des objectifs était de définir le continu. Mais, considérant que le continu devait contenir tous les possibles contrairement à l'hypothèse du continu archimédien et privé d'infinitésimaux de Cantor, et considérant, tout comme Aristote, Leibniz, Weyl, Thom, Grothendieck, que le continu était irréductible au discret, Peirce a entrepris d'autres approches que la théorie des collections, car cette dernière construit le continu à partir d'éléments discrets [2]. Mais la question qui se pose est de quels outils logiques et mathématiques peut-on disposer si on ne construit pas le continu à partir du discret, et ne risque-t-on pas d'être prisonnier soit de l'indicibilité de l'Un continu, ou d'une incapacité de l'intelligence humaine à penser le continu intuitif comme chez Bergson ? Thom nous rappelle que « l'aporie fondamentale de la mathématique est bien dans l'opposition discret-continu. Et cette aporie domine en même temps toute la pensée » [3]. Et Thom de préciser :

> L'aporie fondatrice des mathématiques est le rapport entre le continu géométrique [...] et la générativité discrète [...] qui fait problème. L'aporie a pour le moment une solution « fantasmatique » : la construction du continu à partir des rationnels (coupures de Dedekind ou complétion de Cauchy) [4].

Il ne s'agit donc pas de discréditer le discret car la tension continu/discret est fondamentale, mais de déterminer comment penser de manière fructueuse le continu sans le réduire au discret.

Avant de présenter la logique du continu développée par Peirce, il est utile de rappeler le cadre philosophique au sein duquel elle s'est développée. Influencé par Kant pour lequel l'unité de la raison implique ce que Kant appelle la loi

1. CP, vol. 4, p. 172.
2. Pour plus de détails, voir J. Havenel, « Peirce's Clarifications of Continuity », art. cit.
3. R. Thom, *Prédire n'est pas expliquer*, Paris, Flammarion, 1993, p. 80-81.
4. *Id.*, *Apologie du logos*, Paris, Hachette, 1990, p. 480.

logique du *continuum specierum* (*formarum logicarum*) qui est liée à une loi transcendantale (*lex continui in natura*) [1], Peirce considère que la philosophie est une recherche dont la croissance ne se fait pas par agrégation de matières externes et séparées, mais par détermination interne au sein d'un continuum originel [2]. Et comme Peirce cherche également à rendre compte du pourquoi et des raisons des lois afin qu'elles ne soient pas inexplicables, il est conduit à une cosmologie à partir d'un continuum original homogène, ou potentialité germinale indéterminée dépourvue d'individus, à partir de laquelle l'hétérogénéité va progressivement surgir et produire des existants et des lois en vertu d'une combinaison de hasard, de nécessité et de finalité.

Sur le plan logique, cela a conduit à ce que Peirce a appelé son chef d'œuvre, les Graphes Existentiels, où il développe une logique diagrammatique qui est bien plus qu'une écriture logique alternative, mais une logique iconique de la cognition [3], car « les diagrammes sont des icônes qui sont le miroir des connexions continues entre des objets rationnellement reliés » [4]. Peirce distingue au sein des Graphes Existentiels deux diagrammes essentiels : la Feuille d'Assertion (FA) ou graphe de la coexistence et la Ligne d'Identité (LI) ou graphe de l'identité. À noter qu'ils sont continus notamment car leurs parties sont homogènes au tout : toute partie de FA est une FA et toute partie de LI est une LI.

Considérée comme l'univers du discours, la FA représente la collection des individus; considérée comme une assertion, la FA représente tout ce qui est virtuellement vrai à propos de cet univers; et considérée comme un prédicat, la FA exprime la coexistence ou conjonction [5]. La FA permet donc, entre autres, d'exprimer la connexion spatiale.

Si elle est attachée et non libre, la LI fonctionne comme un quantificateur existentiel; considérée au sein de la FA, la LI est une assertion, qui affirme que quelque chose, l'individu dénoté par l'un de ses points terminaux, est identique

1. E. Kant, *Critique de la raison pure*, Paris, P.U.F., 2012.

2. CP, vol. 1, p. 177, texte datant autour de 1896 d'après les éditeurs des *Collected Papers*, qui remarquent également que ce passage pourrait être l'avant-propos des *Principles of Philosophy* dont Peirce a fait le plan en 1893.

3. A. V. Pietarinen, « Existential Graphs : What a diagrammatic logic of cognition might look like », *History and Philosophy of Logic*, 32/3, 2011, p. 265-281. Cette approche logique est un domaine d'étude très dynamique en ce moment, notamment par la deuxième génération des élèves de Hintikka, ainsi que chez de nombreux spécialistes en intelligence artificielle et en logique de la cognition.

4. MS 293.11.

5. F. Bellucci, « Peirce's Continuous Predicate », *Transactions of the Charles Sanders Peirce Society*, 49/2, 2013, p.178-202.

avec autre chose, l'individu dénoté par l'autre de ses points terminaux [1]. Ainsi, la LI dit :

> Quelque chose (l'un de ses points terminaux) est quelque chose qui est quelque chose qui est quelque chose qui est quelque chose qui est quelque chose qui est quelque chose qui est quelque chose qui est (son autre point terminal). Mais à la place d'une suite finie de « quelque chose », il y a non pas une suite infinie (car cela ne suffirait pas), mais un *continuum* de quelque chose [2] !

Ainsi, la LI est continue et permet, entre autres, d'exprimer la connexion temporelle ou continuité de l'identité individuelle à travers le temps. On obtient ainsi ce que Burch appelle la dyade de l'identité « _ est identique à _ », qui est un prédicat continu [3].

À l'aide de la FA et de la LI, la nature iconique ou diagrammatique des Graphes Existentiels permet de représenter certaines formes logiques de connexion au moyen de connexions visuelles. Ainsi, la FA et la LI sont des formes logiques inanalysables et continues ; la continuité de la FA et de la LI fonctionnent comme des icônes de la continuité logique pour Peirce [4].

Peirce décrit ainsi le continu de la FA :

> Je vous demande d'imaginer que toutes les propositions vraies ont été formulées ; et comme les faits fusionnent les uns dans les autres, on ne peut concevoir cela réalisé que dans un *continuum*. Ce continuum doit clairement avoir plus de dimensions qu'une surface ou même qu'un solide, et nous supposerons qu'il est plastique, de sorte qu'il puisse être déformé de toutes sortes de façons sans que la continuité et la connexion des parties ne soient jamais rompues. De ce *continuum*, la FA peut être imaginée comme une photographie [5].

Le lien entre logique, topologie et continuité est au cœur de développements contemporains en logique [6], par exemple dans le programme de géométrisation de la logique de Lawvere, qui peut être considéré comme un développement

1. *Ibid.*

2. MS 670. 23. Cité dans F. Bellucci, « Peirce's Continuous Predicate », art. cit.

3. R. Burch, « The Fine Structure of Peircean Ligatures and Lines of Identity », *Semiotica*, 186, 2011, p. 39. Cité dans F. Bellucci, « Peirce's Continuous Predicate », art. cit. Voir *infra* pour une explication de ce qu'est un prédicat continu.

4. F. Bellucci, « Peirce's Continuous Predicate », art. cit.

5. CP, vol. 4, p. 512.

6. Voir A. Dusek, « Peirce as Philosophical Topologist », *in* E. C. Moore (ed.), *Charles S. Peirce and the Philosophy of Science*, Tuscaloosa, University of Alabama Press, 1993, p. 58 : « Dans différents domaines de la logique aujourd'hui on trouve éparpillé des méthodes topologiques [...]. Peut-être qu'il existe un domaine général de topologie de la logique, pour lequel l'approche la plus développée à ce jour serait les Graphes Existentiels de Peirce, qui seraient les précurseurs de développements à venir ».

moderne des Graphes Existentiels de Peirce dont la logique repose sur la continuité [1].

Pour revenir sur le point précédent et expliquer le rôle de ce que Peirce appelle le prédicat continu, il est utile de commencer par remarquer qu'un objectif central des travaux de Peirce en logique, à la fois dans son approche algébrique et dans son approche graphique, était de parvenir à l'analyse la plus fine possible des éléments constituants le raisonnement, c'est-à-dire, à la manière d'un chimiste, de décomposer le raisonnement en éléments eux-mêmes homogènes et indécomposables [2].

Quand est-ce que l'analyse logique d'une proposition ou d'un raisonnement atteint un élément homogène et indécomposable ? D'après Peirce, c'est lorsque toute analyse supplémentaire ne permettrait d'atteindre qu'une décomposition inutile, car elle ne serait composée que de parties homogènes au tout et n'apporterait rien de pertinent à l'analyse logique. Concrètement, cela revient à retirer du prédicat tout ce qui est intensionnel pour le mettre sous forme de sujet, de sorte que le prédicat ne représente plus que la forme de la connexion entre les différents sujets. En s'appuyant sur une caractérisation du continu comme ce pour quoi toutes les parties sont homogènes au tout, on arrive au prédicat continu comme étant le point d'arrêt de l'analyse logique. Les prédicats continus sont « très importants pour l'analyse logique… car lorsque nous avons poursuivi l'analyse au point de n'avoir plus qu'un prédicat continu, alors nous avons atteint les éléments ultimes » [3].

Par exemple, l'analyse logique de « Caïn tue Abel », permet de distinguer les deux sujets du prédicat pour obtenir « __ tue __ ». Mais nous pouvons poursuivre en retirant « tue » du prédicat pour obtenir « __ est dans la relation de __ avec __ ». Mais si nous essayons d'aller plus loin cela sera inutile car « être en relation avec X et être en relation avec une relation à X revient au même » [4]. Et Peirce de conclure que l'analyse logique est ici parvenue à son terme car « évidemment, un prédicat continu ne peut être composé de rien d'autre que de prédicats continus, et ainsi lorsque nous avons poursuivi l'analyse jusqu'à ne plus avoir qu'un prédicat continu, nous avons atteint les éléments ultimes » [5].

1. Voir F. Zalamea, « Peirce's Logic of Continuity : Existential Graphs and Non-Cantorian Continuum », *The Review of Modern Logic*, 9/1-2, 2003, p. 157 et *id.*, *Peirce's Logic of Continuity*, Boston, Docent Press, 2012. Lawvere est un mathématicien connu pour ses travaux en théorie des catégories et en théorie des topoï ; il a aussi participé à des cours donnés par Tarski.

2. CP, vol. 8, p. 316 ; CP, vol. 4, p. 134 ; CP, vol. 1, p. 294 ; MS 300.49 ; CP vol. 4, p. 548, cité dans F. Bellucci, « Peirce's Continuous Predicate », art. cit.

3. C. S. Peirce, *Semiotic and Significs. The Correspondence Between Charles S. Peirce and Victoria Lady Welby* [désormais SS], Bloomington, Indiana UP, 1997, p. 72.

4. SS, p. 198.

5. SS, p. 71-72.

Ainsi, l'analyse logique permet de décomposer le raisonnement et d'y faire apparaître le prédicat continu ou forme de connexion entre les sujets. De manière plus générale, Murphey a montré que les travaux logiques de Peirce ont été au cœur de l'évolution de ses positions philosophiques [1], et notamment des thèses suivantes : la question centrale en philosophie de la connaissance est la logique de l'enquête scientifique ; toute connaissance suppose la relation sémiotique ; il y a toujours une part de généralité dans la connaissance ; la signification d'un concept est de nature générale et ne peut donc pas être saisie dans une sorte d'intuition globale à un moment donné et en dehors des signes. On voit ainsi que le principe logique le plus fondamental est le processus sémiotique qui correspond à une dynamique triadique mettant en relation un signe, son objet (le fondement du signe) et son interprétant (l'effet du signe) comme dans un dialogue. Ce processus se fonde sur les trois catégories logico-ontologiques de Peirce : la premièreté correspond à une qualité simple inanalysable ; la deuxièmeté correspond à l'existence d'une altérité ; la troisièmeté est la médiation par laquelle un premier et un second sont mis en relation. Peirce définit ensuite le processus sémiotique comme un rapport triadique entre un representamen (premier), un objet (deuxième) et un interprétant (troisième) : « Un signe est quelque chose, A, qui dénote quelque fait ou objet, B, pour quelque pensée interprétante, C » [2].

La relation sémiotique est ainsi, pour Peirce le principe logique le plus général, au cœur même de l'analyse logique du raisonnement, avec le prédicat continu et avec les trois formes du raisonnement que sont l'abduction, l'induction et la déduction [3].

LES OUTILS TOPOLOGIQUES ET MÉRÉOLOGIQUES PERMETTENT UNE CLASSIFICATION DES CONTINUS ET DES MODES DE CONNEXION

La continuité étant pour Peirce la clef de la philosophie et le moteur des progrès scientifiques, Peirce a cherché à développer une méthode et des concepts pour mettre au point une science de la continuité, capable de classer les différents types de continus et de modes de connexion. Pour des raisons assez proches de celles de Leibniz, étant lui-même autant un mathématicien et un scientifique qu'un philosophe, Peirce se souciait de la possibilité d'élever la logique et la métaphysique au rang de sciences véritables. « Si la métaphysique est destinée à devenir une véritable science, et non pas un jeu d'enfant, alors la première

1. M. Murphey, *The Development of Peirce's Philosophy*, Indianapolis and Cambridge (Mass.), Hackett Publishing, 1993 (2 e éd.).

2. CP, vol. 1, p. 346.

3. F. Bellucci, « Peirce's Continuous Predicate », art. cit.

question concernant n'importe quel général doit être, d'abord, quelle est sa dimensionnalité et, ensuite, quels sont ses nombres intermédiaires de Listing »[1]. Pour Peirce la topologie est « la classification de toutes les formes de continuité »[2], et elle est « l'étude des connexions continues et des défauts de continuité »[3], des manières selon lesquelles les parties sont intrinsèquement connectées[4] :

> Continuité, intermédiarité, dimensionnalité, singularités topologiques ou places à l'intérieur de places qui diffèrent dans leurs connexions de places voisines à l'intérieur des mêmes places, et nombres de Listing[5].

Deux objets sont topologiquement similaires s'il existe une transformation continue qui peut transformer l'un en l'autre, et réciproquement, de sorte que cette transformation continue assure que « toutes les parties connectées le demeurent et que toutes les parties déconnectées ne se connectent pas »[6].

De manière plus précise que les concepts de généralisation et de spécification qui permettaient déjà une hiérarchie des continus selon leur dimension – ce qui est fondamental pour la cosmologie évolutionnaire de Peirce –, le théorème du Census permet d'opérer une classification des différents types de continus selon non seulement la dimensionnalité mais aussi les singularités topologiques ou défauts locaux de continuité, ainsi que selon les défauts globaux de continuité.

L'une des idées topologiques les plus profondes de Peirce fut d'être l'un des premiers à comprendre que l'on pouvait entreprendre une classification de toutes les formes spatiales d'après la valeur de leur Census, qui correspond à ce que l'on appelle aujourd'hui la caractéristique d'Euler-Poincaré. Ainsi, Peirce s'est donné pour but de développer un théorème Census qui serait vrai de toutes les formes possibles, et qui serait faux pour toutes les formes impossibles. Ensuite, on peut introduire des classes de formes, que l'on appelle aujourd'hui des classes d'homotopie et qui permettent de classer dans une même classe des objets similaires par déformation continue.

L'idée du Census, que Peirce définit avec les nombres de Listing (qui correspondent en gros aux nombres de Betti utilisés par Poincaré), c'est que la valeur du Census définie par une alternance de sommes et de différences des nombres de Listing, permet de classer les formes spatiales. Comme pour la caractéristique d'Euler-Poincaré, la valeur du Census reste identique quelle que soit la manière de le calculer :

1. CP, vol. 6, p. 211.
2. NEM, vol. 2, p. 626 ou MS 145.
3. CP, vol. 4, p. 219.
4. NEM, vol. 2, p. 165.
5. MS 1170, article « Topical ».
6. *Ibid.*

> N'importe quelle place a une valeur de Census qui consiste dans le nombre Census de ses points moins celui de ses lignes plus celui de ses surfaces moins celui de ses solides. La valeur du Census de n'importe quel espace homogène est égale à sa chorisis moins sa cyclosis plus sa périphraxis moins son apeiry [1].

Si χ denote la valeur du Census d'un espace topologique, alors :

$$\chi = X - K + \Pi - A$$

où X représente la chorisis, K la cyclosis, Π la périphraxy, et A l'apeiry.

Cette formule mathématique, analogue à celle de la caractéristique d'Euler-Poincaré, a pour Peirce un sens métaphysique profond, car elle permet d'attribuer à n'importe quelle forme une valeur qui joue un rôle central dans la classification des formes et des continus. Peirce espérait avoir ainsi trouvé une clef essentielle pour constituer la métaphysique en science véritable, en fournissant, avec l'aide de la logique polyadique - ou logique des relations - qu'il avait inventée, ainsi qu'avec l'aide de sa sémiotique et de sa théorie des catégories, les moyens d'une science détaillée des différents types d'universaux et de continus.

> Les nombres de Listing [...] servent à définir certaines caractéristiques topologiques de n'importe quelle figure géométrique, surtout pour une figure sans singularités topologiques. Bien qu'il n'y en ait que quatre pour l'espace à trois dimensions, il y en aura un de plus pour chaque dimension supplémentaire. Ces nombres expriment le nombre requis de non interruptions singulières d'une place continue afin de permettre qu'un objet remplissant cet espace puisse se rétrécir à rien, sans se briser et sans quitter l'espace. Ces quatre nombres sont : ... 1. La chorisis, 2. La cyclosis, 3. La periphraxis, 4. L'apeiry 5 [...] [2].

Pour une première approche, on peut présenter ainsi les quatre nombres de Listing [3] : 1) La chorisis est le nombre de parties séparées ou déconnectées, ce qui correspond à Betti zéro dans la terminologie moderne, et permet de mesurer un défaut global de continuité. 2) La valeur de la cyclosis, qui se calcule un peu comme Betti un, permet de mesurer un défaut global de continuité en évaluant si un filament oval peut ou non se rétrécir en un point en se rétrécissant à l'intérieur des limites de la forme considérée. Toute augmentation de la valeur de la cyclosis est une augmentation de son défaut global de continuité. La cyclosis d'une surface sphérique est zéro, celle d'un plan illimité est un, celle d'un tore est

1. NEM, vol. 3, p. 487. Il est important de noter que la forme complète du théorème du Census inclut également les singularités topologiques. Voir MS 162.1.

2. MS 1597, article « Listing's Numbers ».

3. Pour une définition plus précise de ces termes, avec un historique des concepts, des exemples de calcul et une comparaison avec la terminologie mathématique contemporaine, voir J. Havenel, « Peirce's Topological Concepts », *in* M. Moore (ed.), *New Essays on Peirce's Mathematical Philosophy*, Atlanta, Open Court, 2010, p. 283-322.

deux ; celle d'une ligne fermée est un car « si on la coupe en un point elle peut se rétrécir à un point au sein d'elle-même et sans rupture »[1]. 3) La periphraxis d'une place est le nombre de fois qu'elle doit être percée pour rendre impossible qu'une sphère-surface sur cette place puisse rétrécir à une ligne sans sortir de cette surface[2]. La periphraxis est similaire à la cyclosis mais pour la dimension juste au-dessus et concerne non pas la réductibilité d'un filament à un point, mais celle d'une sphère-surface à un filament[3] ; sa valeur est zéro pour tout espace de dimension inférieure à deux. La periphraxis de la surface d'un tore vaut un et celle d'un disque vaut zéro. 4) L'apeiry considère la réductibilité d'un solide à une surface. L'apeiry vaut zéro pour tout espace de dimension inférieure à trois ou pour tout solide limité. L'apeiry permet d'identifier des classes topologiques d'espaces de trois dimensions, ou aussi d'exprimer si notre espace est limité ou illimité.

Comment en pratique utiliser le théorème du Census pour déterminer précisément le type de continu auquel correspond un général ? Peirce donne notamment des exemples pour l'espace, pour le temps, et pour le *continuum* des qualités[4] :

> Ceci est une autre illustration de ce que l'application de ce type de raisonnement sur la continuité permet de donner une réelle vitalité au raisonnement métaphysique, et le guérir de son impuissance mortelle[5].

Pour comprendre son argumentation il est important de rappeler que parmi les trois catégories de Peirce, premièreté (possibilité), deuxièmeté (existence), troisièmeté (universel), tout continuum est toujours un troisième, mais que la liste des compositions possibles et impossibles des catégories, qui est d'ailleurs le fondement des listes de dix ou soixante-six classifications de signes[6], permet parmi les troisièmes, de considérer les troisièmes ayant un caractère de premièreté (le *continuum* des qualités), ou ceux ayant un caractère de deuxièmeté (le *continuum* spatial qui est le théâtre des réactions entre existants), etc. On peut aussi considérer l'adicité (monadicité, dyadicité, tiradicité) de l'universel en question.

1. MS 1597.
2. NEM, vol. 2, p. 186.
3. Sur le plan technique, la terminologie moderne considère la contractibilité en un point plutôt que la réductibilité à la dimension inférieure.
4. CP, vol. 6, p. 210-212.
5. *Ibid.*, p. 212.
6. Voir P. Farias et J. Queiroz, « A diagrammatic approach to Peirce's classifications of signs », http://see.library.utoronto.ca/SEED/Vol6-1/Farias_Queiroz.pdf ; *ead.*, « On diagrams for Peirce's 10, 28, and 66 classes of signs », *Semiotica*, 147/1-4, 2003, p. 165-184. La sémiotique de Peirce, contrairement à l'usage dominant qui en a été fait au XXe siècle, est d'abord et avant tout une théorie logique pour laquelle la classification des signes est centrale.

Cette approche du continu par le théorème du Census caractérise une continuité extérieure car elle repose sur des caractéristiques de classes d'objets relativement à un homéomorphisme. Mais on peut aussi appeler continuité intérieure l'approche qui repose sur la caractérisation des continus à partir de l'étude du mode de connexion immédiate entre les parties du continu. Cette approche méréologique, que Peirce n'a pas séparée de la topologie, consiste à dire qu'il y a des différences permettant de classer les continus qui

> [...] dépendent de la manière selon laquelle ils sont connectés. Cette connexion n'émerge pas de la nature des unités individuelles, mais constitue le mode d'existence du tout [1].

On trouve là une idée similaire à la définition du continu dans sa période supermultitudinale [2], où le continuum est un agrégat potentiel qui contient les conditions générales de détermination ou actualisation des individus. Peirce utilise le terme de synesis pour rendre compte de cette connexion immédiate, tout en précisant que ni les nombres de Listing, ni la connectivité au sens de Riemann, ne permettent de définir la synesis [3]. Malgré différentes tentatives, Peirce n'a jamais réussi à définir de manière satisfaisante la connexion immédiate, ne disposant pas des outils méréologiques d'aujourd'hui [4].

Conclusion

L'approche de Peirce pour comprendre le continu et la connexion a de nombreux mérites et des limites indéniables. La principale limite est que Peirce ayant disparu il y a plus d'un siècle, plusieurs aspects de sa pensée sont à mettre à jour avec les avancées conceptuelles en philosophie, logique et mathématique. Parmi les mérites, on note un système philosophique robuste et original, soucieux de tenir compte de la méthodologie scientifique [5], qui défend une philosophie de la continuité et de la connexion où le discret n'est pas l'élément premier, et qui a développé des outils logiques et mathématiques pour analyser les différents types de continus et de connexions. Ainsi, fécondée par les puissants outils contemporains en logique et en mathématique, notamment la

1. CP, vol. 4, p. 219, « Multitude and Number ».

2. *Cf.* J. Havenel, « Peirce's Clarifications of Continuity », art. cit.

3. NEM, vol. 3, p. 471.

4. Voir M. Moore, « Peirce's Topical Theory of Continuity », *Synthese*, 192/4, 2002, p. 1-17.

5. Il y a aussi des motivations spirituelles (voire sociales et artistiques), un peu à la manière de Hegel, avec l'idée d'une unification progressive et d'une croissance de la continuité, de la communion et de la raison.

méréologie, la topologie et la théorie des catégories, la poursuite des recherches de Peirce devrait permettre de produire une nouvelle théorie formelle des universaux et une classification détaillée des continus et des modes de connexion[1].

1. C'est le projet d'un livre sur lequel je travaille.

GILLES KÉVORKIAN

LOGIQUE ET ONTOLOGIE : LA QUANTIFICATION EST-ELLE *FONDAMENTALE* ?

Dans le dernier de ses articles qui porte explicitement sur la quantification et ses relations à l'ontologie, Frédéric Nef produit une critique de Quine en montrant que si la « méthode de l'engagement ontologique [...] permet de savoir ce qui est, si on accepte le critère de l'engagement, [...] elle ne permet pas de savoir ce qui est fondamental » [1]. Cet aspect renvoie à la question de la structure des entités auxquelles une ontologie doit s'engager. Entre une ontologie plate dont l'objet est l'étude d'une simple liste d'entités, une ontologie catégorielle dans laquelle les entités tombent sous différents chefs catégoriaux dont il s'agit d'établir la liste complète, et une ontologie dans laquelle les entités sont ordonnées suivant des structures (fondation, dépendance, subsomption, instanciation), Nef a depuis longtemps arrêté ses choix théoriques, bien avant que l'intérêt pour les structures revienne au premier plan de l'ontologie analytique [2] : « une ontologie se doit de posséder une structure » et non de mettre « sur le même plan » les choses « auxquelles on s'engage ontologiquement » [3]. À la différence d'une ontologie plate, une ontologie structurée demande que l'on s'engage sur ce qui est fondamental. Mais si Nef a raison de dissocier « la méthode de l'engagement ontologique » quinienne et la fondamentalité, a-t-il raison de

1. F. Nef, « Logique et ontologie », dans G. Kévorkian (éd.), *Métaphysique contemporaine*, Paris, Vrin, 2018.

2. L'ouvrage le plus représentatif d'un tel regain d'intérêt pour les structures est celui de T. Sider, *Writing the Book of the World*, Oxford, Clarendon Press, 2011.

3. F. Nef, « Logique et ontologie », art. cit. On notera que la classification de J. Schaffer (« On what grounds what ? », *in* D. Chalmers, D. Manley, R. Wasserman (eds), *Metametaphysics*, Oxford, Clarendon Press, 2009, p. 347-383) que nous reprenons ici n'est pas correcte : une ontologie catégorielle peut aussi admettre des relations de fondation, comme chez Aristote.

dissocier quantification et fondamentalité ? De même, a-t-il raison de dissocier quantification et structure ? A-t-on raison en général de ne pas prendre la quantification comme guide de ce qui est fondamental ? Reprenons les choses autrement : si Nef choisit de pratiquer une ontologie formelle qu'il définit comme « l'analyse et la formalisation des structures ontologiques », a-t-il raison de ne pas aller jusqu'à compter la quantification au nombre des structures fondamentales de la réalité ? On pourrait toutefois légitimement renverser la question : pourquoi compter, comme le fait Ted Sider, la quantification au nombre des structures ontologiques ? Les raisons de le faire apparaîtront à mesure que l'on montrera la possibilité d'une articulation de la logique et de l'ontologie qui ne se paie ni du coût de l'inflation logique, ni du coût de la platitude ontologique au nom de l'économie logique. Est-ce que cela ne réaliserait pas un programme logico-ontologique que Nef pense impossible : « maigrir en mangeant ou alléger l'ontologie en pratiquant la logique »[1] ? Si Nef exclut ce choix, c'est en raison justement des rapports qu'il conçoit entre logique et ontologie. On pourrait caler ces rapports, pour le point qui nous intéresse, sur deux couples : expressivité/rigueur, hétéronomie/autonomie. Si les décisions de l'ontologie priment celles qui engagent des langues logiques, alors il faut accepter d'aller contre un principe d'économie en logique, à la fois au plan quantitatif (il faut admettre plusieurs logiques, une logique modale, une logique temporelle, une logique des prédicats particularisés, etc.) et au plan qualitatif (une logique intensionnelle à côté d'une logique extensionnelle). L'expressivité prime le souci des propriétés métalogiques[2]. Et c'est la voie choisie par Nef : parti de la position où chaque niveau et domaine d'entités, et donc chaque ontologie régionale ou locale, formant un univers de discours, sont décrits dans un modèle (partiel donc) d'interprétation des variables de ce domaine et où la quantification (restreinte donc) trouve son interprétation dans ces modèles, Nef réduit la voilure, mais partiellement seulement. En substituant à la multiplicité et à l'enchâssement des univers de discours, une cartographie ontologique et logique où l'on trouve une correspondance entre les choix ontologiques et les logiques *ad hoc* susceptibles de les exprimer, il déplace ses intérêts de la théorie des modèles, les univers de discours (Boole, De Morgan, Peirce) et une quantification de style sémantique plutôt que syntaxique[3], vers les modes d'expression formels de ses options ontologiques : la logique des prédicats particularisés lui sert à formaliser son ontologie

1. PDC, p. 266.

2. Une interprétation plus prudente nous oblige de reconnaître que, par exemple dans son examen de la « particularized predicate logic » de Mertz, Nef se montre soucieux d'éviter des paradoxes formels tels que ceux de l'imprédicativité.

3. Le style sémantique, peircéen, de la quantification permet de prendre en compte le caractère dynamique de la référence, de construire des univers de discours locaux croissants, par opposition au style syntaxique, frégéen, de la quantification où le domaine de quantification est fixe.

des tropes, la méréologie et la topologie lui servent à formaliser son ontologie de la connexion[1]. Mais l'économie logique semble en retrait sur les réquisits de l'ontologie, alors même que l'ontologie formelle prétend à la rigueur d'une science. Sans compter, et c'est peut-être une objection décisive, que se pose la question du rapport d'enchâssement des univers de discours : rien n'assure, sur le versant sémantique, que la construction successive des univers de discours dans des modèles partiels puisse permettre l'enchâssement souhaité de ces univers dans un « Univers qui les englobe tous »[2] sans que cela ne pose de problème de consistance[3]. De même, rien n'assure, sur le versant ontologique, que la stratification des ontologies voulue par Nef (une ontologie naïve au premier niveau, une ontologie catégorielle des langages abstraits au second niveau, une ontologie des sciences au troisième niveau, une ontologie formelle au quatrième niveau, qui chacune prennent un même particulier naïvement, abstraitement, scientifiquement, formellement)[4] ne conduise pas à la démultiplication des langages de description sans que rien ne garantisse a priori leur concordance. Par exemple, la quantification dans une langue naïve sera distincte de la quantification traduisant une assomption scientifique et l'une et l'autre distinctes encore de la quantification traduisant une assomption de l'ontologie formelle (pour un exemple aussi simple que « il existe au moins une table » qui peut être vrai pour une ontologie naïve, faux pour une ontologie de la science, ni vrai ni faux pour une ontologie formelle). Voilà pour les difficultés du choix de l'expressivité. Reste à caler l'option des rapports de la logique et de l'ontologie sur le couple autonomie-hétéronomie de la logique (par rapport à l'ontologie).

Cette distinction est élaborée dans un article plus ancien (2002), extrait d'un texte de conférence toujours sur « Logique et ontologie ». Nef y défend la thèse de l'hétéronomie de la logique, position conséquente au vu de la position prise sur la coordonnée de l'expressivité et ce qui motivait celle-ci. Par hétéronomie de la logique, il faut entendre un certain type de rapport de la logique et de l'ontologie : que la logique est déterminée « également » par des choix externes, des choix ontologiques et non seulement par des choix internes à la logique. Mais, cet « également » conforte les objections qui venaient se porter contre le choix de

1. Voir sur ce dernier point, AH, chap. V.

2. OQ, p. 109.

3. Dans ce cas M est un sous-modèle de M' si les relations dans M sont des restrictions des relations dans M'et si le domaine d'individu de M est un sous-ensemble du domaine d'individus de M'. Certes, mais la condition formelle, normative, ne garantit pas que les sous modèles progressivement construits ne convergent (ils sont dynamiquement construits) vers l'Univers de tous les discours. Nef ne répond pas à l'objection suivante : pour être normative, cette convergence n'en n'est pas pour autant garantie.

4. Nous reprenons ici la formule de Roger Pouivet dans l'article qu'il consacre à l'ontologie stratifiée de Frédéric Nef, « Apologie du particulier », dans J.-M. Monnoyer (éd.), *La structure du monde*, Paris, Vrin, 2004, p. 402.

l'expressivité : qu'en supplément des contraintes internes à la logique (thèse de l'autonomie) il y ait les réquisits de l'ontologie, ses posits ; mais l'inflation ontologique peut devenir, par cet « également » une inflation logique. Or les contraintes internes de la logique, résumées dans les propriétés métalogiques, tolèrent moins l'inflation que l'ontologie ne la supporte alors même qu'elle tombe sous coup du principe d'économie ontologique. Après tout, on ne perd pas grand-chose à avoir une ontologie riche ; mais ce n'est pas le cas en logique : la logique peut vite devenir inutile et incertaine si elle ne sert que comme une langue de traduction comme une autre. Que l'expressivité ontologique soit perdue dans le carcan de la logique, c'est sans doute ce que Nef déplore : « il est plus raisonnable d'expliciter [les choix ontologiques] afin d'explorer les types des différentes logiques qui correspondent à ces différents choix »[1]. Mais, est-il nécessaire pour autant de choisir la thèse de l'hétéronomie de la logique contre celle de l'autonomie de la logique ?

Je vais essayer de montrer que produire une ontologie du fondamental qui décrit les structures ultimes de la réalité n'implique pas nécessairement de renoncer à l'économie logique au sens quantitatif et au sens qualitatif (on peut rester notamment extensionnaliste en logique). Pour ce faire, je vais d'abord produire une critique du quinien contemporain Peter van Inwagen, qui est en quelque sorte un miroir inversé et appauvri de la conception nefienne de l'ontologie et de la quantification, afin de mettre en valeur l'exigence (nefienne) en ontologie du fondamental. En faisant un pas de plus, je montrerai comment la recherche de structures fondamentales peut être compatible avec l'économie logique et la méthode de l'engagement ontologique : je suivrai la conception que Ted Sider développe de la quantification, laquelle constitue une voie possible pour articuler quantification, fondamentalité et structure – voie manquée peut-être par Nef alors qu'il a cherché à articuler fondamentalité et structure, mais en s'écartant des bénéfices possibles de l'engagement ontologique *à la Quine*. Voie manquée *peut-être* seulement parce que la conception alternative de Sider repose sur l'admission de la quantification existentielle, en plus de certains connecteurs logiques et des propriétés naturelles, au rang de structure fondamentale de la réalité – thèse en elle-même très discutable et sans doute hétérodoxe.

1. PDC, p. 268.

ENGAGEMENT ONTOLOGIQUE NÉO-QUINIEN (1) : LE MONISME MÉTHODOLOGIQUE

On peut soit arguer que les questions d'ontologie et de quantification sont séparables (comme Kit Fine par exemple) [1], soit qu'elles ne sont pas séparables. Cette seconde branche hérite de l'orthodoxie quinienne [2] qui garantit sur plusieurs plans la correction des engagements ontologiques; c'est aussi ce qui en justifie l'approche. Au plan sémantique, elle garantit le pouvoir référentiel des variables dans les phrases enrégimentées ou traduites dans la langue formelle adoptée; au plan logique, elle hérite du critère de complétude et de consistance de la logique du premier ordre qu'elle choisit comme langue formelle de référence pour ses expressions; au plan épistémologique, elle tend plutôt à adopter une épistémologie métaphysique continue avec l'épistémologie des sciences, en suivant le critère d'économie et la simplicité des théories. En néo-quinien, van Inwagen adopte à la fois une métaontologie économe qui défend l'unicité du sens de l'existence et la théorie de la quantification de la logique de premier ordre, le quantificateur existentiel servant, dans les phrases enrégimentées, à identifier les entités auxquelles une théorie s'engage ontiquement. On peut qualifier sa conception de la quantification de *moniste*, au sens où il n'admet qu'un seul type de quantificateur existentiel (c'est une *one-sorted logic* et non une *many sorted logic*). On peut la qualifier de *méthodologique*, au sens où les engagements ne sont pas au sens propre des engagements ontologiques mais plutôt les engagements auxquels un discours théorique s'engage. Cette méthode, suivant l'expression de Quine, sert de garde-fou au « double discours philosophique », lequel pourrait faire la critique d'une ontologie tout en admettant par ailleurs, en sous-main, les entités dont il aura fait la critique. Cet étiquetage a l'avantage de pouvoir opposer à cette option un *monisme réaliste* : option authentiquement ontologique, ou réaliste, qui prend le parti de laisser de côté la question de savoir ce à quoi nos théories *disent* qu'elles sont engagées, pour identifier réellement les

1. On peut reporter rapidement quatre arguments critiques de Kit Fine contre Quine. Premièrement, dans la majorité des cas, les questions de quantification sont triviales (elles sont techniquement résolues par une théorie adéquate de ce qui existe ou non selon une telle théorie), les questions ontologiques ne sont pas triviales (aucune des thèses concernant l'ontologie générale des nombres par exemple n'est triviale). Deuxièmement, les questions de quantification ressortissent des théories régionales (les mathématiques par exemple), les questions ontologiques sont philosophiques – cela recouvre la distinction du général et du régional. Troisièmement, les réponses ontologiques doivent être autonomes relativement aux réponses théoriques disciplinaires. Quatrièmement, les engagements théoriques, explicatifs, n'impliquent pas des engagements ontologiques, en droit non explicatifs.

2. Pour un examen de la quantification quinienne, je me permets de renvoyer à « La question de l'être et la quantification : d'après Quine et après Quine », dans G. Kévorkian (éd.), *La métaphysique*, Paris, Vrin, 2018, p. 157-179.

entités fondamentales auxquelles nous nous engageons parce qu'elles constituent l'ameublement fondamental du monde – identification qui sera également dévolue au quantificateur ontologique.

Soit donc d'abord le *monisme* méthodologique : le monisme sémantique du quantificateur existentiel traduit et garantit le monisme ontologique, au sens où toutes les entités admises dans l'ontologie quinienne existent d'une seule et même manière, de la seule manière qui soit intelligible et que restitue le sens du quantificateur existentiel de la logique de premier ordre. Le monisme ontologique s'énonce dans les thèses 2 et 3 de la métaontologie quinienne défendue par van Inwagen (« Thèse 2. L'être est la même chose que l'existence », « Thèse 3. L'être est univoque ») ; et les thèses 4 et 5 relient les thèses 2 et 3 à l'appareil de la quantification, la quatrième de façon classique (« Thèse 4. L'unique sens de l'être ou de l'existence est adéquatement rendu par le quantificateur existentiel de la logique formelle »), la cinquième en interprétant plus subtilement la manière de réaliser la traduction des énoncés dans l'idiome de la quantification de la logique de premier ordre. Pour ce qui est du caractère *méthodologique* de ce monisme, il peut se comprendre non seulement par opposition au monisme réaliste, mais encore en ce qu'il décrit une méthode de traduction que l'on pourra nommer pragmatique, ou heuristique, selon le point de vue – l'on prendra soin d'opposer une *méthode* de traduction qui pourra être heuristique à une *procédure* de traduction qui aura à être mécanique. Van Inwagen s'écarte ici de la réception scolaire de Quine sur l'enrégimentation des énoncés dans la logique de premier ordre pour montrer que les modes de traduction des énoncés des théories à enrégimenter dans le langage de la logique de premier ordre sont variables, liés à des choix d'expression. En ce sens, il procède à une forme de défense de la méthode quinienne contre l'objection selon laquelle il n'y a pas de procédure pour traduire nos meilleures théories dans le langage canonique, et qu'inversement il y aurait plusieurs traductions également recevables du même énoncé théorique dans le langage canonique :

> De nombreux philosophes semblent penser que Quine croit qu'il existe une classe bien définie d'objets appelés « théories » et qu'il croit aussi avoir inventé une technique qui peut être appliquée aux « théories » de façon à révéler un trait ou un aspect objectivement présent de leur contenu appelé leurs « engagements ontologiques ». Cette technique peut être décrite de la manière suivante : reformulez la théorie en question dans l'idiome de la quantification sur des variables, c'est-à-dire dans « la notation canonique de la quantification » ; considérez l'ensemble de toutes les phrases qui sont la conséquence formelle de la théorie reformulée ; considérez les membres de cet ensemble qui sont des phrases fermées commençant par un quantificateur dont la portée est le reste de la phrase ; ce sont ces phrases qui révèlent les engagements ontologiques de la théorie. Chacune

d'entre elles consiste en un quantificateur existentiel suivi par une variable, suivie par une phrase dans laquelle cette variable seule est libre [1].

Cette formulation scolaire de la « méthode d'engagement ontologique » suppose, selon van Inwagen, que Quine soutienne la thèse de « l'unique traduction » : que chaque théorie ou chaque phrase de la langue naturelle a une traduction unique dans la notation canonique, alors qu'il y a non seulement des façons alternatives de traduire un ensemble de phrases dans l'idiome de la quantification, selon les « "sites" à l'intérieur de la phrase » [2] où peuvent être introduites les variables ; mais encore que les « sites » dans la phrase ne sont pas objectivement assignés, c'est-à-dire définissables dans une procédure mécanique de traduction. Suivant l'exemple de van Inwagen, la phrase : « chaque planète est à chaque moment à une certaine distance de chaque étoile » peut se traduire différemment selon que l'on choisit d'introduire une variable de planète et une variable d'étoile, ou les variables précédentes et y ajouter une variable de temps, ou les variables précédentes et y ajouter une variable de distance, etc. La phrase peut être enrégimentée au moins des trois façons suivantes :

(1) $\forall x$ (x est une planète $\rightarrow$ $\forall y$ (si y est une étoile $\rightarrow$ x est à chaque instant à une certaine distance de y))

(2) $\forall x$ (x est une planète $\rightarrow$ $\forall y$ (y est une étoile $\rightarrow$ $\forall t$ (si t est un instant, alors x est à t à une certaine distance de y)))

(3) $\forall x$ (x est une planète $\rightarrow$ $\forall y$ (y est une étoile $\rightarrow$ $\forall$ t (t est un instant $\rightarrow$ $\exists z$ (z est une distance & x est séparé à t de y par z)))).

Les sites d'introduction des items de la notation canonique procèdent de choix qui répondent à des critères d'usage (de quel degré de précision avons-nous besoin ?) ou de commodité ou d'idiomaticité du traducteur qui y exerce sa créativité, par contre-distinction d'une procédure mécanique de traduction, ou d'une identification systématique d'une prétendue « forme logique ». Il n'y a ainsi pas d'attache structurelle de la quantification à une forme logique de la phrase. Ce qu'est une « bonne » traduction relève même d'une discussion philosophique de sorte que la normativité de l'enrégimentation constitue elle-même un objet de discussion. Ainsi, l'engagement ontologique de Quine consiste plutôt à introduire de façon *pragmatique*, dans la discussion, des phrases de plus en plus complètement enrégimentées, de façon à identifier quels sont les engagements ontologiques que les protagonistes admettent formellement. Van Inwagen peut conclure par une règle pour les discussions ontologiques : « toutes les disputes

1. P. van Inwagen, « Meta-ontology », in *Ontology, Identity, and Modality*, Cambridge, CUP, 2001, p. 22-23.

2. *Ibid.*, p. 24-25.

ontologiques dans lesquelles les participants n'acceptent pas la stratégie de Quine de clarification ontologique sont suspectes »[1].

Mais si le critère d'engagement ontologique vaut non pour ce qu'il y a mais pour ce qu'on dit qu'il y a, si ce qu'on dit qu'il y a dépend encore de choix pour lesquels il n'y a plus de clous fixes de la référence à l'objet, alors la norme purement méthodologique des discussions ontologiques se trouve éloignée de deux degrés de l'ontologie et de ses objets. Le peuplement du domaine ontologique est décidé ailleurs, comme l'avait déjà indiqué Quine. Le bénéfice sémantique du critère se transforme en coût ontologique dès lors que l'expression de l'engagement ontologique ne fournit pas directement la réponse à une question d'existence (« Y a-t-il des substances ? » ou « Y a-t-il des trous noirs ? »), mais seulement la réponse d'une théorie à une question d'existence, ou encore le cadre de discussion à partir duquel telle question d'existence pourra être arbitrée entre différentes théories qui adoptent un même langage pour poser leurs assomptions d'existence. On peut alors se demander ce qu'il reste d'ontologique dans le critère d'engagement ontologique, et on peut répondre : rien – d'autant que Quine nous autorise à rabattre l'ontologique sur l'ontique. Une chose est de demander s'il y a des nombres qui ne sont divisibles que par 1 et par eux-mêmes (la réponse du mathématicien sera : « oui », ce sont les nombres qu'on appelle premiers en arithmétique), autre chose est de demander si de tels nombres sont réels (la réponse sera alors authentiquement ontologique, et par exemple : « oui » pour un défenseur du platonisme mathématique, « non » pour un nominaliste).

Dans un texte introductif, Nef se montre peut-être plus nuancé dans sa critique de Quine et van Inwagen :

> L'engagement ontologique quinien dans le meilleur des cas n'est donc que la première étape dans la construction d'une ontologie. Une ontologie se doit de posséder une structure et sa tâche est de montrer « quoi se fonde sur quoi » pour reprendre la formule de J. Schaffer. Il est aisé dans un premier temps de décider qu'il y a un engagement de notre théorie ou de notre langage envers tel ou tel type d'entité, par exemple les événements ou les propriétés, mais il est beaucoup plus difficile et philosophiquement significatif de décider sur quoi se fondent ces entités – par exemple un événement est-il l'occurrence d'une propriété[2] ?

Le fil directeur de la critique prend toujours pour principe la fondamentalité laquelle est donnée par les « structures ultimes de la réalité ». Or, cette distinction entre ce qu'il y a et ce qui est réel, ce qu'il y a et ce qui est fondamental, fortement défendue par Kit Fine et Nef, peut être traduite dans le cadre de la non-séparabilité de la quantification et de l'ontologie pour autant que le quantificateur existentiel n'engage pas des entités dans une ontologie ou une autre (des entités dans

1. P. van Inwagen, « Meta-ontology », art. cit., p. 31.
2. F. Nef, « Logique et ontologie », art. cit.

une idéologie/ théorie scientifique ou ontologique), mais qu'il relève d'une langue elle-même fondamentale où toutes les entités et les relations fondamentales et seules les entités et les relations fondamentales sont directement engagées – langue que Sider nomme *ontologese.* Cette langue possède une sémantique qui pourrait prendre le nom, pour certains oxymorique, d'une sémantique métaphysique, sémantique un peu inflationniste si on la compare à la sémantique des modèles réaliste de Nef.

ENGAGEMENT ONTOLOGIQUE NÉO-QUINIEN (2) : LE MONISME RÉALISTE

Sider soutient que le monde a une structure objective et qu'il revient à l'ontologie de chercher quels sont les types d'entité et les entités qui constituent la structure fondamentale du monde, en somme d'écrire le livre du monde. Quine retenait celles des entités qui étaient jugées indispensables pour nos meilleures théories mathématiques et physiques; Sider conserve le critère théorique en limitant le nombre des entités jugées primitives et nécessaires pour fonder les théories des sciences particulières[1]. Quine nommait, en un sens neutre, « idéologie » nos théories de la réalité en distinguant les engagements ontologiques de nos idéologies et les arbitrages, souvent empiriques, de ces engagements; Sider fonde les expressions de nos « idéologies », ou théories, dans un langage fondamental, qu'il nomme *ontologese* exprimant dans la logique du premier ordre la structure fondamentale du monde. Lewis et Armstrong avaient identifié les propriétés et les relations comme le type d'entité découpant la réalité selon ses articulations naturelles, Sider y ajoute en particulier le quantificateur existentiel de la langue logique. Ce faisant il hérite d'une stratégie de l'adversaire[2] : montrer que les débats ontologiques dépendent moins des différences d'assignation de signification aux termes engagés dans le débat, que des différences de signification des quantificateurs. Le partage entre monisme méthodologique (van Inwagen) et monisme réaliste (Sider) est décisif dans la perspective qui nous intéresse : le monisme réaliste réintroduit l'ontologie dans la quantification par un mouvement de renversement quand c'était la quantification qui avait été introduite dans l'ontologie par le monisme méthodologique, avec les effets déflationnistes que l'on sait. Pour reprendre la terminologie de Nef, on conserverait l'autonomie de la logique (puisque rien n'est changé dans l'appareil de quantification requis), tout en ne s'interdisant pas d'y voir une pièce de l'ontologie

1. T. Sider, *Writing the Book of the World*, *op. cit.*, chap. II et III.

2. Ce que certains nomment une position néo-carnapienne en ontologie, incarnée, d'une part, par Putnam, dans « Vérité et convention » et *Ethics without Ontology*, et, d'autre part, par E. Hirsch dans *Quantifier Variance and Realism*.

(une pièce seulement car il ne s'agit pas de faire de la logique le tout de l'ontologie, fût-elle formelle).

Il faut définir le monisme réaliste de Sider pour comprendre le lien qu'il entretient avec la question de la quantification. Réaliste, il l'est en trois sens distincts et pris conjonctivement[1] : i) au sens défini par David Chalmers qui oppose classiquement ceux qui soutiennent que les question d'existence de l'ontologie (s'il y a ou non des entités de type F) admettent des réponses objectives[2] par opposition à l'antiréalisme *à la Carnap* qui admet plusieurs réponses possibles à ces questions, réponses qui varient selon le cadre ontologique adopté ; ii) au sens où les controverses ontologiques sont sérieuses et substantielles par opposition aux déflationnistes *à la Putnam* qui refusent de traiter comme substantielles des questions du type : « existe-t-il des tables ou seulement des particules qui sont arrangées de façon tabulaire ? » ; iii) au sens plus novateur où « il y a en effet un sens du quantificateur qui est le meilleur et le seul, le seul qui soit un candidat adéquat dans nos inférences pour découper la réalité en ses articulations naturelles »[3]. Ce dernier sens explique à son tour le *monisme* de Sider, qui opère un passage à la limite, ou une inflation, du monisme de van Inwagen. Cette typologie laisse mal apparaître la manière dont la thèse de Sider est soutenue. La façon la plus économique de la comprendre est de la caler sur la critique des positions plus connues.

L'ANTI-DÉFLATIONNISME, L'ANTI-VARIANTISME, LE MONISME : SIDER *VERSUS* HIRSCH

En affirmant contre le déflationnisme que les controverses ontologiques sont substantielles et sérieuses, Sider prend le contrepied d'une position métaontologique que l'on peut rapporter à Carnap et au premier Putnam et qui s'achève chez Elie Hirsch. Il y a plusieurs manières d'être déflationniste. Ce qui intéresse Sider, ce ne sont pas ses formes classiques ou génériques (l'idéalisme, le pragmatisme, le vérificationnisme), mais plutôt celles qui engagent une position directe sur les phrases quantifiées en ontologie. Soit la controverse sur l'existence des objets matériels composés : Lewis énoncerait « Il y a des tables », van Inwagen « Il n'y a pas de tables », quand le déflationniste soutient une thèse métaontologique selon laquelle c'est la controverse elle-même qui pose problème. On peut

1. Il n'est pas certain que le conjonctivisme ici ne soit pas une faiblesse du réalisme de Sider.

2. Il y a bien sûr plusieurs manières d'entendre « objectif » : Chalmers appelle objectif le fait qu'il y ait une valeur de vérité à propos des assertions ontologiques qui soit elle-même « objective », c'est-à-dire qui ne soit pas sensible au contexte de l'assertion (*context sensitivity*).

3. T. Sider, « Ontological Realism », *in* D. Chalmers, D. Manley, R. Wasserman (eds), *Metametaphysics*, *op. cit.*, p. 397.

identifier quatre manières d'être déflationniste[1] : i) le scepticisme qui énonce qu'on ne peut se prononcer sur la valeur de vérité de l'énoncé et que la controverse est sans objet ; ii) l'évidentialisme qui énonce que la valeur de vérité de l'énoncé (« il y a des tables ») est manifeste, qu'elle peut être tranchée par le sens commun, et que la controverse est stupide ; iii) l'indéterminisme qui énonce que les deux positions sont indéterminées au point de vue sémantique de sorte que la controverse justifie parfois les énoncés d'un camp, parfois ceux d'un autre ; iv) l'équivocalisme, que je préfère nommer le plurivocalisme, qui énonce que les deux positions sont chacune vraies compte tenu de leurs conventions sémantiques initiales. Ce qui permet de comprendre la position de Sider est le contre-pied qu'il prend à la fois du plurivocalisme et de l'indéterminisme : il s'agit de montrer que les débats ontologiques sont à rapporter à une thèse sur le sens attribué au(x) quantificateur(s) ; que l'admission de plusieurs sens également admissibles du quantificateur existentiel est erronée (que les descriptions des mêmes états de choses qui utilisent l'expression « il y a » ne peuvent être à la fois correctes et différentes selon le concept que l'on se sera donné de l'existence) ; qu'il y a donc non seulement un seul sens possible du quantificateur existentiel mais que celui-ci est profond : c'est l'engagement ontologique moniste et réaliste.

Pour expliciter, une expression contenant le quantificateur existentiel peut être vraie si le langage L dans lequel elle est énoncée admet dans son domaine l'entité sur laquelle porte le quantificateur, fausse sinon : ainsi dans L_{SC}, qu'on admettra être le langage du sens commun qui soutient l'existence des objets macroscopiques, « (E*x*)C*x* » est vrai puisque ce langage admet l'existence de chaises, c'est-à-dire d'objets satisfaisant le prédicat « être une chaise » (« C*x* ») ; dans L_E, qu'on admettra être le langage qui élimine les objets macroscopiques au profit des particules qui les composent, « (E*x*)C*x* » est faux. Si on interprète cette différence de valeur de vérité comme liée à une plurivocité (ce que Sider appelle équivocité), reste à savoir sur quoi porte la plurivocité : est-ce sur le prédicat en question (« être une chaise », compris ou bien comme s'appliquant à un certain type d'objets macroscopiques – les chaises –, ou bien comme s'appliquant à une collection de particules arrangées d'une certaine manière, « *chairwise* »), ou est-ce sur la manière d'engager ontologiquement l'entité en question dans le quantificateur ? C'est la seconde hypothèse qui caractérise la version du déflationnisme à laquelle Sider s'attaque (le « *quantifier variantism* »). Dans cette hypothèse, c'est la traduction quantificationnelle des expressions qui varie et explique la différence, de surface donc, entre les positions adoptées : Q_{SC} exprime les engagements du sens commun, Q_E exprime les engagements des éliminativistes, le sens commun engageant ontologiquement des « chaises », l'éliminativiste n'engageant pas des « chaises » mais des collections de particules équivalentes.

1. T. Sider, « Ontological Realism », art. cit., p. 386-387.

Suivant en cela Carnap et le premier Putnam, Hirsch écrit ainsi dans « Quantifier variance and realism » :

> L'appareil quantificationnel dans notre langage et notre pensée – les expressions telles que « chose », « objet », « quelque chose », « il y a » – a une certaine variabilité ou plasticité. Il n'y a aucune nécessité d'utiliser ces expressions d'une certaine façon plutôt que d'autres façons variées, car le monde peut être correctement décrit en utilisant une variété de concepts de « l'existence de quelque chose » [1].

Si Q_{SC} et Q_E sont indifférentes au point de vue ontologique, c'est parce qu'elles sont des traductions l'une de l'autre : en utilisant Q_{SC}, l'éliminativiste reconnaît alors l'existence de chaises qu'il dénie dans le langage de Q_E. Ce n'est donc pas l'existence de la chose qui est alternativement posée et puis supprimée, c'est le sens existentiel du quantificateur qui est changé et qui introduit vérité et fausseté dans les expressions fixées. Dans ce cas, le changement de sens du quantificateur n'implique nullement le pluralisme ontologique, pas plus que le monisme, puisque les questions ontologiques dépendent, selon cette thèse, des conventions de langage initialement adoptées et sont dès lors réduites à des arbitrages superficiels.

L'opposition au déflationnisme de Hirsch n'est pas obtenue par construction. Sider dans *Writing the Book of the World* (section 9.6. 2.) soutient, positivement, qu'aucun des travaux sur la fondation de la physique fondamentale ou sur la fondation des mathématiques n'a été produit dans un cadre qui fasse l'économie des quantificateurs (c'est l'argument d'indispensabilité que Sider tient pour le plus fort) ; négativement, il soutient que de nombreuses difficultés entourent les langages qui en font l'économie : « C'est un espoir vain, écrit-il, cette idée d'un langage non quantificationnel qui est adéquat à la science et à la vie quotidienne sans qu'il ait à réintroduire des questions substantielles comme celles de l'ontologie traditionnelle » [2]. Le langage quantificationnel dans l'*ontologese*, outre qu'il doit respecter les conditions de la grammaire et les condition de vérité de la logique du premier ordre, obéir aux règles inférentielles (le quantificateur existentiel doit obéir aux règles de la généralisation existentielle et de l'instanciation existentielle), et proscrire l'usage des quantificateurs restreints, doit procéder d'un usage du quantificateur existentiel qui soit aussi fondamental que possible par opposition à nos usages de ce même quantificateur dans la langue ordinaire. On voit en quoi c'est un dispositif anti-déflationniste : « les questions formulées dans un vocabulaire indispensable sont substantielles ; les quantificateurs sont indispensables ; l'ontologie est formulée dans le langage quantificationnel ; donc l'ontologie est substantielle » [3].

1. E. Hirsch, *Quantifier Variance and Realism*, New York, OUP, 2011, chap. V.
2. T. Sider, *Writing the Book of the World*, *op. cit.*, p. 186.
3. *Id.*, « Ontological Realism », art. cit., p. 418.

Le déflationnisme fournit donc, sur un premier versant, le problème qui engendre l'interrogation de Sider sur la possibilité d'un sens du quantificateur qui ne soit ni concurrent avec d'autres également possibles, ni superficiel. Pour Sider, le sens du quantificateur ne doit pas être indifférent au point de vue ontologique au risque de rendre les disputes ontologiques superficielles, parce que Sider partage avec le déflationniste l'idée que c'est bien le sens du quantificateur qui importe dans les disputes ontologiques et non les prédicats sous lesquels tombent les individus du domaine de quantification.

Mais, sur un second versant, les exigences quiniennes en logique, et en épistémologie, fournissent les limites à l'intérieur desquelles peut se mouvoir l'ontologie de Sider – il ne s'agit pas d'accepter l'hétéronomie de l'ontologie par rapport à la logique, mais de pratiquer l'ontologie dans les limites de l'économie et de la rigueur logique. C'est dans un mouvement qui est le symétrique inversé de celui de Nef que Sider élimine pour des raisons d'économie les quantificateurs de second ordre ou les quantificateurs généralisés de sa sémantique métaphysique – élimination qui par ailleurs prend le risque de jeter le bébé avec l'eau du bain. Mais le lien qu'il introduit entre la sémantique et la métaphysique le conduit en revanche à introduire des considérations d'économie ontologique pour arbitrer – mais est-ce légitime ? – l'admission ou non de tel ou tel fragment de théorie logique : « Il est difficile, écrit-il, de renoncer à de la belle métaphysique pour le bénéfice de la métalogique » [1]. À décharge, cette phrase peut être contrebalancée par cette autre : le langage fondamental « obéit à la logique classique » [2]. En ce sens, il y a une pression de l'économie logique sur l'ontologie et de l'économie ontologique sur la logique ; et cette pression est diamétralement opposée à la dissymétrie réfléchie chez Nef entre la logique et l'ontologie, dissymétrie qui le conduit à faire usage des langages logiques aux fins expressives de l'ontologie.

Cette conjugaison des exigences de l'ontologie et de la logique conduit Sider à ne pas tomber toutefois dans la piège quinien dénoncé par Nef : l'indifférence de l'ontologie à l'égard du fondamental. Pour Sider, chercher le fondamental, les structures fondamentales qui sont précisément les structures objectives de la réalité, ce n'est ni s'écarter de la rigueur logique, ni renoncer à la quantification pour la bonne raison que la quantification appartient à la langue fondamentale qui décrit les structures objectives de la réalité. Par là, il peut rester quinien en logique, en un certain sens, quand Nef doit renoncer à l'orthodoxie quinienne parce qu'il cherche le fondamental. Mais il se pourrait que Nef soit plus orthodoxe quand il s'agit cette fois des structures que Sider doit peut-être caractériser de façon baroque. Pour le comprendre, il faut retourner aux structures et

1. T. Sider, *Writing the Book of the World*, *op. cit.*, p. 214.
2. *Ibid.*, p. 137.

mesurer l'excès structuraliste d'un Sider par rapport à l'économie structuraliste maîtrisée d'un Nef.

LE « STRUCTURALISME » : SIDER *VERSUS* NEF

Si l'on reprend ici le fil directeur de l'ontologie de Nef, et si l'on s'en tient à ses deux ouvrages *L'objet quelconque* et *Les propriétés des choses*, les entités considérées comme fondamentales sont les objets et les tropes (ou propriétés particulières tombant sous des classes de propriétés particulières) ; ces objets et ces tropes constituent avec leurs relations formelles (instanciation, exemplification, etc.) les structures ontologiques[1]. Cela témoigne d'une conception de ce qui est fondamental et d'une conception de la structure ontologique : dans un article sur « Structures ontologiques, connexions et modalités *de re* », Nef approche d'abord la notion de structure ontologique (et y anticipe déjà la question de la connexion) en la comparant à des structures bien établies, les structures mathématiques (groupes, anneaux, etc.) et surtout les structures physiques (le système solaire) ou chimiques :

> Si une molécule d'eau instancie une structure chimique complexe (on ne dit rien de la relation entre la structure géométrique et la structure chimique proprement dite) et une structure ontologique qui connecte les tropes d'atome de O et H, alors on pourra se demander s'il n'y a pas une relation de survenance de la structure physique sur la structure ontologique, dans la mesure où la valence par exemple dépend de la conjonction[2].

On peut donner un modèle M d'une structure ontologique nefienne, dans lequel il y a des tropes, des objets qui sont fonction de la relation de comprésence entre les tropes, laquelle relation de comprésence vient s'ajouter au modèle. Ce modèle est un arbitrage entre les structures de Puntel et celles de Bacon :

> Je procéderai ainsi pour la définition des structures ontologiques : je commencerai par la définition classique en théorie des modèles M= <D, F> où D est un ensemble d'entités et F une fonction d'interprétation de D dans le langage L à interpréter.
> Enrichie avec des mondes et des temps : M= <D, W, I, F> où W est un ensemble de mondes et I un ensemble d'instants. Je donnerai à D une structure telle que D soit un ensemble de faisceaux, F, de tropes : une structure ontologique est alors de la forme S = <F, T, C> où F est un ensemble de faisceaux, T est un ensemble de

1. Dans AH, Nef a ajouté les connexions formelles et matérielles à côté des objets, des tropes, et des relations formelles qui les lient.

2. F. Nef, « Structures ontologiques, connexions et modalités *de re*. Le réalisme structural », <ijn 00352625>, 2008.

tropes et C une relation binaire sur les tropes, la relation de comprésence, telle qu'elle a été définie plus haut comme relation de relations de dépendance. On peut faire figurer cette dernière relation, **D**, dans la structure, si on détaille ce complexe : $S = <F, T_r, \mathbf{D}, C>$. Je distinguerai cette structure ontologique qui est celle des faisceaux de structures plus riches qui incluent des temps et des mondes : $S^* = <F, Tr, T, W, C, <, R_a, w_0>$ où F, T_r, C sont comme plus haut et où T est l'ensemble des instants, W l'ensemble des mondes, w_0 le monde actuel, $<$est la relation de précédence, R_a est la relation d'accessibilité [1].

L'ontologiquement fondamental est donné dans de telles structures ontologiques sur lesquelles surviennent les structures physiques. Nef soutient un réalisme des structures, et en ce sens il est rejoint par Sider. La différence d'approche de Nef sur les structures et l'approche plus récente de Sider tient non seulement à la manière dont Sider introduit les structures (il n'emprunte pas à la description des modèles) mais aussi aux structures que Sider admet. Il faut ici distinguer terminologiquement entre les structures que Nef définit par des modèles, qui comprennent des entités ou des ensembles d'entités, des relations formelles (en l'occurrence une relation binaire sur les tropes) et des relations métaphysiques qui ressortissent de l'ontologie formelle (en l'occurrence une relation de relations de dépendance), et les éléments structuraux de la réalité elle-même. Sider utilise les structures au second sens du terme. Une structure correspond aux jointures naturelles de la réalité : en ce sens, une propriété qui découpe le monde selon ses articulations naturelles correspond à une structure. C'est en ce sens que le structuralisme de Sider est associé au magnétisme de la référence de Lewis. Ce réalisme structural se comprend donc par une extension du réalisme des entités (universaux ou tropes) aux structures (ce qui ne présente rien de nouveau par rapport au réalisme structural de Nef), et par une extension de ces structures à toutes les structures qui se trouvent dans le monde au niveau fondamental et non une généralisation formelle de ces structures au second degré comme chez Nef. Les structures chez Sider ne sont pas « over and above » les faits structuraux eux-mêmes. Ce qui est en revanche plus hétérodoxe dans le structuralisme de Sider, c'est qu'à côté des structures mathématiques et des structures physiques, on enrichit la structure fondamentale de la réalité en y incluant aussi certaines structures logiques : ce ne sont pas seulement les prédicats signifiant des propriétés naturelles qui sont structuraux (au sens de Sider), ce sont aussi des connecteurs logiques (certains seulement, puisqu'il s'agit de savoir quels sont par exemple parmi les connecteurs de la logique propositionnelle ceux qui sont fondamentaux et constituent des éléments de structure de la réalité : est-ce la

1. *Ibid.*

disjonction ? est-ce la conjonction ? est-ce la négation ?)[1]. La notion de structure chez Sider est donc classiquement liée à la notion de naturalité (*naturalness*) des propriétés chez Lewis ; mais Sider étend la naturalité des propriétés, et le magnétisme de la référence qui va de pair, à certaines structures logiques. Le plus fondamental est en ce sens déterminé par le plus naturel ; et c'est le plus naturel qui donne la structure du meilleur langage de description de la structure du monde. C'est là que le structuralisme de Sider rejoint notre interrogation sur la quantification et les rapports de la logique et de l'ontologie, en interrogeant le caractère substantiel de la quantification, en plus des connecteurs et évidemment des propriétés. L'ensemble de ce qui est admis comme fondamental appartient au langage fondamental que Sider nomme *ontologese*. Ce langage fondamental doit donc non seulement contenir les propriétés fondamentales mais aussi, contre le conventionnalisme logique, certaines expressions logiques comme les quantificateurs : « Si nous voulons traiter les sens des quantificateurs comme des entités, écrit Sider, nous pouvons suivre la stratégie de Lewis pour enrégimenter le discours en termes de structure, et dire que le quantificateur absolument non restreint a une signification naturelle »[2].

Les objections immédiates à cet engagement du quantificateur existentiel dans la structure du monde permettent de mieux en comprendre le sens et la possibilité[3]. Première objection : les structures du monde ne sont admises que lorsqu'elles figurent dans nos meilleures théories scientifiques, le vocabulaire logique n'y figure pas comme langage théorique. Réponse : les structures du monde ne sont pas données directement dans nos théories, elles proviennent d'arguments à partir de ces théories, comme l'argument d'indispensabilité (selon lequel nous devrions assumer ontologiquement les entités théoriques indispensables à nos meilleures théories). Or les notions logiques, particulièrement celles de la logique du premier ordre, sont indispensables à nos théories scientifiques (mathématiques, physiques) et à notre ontologie ordinaire ; elles doivent donc être incluses dans notre ontologie au même titre que les autres. Deuxième objection : le conventionnalisme a raison de soutenir que la logique n'est qu'un instrument qui donne l'ensemble des règles de déductions valides d'un système ; la logique ne vaut donc pas relativement à des critères externes de validité ou de correction, encore moins relativement au monde. Réponse[4] : quinienne d'abord,

1. Voir T. Sider, *Writing the Book of the World*, *op. cit.*, p. 85 : « Just as Lewis and Armstrong ask which predicates get at the world's structure, we can also ask which function symbols, predicate modifier, sentence operator, variable binders, and so on, get at the world's structure ».

2. T. Sider, « Ontological Realism », art. cit., p. 407.

3. Nous collectons ici les objections et réponses qui nous semblent les plus pertinentes dans les deux références principales de T. Sider sur la question : *Writing the Book of the World*, *op. cit.*, chap. VI particulièrement, et « Ontological realism », art. cit.

4. Faute de place, nous ne pouvons être que très schématique sur ce point capital. Pour une discussion développée, voir T. Sider, *Writing the Book of the World*, *op. cit.*, chap. VI et V.

en ce que le conventionnalisme requiert *in fine* encore la logique pour appliquer les conventions qui la génèrent et ne peut donc être fondée en elles – ou pour citer Quine : « la difficulté est que si la logique doit procéder médiatement à partir de conventions, la logique est requise pour inférer la logique des conventions » [1]. Plus radicalement, il est difficile pour le conventionnaliste de spécifier le sens selon lequel les vérités logiques sont vraies par convention d'une façon qui fasse droit à la notion de vérité. Le réalisme logique échappe à toutes ces difficultés. Troisième objection : la logique est formelle, elle ne porte pas sur le monde. Réponse : si les théories engagent des entités qui ont un contenu, qui portent sur la réalité, les entités indispensables à ces théories doivent aussi avoir un contenu, donc le quantificateur existentiel en ontologie a un contenu, et il a le contenu des engagements de ces théories qu'admet l'ontologie.

Ces raisons permettraient d'étendre les engagements ontologiques quiniens aux notions logiques. Mais si l'*ontologese* de Sider permet apparemment d'obtenir en même temps un programme métaphysique qui hérite de la rigueur du dispositif logique quinien sans évincer ni la fondamentalité, ni la référence aux structures, il est peut-être douteux que les quantificateurs, au même titre que les propriétés naturelles, découpent la réalité en ses structures fondamentales.

Il me semble finalement que l'ontologie doive effectivement porter sur le fondamental et tenir compte des structures : c'est l'un des aspects que Nef a anticipé des développements de l'ontologie analytique récente. Mais reste la question, à la fois substantielle et méthodologique, qui nous a servi de fil directeur. La question est de savoir si l'on peut « maigrir en mangeant ou alléger l'ontologie en pratiquant la logique » ; elle appelle une interrogation symétrique : « est-ce qu'on peut maigrir en mangeant ou alléger la logique en pratiquant l'ontologie ? ». Sur les deux questions Nef a me semble-t-il fourni une réponse négative. Peut-être faudrait-il ici une pratique de l'équilibre réfléchi non seulement pour arbitrer entre les exigences de la logique et celles de l'ontologie, mais plus encore entre la nature, parfois antithétique, de chaque type d'exigence : pour la logique, entre le souci des propriétés métalogiques, le souci de l'expressivité, etc. ; pour l'ontologie, entre le caractère substantiel du projet ontologique, l'économie ontologique, etc. Cette formulation positive de l'équilibre réfléchi pourrait être aussi prise négativement : il faudrait que la logique n'ait pas une expressivité de retard sur les modèles ontologiques, ni une expressivité de trop par rapport à la perte des propriétés métalogiques, c'est le point d'équilibre que le praticien de l'ontologie formelle doit tenir.

1. W. V. O. Quine, « Truth by convention », in *Quintessence*, Cambridge (Mass.), The Belknap Press, 2004, p. 28, ma traduction.

BAPTISTE LE BIHAN

LES THÉORIES MÉRÉOLOGIQUES DU FAISCEAU

Pourquoi les choses tiennent-elles ensemble ?
F. Nef, *Traité d'ontologie*, p. 237

I

Cette citation me sert de départ à une réflexion sur la nature des *relations liantes* souvent appelées relations de comprésence à la suite de Russell, ces *bundling relations* qui nouent les propriétés ensembles pour constituer les objets ordinaires (tables, chaises, individus biologiques) selon la *théorie du faisceau*. De même que Frédéric Nef, je suis séduit par les nombreuses vertus philosophiques de ces relations liantes. Ma contribution ne portera pas sur une critique ou une défense de ces relations mais sur l'étude de leur nature, et en particulier de leur possible nature *méréologique*. Je vais esquisser rapidement certains aspects de la théorie classique du faisceau que je qualifierai de *réaliste*[1], pour opposer ensuite ces variantes réalistes à deux autres versions méréologiques de la théorie, que je qualifierai d'*éliminativistes*. Selon la théorie réaliste du faisceau, la relation liante sélective est une entité bien réelle et naturelle (*mind-independent*). Selon la théorie éliminativiste du faisceau, la relation liante sélective n'existe pas. Je m'attacherai en particulier à présenter les théories méréologiques du faisceau,

1. Voir notamment J. O'Leary-Hawthorne et J. A. Cover, « A World of Universals », *Philosophical Studies*, 91/3, 1998, p. 205-219 ; L. A. Paul, « Logical Parts », *Noûs*, 36/4, 2002, p. 578-596 ; *id.*, « Mereological Bundle Theory », *in* H. Burkhardt, J. Seibt et G. Imaguire (eds), *Handbook of Mereology*, München, Philosophia Verlag, à paraître ; F. Nef, « Ontologie de l'objet, théorie des propriétés et théorie des ensembles : quelques problèmes et perspectives » [désormais TO], *Revue internationale de philosophie*, 2, 2006, p. 181-207.

qu'elles soient réalistes ou éliminativistes. Ces théories ont en commun d'identifier la relation liante à une relation de composition et diffèrent sur la nature même de cette relation de composition. Je donnerai ensuite quelques raisons de penser que les deux versions ont un pouvoir explicatif similaire du point de vue local, mais que les ontologies générales impliquées par les deux versions diffèrent drastiquement, pointant vers une ontologie commune de l'objet pour l'une, et vers une ontologie de l'objet non commune pour l'autre. Mon objectif n'est pas tant de décider en faveur de la théorie réaliste ou de la théorie éliminativiste mais de montrer que l'ontologie de cette relation liante méréologique influe directement sur l'ontologie des objets ordinaires. Plus précisément, je soulignerai que dans le cadre de la théorie méréologique du faisceau, l'opposition entre réalisme et éliminativisme à propos de la relation liante recoupe l'opposition entre réalisme et éliminativisme à propos des objets (artefacts, organismes, personnes, etc.).

Une première partie s'attachera à clarifier un certain nombre de concepts afin de cheminer plus facilement ensuite dans la présentation des versions réalistes et éliminativistes des théories méréologiques du faisceau. La question de la connexion des propriétés avec le monde naturel s'incarne en de multiples lieux dans la littérature métaphysique contemporaine car si l'ontologie cherche à déterminer quelles sont les briques de base de la réalité, la connexion qui permet de lier ces briques est un autre ingrédient indispensable à toute description métaphysique de la réalité. Cependant, le problème de la connexion, bien que général, dépasse mon présent projet et je tenterai plus modestement de donner quelques idées sur la connexion qui s'incarne à l'*intérieur* de l'objet matériel entre les propriétés, dans le cadre de la théorie du faisceau. Je laisserai ainsi de côté toute question à propos des connexions à l'*extérieur* de l'objet matériel. On peut en effet songer à la façon dont des *objets différents* peuvent tenir ensemble pour créer un *objet supplémentaire*. De plus, le problème de la connexion déborde le problème du faisceau dans la mesure où la question de la connexion se pose à propos de situations trans-catégorielles : entre objet et propriétés/relations (c'est tout le problème de la régression de Bradley), entre relations et propriétés, entre événements et objets, etc. Dans ce travail, je vais me focaliser sur la cohésion de l'objet matériel, lorsque ce dernier est appréhendé comme un faisceau de propriétés.

La terminologie peut être ici trompeuse. La *théorie des tropes* est parfois envisagée comme une théorie à propos des propriétés, parfois comme une théorie sur la nature de la cohésion entre des propriétés. La théorie de Nef, par exemple, avant d'être une théorie « anti-substrat », est une théorie des propriétés comme *propriétés particulières* qu'il est courant d'appeler « tropes ». Ainsi, la théorie de Nef est une théorie des faisceaux de propriétés particulières. En admettant que la tapisserie de mon salon soit homogène, chaque pan de tapisserie instancie la même couleur de jaune. Selon la conception universaliste des propriétés, ces différentes propriétés de jaunes ne sont en fait qu'une seule et unique propriété. Cette propriété est *multi-localisée* dans l'espace[1], dans mon exemple, en chaque point de la tapisserie. À l'opposé, selon la conception tropiste, les propriétés sont des propriétés particulières, des *tropes*. Dans mon exemple, chaque pan de la tapisserie instancie une propriété tout à fait distincte de jaune, des propriétés particulières ou tropes de jaune, qui entretiennent une relation de *ressemblance exacte*. Pour le dire autrement, selon la conception universaliste, il faut soigneusement distinguer entre une propriété et ses différentes instances, alors que la conception tropiste pose une relation d'identité entre la propriété et l'instance. Il suit immédiatement que la conception tropiste appréhende le monde comme étant habité par bien plus de propriétés que dans un monde universaliste, puisque chaque instance particulière est une propriété. Ce défaut de parcimonie ontologique est cependant contrebalancé par une absence de multi-localisation, les propriétés occupant toujours une seule localisation dans l'espace (et, en général, dans le temps).

Enfin, pour terminer cette description succincte, notons que la conception universaliste vient en deux versions, selon le statut accordé aux propriétés universelles et à leur rapport aux instances particulières. Selon le *réalisme immanent d'inspiration aristotélicienne*[2], une propriété universelle est identique, ou en tout cas, n'est pas plus ontologiquement chargée que la collection même de ses instances particulières : la propriété de jaune est identique, ou en tout cas, n'est pas ontologiquement plus chargée que la collection de toutes les instances de jaune que l'on trouve dans le monde. Au contraire, selon le *réalisme transcendant d'inspiration platonicienne*[3], une propriété universelle est plus que ses différentes instances, et la propriété d'être jaune n'est pas réductible aux différentes instances de jaune que l'on peut trouver dans le monde.

Dans la suite, je ne souhaite ni discuter ces positions, ni les comparer. Simplement, je suppose que l'une de ces deux positions réalistes à propos des propriétés est correcte. Ce point est important dans la mesure où j'ai laissé de côté la *conception nominaliste des propriétés* selon laquelle les propriétés n'existent pas[4]. Cette conception appréhende les propriétés comme les ombres

1. Et dans le temps si le théoricien universaliste envisage le temps et l'espace comme deux abstractions à partir d'une entité plus fondamentale : l'espace-temps. Voir par exemple D. H. Mellor, « The Time of Our Lives », *Royal Institute of Philosophy Supplement*, 48, 2001, p. 45-59.

2. D. M. Armstrong, *Universals : An Opinionated Introduction*, Boulder, Westview Press, 1989, trad. fr. S. Dunand, B. Langlet et J.-M. Monnoyer, *Les universaux : une introduction partisane*, Paris, Ithaque, 2010.

3. *Ibid.*

4. Ou la variante que Nef désigne comme la théorie classique des modèles (TO, p. 218-219) et selon laquelle les propriétés sont identiques à des extensions d'objets. Nef fait remarquer que cette théorie tient difficilement la route à cause de la tension entre l'intension et l'extension d'un prédicat.

des prédicats, mais des ombres que l'on ne devrait pas trop prendre au sérieux, ontologiquement parlant. Selon cette approche, les *propriétés* (entités ontologiques) n'existent pas au contraire des *prédicats* (entités linguistiques), pour reprendre la distinction de John Heil [1]. La conception nominaliste des propriétés est un aspect d'une conception plus générale du royaume ontologique, qui conçoit le monde comme étant habité de substances (ou identique à *une* substance). En effet, si les propriétés n'existent pas, c'est parce que les prédicats regroupent les substances (ou les parties de la substance) en des ensembles ou collections qui partagent certaines ressemblances (mais des ressemblances que l'on ne peut expliquer à l'aide de propriétés qui seraient partagées par les objets, sous peine de retomber dans un réalisme des propriétés). Dans la suite, je vais enquêter sur la nature de la relation qui lie les propriétés ensembles. Je rejetterai donc le nominalisme et supposerai que les propriétés existent, sans m'engager sur la nature de ces propriétés (tropes, universaux ou autres). Je veux ainsi me focaliser sur les théories du faisceau, c'est-à-dire, sur la nature de *ce qui lie* et non sur la nature de *ce qui est lié*.

II

Qu'est-ce qu'un faisceau ? Et qu'est-ce qu'une théorie classique du faisceau ? La théorie du faisceau postule que l'unité des objets repose sur l'existence d'une relation qui noue des propriétés. Elle s'oppose à la théorie du substrat, selon laquelle les propriétés sont instanciées par une substance, un particulier nu qui ne possède pas de propriété intrinsèque sinon la propriété d'être identique à lui-même (pour peu qu'il existe des propriétés de ce genre). Je qualifie une théorie du faisceau de « classique » ou de « réaliste » dès lors qu'elle appréhende la relation liante comme « quelque chose plutôt que rien ». En d'autres termes, la relation liante possède une certaine existence. À cet égard, un point de départ est Russell [2] qui a lancé la dénomination, aujourd'hui courante, de « relation de compréSence ». L'étymologie montre rapidement que des propriétés sont comprésentes si elles partagent une double localisation spatiale et temporelle : les propriétés qui constituent la tasse devant moi (par exemple sa forme et sa couleur) sont comprésentes en ce sens qu'elles sont localisées au même endroit et

De mon point de vue, l'instabilité de cette théorie la fait s'effondrer en la variante nominaliste selon laquelle les classes d'objets ne sont que des substituts imparfaits aux propriétés, impliquant que les propriétés n'existent tout simplement pas.

1. J. Heil, *From an Ontological Point of View*, Oxford, Clarendon Press, 2003, trad. fr. D. Berlioz et F. Loth, *Du point de vue ontologique*, Paris, Ithaque, 2011.

2. B. Russell, *An Inquiry into Meaning and Truth*, London, George Allen & Unwin Limited, 1940, chap. VI.

au même instant. Je partage cependant avec Nef l'idée que la comprésence n'est pas une condition suffisante à l'existence d'une relation liante :

> La relation liante a été chargée par Williams et Russell d'assurer cette cohésion. Il s'agit cependant d'une condition minimale, nécessaire, mais non suffisante de cohésion, dans la mesure où elle assure simplement que les tropes sont ensemble en un même temps (ou un même lieu, ou une même région d'espace-temps) [1].

Je propose ici, contrairement à un usage répandu, de distinguer la *relation de comprésence* de la *relation liante* afin de suivre cette distinction entre une relation de comprésence nécessaire mais non suffisante et une relation liante qui *connecte réellement*. Dans la terminologie que j'adopterai dans la suite, la relation de comprésence exprime simplement le fait que des propriétés sont localisées au même endroit et au même instant. La relation liante, au contraire, correspond à une connexion réelle des propriétés entre elles. En ce sens, des propriétés comprésentes ne sont pas nécessairement liées. En utilisant cette convention, la relation de comprésence est une condition nécessaire mais non suffisante à l'existence d'une relation liante. En effet, il ne peut exister de relation liante en l'absence de comprésence : des propriétés doivent être localisées dans un même volume d'espace-temps pour pouvoir être connectées. Il est important de restreindre cette idée aux objets ordinaires car il se pourrait en effet qu'il existe des *objets non ordinaires* pour lesquels la comprésence n'est pas une condition nécessaire à l'existence d'une relation liante. Je pense ici à ces cas de la physique quantique qui, potentiellement, ne respectent pas le principe de localité. Ces systèmes sont à la fois connectés et éclatés dans le temps et/ou l'espace (deux particules comme deux photons peuvent avoir des propriétés physiques entretenant une relation d'influence à distance). Si une telle structure physique est appréhendée comme un objet matériel non ordinaire, alors il doit exister une relation liante à distance, malgré l'absence d'une relation de comprésence. Dans la suite, laissons de côté ces cas possibles de liaisons à distance au sein d'objets matériels non ordinaires pour nous focaliser sur mon propos : la nature des relations liantes qui façonnent les objets ordinaires de l'intérieur.

Si la comprésence n'est pas une relation suffisante à la cohésion des objets ordinaires, cela implique *ipso facto* que la comprésence n'est pas une *définition* adéquate de la liaison. Affirmer que des propriétés sont localisées au même endroit et au même instant, ce n'est pas affirmer que ces propriétés sont nouées ensemble. Ayant admis que la comprésence ne doit pas être confondue avec la relation liante, deux stratégies s'offrent désormais à nous : ou bien admettre une relation liante *sui generis*, nouvelle créature venant s'ajouter au bestiaire ontologique (*stratégie primitiviste*), ou bien tenter d'identifier, de réduire ou d'expliquer cette relation liante à l'aide d'une autre relation ou même d'une autre

1. TO, p. 239 et p. 254.

catégorie ontologique (*stratégie réductionniste*). Dans la suite, j'examinerai certaines stratégies réductionnistes, partant du présupposé que le réductionnisme est préférable au primitivisme dans l'optique de maximiser l'économie théorique de nos explications métaphysiques.

III

John O'Leary-Hawthorne et J. A. Cover[1] défendent l'une de ces stratégies réductionnistes. Les deux philosophes, plutôt que de recourir à la catégorie primitive de la relation liante, fondent l'unité de l'objet dans le concept d'*état de choses*, dans la lignée de la métaphysique d'Armstrong[2]. En effet, Armstrong a évolué d'une métaphysique d'objets et d'universaux immanents (permettant ensuite de définir des états de choses) à une métaphysique d'états de choses (permettant ensuite d'abstraire des objets et des universaux en découpant ces états de choses)[3]. O'Leary-Hawthorne et J. A. Cover proposent une idée similaire à celle du « second » Armstrong, à la différence que le cœur des objets n'est plus un substrat mais une relation liante. Pour le dire différemment, la relation liante est une interprétation relationnelle de l'*unité* de l'état de choses. La connexion des propriétés s'explique alors, à proprement parler, non pas par l'existence d'une relation liante mais par l'existence d'un état de choses. Cette théorie, aussi intéressante qu'elle soit, s'expose cependant à l'objection qu'il ne s'agit plus authentiquement d'une théorie du faisceau dans la mesure où la catégorie ontologique de la relation disparaît au profit de l'état de choses. Une ontologie d'états de choses peut-elle encore être appréhendée comme une ontologie de faisceaux ? Peut-être, mais cela impliquerait alors une métaphysique stratifiée[4] avec des niveaux de fondamentalité : les états de choses sont alors fondamentaux, contrairement aux propriétés et aux relations liantes, qui existeraient de façon dérivée, comme résultats d'une *décomposition*, le complexe étant appréhendé comme plus fondamental que ses parties.

1. J. O'Leary-Hawthorne et J. A. Cover, « A World of Universals », *Philosophical Studies*, 91/3, 1998, p. 205-219.

2. D. M. Armstrong, *Universals : An Opinionated Introduction*, *op. cit.* ; *Les Universaux. Une introduction partisane*, *op. cit.* ; *A World of States of Affairs*, Cambridge, CUP, 1997.

3. Stephen Mumford montre cela d'une manière particulièrement éclairante dans *David Armstrong*, Montréal, McGill-Queens UP, 2007.

4. Voir le chap. V du TO, ainsi que la thèse du monisme de la priorité défendue par J. Schaffer, « Monism : The Priority of the Whole », *Philosophical Review*, 119, 2010, p. 31-76.

IV

Une deuxième théorie réductionniste du faisceau est défendue par L. A. Paul. Selon sa *théorie méréologique du faisceau* (*mereological bundle theory*), la relation liante qui « colle » les propriétés ensemble pour faire un objet, est la *relation de composition méréologique*, la relation qui existe entre un *tout* et les *parties propres* de ce tout. Cette théorie présente l'avantage d'éviter le postulat d'une relation liante primitive en *identifiant la relation de compresence à la relation de composition*. Un autre bénéfice de la position est que, contrairement à la théorie de O'Leary-Hawthorne et Cover, elle ne s'expose pas à la disparition même de toute relation liante. Ceci pourrait paraître troublant au lecteur. La relation de composition méréologique semble exister à propos de toute somme concevable. Comment une telle relation pourrait-elle être collante si elle s'applique universellement à tout agrégat ?

Pour être collante, une relation doit être *sélective* : elle doit valoir pour certains agrégats et non pour d'autres. La somme méréologique des propriétés d'être une montagne et d'être entièrement constituée d'or est une montagne d'or. Cette montagne d'or n'existe pas. Tout du moins pas au même sens que la tasse devant moi. Parmi toutes les associations possibles de propriétés, il faut donc une sélection des associations qui sont des objets, sous peine de mener à une prolifération ennuyeuse d'objets. La relation de composition méréologique peut-elle vraiment jouer ce rôle sélectif ? Il semble que oui si l'on endosse, à la suite de Paul, la *thèse de la composition restreinte*. Selon cette thèse, la composition est restreinte : elle ne se produit que dans *certaines situations*. Par exemple, pour Peter van Inwagen [1], il n'y a composition que lorsqu'il y a une activité de vie. Ou encore, pour Trenton Merricks [2] il n'y a composition que lorsqu'apparaît une conscience. La composition peut aussi être restreinte de façon brute : elle se produit parfois, parfois non, et il n'y a aucune explication à ce fait brut [3]. Si la relation de composition méréologique est restreinte, alors elle devient collante : en étant sélective, elle permet de jouer le rôle de relation liante. Ainsi, selon L. A. Paul, un objet est identique à une collection de propriétés qui entrent dans une relation polyadique de composition méréologique restreinte. Elle écrit à propos d'elle-même :

1. P. van Inwagen, *Material Beings*, Ithaca, Cornell UP, 1990.
2. T. Merricks, *Objects and Persons*, Oxford, Clarendon Press, 2001.
3. N. Markosian, « Brutal Composition », *Philosophical Studies*, 92, 1998, p. 211-249.

> Paul (2006) envisage la composition de propriétés comme étant restreinte, éliminant ainsi tout besoin de recourir au prédicat primitif de Goodman, le prédicat de rassemblement (*togetherness*) [1].

> Je rejette les fondamentaux en faveur de propriétés fondamentales aux localisations multiples (ce qui n'est pas vraiment la même chose que rejeter les propriétés en faveur des universaux). Mes propriétés sont des entités ontologiquement basiques qui, comme les universaux immanents, sont inclues dans l'espace-temps et ont de multiples localisations. Les propriétés et fusions de propriétés sont particularisées quand elles sont combinées avec les propriétés relationnistes d'avoir telle ou telle localisation [2].

Il pourrait être difficile ici de comprendre en quoi la théorie de Paul n'est pas une théorie des universaux : après tout, n'affirme-t-elle pas que les propriétés sont multi-localisées ? Certes, mais encore faut-il se mettre d'accord sur ce qu'est une *localisation*. Le théoricien des tropes et le théoricien des universaux supposent tous les deux une théorie classique de l'espace et de la localisation que Paul qualifierait d'*extensionnelle*. Selon cette approche classique extensionnelle, pour exister, une entité doit être localisée dans l'espace. Si la tasse existe, c'est bien qu'elle est quelque part. De même, si les propriétés de la tasse existent, c'est bien que ces propriétés sont quelque part. La couleur de la tasse, sa forme, sont localisées. La théorie des universaux immanents et la théorie des universaux transcendants respectent cette contrainte fondamentale que les propriétés existent quelque part, à une nuance près dans la théorie des universaux transcendants. Si, selon cette dernière, les propriétés n'existent pas dans l'espace, néanmoins, les différentes *instances* de ces propriétés existent quant à elles dans l'espace. L. A. Paul rejette cette théorie au profit d'une théorie non extensionnelle de l'espace-temps. Dans sa théorie, l'espace et le temps sont des collections de propriétés de localisation, propriétés qui s'intègrent au sein des faisceaux. Les objets ne sont pas ainsi, à proprement parler, localisés dans l'espace et le temps : au contraire, c'est plutôt l'espace et le temps qui sont localisés *dans les objets matériels*, en étant des parties propres des objets matériels, puisque l'espace et le temps sont des propriétés de localisation qui sont des parties propres des faisceaux. Cette théorie permet d'interpréter la multi-localisation apparente d'une propriété naturelle comme le fait qu'une seule et unique propriété

1. L. A. Paul, « Mereological Bundle Theory », manuscrit non publié, en ligne : http:lapaul.org/papers/paul-mereological-bundle-theory.pdf : « Paul (2006) takes property composition to be restricted, eliminating the need for Goodman's primitive predicate of togetherness ».

2. L. A. Paul, « Coincidence as Overlap », *Noûs*, 40, 2006, p. 632 : « I reject fundamental tropes in favor of fundamental, multiply locatable properties (which is not quite the same thing as rejecting tropes in favor of universals). My properties are ontologically basic entities that, like immanent universals, are included in spacetime and multiply locatable. The properties and fusions of properties are particularized when bundled with relational properties of having such-and-such location ».

appartient à différents faisceaux, le fait qu'une même propriété participe à une pluralité de faisceaux. Les propriétés ne sont ainsi ni des universaux ni des tropes : l'opposition même entre tropes et universaux repose sur une approche extensionnaliste de l'espace et du temps que Paul rejette.

Il est intéressant de noter que l'on pourrait objecter à une telle théorie qu'elle commet une faute en acceptant d'identifier la relation liante à la relation de composition. Nef argue par exemple que cette identification n'est pas envisageable lorsqu'il examine un argument à l'encontre de la théorie selon laquelle les tropes sont des *parties* des objets :

> (ii) Les constituants des objets sont des parties des objets
>
> (iii) Les propriétés ne sont pas des parties, mais des manières d'être (*ways*) des objets
>
> [...] (ii) n'est pas vrai en général; (ii) n'est vrai que des constituants au sens de parties matérielles (une dent, constituant d'un engrenage, lui-même constituant d'une boîte de vitesse). Pourrait-on dire que la masse est une partie d'un objet? Une partie d'un objet a une masse, mais ce n'est pas parce qu'on peut diviser cette propriété qu'elle est une partie d'un tout. Pourtant c'est bien une propriété. Même chose pour le volume, la localisation spatio-temporelle, etc. [1].

Nef utilise même le terme « absurde » pour qualifier ce rapport méréologique entre l'objet et les propriétés qui le composent : « il est absurde de soutenir que les objets ont leurs propriétés comme des parties » [2]. L'opposition de Nef à cette idée des propriétés comme parties des objets dépend d'une interprétation usuelle, mais substantielle, de la notion de partie comme *partie matérielle*. Un objet matériel possède des parties matérielles. Ces parties matérielles ne peuvent pas être des propriétés, en ce sens que la masse d'un objet n'est pas une partie matérielle de cet objet. Cependant, pourquoi penser que toute partie d'un objet matériel est nécessairement une partie matérielle ? Pourquoi accepter le principe selon lequel une somme méréologique appartient nécessairement à la même catégorie ontologique que les parties qui composent cette somme ? Pourquoi ne pas accepter que la masse d'un objet soit, *littéralement*, une partie de cet objet matériel, bien que cette partie ne soit pas une partie matérielle au sens usuel ? D'ailleurs, Nef ouvre la voie à une telle distinction en rejetant (ii). Ce rejet offre la voie à des constituants qui ne sont pas des parties matérielles. Il n'est ainsi pas impossible que le concept de *constituant non matériel* de Nef soit très proche du concept de *partie non matérielle* de L. A. Paul. Ce dernier concept de partie non matérielle, L. A. Paul le nomme « *partie logique* ». Ce concept est très puissant,

1. F. Nef, « Ontologie de l'objet, théorie des propriétés et théorie des ensembles : quelques problèmes et perspectives », *Revue internationale de philosophie*, 2, 2006, p. 191-192.

2. *Ibid.*, p. 205.

comme je l'ai montré ailleurs[1], en ce qu'il permet de créer des agrégats mélangeant des catégories ontologiques distinctes : l'agrégat peut avoir pour parties des entités ayant une nature ontologique distincte de celle de la somme. Par exemple, un événement peut être appréhendé comme possédant des parties logiques telles que des propriétés et un volume spatio-temporel, ces propriétés et ce volume appartenant à deux catégories ontologiques distinctes. Dans le cas qui nous occupe, un objet ordinaire peut être appréhendé comme le résultat d'une relation méréologique de composition logique de propriétés naturelles. Le point important ici est donc que la théorie méréologique du faisceau repose sur la notion de partie logique dont le coût et le pouvoir explicatif peuvent être évalués de diverses manières. Dans la prochaine section, je vais présenter et motiver la *théorie éliminativiste du faisceau* qui, tout en postulant l'existence de propriétés naturelles, rejette l'existence du dispositif unificateur de ces propriétés, les relations liantes.

V

Selon la théorie éliminativiste du faisceau, il n'existe pas de relation liante indépendante de l'esprit. En fait, cette définition fournit une condition nécessaire mais non suffisante à toute position éliminativiste. En effet, cette première ébauche de définition est aussi compatible avec une *théorie conventionnaliste du faisceau*. Si l'on souhaite distinguer la *théorie éliminativiste du faisceau* d'une *théorie conventionnaliste du faisceau*, il faut aussi affirmer qu'il n'existe pas de relation liante *tout court* : ni indépendamment, ni dépendamment des *conventions linguistiques*. Ainsi, dans la terminologie que je propose, une théorie est éliminativiste à propos de x si elle affirme que x n'existe pas tout court (indépendamment ou non du langage). Alternativement, une théorie est conventionnaliste à propos de x si elle affirme que x existe de façon dépendante des conventions linguistiques (et/ou de l'esprit, je laisse ici ouverte la question du rapport entre langage et esprit)[2]. Dans le cas des théories du faisceau, une théorie est éliminativiste à propos du faisceau lorsqu'elle affirme que le faisceau et la relation liante n'existent pas (indépendamment ou non du langage), alors qu'une théorie conventionnaliste du faisceau affirme que la relation liante et le faisceau existent en étant produits par les conditions qui règlent l'utilisation du langage.

1. B. Le Bihan, « No Physical Particles for a Dispositional Monist ? », *Philosophical Papers*, 44, 2015, p. 207-232.

2. Le conventionnalisme à propos des objets matériels est défendu sous des formes différentes par Mark Heller (*cf.* M. Heller « The Donkey Problem », *Philosophical Studies*, 140, 2008, p. 83-101) et par Alan Sidelle (*cf.* A. Sidelle, « Modality and Objects », *Philosophical Quarterly*, 60, 2010, p. 109-125).

Une réticence à l'égard de la position conventionnaliste est qu'elle oscille dangereusement entre un réalisme et un éliminativisme. Elle partage avec le réalisme l'idée selon laquelle les objets matériels existent. Et elle accepte avec l'éliminativisme que les objets matériels n'existent pas indépendamment du langage. Le conventionnalisme implique donc de postuler un royaume ontologique autre que le monde naturel et d'attribuer au langage et à l'esprit un pouvoir de création : les conventions linguistiques font entrer dans l'existence des entités (ici, des objets matériels). Le pouvoir de création de l'esprit n'est pas intrinsèquement rédhibitoire : en effet, il est plausible de postuler que l'esprit peut créer des objets mentaux, des pensées et, peut-être, à travers les accords intersubjectifs, des objets sociaux. Le problème ici tient à ce que le conventionnalisme implique que l'esprit possède un pouvoir de création qui *déborde* le monde mental. Selon la théorie conventionnaliste du faisceau, les conventions font entrer dans l'existence des faisceaux, et à travers ces derniers, des objets *matériels*. Même un philosophe enclin à postuler des objets sociaux existant de façon dépendante de l'esprit, pourrait être réticent à attribuer l'existence dépendante aux objets matériels. En effet, les tables et les montagnes, à la différence des institutions, sont usuellement supposées posséder une réalité indépendante de l'esprit.

Le conventionnalisme à propos des objets matériels ordinaires implique donc, fâcheusement, d'attribuer aux conventions un pouvoir de création matérielle. Et cela implique directement qu'en l'absence d'esprit, les objets matériels n'existent pas. Je suis frappé par le caractère étrange d'une telle position, mais n'ayant pas d'argument décisif pour accepter le critère de non-étrangeté comme étant légitime en métaphysique, j'exprimerai ce point à l'aide d'une considération sur l'économie théorique et la simplicité ontologique. Les théories éliminativiste et réaliste du faisceau possèdent une plus grande économie théorique par rapport à la théorie conventionnaliste. Les théories éliminativiste et réaliste ne nécessitent pas, contrairement à la théorie conventionnaliste, de postuler *deux types d'existence matérielle* lorsqu'on décrit le monde matériel : une existence matérielle naturelle (*mind-independent*) qui caractérise les simples (les propriétés) et une existence matérielle conventionnelle (*mind-dependent*) qui caractérise les agrégats (les objets). Les théories réalistes et éliminativistes ne postulent qu'une existence naturelle, ces dernières ne différant que sur l'opportunité ou non d'inclure les *objets* dans la liste des entités qui existent naturellement.

VI

En première approche, la théorie éliminativiste du faisceau se présente comme la théorie selon laquelle il n'y a pas de composition (restreinte ou universelle) : les objets ne sont pas des faisceaux de propriétés pour la simple et bonne raison qu'il n'y a ni faisceau, ni relation de composition. On a ici, après la théorie méréologique de L. A. Paul qui repose sur un engagement envers une relation de composition restreinte, une autre théorie méréologique qui repose sur un nihilisme de la composition. Cette théorie nihiliste du faisceau n'est plus vraiment une théorie du faisceau, puisqu'à proprement parler il n'y a pas de faisceau. Cependant, il est possible de déployer une troisième théorie méréologique du faisceau, reposant sur un universalisme de la composition.

Dans la *version universaliste de la théorie éliminativiste du faisceau*, la relation de composition universelle est un « quelque chose plutôt que rien » : il s'agit de la relation de composition non restreinte. Cependant, ce « quelque chose » est tellement universel, il imprègne chaque zone du monde naturel de façon si totale qu'il n'est pas non plus grand chose. La relation de composition est présente partout, toute sélection aléatoire de parties du monde à laquelle nous pouvons songer formant une autre partie du monde. Le lien est si ténu qu'il ne permet pas de poser, par contraste, ce qui n'est pas lié. Tout est lié, rien n'est déconnecté, et c'est pourquoi la connexion se vide de sa *sélectivité*, condition d'existence des objets matériels. C'est pourquoi, même si la relation de composition est un « quelque chose », ce quelque chose n'assure pas la sélectivité et n'est pas une relation liante au sens plein. Au contraire, dans la version nihiliste de la théorie éliminativiste du faisceau, la relation de composition n'existe pas : rien n'est méréologiquement connecté et le monde est une pluralité éclatée. Les objets matériels n'existent pas et il n'existe pas non plus d'unités méréologiques jouant le rôle d'*ersatz* de ces objets. Nous référons aux pluralités comme à des *classes distributives* au sens de Leśniewski[1] ces pluralités ne possédant pas d'unité, ou pour le dire différemment, la notion de *classe collective* ne possédant pas de contrepartie ontologique.

En un sens, ces deux dernières théories (nihiliste et universaliste) reviennent à rejeter la distinction de Nef entre structure physique et structure ontologique, impliquant de perdre le dispositif de discrimination entre les bouts de réels qui sont des objets matériels et ceux qui ne le sont pas, le dispositif unificateur (*unifying device*) pour reprendre une expression de Jiri Benovsky[2]. Il n'existe pas

1. S. Leśniewski, *Podstawy Ogólnej Teorii Mnogości. I.*, Moscou, Popławski, 1916, trad. angl. S. J. Surma, J. T. J. Srzednicki, J. D. Barnett et V. F. Rickey (eds), *S. Leśniewski, Collected Works*, Dordrech, Kluwer/Polish Scientific Publishers, 1992.

2. J. Benovsky, « The Bundle Theory and the Substratum Theory : Deadly Enemies or Twin Brothers ? », *Philosophical Studies*, 141, 2008, p. 177.

de tel dispositif ontologique de discrimination : tous les morceaux de réels concevables sont des morceaux de réels, mais pas des objets matériels.

VII

Au sens large, nous avons donc trois théories méréologiques du faisceau : l'éliminativisme nihiliste, l'éliminativisme universaliste et le réalisme restrictiviste. Le réalisme restrictiviste est la théorie classique, si l'on omet d'identifier la relation liante sélective à la relation de composition restreinte. Ainsi, dès lors que l'on envisage que les objets sont façonnés par la relation de composition méréologique, les trois façons d'appréhender cette relation de composition permettent d'accoucher de trois conceptions distinctes de l'objet matériel. Si la relation de composition est restreinte, alors cette dernière est sélective en permettant de dicter si un objet concevable est un objet réel ou non. Encore une fois, cette théorie permet d'aboutir à une ontologie de l'objet classique qui ni n'augmente, ni ne réduit la quantité des objets habituellement postulés dans le sens commun : cette table devant moi est un objet matériel, la somme de la Tour Eiffel et du bout de mon nez, ainsi que tous les autres objets monstrueux, ne sont pas des objets matériels.

Si l'on adopte au contraire la thèse selon laquelle les compositions ne se produisent jamais, au profit d'un atomisme méréologique (ou de la thèse selon laquelle les décompositions ne se produisent jamais, dans le cadre d'une ontologie moniste), on aboutit alors à une théorie éliminativiste des objets matériels. On trouve à la place de ces objets des pluralités sans unité de simples méréologiques, des pluralités qui ne sont pas des objets.

Enfin, si l'on adopte l'universalisme de la composition, la composition est omniprésente dans le temps et dans l'espace, se produisant universellement et aveuglément. Cet universalisme de la composition est généralement appréhendé comme impliquant une ontologie réaliste et révisionniste des objets ordinaires (voir par exemple Sider[1] et Schaffer[2]). Je pense pour ma part que cette position se catégorise mieux comme une théorie éliminativiste à propos des objets matériels, tout en concédant que la différence entre une théorie éliminativiste à propos de x et une théorie réaliste révisionniste à propos de x, est seulement terminologique. Je manque d'espace pour préciser ce point, mais remarquons que selon cette théorie, le monde est habité d'une pluralité de sommes méréologiques d'atomes méréologiques (et de sommes de ces sommes), ces sommes étant ou bien des objets matériels non ordinaires (car très différents de la

1. T. Sider, « *Four Dimensionalism : An Ontology of Persistence and Time* », Oxford, Clarendon Press, 2001.

2. J. Schaffer, « Spacetime the One Substance », *Philosophical Studies*, 145, p. 131-48, 2009.

conception restrictiviste qui sous-tend le concept d'objet matériel ordinaire), selon l'interprétation réaliste révisionniste de l'universalisme de la composition, ou bien des entités qui ne sont pas des objets matériels pour la simple et bonne raison qu'il n'y a pas d'espace pour une notion d'objet matériel non ordinaire, l'objet matériel étant défini par ostension grâce au concept d'objet ordinaire. La seule manière d'échapper à cela serait de trouver des objets matériels non ordinaires en physique, peut-être avec les particules physiques. Cependant, la notion de particule physique résiste difficilement aux coups de bélier de la physique quantique, avec ses concepts d'onde, de probabilité et de champ. Pour ces raisons, la théorie méréologique du faisceau universaliste, avec les mises à jour du concept d'objet qu'elle implique, me paraît devoir être catégorisée comme une théorie éliminativiste, et non comme une théorie réaliste.

VIII

Il n'est aucunement question ici de trancher entre la théorie méréologique réaliste du faisceau et les théories méréologiques éliminativistes du faisceau. J'ai plutôt montré deux choses. Premièrement, la question de la composition permet de jeter un éclairage intéressant sur les théories du faisceau et de les classifier en fonction de la conception de la composition adoptée (nihilisme, restrictivisme ou universalisme) tout en évitant d'introduire une relation liante *sui generis*. Deuxièmement, au sein même de l'approche méréologique de la théorie du faisceau, autour de la nature de la réalité du faisceau, se joue l'affrontement de deux visions du monde des objets ordinaires : l'une est réaliste et commune, l'autre antiréaliste et jette le sens commun aux orties. Dans l'attrait exercé par la notion de faisceau c'est possiblement l'attrait de la parcimonie ontologique qui se fait sentir : une relation liante est supposée être moins lourde ontologiquement que le substrat. Cette légèreté ontologique va-t-elle jusqu'au nihilisme de la composition, est-elle modérée avec un universalisme de la composition ou est-elle très relative avec un restrictivisme de la composition, impliquant que la relation de composition restreinte joue le même rôle explicatif que le substrat[1] ? Quelle que soit l'opinion adoptée et les arguments mobilisés ici, celle-ci relève probablement d'un goût philosophique différent pour les ontologies riches (réalistes et communes) ou, au contraire, pour les ontologies austères (antiréalistes et exotiques). Comme souvent en métaphysique, l'examen de la possible nature méréologique de la relation liante offre le spectacle d'une compétition entre la beauté luxuriante des forêts tropicales et la beauté simple des étendues désertes.

1. Sur ce dernier point, voir J. Benovsky, « The Bundle Theory and the Substratum Theory : Deadly Enemies or Twin Brothers ? », art. cit., p. 175-190.

MICHEL LE DU

L'INTROSPECTION INTROUVABLE

INTROSPECTION, PERCEPTION, AUTORÉFLEXION

L'exposé que voici traite du *concept* d'introspection et des difficultés internes qu'il soulève. Il n'y sera pas question de la *méthode* introspective telle qu'elle a été prônée en psychologie notamment par Wundt ou encore l'École de Würzburg et largement débattue par la suite. Ce n'est que vers la fin de cet exposé que sera évoquée la résurgence, au sein des sciences de l'esprit actuelles, d'un avatar du concept d'introspection. Notons que le terme lui-même est couramment employé pour désigner l'aptitude à former des pensées « à propos de nos propres états mentaux » [1]. C'est à cette aptitude qu'il est fait référence lorsque l'on parle, par exemple, de « littérature d'introspection ». On désigne, en effet, par cette locution la démarche consistant à décrire les sinuosités de sa propre vie mentale ou à s'en inspirer pour dessiner celles d'un personnage. Ainsi comprise, l'introspection dépasse largement les frontières de l'exercice littéraire : toute personne s'arrêtant sur le cours de sa vie psychologique adopte une telle posture. Hans-Johann Glock relève que :

> Nous observons ou décrivons parfois notre propre état d'esprit, non pas lorsque nous faisons état d'un mal de dent, mais dans des cas spéciaux d'autoréflexion… Mais, dans de tels cas, nous n'exerçons pas non plus un mystérieux sens interne [2].

Il est important, en effet, de noter que qui emploie le mot « introspection », ne fait pas automatiquement référence à une capacité modelée sur la vision. Cette analogie soulève, lorsqu'on la prend au pied de la lettre, différents problèmes.

1. *Cf.* J. R. Searle, *The Rediscovery of Mind*, Cambridge, MIT Press, 1992, trad. fr. C. Tiercelin, *La redécouverte de l'esprit*, Paris, Gallimard, 1995, p. 201.

2. *Cf.* H.-J. Glock, *A Wittgenstein Dictionary*, Blackwell, Oxford, 1996, p. 176.

D'abord, il est difficile de l'adopter sans adopter également une certaine conception de la sémantique des termes psychologiques, celle-là même que Wittgenstein a cherché à discréditer dans sa critique de l'hypothèse du langage privé [1]. Une telle capacité a, de surcroît, quelque chose de paradoxal : on la suppose en mesure d'expliquer l'infaillibilité des témoignages portant sur notre propre vie psychologique, alors que la vision, qui lui sert de modèle, est, tout à l'inverse, éminemment faillible. Aux yeux de ceux qui souscrivent à cette objection, l'idée semble donc être que, quand bien même un sujet s'avère capable de noter les événements de sa vie psychologique, il reste qu'il n'est en aucune façon, vis à vis d'eux, dans la position d'un spectateur rapportant une scène vue.

Cette remarque s'articule naturellement à l'analyse des verbes psychologiques par Wittgenstein. Celle-ci consiste, en effet, à dire qu'à la première personne du présent ces verbes sont expressifs, alors qu'aux autres personnes et aux autres temps ils sont informatifs ou descriptifs [2]. Si je fais état de mon émotion, j'exprime celle-ci : je n'observe pas un phénomène intérieur sur lequel je produis ensuite une déclaration. Cela dit, le fait qu'un verbe psychologique soit employé de manière expressive n'interdit pas à la phrase complète où il figure d'être une description. Dans l'énoncé « J'ai peur de *x* », tout le monde en conviendra, je suis le sujet de la description, et non mon âme ou mon esprit. On pourrait même soutenir que l'énoncé « Mon émotion me perturbe » est, en réalité, une description de moi-même : j'exprime un état mental et, simultanément, je me décris comme possédant la propriété d'être dans cet état (= l'émotion perturbante). On peut parler ici de *description sans observation* (car je n'infère pas non plus l'existence de cette propriété à partir de l'examen de mon propre comportement). Et quand bien même notre compréhension de l'esprit se trouverait libérée de toute tentation de modeler l'exercice de celui-ci sur celui de la vision, force serait de reconnaître qu'il demeure d'usage de dire que l'on s'arrête sur ce qui nous « vient à l'esprit » et que l'on note ce qui « traverse » celui-ci. Ce qu'il convient d'éviter, c'est donc avant tout une mythologie conduisant à se représenter *traverser l'esprit* sur le modèle de *traverser la pièce*. Mais si l'analogie avec

1. Nef a raison, dans une conférence inédite intitulée « Brentano, la perception interne et l'introspection », de distinguer la critique de l'hypothèse du langage privé par Wittgenstein de sa discussion de l'introspection. Ces deux sujets ne sont d'ailleurs pas discutés aux mêmes endroits de ses écrits. Wittgenstein est surtout soucieux de montrer que l'introspection ne peut conduire « qu'à un énoncé psychologique concernant celui qui s'y livre » (L. Wittgenstein, *Remarques sur la philosophie de la psychologie*, vol. 1, Mauvezin, TER, 1989, § 212). C'est lorsque l'on se persuade qu'elle peut faire plus que l'on se trouve exposé au syndrome de la définition ostensive privée. Les théories visées à la fin de cet exposé, à partir du moment où elles supposent une forme « d'accès privilégié », perpétuent une conception erronée de l'introspection et, indirectement, une doctrine fausse de la sémantique des termes psychologiques.

2. *Cf.* L. Wittgenstein, *Remarques sur la philosophie de la psychologie*, vol. 2, Mauvezin, TER, 1994, § 63.

la vision s'amenuise, se pose la question de savoir quelle(s) fonction(s) elle remplit, étant entendu que l'on ne peut tout de même pas assimiler son emploi à un tic de langage ou à une simple manière de parler traditionnelle comme « Le soleil se lève ».

On peut aussi se demander, au passage, pourquoi Glock exclut l'acte consistant à faire état d'un mal de dent des « cas spéciaux d'autoréflexion » auxquels il fait allusion. Même si l'on considère que les énoncés mentionnant des douleurs sont, à la base, des *expressions* linguistiques de celles-ci [1], il reste que l'on peut aussi décrire une douleur dentaire, noter, par exemple, qu'elle est continue ou, au contraire, pulsative etc. N'y a-t-il pas là « autoréflexion » ? Un chatouillement, une démangeaison, une douleur sont des sensations. Elles sont localisables. Comme le souligne Elisabeth Anscombe, cette localisation ne fait pas partie des choses sur lesquelles on peut se tromper [2]. Cela dit, si j'ai une migraine située derrière mon œil gauche, celle-ci reste distincte de son véhicule (= la vasodilatation), que l'on peut chercher à localiser lui aussi. Dans le contexte d'une telle distinction, il est normal de décrire la douleur migraineuse comme un état conscient et la vasodilatation comme un processus physique. Néanmoins, passer de là à l'idée que les sensations sont, à proprement parler, des *états d'esprit* revient à effectuer un pas de trop. La joie et la colère sont des états d'esprit : on peut leur associer une durée et une intensité. Bien sûr, on peut également parler de la durée et de l'intensité d'une douleur, mais le fait que l'on puisse, de surcroît, la localiser (contrairement à la joie) introduit une différence catégoriale. Cette différence conduit à une double recommandation : limiter l'usage des locutions *état mental* et *état d'esprit* aux épisodes auxquels on n'est pas en mesure d'associer une localisation et réserver le terme *autoréflexion* à des actes qui s'appliquent à de tels épisodes. Il suffit d'ailleurs qu'une douleur soit située dans mon pied (et non dans ma tête, comme la migraine), pour que s'émousse toute propension à la décrire comme un état d'esprit (même si elle peut, bien évidemment, me préoccuper).

Concluons sur ce point en soulignant que l'hypothèse d'une faculté modelée sur la vision ne s'impose, en réalité, ni pour expliquer le fait que nous soyons en mesure de décrire nos sensations proprement dites (comme lorsque nous répondons aux questions d'un médecin), ni pour expliquer le fait que nous soyons capables de décrire nos états d'esprit *stricto sensu*. Tout ceci milite en faveur d'une analogie *faible* entre introspection et vision. Nous voilà donc face à deux options. D'un côté, nous pouvons relever le défi et chercher à bâtir une version forte de l'analogie qui ne consisterait cependant pas à prendre celle-ci, comme précédemment, au pied de la lettre ; on pourrait attendre d'une telle

1. *Cf.* L. Wittgenstein, *Recherches philosophiques*, Paris, Gallimard, 2004, § 244.

2. On peut, en revanche, se tromper complètement sur la cause de la douleur. *Cf.* E. Anscombe, *Intention*, § 8, Paris, Gallimard, 2002.

version qu'elle prévienne l'objection tirée de la faillibilité de la vision. D'un autre côté, nous pouvons nous cantonner à l'idée d'une analogie faible et tenter de voir ce qu'elle implique.

L'autoréflexion, pour reprendre le terme précédemment utilisé, porte normalement sur des occurrences mentales. Parmi ces occurrences, on trouve, comme une précédente remarque le suggère, les émotions. Dans un passage des *Remarques sur la philosophie de la psychologie* [1], Wittgenstein souligne que celles-ci comportent « des expériences et des pensées caractéristiques ». La joie, par exemple, va s'accompagner de pensées heureuses et de sensations distinctives. Si, par « description d'une émotion », on entend la description des sensations qui l'accompagnent (le cœur qui s'accélère, la gorge sèche etc.), celle-ci est très peu différente de celle des sensations proprement dites, à ceci près que le lien entre les différentes sensations concernées est imputable à l'émotion. Lorsque la description porte sur les *Vorstellungen* qui lui sont concomitantes, elle s'attache à quelque chose de différent. Néanmoins, elle continue à porter sur des vécus. Il en va autrement lorsque l'on se penche sur l'*objet* de l'émotion [2]. Celui-ci peut, en effet, être implicite et l'on voit, du coup, que la réflexion visant à le saisir ne peut se ramener à une description de ce qui est « présent à l'esprit ». Parler d'*autoréflexion* pour désigner, cette fois, l'attitude consistant, pour quelqu'un, à s'interroger sur la nature de ses sentiments vis-à-vis d'autrui, autrement dit sur leur objet véritable, sur les raisons qui les motivent, conduit insensiblement à employer le terme d'une manière qui diffère de l'emploi précédent.

Ceci met en évidence le caractère composite de la notion de *réflexion* communément employée et suggère une distinction entre la *perception interne*, à strictement parler, et la notion d'*introspection* lorsque cette dernière est élargie au point d'inclure, par exemple, la recherche, par un sujet, des intentions de certains de ses actes [3]. Il ne faut toutefois pas en conclure que cette notion élargie lisse les difficultés, ni qu'elle vient simplement prendre la place de l'analogie avec la

1. Cf. *Remarques sur la philosophie de la psychologie*, vol. 1, *op. cit.*, § 836.

2. Il va de soi que toute émotion n'a pas d'objet (on peut être joyeux sans raison particulière de l'être) et qu'*être accompagné de pensées* et *avoir un objet* sont, pour une émotion, deux choses différentes, même si lorsqu'une émotion a bel et bien un objet, les pensées qui l'accompagnent peuvent, bien évidemment, se rapporter à lui.

3. Nef, dans son commentaire de la psychologie brentanienne, souligne lui aussi le caractère syncrétique de la notion d'introspection. Il explique ce caractère par la différence entre la perception interne (qui n'est pas observationnelle), d'un part, et l'observation, d'autre part, et considère que l'introspection est une perception interne « qui se prétend observation ». Je pense, pour ma part, qu'il y a deux sources à ce syncrétisme. La première tient à une oscillation entre une interprétation forte et une interprétation faible de l'analogie avec la vision. La seconde tient à l'usage du terme « introspection » dans des contextes où un sujet fait état d'intentions, de croyances, de désirs, lesquels n'entrent pas dans la catégorie des occurrences mentales. Cela dit, nos avis se rejoignent sur un point central : si perception interne il y a, elle ne peut être que non observationnelle.

vision. La question, on l'aura compris, est d'abord de savoir si l'expression « perception interne » est prise à sa valeur frontale ou non. C'est le point que nous allons aborder maintenant, et il va requérir de notre part l'analyse des notions de *signification primaire* et de *signification secondaire*. Cette étape sémantique apparaîtra peut-être comme un détour au lecteur, mais elle est indispensable à notre raisonnement. Elle nous amènera dans un second temps à considérer le modèle introspectif de l'esprit, sous certains de ses aspects, comme une sorte de *fiction*. Pour le dire brièvement, je cherche à mettre en relation les trois notions qui viennent d'être mentionnées, et j'entends, par ce moyen, différencier les branches du concept d'introspection et couper, au passage, quelques branches mortes si nécessaire.

SIGNIFICATION PRIMAIRE *VS* SIGNIFICATION SECONDAIRE

Wittgenstein donne comme exemple de signification secondaire la locution *calcul mental*[1]. Il explique notamment que l'expression *calculer mentalement* ne peut être comprise que par quelqu'un qui sait déjà ce que ce que signifie *calculer à haute voix* (ou sur le papier). Nous sommes invités à comprendre que le calcul mental ne constitue pas une *espèce* supplémentaire de calcul aux côtés du calcul arithmétique, du calcul des prédicats, du calcul propositionnel etc. Pourquoi, cependant, ne pas considérer qu'il y a là un simple prolongement de la signification primaire ? Après tout, le calcul fait à haute voix, dans la mesure où il met en jeu des capacités cognitives, ne mérite-t-il pas, lui aussi, d'être appelé « mental » ? D'un certain point de vue, *tout* calcul l'est et, au bout du compte, la distinction entre un calcul qui serait mental et un calcul qui ne le serait pas semble sans objet. En quoi donc est-elle si décisive ?

Il faut comprendre que le calcul, lorsqu'il n'est pas exécuté sur le papier, n'est pas, à strictement parler, fait *dans l'esprit* non plus. Le calcul n'est pas quelque chose qui se déroule quelque part, au sens où l'on peut le dire d'un processus neuro-physique[2]. Lorsque l'on dit que l'on calcule *de tête*, ou *mentalement*, « de

1. Sur la notion de *signification secondaire*, voir L. Wittgenstein, *Recherches Philosophiques*, *op. cit.*, II, XI, p. 304. Wittgenstein insiste dans ce passage sur le fait que les *sekundäre Bedeutung* n'est pas une *übertragene Bedeutung*.

2. On se souvient de l'opposition établie par Wittgenstein entre « Deux négations *donnent* une affirmation » et « Le carbone et l'oxygène *donnent* de l'acide carbonique » (cf. *Grammaire philosophique*, Paris, Gallimard, 1985, p. 76). En réalité, une double négation ne *donne* rien, elle *est* quelque chose et, contrairement à un processus chimique, elle ne se déroule nulle part. Prendre au pied de la lettre l'idée d'un calcul qui se déroulerait « dans la tête » illustre la même confusion. Un calcul procède de règles : qu'il soit exécuté sur le papier ou mentalement n'y change rien car calculer est une *capacité* et il n'y a aucun sens à localiser cette capacité où que ce soit, même si le *véhicule* de celle-ci peut l'être (*cf.* A. Kenny, *The Metaphysics of Mind*, Oxford, OUP, 1992, chap. V).

tête » ne signifie pas *dans la tête* (en opposition à une autre localisation) et « mentalement » n'a pas la signification qu'il a lorsqu'on l'oppose à « physiquement ». Cette épithète et cet adverbe en viennent, en fait, à signifier *sans manifestation extérieure*. Les expressions concernées reçoivent ainsi une signification secondaire dont héritent les locutions complètes correspondantes. Et c'est pourquoi « calculer mentalement » revient à calculer en un sens secondaire, même si ce n'est pas, en premier lieu, le terme « calcul » qui est pris dans un tel sens : on pourrait dire que « calculer » conserve sa signification primaire, mais que l'expression complète conquiert une signification secondaire.

Nous voyons ainsi se dessiner trois critères légitimant le fait de parler d'une telle signification : 1) un changement d'environnement grammatical intervient. (2) La signification primaire est instituée *avant* la signification secondaire. 3) La compréhension de la seconde *dépend* de celle de la première[1]. Autrement dit, leur lien n'est pas simplement étymologique ou historique : il s'agit d'une *dépendance cognitive*. Lorsqu'une signification additionnelle est introduite, le nouvel usage du terme le plaçant dans un environnement inédit, beaucoup de connexions conceptuelles antérieures deviennent obsolètes. Lorsque l'on parle d'un *esprit profond*, cette épithète perd ses connexions avec les concepts d'*espace* et de *distance* et en noue d'autres avec ceux d'*intelligence*, de *compréhension*, etc. Semblablement, le concept de *mémoire*, dans l'expression *mémoire des machines*, voit ses connexions avec les notions de *besoin*, d'*intérêt*, de *pensée*, etc. suspendues, connexions que la notion ordinaire de *mémoire* entretien[2]. La recherche des similitudes n'est pas ici la priorité du processus de compréhension. Appelons *C1* le concept pris dans signification primaire et *C2* le même concept compris dans sa signification additionnelle. D'un côté, on ne peut pas comprendre (ou difficilement) *C2* si l'on ne comprend pas *C1*. D'un autre côté, comprendre *C2* demande que l'on s'affranchisse des connexions dans lesquelles *C1* se trouve pris. On voit donc que la dépendance dont il était question plus haut n'implique pas que la compréhension de *C2* doive se modeler sur celle de *C1*. Ainsi, parler d'*organisation* sociale revient à mobiliser une signification secondaire, par rapport à celle mise en jeu lorsque l'on parle de l'*organisation* du

1. Plusieurs mécanismes peuvent intervenir dans la production d'une signification secondaire : 1) la *métonymie* (comme lorsque l'on dit qu'une machine *calcule* alors que c'est quelqu'un qui s'en sert pour calculer) ; 2) *l'absolutisation* (comme lorsque l'on en vient à dire que l'on est absolument en *sécurité* entre les mains de Dieu, alors que la sécurité au sens usuel est forcément relative) ; 3) la *catachrèse* (= utilisation d'un terme d'une nouvelle façon pour combler un manque dans le langage, comme lorsque l'on utilise l'épithète *profond(e)* pour qualifier un esprit ou une foi). Max Black donne « cherry lips » comme exemple de catachrèse et précise que le sens nouveau ainsi produit est voué à devenir une partie du sens littéral (M. Black, « Metaphor », in *Models and Metaphors*, Ithaca, Cornell UP, 1962, p. 32-33).

2. *Cf.* P. Hacker, « Seeing, Representing and Describing », in *Investigating Psychology*, London, Routledge, 1991, p. 119-154 et spécialement p. 128.

vivant[1]. Et envisager la première sur le modèle de la seconde conduit à une représentation organiciste et fausse de ce qu'est une société.

Dans l'exemple du calcul mental, le troisième critère joue d'une manière particulière, puisqu'il tient à une contrainte épistémique absolue : le « calcul de tête » *peut* s'accompagner de manifestations extérieures, mais celles-ci sont contingentes et, lorsqu'elles existent, ne sont pas caractéristiques. On peut, par exemple, pencher la tête en arrière lorsque l'on calcule mentalement mais aussi lorsque l'on rêve. La possibilité d'attribuer à x l'acte consistant à calculer intérieurement dépend donc de notre observation antérieure, dans des circonstances similaires, de x comptant de vive voix ou déclarant qu'il est en train de calculer. L'absence d'accessibilité des opérations intellectuelles conduites par autrui *in foro interno*, explique, dans le cas du calcul mental, la dépendance de la signification secondaire. Et cette dépendance explique à son tour qu'il n'y ait aucun moyen d'apprendre cette dernière sans apprendre d'abord la signification primaire. Reste que l'impression que l'on retire, lorsque l'on examine la relation entre la signification primaire et la signification secondaire d'un terme comme celui de « courant », est que cette dernière semble pouvoir, à l'inverse de ce qui se passe s'agissant du calcul mental, être comprise de manière autonome. Le problème d'accessibilité relevé plus haut ne semble pas se poser ici : il ne semble nullement impossible qu'un locuteur puisse apprendre à parler des courants dans la vie politique sans avoir préalablement appris l'usage du terme se rapportant aux phénomènes de la nature. Quelque chose lui ferait cependant défaut : ce locuteur ne pourrait pas voir la dimension analogique du concept de *courant politique*. On voit donc que la notion de *dépendance* recouvre en fait des connexions qui ne sont pas toutes également strictes. Le cas de la perception interne semble, à première vue, similaire à celui du calcul mental. Mais alors que celui qui calcule intérieurement est également capable de le faire publiquement, l'idée d'une vision intérieure qui deviendrait publique est contradictoire.

Ces considérations ne doivent toutefois pas nous faire perdre de vue que la distinction principale est celle entre les adjonctions qui restent dans le périmètre de la signification primaire (comme lorsque l'on passe du *courant hydraulique* au *courant électrique*) et l'établissement de significations additionnelles (le courant politique *n'est pas* une *espèce* de courant qui s'ajouterait à ceux que nous venons de mentionner : il n'appartient pas à la nature)[2]. Les partisans de l'interprétation

1. L. Fleck, *Genèse et développement d'un fait scientifique*, Paris, Flammarion, 2005, p. 197 : « Lorsqu'un économiste parle d'organisme économique, ou un philosophe de substance [...], ils utilisent dans leur domaine spécialisé respectif des concepts provenant de leur fonds de savoir populaire. »

2. Plutôt que de deux types d'analogies, c'est plutôt de deux *usages* de l'analogie qu'il faudrait parler. Voir sur ce point P. Hacker, « Languages, Minds and Brains », *in* C. Blakemore et S. Greenfield (eds), *Mindwaves*, Oxford, Blackwell, 1987, p. 485-505 et spécialement p. 487. La parenté de genre

forte (= ceux qui prennent au pied de la lettre l'analogie avec la vision) commettent une erreur : ils croient étoffer la signification primaire de « perception » et traitent ce concept comme s'ils lui associaient, sans autre forme de procès, une espèce supplémentaire, comme s'ils disaient : « Il s'applique aussi à cela ». Les théories traditionnelles du sens interne ont alimenté ce genre d'interprétation [1]. Comme elles ont fait l'objet d'un certain discrédit, on aurait pu imaginer que les conceptions qu'elles véhiculent ne referaient pas surface. Mais nous allons voir qu'elles ont retrouvé une place dans nombre de débats récents.

Le retour de l'œil de l'esprit

L'image traditionnelle de la conscience comme sens interne a partie liée avec celle d'un espace intérieur où se dérouleraient certaines opérations ressortissant aux domaines de la perception, de la représentation, de la pensée etc. Lorsque cette image traditionnelle est activée, il s'avère difficile d'en extraire une idée cohérente. En réalité, il est même plus approprié de parler d'une oscillation entre plusieurs images. Comme le relève John Hyman :

> Le fait d'avoir une sensation (une démangeaison ou un mal de dent) est conçu sur le modèle de la perception … il est tentant de penser à la sensation comme à la perception de quelque chose d'intérieur, un objet privé et éthéré. Ensuite, imaginez la perception sur le modèle de la sensation et il vous semblera que lorsque nous percevons une maison ou un arbre, ce dont nous sommes immédiatement conscients soit à nouveau un phénomène privé, même s'il s'agit d'un phénomène correspondant d'une manière ou d'une autre à un objet physique effectivement présent dans notre environnement [2].

Nous avons, dans ce qui précède, la recette de fabrication d'une notion syncrétique. Les sensations sont, explique-t-on, objets d'une perception et les perceptions portant sur les choses extérieures sont supposées, à leur tour, faire l'objet d'un « sentir » intérieur. On aurait pu penser qu'après les critiques de Wittgenstein visant le mythe de l'intériorité qu'une telle image se verrait définitivement proscrite. En réalité, elle est toujours active et induit des distorsions

entre courant d'eau et courant électrique tient à ce que les deux sont constitués de particules. Autrement dit, leur ressemblance peut faire l'objet d'une *vérification*, et c'est donc, en dernier lieu, le réel qui tranche la question de savoir à quel usage de l'analogie on a affaire. Il est, en revanche, beaucoup plus difficile de déterminer à quoi pourrait bien ressembler la vérification du fait que le courant politique ressemble au courant d'eau.

1. L'origine de cette théorie peut être trouvée chez Locke (cf. *Essai sur l'entendement humain*, Paris, Le livre de poche, 2009, II, I, 4).

2. *Cf.* J. Hyman, « Visual Experience and Blindsight », in *Investigating Psychology, Sciences of the mind after Wittgenstein*, London, Routledge, 1991, p. 176.

dans la façon dont sont traitées et conceptualisées tout un ensemble d'observations, portant notamment sur les troubles de la cognition et de l'action. De ce point de vue, il est intéressant d'observer la manière dont elle s'est immiscée, durant les dernières décennies, dans un certain nombre de travaux marquants. Un symptôme-clé manifestant son influence est l'adoption, par tout un ensemble d'auteurs, de l'hypothèse d'un appareil de contrôle interne portant aussi bien sur nos pensées que sur nos intentions, système qu'ils ont choisi d'appeler *monitoring*. Le terme apparaît chez Larry Weiskrantz, au moment où il décrit un syndrome paradoxal, ne ressemblant pas à un déficit ordinaire de la vision [1]. On le retrouve ensuite chez des auteurs ayant cherché à expliquer les hallucinations schizophréniques, en particulier le fait que les malades expliquent entendre des « voix dans leur tête ». Le plus connu de ces auteurs est Christopher D. Frith [2].

Commençons par Weiskrantz. Ce dernier a décrit, dans une série d'études, un syndrome étrange, identifié chez un patient connu sous le nom de D. B., qui avait subi une ablation chirurgicale du lobe occipital droit. Au vu des tests cliniques habituels, D. B. était considéré comme complètement aveugle sur l'ensemble de la moitié gauche de son champ visuel. Néanmoins, un certain temps après l'intervention chirurgicale,

> il en vint graduellement à dire, en présence de stimuli saillants, [...] qu'il était « conscient » (*aware*) de quelque chose, qu'il « savait que quelque chose se trouvait là » et savait en gros où, mais qu'il ne « voyait » en aucune façon cette chose – il était catégorique sur ce point [...] cependant, lorsque les stimuli étaient plus faibles [...] ou dirigés vers le « cœur » mort du champ défectueux, il changeait de discours et disait qu'il n'était conscient de rien et qu'il se contentait de « deviner » [3].

Ce que Weiskrantz souligne en premier lieu, c'est l'existence d'un divorce entre les discriminations visuelles que le sujet s'avère capable de produire et le « commentaire » qu'il livre de manière concomitante. C'est cette constatation qui le conduit à dire que l'on se trouve, avec ce qu'il a choisi d'appeler « vision aveugle », en présence d'un syndrome qualitativement distinct des déficiences visuelles habituelles. Il explique, par ailleurs, ce syndrome par une déconnexion entre *reacting* et *monitoring* et considère le *monitoring* comme une forme d'accès privilégié. C'est ainsi que l'image d'un tel accès se glisse dans le tableau général. Après tout, le décalage entre les performances du sujet en matière de discrimination visuelle et le commentaire qu'il livre n'impose nullement l'hypothèse d'un

1. *Cf.* L. Weiskrantz, *Blindsight*, Oxford, OUP, 1986.

2. *Cf.* C. D. Frith, *The Cognitive Neuropsychology of Schizophrenia*, Hove, Erlbaum (UK), 1992.

3. *Cf.* L. Weiskrantz, « Varieties of Residual Experience », *Quarterly Journal of Experimental Psychology*, 32, 1980, p. 371.

appareil mental de cette nature. Je suis tout à fait d'accord avec John Hyman lorsqu'il estime que :

> L'idée d'un système de *monitoring* est, dans son essence, une thèse philosophique déguisée en hypothèse neurophysiologique [1].

La conclusion défendue par John Hyman est que le *monitoring* est une version « relookée » de la notion traditionnelle de sens interne. Certains penseront qu'au contraire, à partir du moment où l'on peut identifier une structure neuro-physique responsable de celui-ci, l'hypothèse acquiert une consistance nouvelle. Mais le *monitoring* ne peut pas être à la fois une capacité mentale et une telle structure. L'appareil neuro-physique sert de véhicule à une capacité mentale, laquelle est décrite ensuite en termes « d'accès privilégié », et une telle description nous ramène tout droit du côté de la spéculation philosophique.

Venons-en à Frith. L'explication qu'il donne de la « symptomatologie positive » de la schizophrénie appelle des remarques analogues. Il part de l'idée plausible selon laquelle les patients schizophrènes souffrent de « troubles de l'agentivité » : ils ne se rendent pas compte que les voix qu'ils entendent « dans leur tête » ne sont que leur propre discours intérieur. Autrement dit, ils ne s'aperçoivent pas qu'ils en sont la source et en font l'expérience comme de voix étrangères venant de personnalités ou d'entités menaçantes [2]. Accomplissant un mouvement similaire à celui effectué par Weiskrantz, Frith en vient à dire que l'explication de ce trouble de l'agentivité est à chercher du côté d'une défaillance du *monitoring*. Il se livre alors à une élaboration de cette notion qu'il convient d'examiner pour elle-même.

Frith distingue deux manières de former une intention d'agir. La première est, explique-t-il, *stimulus-driven*. Un stimulus particulier conduit un sujet à former une intention d'agir, à l'image de ce qui se passe lorsque quelqu'un commande un gâteau au chocolat après avoir vu qu'il était proposé au menu. La seconde manière consiste à former un plan ou un but. Frith ajoute que les deux types d'intentions font l'objet d'un contrôle par un *cognitive monitor*. Il est difficile de trouver, chez un penseur d'une certaine ampleur, autant de confusions en si peu de lignes. D'abord, beaucoup de réactions à des stimuli ne peuvent pas être qualifiées d'intentionnelles [3]. Ensuite, il est erroné d'affirmer que ces réactions

1. J. Hyman, « Visual Experience and Blindsight », art. cit., p. 196.

2. On trouvera nombre d'exemples de délires schizophréniques dans l'ouvrage *Pathologies of Belief*, dirigé par Max Colheart et Martin Davies, Oxford, Blackwell, 2000. L'article de Ian Gold et Jakob Hohwy intitulé « Rationality and Schizophrenic Delusion » traite tout particulièrement de cette question.

3. Même les actions volontaires ne sont pas toutes intentionnelles. Comme Frith le souligne lui-même, la symptomatologie négative de la schizophrénie nous met en présence de sujets qui ont perdu le « sens de l'agentivité », ce qui signifie qu'ils sont capables de réagir à un stimulus massif (ils

impliquent préalablement de « former une intention d'agir ». Nous connaissons depuis Anscombe la différence entre *agir intentionnellement*, *agir avec une intention*. On peut agir intentionnellement (= pour certaines raisons) sans agir avec une intention. Et agir avec une intention n'implique pas forcément quelque chose d'aussi spécifique qu'un plan.

Plus fondamentalement, penser qu'une intention peut être soumise au genre de contrôle qu'imagine Frith constitue une confusion catégoriale. En effet, quand bien même nos états mentaux seraient de nature à être « sentis » intérieurement, resterait le fait qu'il est erroné de considérer que les intentions sont à compter au nombre des états en question : une intention n'a pas de durée et, à ce titre, ne peut pas être « sentie » (*sensed*) intérieurement [1]. Elle tombe sous l'autorité discrétionnaire de l'agent, qui peut l'avouer, mais n'appartient pas à la catégorie des choses que ce dernier peut saisir en lui-même sur le vif. Dans l'article de Gold et Hohwy mentionné plus haut, on trouve une extrapolation étonnante à partir des idées de Frith sur les intentions et leur *monitoring* :

> Un matin, je forme l'intention de sauter dans le bus, et je réalise l'action de penser « Saute dans le bus ! ». Si je n'ai pas monitoré (*monitored*) l'intention de sauter dans le bus, je vais me trouver avec, à l'esprit, une pensée particulière, sans avoir le moins du monde conscience de l'intention qui l'a initiée. Du coup, je puis faire l'expérience de cette pensée comme ayant été mise dans ma tête par quelqu'un d'autre – ce qui constitue une illusion d'insertion de pensée [2].

Il y a déjà quelque chose d'étrange dans le fait de concevoir la formation de la pensée que p (= sauter dans le bus) sur le modèle de la réalisation d'une action. Il se peut que cette pensée me traverse l'esprit, mais on ne peut pas la décrire comme quelque chose que j'accomplis. Il nous arrive de nous demander : « Comment en suis-je venu à penser cela ? ». Mais dissiper l'étrangeté d'une pensée consiste rarement à exhiber l'intention qui conduit à elle, mais plutôt à l'interpréter ou à la faire apparaître sous un jour nouveau. Et lorsque l'une de nos pensées nous semble décidément étrange, c'est son contenu qui nous apparaît tel, non son occurrence : nous n'avons aucun doute sur le fait qu'elle est la nôtre. S'il en était autrement, toute idée un peu saugrenue qui nous traverserait l'esprit nous exposerait au syndrome de l'insertion de pensée.

On voit donc à quel point il est difficile de trouver un point d'application clair à l'idée d'un *cognitive monitoring*, spécialement s'il est supposé porter sur les intentions. Ce qui ressort, en tout cas, c'est que cette idée implique celle d'une

esquivent lorsque quelqu'un les menace avec un bâton) mais ont perdu la faculté d'*initier* des actions, laquelle est la condition nécessaire mais non suffisante pour agir intentionnellement.

1. Rappelons-nous au passage l'argument d'Elisabeth Anscombe : si une intention était un état mental, il deviendrait impossible de la distinguer d'un souhait.

2. I. Gold et J. Hohwy, « Rationality and Schizophrenic Delusion », art. cit., p. 150-151.

relation externe entre le *monitoring* et ce sur quoi il porte, ce sans quoi la sorte de déconnexion qui caractérise le syndrome ne pourrait se produire. Une telle déconnexion est impossible dans la perspective à laquelle s'attache Nef, puisque, en termes brentaniens, la relation entre les « actes psychiques » et les « actes concomitants » est une relation ontologique et non une relation externe[1]. Cette remarque nous amène à un point central dont nous reparlerons en conclusion.

UNE MYTHOLOGIE DE LA PRÉSENCE

Croire que nos intentions font partie des choses avec lesquelles nous pouvons entretenir un contact épistémique est une erreur que ce qui précède illustre. Nous croyons qu'une base évidentielle est nécessaire pour pouvoir assurer que nous avons bel et bien telle ou telle intention, et le *monitoring* est supposé fournir celle-ci. Cette erreur est très comparable à celle que dénonce Norman Malcolm à propos de la mémoire[2]. Rapporter à d'autres ce dont nous avons été témoin constitue, explique-t-il, une « forme de vie de base » et celle-ci ne requiert aucune explication. Prétendre l'expliquer en invoquant une image mentale ou un engramme cérébral qui conserverait la scène vue revient à s'engager dans une impasse conceptuelle. Nous avons une capacité de mémoire, laquelle possède un véhicule neuro-physique, mais cela ne signifie nullement que nos souvenirs soient individuellement stockés jusqu'au moment où ils sont rapportés. Malcolm critique cette inclination, qu'il appelle *bridging the temporal gap*, et explique qu'il faut s'en libérer : nous croyons à tort qu'une image mnésique doit être là afin que le récit que nous produisons puisse se régler sur elle, mais c'est une illusion. La vérité est que nous avons la capacité de raconter ce que nous avons vu et que notre relation s'*accompagne* souvent d'images mentales, mais reste que celles-ci ne sont nullement l'*explicans* dudit récit.

Croire que nous sommes en mesure de faire état de nos intentions parce que nous disposons d'*evidences* se rapportant à elles constitue une erreur qui n'affecte pas la seule hypothèse du *monitoring*. En effet, même si l'on ne prend pas la notion de sens interne au pied de la lettre et que l'on reconnaît que l'image d'une perception qu'aurait l'esprit de ses propres états ne peut être comprise que dans les termes d'une signification secondaire de « percevoir », il reste difficile de séparer cette image de l'idée d'entités sur lesquelles porterait cette perception. Semblablement, lorsque l'on parle de *machine vision*, en référence aux aptitudes de machines capables de voir, par exemple, les défauts d'un produit dans le cadre d'un contrôle de qualité, le mot « vision » est bien pris dans une signification

1. Rappelons que l'idée de Brentano est celle d'une connaissance interne concomitante qui porte sur le type d'acte psychique, tout en étant contenue dans ce dernier.

2. *Cf.* N. Malcolm, *Memory and Mind*, Ithaca, Cornell UP, 1977.

additionnelle, mais l'idée demeure qu'est présenté à la machine un objet, qu'elle éjecte s'il ne correspond pas à un certain standard. Bref, s'il n'est pas possible d'identifier un objet sur lequel la perception porte, le terme, même pris dans un sens secondaire, perd tout point d'application. Il faut donc ajouter à la mythologie mentionnée au début de ce texte (= croire que la présence à l'esprit doit être comprise sur le modèle de la présence dans une pièce) une autre mythologie, qui consiste à croire que des dispositions (comme *avoir une intention*), qui n'appartiennent pas à la catégorie des entités qu'on peut dire « présentes à l'esprit », peuvent néanmoins faire l'objet d'une perception spéciale.

En réalité, nous *faisons comme si* (c'est là, pour parler comme Peter Hacker, l'œuvre de la *fabricative imagination*) [1] l'aveu de notre intention procédait d'une telle perception. Cela revient à adopter une sorte de modèle implicite par le biais duquel cette expression est vue *comme si* elle était le produit d'une *acquaintance* interne. L'idée que les modèles sont des fictions n'est pas nouvelle. Maxwell se représentait un champ électrique en termes de propriétés d'un fluide imaginaire incompressible [2]. Nous introduisons, quant à nous, l'idée imaginaire d'une perception interne à la source de nos aveux. La différence tient à ce que Maxwell présentait explicitement son modèle comme une fiction destinée à faire comprendre ce qui se présente par ailleurs sous la forme d'énoncés mathématiques, alors que, dans le cas que nous présentons, le modèle est fréquemment (et abusivement) interprété de façon réaliste. Max Black a distingué, parmi les modèles théoriques, ceux qui nous représentent une chose *as being* et ceux qui nous représentent une chose *as if* [3]. Les premiers se prêtent à une *existential interpretation* ; les seconds à une *fictitious interpretation* [4]. Les modèles *as if* n'ont pas, à ses yeux, de pouvoir explicatif. Le point intéressant est qu'il utilise, les concernant, l'expression *detached comparison* et considère que seuls les modèles *as being* sont assimilables aux métaphores, car ils induisent une identification, typique de ces dernières. Il est vrai que plusieurs auteurs ont parlé, à propos de la métaphore, d'*assimilation prédicative*, dans le but de l'opposer à la comparaison, dans laquelle le terme de comparaison (« comme », « tel » etc.) est supposé bloquer cette assimilation. Je pense que cette partie de l'analyse de Black est insatisfaisante et qu'une interprétation concurrente est possible, plus conforme, en un sens, à la conception « interactive » qu'il défend lui-même.

1. *Cf.* P. Hacker, *The Intellectual Powers*, Oxford, Wiley-Blackwell, 2013.
2. Cf. *The Scientific Papers of James Clerk Maxwell*, Cambridge, CUP, 1890, I, p. 155-156.
3. M. Black, « Models and Archetypes », in *Models and Metaphors*, p. 219-243, spécial. p. 228.
4. *Ibid.*, p. 229.

Afin d'élucider ceci, il importe d'abord de distinguer les significations secondaires des métaphores (comme « guerre » dans *La discussion c'est la guerre*)[1]. Il y a métaphore lorsqu'un terme (= le sujet logique) est vu à travers le filtre constitué par un autre terme (= le prédicat)[2]. On voit la discussion à travers le prisme constitué par le concept de guerre, moyennant quoi certaines inférences s'imposent (« si la discussion est une guerre alors … »). *Voir A à travers B* et *chercher des ressemblances entre A et B,* constituent deux opérations différentes, mais il reste que l'effet normal du prisme consiste en ce que le lecteur (ou l'auditeur) se trouve invité à chercher les ressemblances entre les deux termes. L'élément important, dans le cas d'une métaphore, est donc qu'il est dans l'ordre des choses de s'interroger, à sa lecture, sur les ressemblances, même si c'est pour conclure qu'elles sont, au bout du compte, difficiles à trouver. On se rappelle que dans le cas des significations secondaires, tout à l'inverse, la priorité est la saisie des connexions conceptuelles nouvelles induites par le changement d'environnement grammatical.

À mon avis, les modèles théoriques, qu'ils soient heuristiques ou authentiquement explicatifs, *sont* des métaphores. Tout en reprenant l'idée, chère à Black, qu'une métaphore constitue un prisme, je renverse donc son analyse. *Une métaphore est toujours, en premier lieu, une fiction avec laquelle nous jouons :* c'est seulement dans un second temps, au fil de la détection des ressemblances, que nous pouvons être amenés à déplacer le curseur du côté de ce qu'il appelle *existential interpretation.* Il est bien difficile, en effet, de savoir d'avance jusqu'où l'assimilation prédicative pourra être conduite. Point n'est besoin, donc, d'avoir une fonction explicative pour avoir un rôle cognitif. Si l'on identifie des propriétés communes à *A* et à *B*, l'assimilation débouchera sur une explication nouvelle, mais le curseur peut aussi rester du côté du « comme si », ce qui n'empêchera pas forcément la métaphore d'être utile et d'apporter une compréhension inédite. En résumé, adopter une métaphore, c'est adopter la position du *as if :* on fait *comme si* la discussion c'était la guerre, mais certaines inférences, la pression de faits nouveaux ainsi mis en lumière etc. peuvent donner de la substance à la métaphore et nous conduire à adopter l'interprétation *as being.*

Avec l'idée d'une perception portant sur les intentions, le curseur est clairement du côté du « *as if* ». Pour emprunter un exemple à Konrad Lorenz, on peut faire *comme si* le système nerveux était une sorte de réservoir : il déborde en

1. J'emprunte cet exemple à G. Lakoff et M. Johnson, *Metaphors We Live By*, Chicago, University of Chicago Press, 1980.

2. C'est ce que soutient la théorie de la métaphore, dominante au siècle passé, baptisée *théorie de l'interaction.* Elle a été développée par M. Black et était déjà présente chez I. A. Richards (*cf.* « Metaphor » dans *The Philosophy of Rhetoric*, Oxford, OUP, 1936). Voir M. Black, « Metaphor », in *Models and Metaphors, op. cit.* et « More on Metaphor », in A. Ortony (dir.), *Metaphor and Thought*, Cambridge, CUP et « How Metaphor works », *Critical Inquiry*, 6/1, Automne 1979.

cas de trop plein et est activé en vain lorsqu'il est vide. Ce modèle fictionnel permet de relier entre elles des attitudes et des réactions et apporte donc une forme de compréhension. Mais un neurologue qui chercherait à localiser quelque part un tel réservoir ferait fausse route. Il en va de même avec la perception des intentions : rechercher un organe mental responsable de cette dernière est vain. L'erreur de Frith est précisément de prendre un modèle « *as if* » pour un modèle « *as being* ». On peut résumer ce qui précède en disant qu'en présence d'une signification secondaire, l'erreur typique consiste à voir en elle un gonflement de la signification primaire : on scotomise le fait que l'emploi du terme concerné n'est pas homogène et l'on tend du coup à maximiser la ressemblance entre ce qui ressortit à l'une et l'autre significations, quitte à reconsidérer ensuite l'ampleur du rapprochement (une *émotion vive* ressemble à une *couleur vive*, certes, mais pas tant que cela). S'agissant d'une métaphore, dans la mesure où le chemin effectué est inverse, la principale source d'erreur tient à ce que l'on passe hardiment du *as if* au *as being*.

Il y a ainsi deux voies distinctes d'innovation sémantique, mais elles peuvent en venir à se croiser : en décantant une signification secondaire des rapprochements injustifiés que l'usage d'un même mot suggère, on peut être amené à la tirer du côté de la fiction. Ainsi, le simple fait de parler d'une idée que l'on *saisit* (un exemple typique de signification secondaire désormais incorporée à la langue) active-t-il, pour peu qu'on s'y arrête, la fiction d'entités (= les idées) circulant dans l'espace institué par la discussion et dont un organe de préhension mentale s'emparerait. Le langage ordinaire véhicule implicitement nombre de modèles fictionnels que nous ne reconnaissons plus pour tels et le concept d'introspection appliqué aux intentions n'est donc pas le seul par lequel des modèles de cette nature s'introduisent dans la description de la vie mentale.

Conclusion

Au bout du compte, si le concept d'introspection a quelque chose d'introuvable, c'est principalement parce qu'il oscille entre plusieurs notions de *vision*. 1) L'une correspond à une signification secondaire et se trouve en jeu à chaque fois que l'on décrit son propre vécu psychologique. 2) L'autre procède d'un modèle fictionnel (*tout se passe comme si l'on voyait*). L'analogie suggérée dans le cas (1) est faiblement explicative, précisément parce que le terme « perception » y est pris dans une signification additionnelle. Qui plus est, cette addition débouche sur un concept plutôt maigre, dans la mesure où, contrairement à ce qui se passe avec celui de *machine vision*, il ne se trouve pas dans une relation avec des pratiques, des techniques ou des artefacts susceptibles de lui donner de la substance.

On peut cependant, pour reprendre une locution employée plus haut, chercher à bâtir une version forte de l'analogie qui ne prendrait cependant pas celle-ci au pied de la lettre. Introduire l'idée d'une perception non observationnelle, en relation interne avec ce sur quoi elle porte (à peu près au sens où le fait de dire 'je promets'est en relation interne avec l'acte de promettre) revient à faire cela. On pourrait dire que le terme « perception » reçoit ici aussi une signification secondaire -puisque l'acte de percevoir n'est normalement pas en relation interne avec ce sur quoi il porte – et considérer que cette signification secondaire donne enfin un contenu clair et distinct à une notion de perception interne faiblement analogique. Mais on peut aussi hésiter sur ce point et considérer qu'il n'y a finalement aucune raison d'appeler « perception » un acte qui est contenu dans l'acte sur lequel il porte. Cette hésitation n'est pas une simple manifestation de purisme terminologique. Si elle persiste, l'autre option possible est celle qui consiste à dire, avec Wittgenstein (*a*) que l'introspection ne fait rien de plus que décrire la vie mentale de quelqu'un (*b*) qu'elle s'adosse à une grammaire des termes psychologiques qui est préétablie. Dans ce cas, c'est cet adossement qui rend impossibles les confusions catégoriales, et non pas l'existence d'une perception interne infaillible [1].

Quant au modèle mentionné en (2) il tend à être réifié lorsque l'on se persuade que l'on peut « sentir » en nous-mêmes nos propres intentions, grâce à une faculté ou un appareil mental spécifique. Décanté de cette mythologie, à laquelle l'usage du terme *monitoring* confère un nouveau vernis, il perd toute prétention explicative mais peut fournir une image utile dans différents contextes. Si ce travail de décantation n'est pas effectué, force est de le compter au nombre des branches mortes à élaguer auxquelles j'ai fait précédemment allusion.

1. Nef insiste sur le fait que la perception interne brentanienne est perception d'un *type* d'acte. C'est cette perception qui est infaillible. Lorsqu'il parle d'introspection, Wittgenstein insiste, de son côté, sur le fait qu'elle ne porte que sur des *occurrences* (ce qu'exprime, au fond, la proposition *a* ci-dessus). On peut dire que l'erreur est impossible à ce premier niveau : je ne peux pas, par exemple, croire que je n'ai pas d'image mentale à l'esprit alors que j'en ai une. Vient ensuite la grammaire des concepts psychologiques qui détermine des possibilités ou des impossibilités de faits et proscrit, ce faisant, certaines confusions catégoriales (on retrouve la notion de *type*) : il m'est impossible de confondre une perception avec une image mentale, une vision avec une audition. À un troisième niveau intervient *l'autorité de la première personne* : j'ai en tête, pendant un rêve, l'image d'un personnage dont j'accorde qu'il ressemble à Alain Badiou, mais j'ai une autorité discrétionnaire pour déclarer qu'en fait c'est de Frédéric Nef que je rêvais. Il faut noter que cette autorité discrétionnaire ne s'accompagne pas de l'infaillibilité rencontrée aux niveaux précédents.

PIERRE LIVET

PROCESSUS ET CONNEXION

Pour Frédéric Nef, il est nécessaire de compter parmi les entités ontologiques fondamentales des « connexions ». Elles ne se réduisent ni aux relations externes ni aux relations internes. À la différence des relations externes, elles produisent un lien entre les entités qu'elles relient, lien qui les unifie. À la différence des relations internes, elles ne sont pas réductibles à un des termes, ni aux deux, puisque cette unification a un statut émergent. L'utilité des connexions, cependant, est patente. Si par exemple on adopte une ontologie de « tropes », de propriétés ou qualités particulières, on ne sait pas comment les unifier en un objet, et on introduit une relation de compréhension dont le statut pose problème, qu'on comprenne cette relation comme une relation interne (interne à quoi ?) ou externe (dès lors les tropes ne sont pas unifiés en un objet). Une connexion peut remplacer avantageusement cette comprésence. De même si on part d'une ontologie des substrats ou substances et des propriétés, on aura besoin d'une « colle ontologique » qui lie au substrat ses propriétés.

Les tenants d'ontologies plus classiques auront tendance à reprocher à cette introduction de la connexion d'être une solution *ad hoc*. On veut unifier, et on introduit un principe d'unification, une sorte de *vinculum substantiale*, dont on pourrait prétendre qu'il nomme le problème au lieu de le résoudre. Certaines conceptions de la connexion sont effectivement atteintes par cette critique. Ainsi le nexus ou « *non relational tie* » de Bergman prétend résoudre le problème du rapport entre substrat et propriétés, du rapport entre les propriétés, et de ce qui en fait un complexe, mais il en crée deux au lieu d'un, puisqu'il doit d'abord créer des substrats nus avant de leur coller des propriétés, puis créer le problème du lien qui unifie ces liens substrat/propriétés, alors que par ailleurs, une propriété essentielle d'un substrat lui appartient *eo ipso*, ce qui pourrait laisser supposer qu'on n'a pas besoin de colle – le rapport du substrat et de sa propriété étant similaire à celui d'un élément hydrophile mis en présence d'eau.

Il me semble que ces difficultés que peut rencontrer l'élaboration d'une notion satisfaisante de connexion tiennent à ce qu'on raisonne sur les entités ontologiques en mêlant sans s'en apercevoir une perspective proprement ontologique, qui se demande de quoi est fait ce qui est, et des problèmes d'identification des différences entre les types d'entités. Or dans ces problèmes du lien entre tropes ou entre substrat et propriétés, on ne peut pas séparer les questions ontologiques des questions épistémiques. En effet, on y est contraint de présupposer des entités ontologiques (tropes, substrats, propriétés) qui seraient accessibles *via* certaines opérations épistémiques de différenciation ou d'identification qui leur seraient co-essentielles. Mais on n'explicite pas le statut de ces opérations, puisque l'ontologie suppose que les entités fondamentales existent indépendamment de ces opérations. Notons-le, se poser la question du statut ontologique de ces opérations n'est pas adopter une position antiréaliste – on suppose au contraire que les êtres doivent être ainsi faits que ces opérations soient possibles et bien fondées. Ce problème est abordé en un sens par les recherches sur le « *grounding* », qui se demandent comment sont « fondées » dans quelles entités les propositions portant sur des entités composites. Il est intéressant de tenter de mieux définir les propriétés logiques de cette « fondation », et cela revient semble-t-il à faire des analyses plus détaillées de ce qui est indispensable pour que les opérations logiques de composition de base puissent s'appliquer.

Plus généralement (indépendamment d'une langue logique particulière), il s'agit de définir les propriétés des opérations épistémiques qui peuvent conserver les qualités nécessaires pour que les productions épistémiques concernant les entités ontologiques ne perdent pas au cours de ces opérations les capacités de distinction et d'identification nécessaires pour rester fidèles aux constituants ontologiques fondamentaux. Mais si on a besoin des contraintes propres à ces propriétés pour cette entreprise de conservation, cela suppose que les opérations épistémiques pourraient avoir tendance à ne plus permettre la séparabilité des identifications. Or ces opérations épistémiques existent, donc elles ont un statut ontologique, si bien qu'il faudrait aussi rendre compte ontologiquement de cette possibilité de non-séparabilité. Certes des opérations épistémiques peuvent être définies indépendamment d'une enquête ontologique fondamentale, par exemple dans une visée pragmatique, ou encore comme liées à la construction d'une théorie formelle. Mais ici, il s'agit des opérations épistémiques qui montrent leur capacité à distinguer et relier des entités ontologiques, et donc d'opérations qui ont une portée réaliste.

Il semble possible de tenir compte de ce rapport entre ces opérations épistémiques particulières et les entités ontologiques elles-mêmes en explorant ce qu'on pourrait appeler le verso de cette unification émergente produite par la connexion au sens de Nef. Un bref excursus par la mécanique quantique peut nous le faire comprendre. Selon son formalisme, quand on décompose un système quantique en sous-systèmes, on ne peut pas éviter que les expressions mathématiques qui représentent chaque sous-système ne puissent comprendre aussi des éléments qui ressortent de l'autre sous-système. Le système serait-il supposé dans un état pur, ses sous-systèmes seront dans des états que l'on dit mixtes. On voit que cela implique à la fois que le système puisse être dit « émergent » par rapport aux sous-systèmes, en ce que de ces états mixtes « émerge » un état pur qui ne leur est pas réductible, et que les sous-systèmes ne sont pas vraiment séparables. Cette non-séparabilité modifie les conditions d'identification de chaque sous-système, mais elle permet aussi cette performance étonnante des expériences du type de celle d'Aspect, liée au paradoxe EPR. On peut, en mesurant le spin d'une particule issue d'un système dans lequel elle était couplée à une autre particule – chacune ayant une direction de spin symétrique de l'autre – et alors que les deux particules ont suivi des chemins séparés par une distance qui exclut toute influence directe, et que pendant leur trajet on a pu modifier l'orientation des dispositifs de détection, conclure immédiatement de la mesure sur une particule la valeur de la mesure sur l'autre particule. Son spin sera toujours symétrique à celui de la première particule et aura donc été orienté symétriquement. Ainsi la séparabilité entre les deux entités n'est plus possible mais la connexion entre les deux particules est conservée. Cette situation a deux faces : le recto en est l'existence d'une connexion, le verso en est l'impossibilité d'une séparation.

Plus généralement, l'unification dont est supposée responsable la connexion se traduit par le fait que nous ne pouvons plus séparer complètement les deux sous-systèmes, que nous ne pouvons plus les identifier séparément. Ce qui nous intéresse ici est que cette inséparabilité ne peut pas être attribuée à un trait purement épistémique et sans impact ontologique, à savoir une ignorance que l'opération de mesure induirait avec elle, puisque dans les expériences EPR, cette non-séparabilité nous permet d'acquérir des connaissances précises. Mais par ailleurs cette inséparabilité est bien un trait de l'opération qui consiste à observer le spin d'une particule, opération qui suppose de constituer le système dont les deux sous-systèmes sont l'observable dans l'appareil de mesure et l'observable comme sous-système du système quantique observé. Et cette opération comme interaction et mixité entre ces sous-systèmes, est le « fondement » ou « ground » de la proposition épistémique qui nous donne la mesure du spin. Dans ce genre de situation, on peut conclure à la fois que la connexion est conservée et que l'on va jusqu'au fondement dans l'existant de l'opération épistémique. Mais ce n'est pas en se focalisant seulement sur l'émergence de l'unité du système que l'on peut conjoindre ces deux aspects. Certes, on présuppose cette unité – en ayant certes ici de bonnes raisons de le faire puisqu'on a « préparé » le système, en couplant les deux particules – et on ne peut la construire en faisant interagir les deux sous-systèmes pour la faire émerger. Mais si on peut conjoindre connexion et support ontologique de l'opération épistémique, c'est en se focalisant au contraire sur l'inséparabilité ontologique qui en résulte pour chaque sous-système.

Ce qui nous importe ici, est que c'est en tentant de « défaire » une connexion, et en s'apercevant qu'on ne peut pas pleinement réussir la séparation, qu'on découvre la force d'unification de cette connexion. Prenons des exemples de connexions matérielles. Quand deux pièces de bois ont été collées ensemble à la colle à bois, et qu'on tente de les séparer en tirant sur les deux dans des directions opposées, si on arrive à une séparation, on ne retrouve pas les deux pièces telles qu'elles étaient avant d'être collées, mais on a la plupart du temps arraché une partie d'une des pièces qui vient avec l'autre. Cela tient à ce que la connexion réalisée par la colle est plus résistante que la connexion des fibres du bois de la partie qui a cédé. La colle à bois réalise donc une connexion forte. Il n'en est pas de même des clous et des vis – que Nef prend comme autres exemples – parce qu'un clou ou une vis se bornent à comprimer le bois en y faisant un trou, si bien qu'on peut retirer la vis en dévissant sans entraîner avec la vis une partie du bois, et de même avec le clou si on arrive à en saisir la tête avec des tenailles. Dans ces deux cas, la connexion tient seulement à une friction avec le bois comprimé, et non pas à une pénétration des molécules de colle dans les fibres du bois.

Bref, la « mixité » des éléments, leur relative non-séparabilité est ce qui assure et révèle la capacité d'unification d'une connexion. Mais en même temps, elle ne permet plus une décomposition de l'ensemble formé par les éléments connectés qui restitue ces éléments *ad integrum*. Si nous considérons l'opération qui tend à défaire la connexion comme le correspondant ontologique de l'opération épistémique qui distingue les éléments connectés, nous voyons que s'il y a connexion, cette opération de distinction et d'identification par séparation ne peut arriver à son terme. Il n'est possible ni d'identifier indépendamment les deux éléments connectés ni d'identifier comme un tiers élément la connexion – qui est simplement révélée par cet échec des identifications séparées. Plus généralement, si connexion il y a, elle résiste à son identification comme troisième terme, et de leur côté les éléments connectés résistent à leur identification séparée. La connexion ne se réduit donc pas à une relation externe. Mais inversement on ne peut pas, en disposant d'un élément, y trouver tout le fondement de la connexion, et on ne peut pas non plus le faire en disposant des deux éléments séparément. La connexion ne se réduit donc pas non plus à une relation interne.

Il vient alors à l'esprit de relier d'une part l'entité « connexion » et d'autre part le soubassement ontologique de l'opération qui tente la séparation et qui sert de mise à l'épreuve de la force de cette connexion. Il nous faut un autre type ontologique que la connexion pour définir ce soubassement. Dans *Les Êtres sociaux*, nous avons utilisé avec Frédéric Nef la notion de processus, en en faisant une entité ontologique de base, au lieu d'y voir, il est classique, une relation entre des phases temporelles, une entité perdurante. Nous nous sommes donc refusés à la réduire à un changement temporel. Ce qui nous semble central dans la notion de processus que nous proposions est qu'un processus se réduit à son « procéder », qui est aussi sa manière d'être, si bien que dans un processus (en ce sens) l'être et la manière d'être sont tout un. Il est sans doute préférable, pour éviter des confusions, d'utiliser un terme différent de celui de processus pour marquer cette différence de statut entre ce « procéder » et un développement intertemporel. On peut en français utiliser le terme de « procès » mais on ne peut utiliser « process » en anglais, puisque c'est le terme pour « processus ». On peut penser à « trajet » en français, mais l'équivalent serait « course », alors qu'on peut utiliser « cours » – avec un équivalent anglais (*course*). En anglais, il serait possible d'utiliser « way », puisque cela indique aussi bien une « manière » qu'une « voie ». Il nous faut un terme qui puisse à la fois indiquer l'opération qui tente d'identifier et de séparer, et ce qui serait séparé ou unifié par connexion. « Cours », ou « procéder » (substantifié) peuvent convenir aussi pour cette opération, parce qu'ils peuvent désigner aussi bien un flux que son trajet.

Le principe est que nous devons disposer d'une entité ontologique de base qui puisse désigner aussi bien les entités de base que les opérations qui permettent de distinguer – sinon de séparer – ou d'unir ces entités. Or ce sont seulement les manières dont différents « cours » ou « voies » procèdent qui rendent possibles ces opérations, et ces cours ne sont pas séparables de ces manières. Les opérations ne sont rien d'autres elles-mêmes que des « procéder » qui ne sont pas autres que leurs manières d'être. Et inversement, puisqu'un « cours » ou « way » n'est rien d'autre que ses manières d'être, il doit pouvoir exhiber cette manière d'être en même temps qu'il procède : il doit donc fournir les traits qui permettent de le caractériser. L'opération qui consiste à le caractériser se fonde sur la manière dont le cours procède. Elle est donc en connexion avec ce cours et ses caractéristiques. Dans l'idéal, si l'opération était ontologiquement « transparente », si elle ne changeait rien à ce qu'elle identifie, elle se réduirait aux caractéristiques de ce cours. Mais nous avons dit que l'opération avait elle aussi un statut ontologique, ce qui suppose que son empreinte ontologique n'est pas nulle. En créant une connexion avec ce cours, elle crée au moins un effet d'inséparabilité. Mais cela n'implique pas qu'elle soit une trahison du cours ou procéder qu'elle caractérise. L'inséparabilité peut à la limite ne tenir qu'à une connexion entre ce procéder et ses manières d'être, prises dans la mesure où elles impliquent des connexions avec d'autres cours ou procéder. Et nous appellerons « cours caractéristique » le cours dont les connexions avec le procéder se réduit aux manières d'être qui distinguent ce procéder, qui sont donc inséparables de l'opération de caractérisation, mais en réduisant au minimum les modifications apportées par cette inséparabilité.

Ainsi les cours, en procédant, peuvent se distinguer les uns des autres. Mais une fois les cours admis, il nous faut aussi pouvoir distinguer – sinon séparer – les types de cours qui ne se distinguent pas et les différents types de cours qui se distinguent.

Si deux cours ne se distinguent pas, nous pouvons les dire « continus », et rapprocher leur relation de la relation en topologie entre deux ouverts qui partagent un même voisinage. En représentant cette relation sur une ligne, on pourra distinguer arbitrairement deux segments de la ligne mais sans qu'elle cesse d'être continue.

Il est possible de poursuivre cette analogie des cours avec des trajets et leurs différentes relations. Cela permet de montrer comment l'opération qui identifie le type de connexion ou de déconnexion entre cours peut-elle-même être un cours qui respecte les rapports entre ces cours. Ainsi un cours peut en traverser un autre et conserver son cours. Sauf sur un point, les deux restent séparables. Un cours peut aussi en interrompre un autre et le bloquer. Ces deux types de situations impliquent qu'il puisse exister un ou plusieurs cours qui enregistrent la continuité sur un cours, ou la séparation d'un cours en deux cours. Quand un cours se continue en un autre, cet enregistrement serait le fait d'un troisième cours qui les recouvrirait tous deux et traverserait le point de prolongement de l'un dans l'autre. La traversée qui n'interrompt pas le cours traversé serait détectée par ce troisième cours quand il enregistrerait sur une partie de son propre cours le point de traverse d'abord comme simple point d'une continuité sur le parcours d'une des deux cours et qu'il devrait « sauter » – car déjà enregistré – sur l'autre. Pour le blocage on enregistrerait une coupure (un bord) sur le processus interrompu et une reprise de trajet sur l'autre cours.

Un cours peut se ramifier en plusieurs cours, ou deux cours converger pour se fusionner en un seul cours. Un mode d'enregistrement de la divergence pourrait consister en un cours qui suit le cours unifié puis un des deux cours divergents, et qui va devoir alors traverser pour arriver sur l'autre cours divergent, et inversement pour la convergence. Ces cours peuvent être concentrés au point même de divergence. On peut se le représenter à la manière dont Leibniz figurait le point de tangence à une courbe par le « triangle caractéristique » formé par la courbe, la tangente et le côté mesurant la différence très petite entre les deux. Notre « cours caractéristique » va d'abord venir sur le lieu de divergence selon l'arrivée du cours unique, puis suivre l'amorce d'une des branches divergentes, pour traverser sur l'amorce de l'autre branche, suivre cette amorce à l'envers et retrouver le cours initial, tout ce parcours étant réductible à l'enregistrement du point de divergence. Le cours caractéristique de la convergence va partir de l'arrivée d'une des branches sur le lieu de convergence, trouver l'amorce du cours unifié, qui lui donne aussi l'arrivée de l'autre branche, revenir sur l'arrivée de l'autre branche et traverser pour retrouver la première arrivée, et revenir à l'amorce du cours unifié.

Ce ne sont là que des images, dont il ne faut retenir que quelques traits. On peut objecter que ces cours ne « retrouvent » rien du tout, puisqu'un cours, quel qu'il soit, ne fait que procéder sans pouvoir « revenir » sur son cours initial. Mais deux cours peuvent procéder de concert ou en se traversant, et ce seront alors deux manières d'être des cours en question. Et comme les cours ne diffèrent pas de leurs manières de procéder, ces manières de procéder peuvent les définir.

Notre but avec ce schéma des « cours caractéristiques » d'une convergence ou d'une divergence est de faire remarquer une propriété « émergente » propre à cette situation – émergente au sens de la naissance d'une inséparabilité, comme dans l'exemple quantique. Considérons le cours caractéristique d'une convergence. Dans le lieu de convergence, il enregistre à la fois l'arrivée d'un autre cours, sa continuité avec le cours précédent dans l'amorce de cours réuni. Le fait que s'il remonte l'autre cours, il ait à traverser pour retrouver le premier lui permet de vérifier la divergence initiale, mais puisqu'il enregistre cela dans le lieu de convergence, cette divergence n'est plus séparable de la convergence. À l'inverse, un cours caractéristique de divergence va, dans le lieu de divergence, ne plus pouvoir séparer la convergence initiale de la divergence. Ces deux inséparabilités restent bien distinguées, puisqu'ici l'ordre des opérations compte, comme pour tout processus.

D'après les critères que nous avons proposés pour la connexion, de tels cours caractéristiques détectent dans les deux cas de convergence et de divergence des connexions fortes, comme celle de la colle à bois. Si la connexion en revanche était plus faible, comme celle du clou ou de la vis, le cours caractéristique serait différent : on pourrait distinguer un bord entre bois et clou, puis clou et bois, et de même pour la vis. Le cours caractéristique devrait traverser ces bords. Il y aurait bien liaison, parce qu'on pourrait revenir d'un bois à l'autre, mais il y aurait deux traversées au lieu d'une.

Les « cours caractéristiques » ne sont pas pour autant d'une essence de « cours » différente de celle des autres cours. En un sens généralisé, n'importe quel cours peut jouer le rôle de cours caractéristique pour ses connexions, fortes ou plus faibles, en continuité ou non, ou même pour ses absences de connexions, avec d'autres cours. On pourrait ainsi dire que tout cours joue pour les autres le rôle de cours caractéristique, et que ce faisant il a en même temps une signature propre. On retrouverait ici un analogue de l'entre-expression leibnizienne. Mais au lieu de n'avoir ni portes ni fenêtres comme les monades, les cours ne sont pas séparables de leur manière d'être, qui est d'être des cours caractéristiques pour les autres cours – dès lors que les différents cours ont quelques connexions. On peut se demander si un cours peut être cours caractéristique pour lui-même. C'est en un sens le cas, puisqu'un cours définit ses connexions – ses manières d'être. Mais il ne peut assurer sa propre opération, celle qui identifie ces connexions, puisqu'il devrait pouvoir revenir sur lui-même ou se traverser lui-même. Or cela n'aurait pas de fin, car ce faisant il devrait revenir et retraverser son propre développement en tant que cours caractéristique, qui lui-même ne cesserait de s'enrichir et de se développer.

En revanche, il semble possible d'identifier une connexion avec son cours caractéristique. La connexion « continue » serait identifiée avec le cours « points continus », la connexion « coupure » avec le cours « scansion » (et un point de traverse), et de même, *mutatis mutandis*, pour la connexion convergence et la connexion divergence. On pourrait prétendre que la notion de connexion possède la propriété de réflexivité, dans la mesure où le cours qui assure une connexion d'un certain type nous donne en même temps, pour le point de continuité, de coupure, de convergence ou de divergence, un cours caractéristique de ce type de connexion. Le cours caractéristique d'une connexion est donc constitué par la connexion et la connexion par son cours caractéristique. Mais il ne s'agit pas d'une réflexivité de la connexion pour autant – ni le cours caractéristique ni la connexion ne sont connectés à eux-mêmes.

Muni de ces notions schématiques sur les cours, pouvons-nous passer des connexions matérielles à des connexions physiques plus classiques comme la causalité, ou à celle qui lui est parfois liée en métaphysique, la notion de disposition, mais aussi à des connexions d'ontologie formelle, par exemple entre tropes, entre substrat et propriétés, entre propriétés universelles et substrats particuliers (un substrat exemplifiant une propriété) entre propriétés universelles et propriétés particulières (une propriété particulière exemplifiant une propriété universelle), et dans le domaine formel logique, entre argument et prédicat ?

On a tendance à considérer la causalité locale de la mécanique classique comme bien plus évidente et intuitive que l'intrication quantique, qui, si on tentait de la transformer en causalité classique dans les expériences EPR, exigerait une interaction à distance. Mais en fait la causalité n'est pas une notion plus claire, y compris quand l'action que la cause exerce sur l'effet est une action locale. Hume a contesté cette intuition qu'un contact local suffirait à fonder une relation de causalité, au motif que nous ne pouvons pas percevoir cette relation. En fait, un contact local, un choc entre deux boules de billard, l'une arrivant sur l'autre et la poussant, n'est pas moins (ni plus) mystérieux, en tant que connexion, que la connexion entre les deux particules des expériences EPR. Le lien entre une masse en mouvement et le mouvement d'une masse d'abord immobile ne peut donner lieu à causalité que si le mouvement de la seconde devient dépendant du mouvement de la première, en tenant compte du rapport des masses. Autrement dit, ce paradigme de la causalité classique implique une interdépendance entre ces rapports de mouvement et de masse. La notion de force, telle que Newton la pense comme le produit de la masse par l'accélération (rapport de la variation infime de vitesse sur la variation infime de temps), redouble ce statut d'interdépendance. Il ne donne pas lieu à l'inséparabilité des états mixtes quantiques, si on le réduit aux lois du mouvement et du choc. Mais dès que nous voulons faire du mouvement de la première boule la cause du mouvement de la seconde, nous passons d'une relation nomologique à un lien du type connexion. Or en mécanique classique le type de cette connexion est celui d'une connexion faible, puisque les boules restent séparables. Et c'est ce statut de connexion faible qui rend mystérieuse l'existence d'une connexion causale, puisque le trait caractéristique d'une connexion forte, celui de l'introduction d'une inséparabilité, est absent. On peut donc soutenir que si la causalité implique une connexion, c'est la causalité quantique (dite de manière impropre non locale, alors qu'on devrait plutôt dire d'inséparabilité) qui est moins mystérieuse, puisqu'elle satisfait le critère d'une connexion forte.

Les métaphysiciens sont tentés de chercher le fondement d'une véritable causalité dans une disposition propre à la cause, disposition qui comporte le pouvoir de produire l'effet dans les circonstances appropriées. Cette notion de disposition peut sembler introduite de manière *ad hoc*, le pouvoir étant déduit de l'effet. Mais on peut voir dans cette insertion dans la cause d'un pouvoir – quand sa manifestation reste encore virtuelle – une version de l'inséparabilité propre à la connexion. S'il y a eu causalité, alors il n'est plus possible de séparer l'effet et ce pouvoir de la cause. L'identification de la cause comme telle est indissociable de la production de l'effet. Si nous reprenons l'image du cours caractéristique, dans le nœud de la causation, le cours caractéristique ne pourra plus séparer l'influence de la cause de la transformation (ou de la maintenance) qu'est l'effet.

Si nous en venons aux connexions en ontologie formelle, il nous faut d'abord rappeler la distinction entre des cours pour lesquels la question de la non-séparabilité ou mixité ne se pose pas, et ceux pour lesquels elle se pose. Quand les cours sont séparables, par exemple parce que l'un en traverse un autre ou en interrompt un autre, ou inversement quand ils sont en continuité, la question de la mixité ne se pose pas. Elle se pose quand le cours caractéristique révèle par la mixité de ses aspects la connexion entre deux autres cours.

Dans une ontologie de tropes (de propriétés ou qualités particulières), il faudrait donc distinguer la comprésence de tropes qui se borne à ce qu'on aurait une somme méréologique de tropes (ce qui n'implique pas un objet, et peut rassembler des entités disparates et dispersées), et celle qui implique une connexion, comme la connexion entre la qualité de tel rouge et la forme sphérique particulière de cette boule, ce qui donne un objet (une connexion encore plus exigeante que celle de la fusion méréologique, qui rassemble toutes les entités qui satisfont un certain prédicat). Une comprésence essentielle exigerait une connexion qui rendrait les cours inséparables, alors qu'une comprésence définitoire d'un objet, mais comprenant des propriétés accidentelles, n'exigerait qu'une inséparabilité partielle.

Pourrions-nous accepter dans notre ontologie des substrats nus ? Pour être tels, il faudrait qu'ils soient, à la limite, séparables de leurs propriétés selon leur cours caractéristique. Mais cela impliquerait des connexions très faibles entre ces substrats et leurs propriétés. Il est donc plus cohérent de penser que les substrats nus n'existent pas, et qu'il y a toujours pour un substrat une connexion forte avec quelque propriété. En revanche, un substrat admet des connexions plus faibles pour une multiplicité d'autres propriétés « accidentelles ». Elles n'en sont pas moins connectées au substrat, mais les mixtes qui fondent l'inséparabilité de ces connexions faibles ont un rôle bien moins influent pour ces propriétés que les déterminations qui restent séparables, ou encore, ces propriétés peuvent tenir à des inséparabilités avec d'autres substrats, et pas principalement avec celui-là.

Qu'est-ce qu'une propriété universelle ? Ce serait une propriété qu'on pourrait identifier à l'identique en elle-même, sans connexion, mais aussi en connexion avec tel ou tel substrat particulier. Ce n'est pas une impossibilité logique. Mais il ne semble pas possible de retrouver dans des particuliers différents la même propriété prise comme séparable, puisque cette propriété ne serait plus totalement séparable dès lors qu'elle serait connectée à un particulier. Cette propriété prise en connexion, c'est une propriété particulière, qui serait donc une instanciation de la propriété universelle. On voit que cette notion est énigmatique, du moins tant qu'on la considère dans le sens d'une sorte d'incarnation de la propriété universelle descendant dans le particulier. En revanche, si la connexion de cette propriété avec tel substrat ou encore avec d'autres propriétés particulières est faible, il semble possible de tenir une propriété dite universelle pour une propriété de connexion faible et disposant d'un degré de séparabilité élevé. Mais cela impliquerait que les propriétés essentielles d'un substrat, celles qui lui sont fortement connectées, ne soient pas des propriétés universelles, mais des propriétés particulières, donc que la particularité du substrat imposerait une sorte d'haeccéité à ses propriétés essentielles. Or on considère d'ordinaire l'exemplification comme une relation qui fait dépendre le substrat particulier de la propriété universelle et non l'inverse. Il faudrait donc distinguer de la relation d'exemplification la relation de singularisation, qui particularise effectivement la propriété et la connecte fortement au particulier, ce qui ne permet plus de séparer du particulier cette version-ci de la propriété universelle.

Si nous tenons aux propriétés universelles, c'est en fait parce que tout langage permet, une fois un sujet ou un argument composé avec un prédicat, de décomposer cette composition pour recomposer le même argument avec un autre prédicat. Cette séparabilité de principe fait penser que la propriété doit rester la même pour pouvoir être composée cette fois avec un autre argument. Mais cela risquerait de réduire les connexions fortes entre propriétés et substrat aux propriétés particulières. Cependant, on pourrait envisager un processus similaire à celui de la « décohérence » en physique quantique. Il s'agit en fait de multiplications d'interactions qui font qu'un état pur ne peut pas le rester, mais aussi que des mixtes particuliers entre deux sous-systèmes particuliers perdent bien vite leur spécificité quand les interactions avec d'autres sous-systèmes se multiplient. On obtient alors non pas une séparabilité, mais une indifférence aux liaisons particulières, puisque tout mixte particulier est noyé dans une multiplicité de particuliers voisins. La connexion entre particulier et propriété, qui est forte quand on la considère à partir d'un particulier, devient faible quand on la considère comme une des connexions transitoires qui se multiplient. Comme c'est alors la propriété qui peut être considérée comme commune à ces différentes connexions, on a là un ersatz de propriété universelle, obtenue dans ce cas par érosion des singularités des propriétés particulières et de leur forte connexion. Si nous considérons ces propriétés sélectionnées par décohérences, elles vont bien permettre non seulement des décompositions de leur connexion avec tel particulier, mais aussi des recompositions de leur connexion avec un autre particulier.

Cette perspective nous permet-elle de donner un statut aux connexions logico-formelles autres que la relation entre fonction ou prédicat et argument, donc aux constantes logiques que sont les connecteurs ? Il est en fait possible de le faire, si on définit les connecteurs par leurs règles d'introduction et d'élimination, donc par des contraintes sur les opérations qui permettent de descendre dans une preuve pour assurer la dérivation aboutissant à une conclusion (règles d'introduction) ou de remonter dans une recherche de preuve pour savoir si une formule conclusive est bien fondée (règles d'élimination). Ce sont surtout ces règles d'élimination qui définissent les contraintes de cette remontée. En effet c'est surtout dans ce sens qu'apparaissent les contraintes. Ainsi une disjonction additive qui intervient à droite de la relation de conséquence doit choisir lequel des disjoints se retrouvera au niveau supérieur de la preuve (on parle alors d'une opération irréversible). Ce n'est pas le cas à droite de la relation de conséquence pour une disjonction multiplicative, où l'on est assuré de retrouver en remontant les deux disjoints, ce qui amène à la dire « réversible ». En revanche en remontant à droite à partir d'une conjonction multiplicative, on retrouve bien les deux conjoints, mais on doit choisir avec quel conjoint associer l'un ou l'autre des deux contextes qui étaient reliés dans la conjonction. Or un choix est une divergence, alors que l'absence de choix est un parallélisme. Nous retrouvons donc le

« cours caractéristique » qui enregistre la divergence, et nous pourrions définir un autre cours caractéristique pour ce que nous avons appelé un peu rapidement un parallélisme. Il consisterait en fait ici à partir d'une connexion (forte ou faible), et à en tirer deux branches tout en maintenant des correspondances entre les deux branches (par exemple, on conserve une des deux formules, voire le même contexte, sur chacune des deux branches). Nous retrouvons par ailleurs le cours caractéristique de la convergence dans la règle d'introduction de la conjonction. Si nous admettons la règle d'affaiblissement, la règle d'introduction de la disjonction reviendra à introduire une divergence en descendant dans la dérivation. En fait, nous pourrons associer un cours caractéristique à chaque règle d'introduction et d'élimination.

La règle de coupure (qui permet de résumer « A conséquence B, B conséquence C » en « A conséquence C ») peut être interprétée comme tirant parti de l'intrication de A avec B et de B avec C. Mais en « coupant » B, elle rend impossible, sans disposer par ailleurs de B, de remonter dans la preuve à partir de « A conséquence C », parce qu'il nous manque une connexion (qui est ici une concaténation, impliquant un recouvrement partiel). L'élimination des coupures, une propriété souhaitée en logique, permet de toujours disposer en conclusion de toutes les formules qui ont été nécessaires pour la dérivation. Mais si elle est possible, cela veut dire que nous n'avions pas besoin du lemme B pour aller de A à C. Autrement dit, il est des connexions dont on peut se dispenser, et qui introduisent des inséparabilités qui sont de trop. En un sens, la recherche de l'élimination des coupures vise à n'introduire que le niveau de connexion et d'inséparabilité minimalement suffisant pour aller des prémisses vers la conclusion.

Il semble donc que les connexions logico-formelles consistent à extraire des différentes connexions leurs cours caractéristiques et à repérer des cours caractéristiques fondamentaux, voire minimaux, donc à être au plus près des manières d'être des cours ou procéder.

Nous avons donc utilisé des cours ou processus pour détecter et différencier les connexions selon le degré d'inséparabilité qu'elles introduisent. Mais on comprend aisément, à partir de l'exemple des opérations logiques, que nous pourrions partir des types de connexions pour différencier les procéder. Il faudrait alors utiliser le terme de connexion en un sens plus large. Il ne désignerait pas seulement les convergences, la production d'unité, le duo « émergence/inséparabilité », mais toute rencontre entre des processus qui puisse donner lieu à un « cours caractéristique », y compris ce que l'on pourrait considérer par opposition à ce duo comme une absence de connexion – le cours caractéristique ne pouvant ici faire que deux traversées, une pour chacun des deux cours non connectés. En ce sens, on pourrait définir les processus par leurs types de connexions au lieu de définir les types de connexions par les processus et leurs cours caractéristiques. Une ontologie des cours ou processus exigerait de développer une typologie complète de ces différents cours caractéristiques. Mais elle conduirait aussi à relativiser l'équation entité = identité, puisque les identifications des différents cours caractéristiques reposent sur des modes de connexion qui impliquent des interactions et des inséparabilités, et qui relativisent la liaison entre identité et séparabilité. On peut en conclure qu'une ontologie des cours ou des procéder semble inséparable d'une ontologie des connexions. Ce sont les cours par lesquels les procéder se rencontrent les uns les autres qui permettent de définir les connexions, et ce sont aussi ces modes de rencontres qui permettent de définir les procéder. Mais si les processus et les connexions s'entre-définissent, un processus ne pourra pas être défini tout seul, il nécessitera pour cela d'autres processus. Inversement, s'il existe un seul grand processus dénommé l'univers, il ne se définit que par l'inséparabilité de ses sous-processus, qui seule peut caractériser ses connexions. La notion de connexion et celle de procéder sont donc fortement intriquées.

FRANÇOIS LOTH

RENDRE COMPTE DES PROPRIÉTÉS

Frédéric Nef consacre une partie de ses travaux aux catégories d'objets et de propriétés. Au sujet de ces dernières, il s'affirme réaliste[1] et s'engage à soutenir une ontologie de propriétés particulières ou tropes[2]. Être tropiste, c'est considérer que les tropes sont les entités qui remplissent au mieux un ensemble de tâches métaphysiques, fût-il varié. Parmi celles-ci, on peut, entre autres, noter l'abandon des mystérieux universaux, une explication de la ressemblance entre les objets, une clarification de la nature de la relation causale et de ses *relata*, une transmutation du concept de substance..., le tout à l'intérieur d'une ontologie des plus parcimonieuses puisque réduite à une seule catégorie et, qui plus est, en harmonie avec notre appréhension de la réalité. Ainsi présentée, l'ontologie tropiste n'offrirait que des avantages et l'on comprend mal pourquoi l'ensemble des métaphysiciens ne l'adopte pas. Il ne s'agira pas ici d'examiner l'ensemble des réserves, voire des défiances à l'encontre de l'ontologie tropiste mais, à travers la manière dont Nef cherche à rendre compte des propriétés, de nous poser la question de savoir si l'une de ces perplexités qui retient certains philosophes à ne pas s'engager pleinement en direction des tropes ne serait pas due à une certaine façon de rendre compte des propriétés. En effet, de la clarification des relations entre les concepts et les entités métaphysiques, pour laquelle l'apport de Nef est remarquable, jusqu'à la défense réitérée des tropes comme « briques de la réalité », le métaphysicien dessine une conception des propriétés comme constituants des objets (*bundle*) à l'encontre d'une autre qui les considère comme des manières d'être (modes). Le choix de Nef en faveur des tropes comme constituants de la réalité ne met-il pas en évidence une sorte de

1. TO, p. 195.

2. F. Nef, « Objet et propriété », dans J.-M. Monnoyer (éd.), *La Structure du monde, Objets, propriétés, états de choses* [désormais PDC], Paris, Vrin, 2004, p. 277-298;.

déséquilibre ou de double travail instable et difficilement conciliable au sein de l'ontologie des tropes ?

Pour tester la légitimité de ce questionnement, je consacre trois courtes premières parties à la réponse tropiste à l'universalisme. Ensuite, examinant le travail métaphysique que remplissent les propriétés, je me concentre sur l'un de ses aspects : leur rôle dans la relation de causalité. Enfin, suite à cette analyse, je constate et développe l'idée selon laquelle la théorie des tropes se divise en deux conceptions : le trope-constituant et le trope-propriété.

LE RÉALISME AU SUJET DES PROPRIÉTÉS

Le réalisme métaphysique se présente comme une thèse d'indépendance de l'esprit. Se déclarer réaliste à l'égard des propriétés, c'est résister à la liquidation prônée par le naturalisme quinien pour lequel les propriétés ne sont que les ombres portées des prédicats [1]. Pour Nef, la position de Quine relève de la magie [2]. En effet, selon l'auteur de « On What There Is », une phrase est vraie si et seulement si le sujet satisfait le prédicat, et un prédicat est correctement attribué à un sujet si et seulement si le sujet est de la sorte que le prédicat affirme qu'il est. Toutefois pour Nef, « de la structure du langage, on ne peut rien dériver quant à la structure des choses » [3]. En effet, lorsque l'on affirme, par exemple, que la couverture de tel livre « est bleue », comment parvient-on à expliquer pourquoi l'est-elle ? Est-ce que le prédicat « est bleu » s'applique à la couverture du livre parce qu'elle est bleue ou est-ce que la couverture est bleue parce que le prédicat « est bleu » s'applique à elle ? Comment pouvons-nous expliquer une quelconque ressemblance entre deux livres dont la couverture est bleue sans postuler l'existence de cet aspect ? Appliquer un prédicat à un particulier, sans postuler l'existence d'une propriété dans le particulier, revient à justifier l'aspect bleu de la couverture du livre par l'usage de la seule expression linguistique « est bleu » appliquée à ce particulier. Le réaliste, au contraire, pense que « pour extraire les prédicats, il faut bien posséder le patron préalable des propriétés » [4]. Ce qui est défendu ici est donc une ligne de démarcation franche entre, d'un côté, l'ordre du langage dépendant de nos esprits et, de l'autre, les propriétés dans le monde qui sont « dans » les objets. On parle donc de réalisme à l'égard des propriétés non seulement lorsqu'il est correct de dire que *a* est F si *a* appartient à l'extension de « F » mais parce que *a* possède une certaine propriété. Pour l'exprimer selon le

1. W. V. O. Quine, *Ontological Relativity and Other Essays*, New York, Columbia UP, 1969, trad. fr. J. Largeault, *Relativité de l'ontologie et autres essais*, Paris, Aubier-Montaigne, 1977.

2. PDC, p. 174.

3. F. Nef, « Objet et propriété », art. cit., p. 290.

4. PDC, p. 218.

sens commun, on dira qu'il y a donc des choses – par exemple des livres – et « des manières dont elles sont en un certain moment et un certain lieu » [1] – une couleur, une forme, une masse, etc., qui caractérisent ces choses et qui sont des propriétés.

Attester de son engagement réaliste à l'égard des propriétés passe alors par une clarification de la distinction qui se doit d'être faite entre les prédicats attribués à un sujet, les propriétés instanciées par les choses et les concepts qui expriment les règles de connexion entre eux. Nef, à plusieurs reprises, s'y emploie [2], isole et différencie de façon minutieuse des termes souvent confondus tels que « instanciation » et « exemplification », spécifie l'usage du couple « abstrait/concret », esquisse une ontologie qui l'amène à caractériser les relations entre particulier et universel, ce qui le conduit à soutenir un réalisme particulariste : le tropisme.

Contre le réalisme universaliste

L'explication particulariste qu'apporte Nef répond au besoin d'échapper au mystère du concept d'instanciation. Face à la relation d'instanciation, Nef consigne deux difficultés, l'une sémantique et l'autre ontologique :

> La difficulté d'ordre sémantique touche la nature exacte de ce qu'on entend par « instanciation » – quand on affirme que F est instancié dans *a* on ne donne pas la sémantique de cette opération. La difficulté d'ordre ontologique concerne le mode de présence de cet universel F auprès du particulier *a*. Ce qui était obscur chez Aristote n'est pas devenu beaucoup plus clair [3].

En effet, dans la littérature, l'instanciation apparaît comme un concept non expliqué. Cependant, on peut apprendre ce qu'elle n'est pas, à savoir une relation. Ou plutôt, elle serait une relation *sui generis*. C'est que, contrairement aux autres relations, elle est supposée tenir entre ses *relata* sans requérir une relation d'instanciation. Toutefois, David Armstrong, à travers sa conception aristotélicienne des universaux, parvient à proposer une interprétation du « lien fondamental ». Il décrit l'instanciation comme immanente, non méréologique, faisant des états de choses des particuliers et rendant non séparable l'universel du particulier [4]. Mais comment un lien non relationnel peut-il exister entre deux choses distinctes ? Si les choses sont distinctes, alors le lien ne peut être qu'une relation. Et si le lien n'est pas une relation, alors les deux choses ne sont pas distinctes. La construction métaphysique prend ici un tour quelque peu étrange. Certes,

1. PDC, p. 180.
2. PDC ; TO.
3. F. Nef, « Objet et propriété », art. cit., p. 279.
4. D. M. Armstrong, *A World of States of Affairs*, Cambridge, CUP, 1997, p. 118.

le réalisme immanent satisfait l'intuition de propriétés qui sont là où se trouvent leurs instances, mais comment comprendre l'expression « entièrement présent dans un endroit particulier », si ce n'est comme « ici et dans aucune autre place ! ». Une entité dans deux endroits en même temps apparaît alors contradictoire. C'est, en effet, une bien mystérieuse propriété que celle d'être entièrement présente dans plus d'un endroit en même temps. Toutefois, pour un réaliste comme Armstrong, la présence de l'universel ne se définit pas comme la présence d'un particulier et n'exclut pas sa présence en plusieurs endroits à la fois.

La réponse tropiste

La théorie des tropes, quant à elle, rend compte des propriétés sans faire appel aux universaux. Ainsi, contrairement à ceux-ci, les tropes sont des entités non répétables existant entièrement dans un endroit de l'espace-temps. Pour le tropiste, si les objets *a*, *b* et *c* sont rouges, il y a trois propriétés ou tropes de rouge. Chacun de ces tropes rouges est une propriété distincte. Le trope rouge dans *a* doit donc s'interpréter comme ce-rouge-maintenant et on peut dire de lui qu'il s'auto-instancie. Ainsi, introduire les tropes dans l'ontologie fondamentale permet d'échapper au mystère non élucidé de l'instanciation. Considérons, par exemple, une boule$_1$ de billard rouge : ce-rouge-maintenant de cette boule, ce-reflet-maintenant de sa surface, cette-masse, tous partagent le même lieu de l'espace-temps. Une seconde boule$_2$, ayant précisément les mêmes caractéristiques de couleur, de brillance et de masse, placée à côté de la première, ne possède pas les caractéristiques de ce-rouge-maintenant, ce-reflet-maintenant de sa surface, cette-masse de la boule$_1$. Les tropes de la boule$_1$ et ceux de la boule$_2$ ne peuvent donc pas avoir les mêmes conditions d'individuation. De ce fait, et parce qu'ils sont dans le même espace-temps mais qu'ils ne sont pas identiques, ils doivent être abstraits. La rougeur de la boule$_1$ doit être abstraite de la brillance de sa surface ainsi que de celle de la boule$_2$. Ainsi, c'est par un acte de l'esprit que la propriété particulière doit être isolée. Cela ne signifie pas, pour autant, que les tropes sont des constructions de nos esprits. En introduisant le « particulier abstrait », D. C. Williams se défait seulement d'un ancien schème où l'on additionnait particulier concret et universaux abstraits[1]. Alors que traditionnellement, c'est une certaine indépendance logique qui caractérise les couples abstrait/concret et universel/particulier, la théorie des tropes force la résistance que nous aurions à penser ensemble les concepts de particulier et d'abstraction.

1. D. C. Williams, « On the Elements of Being », *Review of Metaphysics*, 7/3, 1953, p. 171-192, trad. fr. F. Pascal, « Les éléments de l'être », dans F. Nef et E. Garcia (éd.), *Métaphysique contemporaine*, Paris, Vrin, 2007, p. 44.

Les tropes ne sont donc pas des abstraits dans le sens où ils ne seraient pas dans l'espace-temps. Ils sont abstraits seulement dans la mesure où ils dépendent de quelque chose d'autre. L'abstraction ainsi comprise exclut tout monde possible dans lequel existeraient seulement des entités abstraites. Ce rouge est donc parfaitement objectif, il a seulement besoin, afin d'être isolé, d'un acte cognitif[1].

Dans le chapitre de son ouvrage *Les propriétés des choses*, « Qu'est-ce qui est appréhendé dans l'expérience perceptive ? », Nef insiste sur le caractère absolument premier des tropes dans la perception. Dans cette esquisse d'ontologie tropiste, ce qui, selon Nef, est appréhendé dans la perception est, pour reprendre l'exemple d'une boule de billard rouge, « du rouge », « de la rondeur » puis « du rouge et de la rondeur » constituant ainsi la base d'un premier étage qui soutient un second qui n'est autre que l'inférence d'une situation dans laquelle une catégorie cognitive d'objet rond et rouge est posée. Et il précise : « il n'y a pas de particuliers nus [...] pas d'objet porte-manteau sur lequel on accroche les tropes » [2]. Cette analyse de l'expérience perceptive que Nef expose – et qu'ici je condense et simplifie –, nous renseigne sur la conception des tropes qu'il entend soutenir. « Simple ontologique », « morceau d'espace-temps » ou encore « morceau de propriété », les termes utilisés ici pour rendre compte de ce qui est premier dans la perception semblent mentionner ce que certains philosophes ont appelé « mini-substance » [3], voire « substance junior » [4] plutôt que d'être la propriété d'un objet. C'est que, pour la théorie des tropes, une fois le particularisme mis au premier plan, rendre compte des propriétés des choses pourrait bien se voir marqué par un mouvement d'oscillation entre les pôles de l'universalisme et du nominalisme [5].

Le point de vue soutenant que les propriétés sont universelles fait émerger deux catégories d'être : les particuliers et les universaux, liés dans une relation primitive d'instanciation ou combinés dans un état de choses. La théorie des tropes la plus remarquée promeut, quant à elle, un rejet de ces deux catégories d'être au profit de la seule catégorie des particuliers. Cependant, le particulariste cherche aussi à rendre compte de l'idée selon laquelle l'objet se distingue de ses

1. Pour une discussion approfondie des différents sens de l'abstraction, *cf.* PDC, p. 69-71. Les analyses de G. F Stout et D. C Williams sont examinées dans F. Nef et E. Garcia (éd.), *Métaphysique contemporaine*, *op. cit.*

2. PDC, p. 184.

3. Le terme est de Peter Forrest, « Just like quarks », *in* J. Bacon, K. Campbell et L. Reinhardt (eds), *Ontology, Causality and Mind : Essays in Honor of D. M. Armstrong*, Cambridge, CUP, 1993, p. 47.

4. L'expression de « substance junior » est reprise à A. J. Ayer par Armstrong dans *Universals : An Opinionated Introduction*, Boulder, Westview Press, 1989, trad. fr. S. Dunand, B. Langlet et J.-M. Monnoyer, *Les universaux : une introduction partisane*, Paris, Ithaque, 2010, p. 137.

5. « Il n'est pas facile de caractériser le tropisme. Est-ce un nominalisme ? Un réalisme ? Un naturalisme ? » s'interroge Nef dans TO, p. 227.

propriétés et en ce sens, le tropisme n'est pas un nominalisme. Traditionnellement, pour exprimer la relation entre les tropes et les objets, deux stratégies principales se font face : celle du *substratum* [1] et celle du faisceau [2]. Une troisième voie, dite « théorie nucléaire » [3], se pose comme une combinatoire des deux. Enfin une quatrième [4] maintient une ontologie des deux catégories.

Les propriétés particulières et le travail causal

Argumentant contre E. J. Lowe [5] qui défend les propriétés comme étant des manières dont sont les choses, Nef soutient que certaines propriétés sont des constituants des objets et non des modes (des manières d'être) [6]. Un objet n'est pas seulement constitué de ses parties. Pour Nef, des propriétés d'un objet, qui ne sont pas des parties, peuvent cependant le constituer. Il précise alors la différence entre certains constituants qui sont des parties des objets (la dent d'un engrenage par exemple) et d'autres qui ne le sont pas (la masse de ce même engrenage). Il en conclut que toutes les propriétés ne sont pas des modes, renforçant ainsi le monisme tropiste du faisceau contre la théorie du *substratum*. Cette discussion entre un défenseur des modes et un tropiste pourrait bien révéler deux façons de considérer les tropes eux-mêmes, selon que l'accent est mis sur les propriétés ou, au contraire, sur la substance.

Par défaut, on considère que les propriétés caractérisent les objets ou les parties qui les constituent. Un objet comme un crayon-bille, par exemple, est composé de plusieurs parties : un tube transparent, un capuchon, un bouchon, un réservoir d'encre, etc., mais la conicité de sa pointe, la rougeur de son capuchon, son volume, sa masse ne constituent pas le crayon comme le font ses parties. Ainsi, en un sens ordinaire, les propriétés se distinguent des parties de l'objet. Cependant, selon la théorie du faisceau, les objets sont des entités dérivées qui, pour leur existence, dépendent des tropes. Selon ce point de vue, le crayon est constitué de différents tropes : le trope de sa couleur, le trope de sa

1. *Cf.* C. B. Martin, « Substance Substantiated », *Australasian Journal of Philosophy*, 58, 1980, p. 3-10.

2. *Cf.* l'article de D. C. Williams traduit dans F. Nef et E. Garcia (éd.), *Métaphysique contemporaine*, *op. cit.*

3. *Cf.* P. Simons, « Particulars in Particulars Clothing : Three Trope Theories of Substance », *Philosophy and Phenomenological Research*, 54, 1994, p. 553-575, trad. fr. M. Le Garzic, « Les particuliers dans un vêtement particulier », dans F. Nef et E. Garcia (éd.), *Métaphysique contemporaine*, *op. cit.* p. 55-84.

4. *Cf.* J. Heil, *From an Ontological Point of View*, Oxford, OUP, 2003, trad. fr. D. Berlioz et F. Loth, *Du point de vue ontologique*, Paris, Ithaque, 2011.

5. *A Survey of Metaphysics*, Oxford, OUP, 2002.

6. PDC, p. 59.

transparence, le trope de sa masse, etc. Ici, nulle substance sous-jacente qui porterait les propriétés mais un ensemble de tropes qui le constituent dans son entièreté. Ce concept d'objet comme collection ou faisceau de tropes nous offre l'ontologie la plus économe qui soit : une entité unique susceptible de construire toutes les autres comme les objets ou les événements ou encore les mondes possibles. L'histoire ne s'arrête pas là [1] mais ce qui est important ici de noter, c'est que la propriété particulière, contrairement à ce que j'ai nommé l'interprétation « par défaut », est devenue primitive.

Pour spécifier la nature des propriétés, tenter d'exprimer *ce qu'elles sont*, on peut aussi considérer *ce qu'elles font*. Les tâches qui leurs sont imparties sont nombreuses et variées. Elles peuvent être la valeur sémantique des prédicats et des termes singuliers abstraits ou encore les marqueurs de la ressemblance entre les choses, et lorsqu'elles sont instanciées, on dit qu'elles confèrent un pouvoir causal à l'objet qui les porte. La boule roule en vertu de sa sphéricité ou déporte l'aiguille de la balance, lorsqu'elle est placée sur un plateau, en vertu de sa masse. Autrement dit, ce qui affecte les choses dépend des propriétés [2]. Mais comment ce rôle imparti aux propriétés dans la structure de la causalité, lorsque celles-ci sont particulières, peut-il être interprété ?

Pour rendre compte de la relation causale, l'universaliste doit convoquer particulier et universel [3]. La théorie tropiste, quant à elle, n'engage comme *relata* que les seules instances de propriétés. En effet, les tropes sont des particuliers spatio-temporels qui, seuls, effectuent le travail causal. Lorsque, par exemple, René marche sur un sol enneigé, ce n'est assurément pas la propriété générale ou universelle de peser 80 kg (qui est le poids de René) qui creuse la neige. Ce qui marque ainsi la neige, c'est la masse de son corps, propriété particulière ou individuelle, et absolument rien d'autre. Voilà ce que soutient la théorie des tropes. Être relié à une entité telle une forme, un type, une classe, un prédicat, ne constitue pas une différence susceptible d'influer sur ce travail causal. Ainsi, alors que le type est un composant de l'occurrence de la propriété universelle, pour la théorie des tropes, il n'est qu'une classe de propriétés similaires, et donc

1. Je n'ouvre pas, en effet, les discussions liées à la relation de comprésence qui caractérise le lien des différents tropes dans le même espace-temps, par exemple, pas plus que l'épineux problème du transfert des tropes d'un objet à un autre. *Cf.* P. Simons, « Particulars in Particulars Clothing : Three Trope Theories of Substance », art. cit. pour la comprésence, et D. Ehring, *Tropes, Properties, Objects and Mental Causation*, Oxford, OUP, 2011, pour les tropes « flottants ».

2. *Cf.* S. Shoemaker, « Causality and Properties », in *Identity, Cause and Mind*, Cambridge, CUP, 2003, p. 206-233,

3. On pense à l'événement comme instanciation d'un universel par un particulier à un instant *t*, tel que le définit J. Kim dans « Events as Property Exemplifications », in *Supervenience and Mind : Selected Philosophical Essays*, Cambridge, CUP, p. 33-53.

nullement un composant de l'instance de la propriété. Comme l'écrit Nef « les événements devront être réduits à des tropes » [1].

VERS UNE CONCEPTION DIVISÉE DES TROPES ?

Cette présentation lapidaire du rôle tenu par les propriétés particulières dans la relation causale soulève la question du rôle des tropes dans ce travail causal. L'on peut, en effet, se demander si (1) le trope confère un pouvoir particulier à l'objet ou bien si (2) le trope joue le rôle direct dans cette relation causale. Autrement dit, (1) est-ce la propriété particulière d'avoir une masse de 80 kg qui confère au corps de René un pouvoir causal tel que ses pas creusent la neige, ou bien (2) est-ce le trope-masse-de-80 kg qui joue directement le rôle causal de creuser la neige ? La réponse à ces questions divise. En effet, lorsque l'on répond positivement à (1), c'est un trope qui est pleinement une propriété qui *confère un pouvoir causal* à l'objet. En revanche, lorsque l'on répond positivement à (2), c'est un trope comme constituant de l'objet qui *effectue directement le travail causal.* À l'intérieur donc de la théorie des tropes deux versions se distinguent : 1) la propriété particulière entendue comme manière d'être d'un objet, 2) la propriété particulière comme constituant [2] de l'objet.

Rendre compte des propriétés particulières semble donc diviser la théorie des tropes en deux modèles : les « tropes-constituants » et les « tropes-propriétés » [3]. Le trope-constituant peut être conçu comme un objet isolément caractérisé, alors que le trope-propriété l'est comme une propriété caractérisant isolément. A-S. Maurin écrit : « les tropes sont tels, *du fait de leur nature*, qu'ils peuvent être catégorisés de façon adéquate *à la fois* comme un genre de propriété et comme un genre de substance » [4]. Si l'on en croit Maurin, cette division entre les deux concepts de tropes serait sans conséquence. Nef, en affirmant que toutes les propriétés ne sont pas des modes semble préférer la théorie du faisceau. Mais cette double conception des tropes ne traduirait-elle pas une instabilité de la théorie même ?

1. PDC, p. 44.

2. D. C. Williams précise : « Nous aurons l'occasion d'utiliser "parties" pour les parties concrètes et "composants" pour celles qui sont "abstraites" (et "constituants" pour les deux), comme certains philosophes anglais ont utilisé "composant" pour propriété et "constituant" pour partie concrète » (D. C. Williams, « Les éléments de l'être », art. cit., p. 38).

3. Ces deux concepts de tropes sont appelés « *modifier tropes* » and « *module tropes* » par R. K. Garcia dans « Two Ways to Particularize a Property », *Journal of the American Philosophy Association*, 1, 2015, p. 635-652.

4. *If tropes*, Dordrecht, Kluwer Academic Publishers, 2002, p. 21.

Ce sur quoi tous les tenants du particularisme se rejoignent est la rupture avec le caractère universel de la propriété : la propriété particulière ne se partage pas comme le fait la propriété universelle. À partir de cette position, lorsque l'on se focalise là où le rôle joué par les propriétés est central, à savoir la relation de causalité, la division entre les deux concepts de tropes ne peut pas être sans conséquence. Certes, pour chacune de ces conceptions, l'instance de la propriété particulière est au cœur du travail causal. Dans notre exemple de la trace laissée par René dans la neige, on peut expliciter ce rôle central de la propriété particulière dans la relation causale par l'énoncé suivant : « le fait que René pèse 80 kg a causé la trace dans la neige ». Mais l'on peut aussi énoncer cet autre : « le poids du corps de René a causé la trace dans la neige ». Dans chacun de ces énoncés, on évoque la même relation causale. Toutefois, dans le premier, nous faisons appel à un fait pour en expliquer un autre ; dans le second, nous convoquons directement le trope particulier de la masse de René. Ainsi, lorsqu'on se demande « les faits sont-ils des tropes ? », seule une conception des tropes peut répondre positivement à la question et poser réellement les tropes comme les *relata* de la causalité : les tropes-constituants. Autrement dit, selon cette conception, les choses ont le pouvoir causal qu'elles ont parce qu'un certain caractère les *constitue*. Le trope-propriété, quant à lui, tout comme le fait la propriété universelle, confère un pouvoir causal à l'objet. Si l'on comprend les tropes selon ce concept de trope-propriété, les *relata* de la causalité ne sont donc pas les tropes eux-mêmes. Le trope du caractère pesant de René n'est pas lui-même pesant et ne possède donc pas de pouvoir causal. Seul René possède ce trait.

Sont-ce là de simples préférences verbales ? Si ce n'est pas le cas, si la différence de concept exprime une réelle différence d'entité ontologique qui, en conséquence, exerce des tâches métaphysiques différentes, peut-on laisser en l'état cette incertitude ? Doit-on admettre que les tropes décrivent mieux la réalité fondamentale comme propriétés ou comme constituants des choses ?

Si, comme le montre Nef, les propriétés particularisées sont de bons candidats pour être les objets immédiats de la perception, en ce qui concerne le rôle imparti aux propriétés dans la causalité les deux concepts de tropes se fractionnent. Le trope-propriété semble être ainsi un concept plus adéquat que le trope-constituant pour rendre compte des pouvoirs qui *disposent son porteur* d'une certaine manière. Le magnétisme, par exemple, dispose son porteur à attirer les métaux ferreux. Le magnétisme apparaît, en effet, comme une propriété qui dispose quelque chose d'autre que lui-même. En revanche, le trope-constituant pourrait bien être, lui, plus adapté pour rendre compte d'une propriété comme la sphéricité par exemple. Certes, c'est bien la sphéricité de la boule de billard qui donne à celle-ci le pouvoir de rouler sur un plan incliné. Mais cette « manière » dont est cette boule, cette sphéricité apparaît bien moins mystérieuse lorsque l'on considère que c'est le trope lui-même qui est sphérique[1]. N'est-ce pas ainsi que nous devons comprendre ce qu'écrit G. F. Stout :

> Quelle est la distinction entre une substance d'une part, et ses qualités et relations d'autre part ? Une seule position me paraît défendable : une substance est une unité complexe d'un type tout à la fois ultime et particulier comprenant en elle-même tous les caractères véritablement prédicables d'elle. Être véritablement prédicable de la substance, c'est être contenu dans la substance. L'unité distinctive d'un tel complexe est la concrétude. Les caractères des choses concrètes sont particuliers, mais non concrets. Ce qui est concret, c'est le tout dans lequel ils fusionnent les uns avec les autres[2].

Et c'est bien au cœur de la théorie de la substance que cette double conception des propriétés particulières déconstruit l'ontologie sous-jacente. Considérer les propriétés comme des particuliers plutôt que comme des universaux permet, en effet, à certains philosophes[3] de concevoir que les objets sont seulement des faisceaux de propriétés sans *substrata.* L'idée est que contrairement aux tropes, les propriétés que se partagent différents particuliers sont des universaux inaptes à spécifier les objets qualitativement indiscernables. Ainsi, les tropes, en offrant une ontologie mono-catégorielle semblent écarter le mystère du *substratum* et nous paraissent ainsi plus efficaces.

Toutefois, K. Mulligan *et al.* soutiennent, *pace* Williams, que la meilleure façon de faire référence aux tropes est d'user d'expressions comme « la φ-té de *x* » et que les tropes sont comme des propriétés dans le sens où elles sont essentiellement d'un certain objet[4].

Dans ce sillon du trope-propriété, certains métaphysiciens estiment que poser l'existence d'un *substratum* ne viole pas l'idée du particularisme[5]. Pour ces derniers les tropes sont des manières d'être particularisées (modes). Concevoir la substance comme un agrégat de tropes indépendants est non seulement difficile à imaginer mais fait dériver singulièrement le concept même de propriété. C. B. Martin explique ainsi sa position :

1. Pour D. C. Williams, « Les éléments de l'être », *op. cit.*, il s'agit de « dissiper le mystère de la prédication ».

2. G. F. Stout, « The Nature of Universals and Propositions », *Proceedings of the British Academy*, 10, 1921, p. 157-172, trad. fr. E. Garcia, « La nature des universaux et des propositions », dans F. Nef et E. Garcia (éd.), *Métaphysique contemporaine, op. cit.*, p. 133.

3. A. S. Maurin, *If tropes, op. cit.*; D. Ehring, *Tropes, Properties, Objects and Mental Causation, op. cit.*

4. K. Mulligan, P. Simons et B. Smith, « Truth-Makers », *Philosophy and Phenomenological Research*, 44, 1984, p. 287-321.

5. C. B. Martin, « Substance Substantiated », *Australasian Journal of Philosophy*, 58, 1980, p. 3-10; J. Heil, *Du point de vue ontologique op. cit.* et *id.*, *The Universe As We Find it*, Oxford, Clarendon Press, 2012.

> Si les propriétés n'ont pas à être considérées comme des parties d'un objet, et l'objet comme une collection de propriétés, comme ses parties peuvent l'être, alors il doit y avoir quelque chose *à propos de* l'objet qui est le porteur des propriétés, lesquelles, quelles que soient les descriptions que l'on en donne, ont besoin d'être portées. Et *ce quelque chose* à propos de l'objet, c'est le *substratum* [1].

Ce particulier est donc « nu » dans la mesure où il doit être capable d'exister indépendamment de tous les tropes qu'il possède. Pour s'extraire de la difficulté de l'hypothèse du particulier nu, Heil soutient que les modes se comprennent mieux au sein d'une ontologie de la substance et de l'attribut. Pour lui, associer modes et parties est une erreur fondamentale [2]. On ne peut soustraire l'objet de la manière dont il est. Pour Heil, si les tropes sont des sortes d'entités qui peuvent, par combinaison, constituer les objets, alors ils diffèrent singulièrement des modes. C'est pourquoi, on peut soutenir que les propriétés sont particulières, donc des tropes, sans se départir de la substance et de l'attribut. On est en droit toutefois de se demander si le particularisme de Heil est encore une version du tropisme. Ici, c'est le sens du terme « abstrait » qui est à nouveau interrogé. En un sens que l'on peut qualifier de « radical », l'abstraction est une séparation. La manière d'être ne peut pas être séparée de la chose. Pour le dire autrement, lorsque nous observons une chose, nous pouvons focaliser notre attention sur un certain aspect de la chose tout en laissant de côté certains autres aspects de cette même chose. C'est le sens de l'abstraction comme considération partielle ou fragmentaire qui permet de penser le trope-propriété.

Enfin, dans une version médiane, que présente Simons [3], la notion de substance est maintenue comme collection de tropes fixés entre eux par une relation interne constituant le noyau de l'objet et faisant office de porteur des tropes non essentiels. Cette version d'un tropisme clarifié et équilibré entre les tropes et la substance n'est cependant pas sans problème. En effet, la relation entre les tropes composant le noyau et les tropes de la périphérie ne repose-t-elle pas à nouveaux frais les questions de la relation de comprésence ?

1. C. B. Martin, « Substance Substantiated », art. cit., p. 7-8.
2. J. Heil, *Du Point de vue ontologique*, *op. cit.*, p. 26 ; *The Universe As We Find it*, *op. cit.*, p. 106.
3. P. Simons, « Particulars in Particulars Clothing : Three Trope Theories of Substance », art. cit.

CONCLUSION

Comme on le voit, sous le refus commun de l'universalisme, les deux concepts de tropes semblent entraînés vers les traditionnelles divisions du nominalisme et de l'universalisme. Le trope-propriété, en posant comme une pétition de principe la distinction entre le particulier et la propriété, est ainsi moins bien armé que le trope-constituant pour résister à la distinction entre particulier et universaux. Quant au trope-constituant, en s'écartant du concept traditionnel de propriété et en inversant l'ordre de dépendance entre objets et propriétés, n'est-il finalement pas une pure théorie nominaliste ?

Dans son travail, Nef n'aborde pas directement cette apparente division mais soutient le concept de trope comme constituant. Il n'en demeure pas moins que l'on peut, tout d'abord, se demander si le point de vue binaire à propos des tropes est pertinent ou si, sous les apparentes distorsions conceptuelles, un équilibre subtil peut être maintenu. Ensuite, si le tropisme porte en lui cette dualité, n'est-elle pas la marque d'une faiblesse ravageuse pour la partie finale qui, selon David Armstrong [1], se joue entre le tropisme et le réalisme *a posteriori* – partie qui selon lui n'est pas terminée et demeure en attente d'arguments qui n'ont pas encore été produits ?

1. D. M. Armstrong, *Les universaux : une introduction partisane*, *op. cit.*

JEAN-MAURICE MONNOYER

TROPES ET SUBSTRATS

Si on repose la question de la *nature* des « tropes » à intervalles réguliers, c'est que ces entités se voient toujours conférer une identité supplétive. Depuis que George F. Stout en a parlé le premier dans les années 1914-1923 comme étant des *particuliers abstraits*, mais sans les désigner sous ce nouveau nom et sans leur donner une acception métaphysique [1], la question du primitivisme des tropes est restée indécidable. S'ils sont des instances de propriété, ont-ils une existence complètement indépendante de tout support objectif? La question la plus épineuse se pose d'ailleurs d'emblée de savoir si leur nature est *compatible avec leur particularité*, ou s'il se glisse une différence entre les deux [2]. Certes, ils remplacent les universaux, mais n'apparaissent pas aussi directement qu'eux sous les conditions requises dans la perception naturelle, du moins quand on suppose que les tropes sont toujours des composants *minces* ou des sections de parties

1. F. MacBride a raison de poser que la position de Stout ressemble plutôt à un argument transcendantal qu'à un argument métaphysique. F. MacBride, « The Transcendantal Metaphysics of G. F. Stout : His Defence and Elaboration on Trope Theory », *in* A. Reboul (ed.), *Mind, Values and Metaphysics*, Dordrecht, Springer Verlag, 2014, t. 1, p. 141-158. Cet argument se formule selon lui ainsi, p. 154 : ce n'est que lorsque nous avons appréhendé *a priori* la diversité que nous sommes capables d'appréhender les différences relationnelles existant entre les choses concrètes. Car quand bien même *nous ne pouvons pas percevoir entre elles de différence qualitative*, nous aurons déjà présupposé la diversité numérique qu'il y a entre leurs caractéristiques qualitatives. Plus exactement, c'est une *condition* de l'expérience perceptive de délivrer une connaissance quant à la diversité numérique des choses concrètes qui soit telle, en effet, que les caractéristiques des choses concrètes nous apparaissent comme particulières.

2. D. Erhing soutient que la théorie standard des tropes identifie leur *nature* et leur *particularité* mais semble constamment vouloir démontrer le contraire comme si les deux composantes étaient intrinsèquement incompatibles. Comme on verra ci-dessous, il reste entièrement solidaire d'une conception des *property-types-as-classes-of-tropes*, qui ne convient pas vraiment à leur identification. Voir D. Ehring, *Tropes, Properties, Objects and Mental Causation*, Oxford, OUP, 2011, p. 175.

temporelles dépendantes d'un *complexe* individuel. Nous n'en donnons pas de désignation rigide si nous faisons l'expérience de leur séparabilité ; et nous ne pouvons pas dire non plus qu'ils dépendent de l'esprit. Il faut noter à cet égard que pour Stout, il y a – au cœur de cette intuition – *la spécificité d'un caractère* qui revient à *une chose concrète*, et qui devrait manifester ce fait qu'elle est justement caractérisée sous sa complexion unitaire en raison de ce qu'elle *est* dans sa réalité particulière (telle est l'objection que lui fait justement Moore, cité par Ramsey deux ans plus tard en 1925 : « an absolutely specific character which characterizes a concrete thing, must characterize one thing only ») [1]. Stout répond que seules les caractéristiques sont en effet qualitativement perceptibles. Ce qui signifie, à ses yeux, qu'il ne peut y avoir d'universel épars ou éparpillé, sans quoi je ne percevrais même pas que deux boules de billard, qui ont la même couleur rouge et sont également sphériques, sont numériquement distinctes. Stout ne dit évidemment pas qu'il y a une qualité numériquement identique à soi (de rougeur ou de sphéricité), qui serait instanciée deux fois, mais qu'entre deux particuliers les instances de qualité qui les caractérisent sont supposées, en pareil cas, être de même sorte en vertu d'une certaine *unité distributive* [2] : il ne croit pas, notamment, que la ressemblance soit une relation qui fasse le lien, et serve de *fundamentum relationis*. Contre Russell, Stout n'oppose pas le particulier et l'universel ; il soutient bien que le *sense-datum* est un particulier et dans le même temps quelque chose qui instancie le terme général qui le caractérise. Pourquoi y aurait-il deux entités concurrentes, le *character* et la chose caractérisée : la couleur jaune-citron et ce citron, la première étant une contrepartie clandestine et parasite de l'être-là de ce citron ? La seule réponse plausible lui semble être de dire que *les caractères sont en réalité aussi particuliers que les particuliers*, même si leur particularité est *dérivative* eu égard aux seconds (l'expression est de Stout) [3]. On voit poindre déjà l'amorce d'une difficulté dans cette intuition fort remarquable de sa part. Les particuliers, ainsi désignés, sont-ils les *porteurs nus* des caractéristiques qualitatives ? – L'affirmer paraît contradictoire, puisque selon la thèse des *substrata* chère à John Locke, ces entités fines, qui paraissent bien irréductibles, sont *propertyless*. Seconde difficulté : est-ce une vérité nécessaire que des choses numériquement distinctes diffèrent toujours en vertu de certaines propriétés qui ne sont pas relationnelles ? Il apparaît déjà clairement que soutenir

1. F. Ramsey « Universals », *Mind*, 34, 1925, p. 401-417. Cité par F. MacBride, « The Transcendantal Metaphysics of G. F. Stout : His Defence and Elaboration on Trope Theory », art. cit., p. 142.

2. G. F. Stout, *God and Nature*, Cambridge, CUP, 1952, p. 80 : « *We must mean not that there is one numerical identical quality* in all, but that each possess a quality of the same sort belonging to each of the others ».

3. *Id.*, « The Nature of Universals and Propositions », *Proceedings of The Aristotelian Society*, 10, 1921, p. 157-172, trad. fr. E. Garcia, « La nature des universaux et des propositions », dans E. Garcia et F. Nef (éd.,) *Métaphysique contemporaine : propriétés, mondes possibles et personnes*, Paris, Vrin, 2007, p. 121-142.

le primitivisme des propriétés supposées former les seuls et ultimes constituants de la réalité constitue une affirmation problématique, d'ailleurs largement contestée dans la littérature sur le sujet[1]. Comment alors soutenir une ontologie *constituante* où les tropes seraient les seuls existants et les seuls occupants du monde concret : n'est-ce pas là une chimère parfaitement stérile ?

Si D. C. Williams - l'inventeur des tropes - s'est revendiqué de Stout (à cette réserve importante qu'il récuse toute unité distributive et lui préfère la relation de similarité exacte), il a bien défendu lui aussi les *sommes coïncidentes de traits caractéristiques* pour expliquer la concrétion du complexe de tropes. Mais il n'a pas écarté vraiment cette dualité de statut qui subsiste entre la quiddité (l'essence générique qui répond à la nature du trope) et la qualité particularisée par lui[2]. Avec beaucoup d'esprit et de finesse à l'égard de la scolastique du métalangage, Williams se défend d'affirmer *que cette dualité soit fondée ontologiquement* : car c'est autant à l'égard du réalisme que du nominalisme qu'il prend position, comme Frédéric Nef l'a bien montré dans sa défense du particularisme[3]. L'essence (*thisness*) est pour ainsi dire *impénétrable* et *co-localisée*, mais *inhérente* au trope pour reprendre les adjectifs de Williams. Ce qu'il faut retenir aujourd'hui est que cette position est orthogonale face à toutes les théories du *caractère phénoménal* - transparent ou non - contre lesquelles s'élève la théorie des tropes. La couleur jaune citron, qui n'est pas une ombre de couleur, ou l'ombre d'un déterminable chromatique visée par un contenu, est concrètement présente ou présentée par ce citron, quel qu'il soit lui-même, fictif, peint ou domestique. Sa *quiddité* lui confère une caractéristique spécifiquement bornée, indépendante

1. *Cf.* H. Hochberg, « A Refutation of Moderate Realism », in *Russell, Moore and Wittgenstein : The revival of Realism,* Frankfurt am Main, Hänsel Hohenhausen, Ontos Verlag, 2001 ; D. M. Armstrong, *Universals : An Opinionated Introduction*, Boulder, Westview Press, 1989, trad. fr. S. Dunand, B. Langlet et J.-M. Monnoyer, *Les universaux : une introduction partisane*, Paris, Ithaque, 2010 ; J. P. Moreland, *Universals, Qualities and Quality Instances : A Defense of Realism*, Lanham, UP of America, 1985 ; D. Ehring, *Tropes, Properties, Objects and Mental Causation, op. cit.* ; J. Heil, *From an ontological point of view*, Oxford, OUP, 2003, trad. Fr. F. Loth et D. Berlioz, *D'un point de vue ontologique*, Paris, Ithaque, 2011, p. 202 et p. 240 *sq*.

2. D. C. Williams, « On the Elements of Being », *Review of Metaphysics*, 7/3, 1953, p. 171-192, trad. fr. F. Pascal, « Les éléments de l'être », dans F. Nef et E. Garcia (éd.), *Métaphysique contemporaine, op. cit.*, p. 45. Williams mentionne la controverse de G. F. Stout avec G. E. Moore, et reprend à son compte la définition que Stout donne des caractères : « Les caractères sont des particuliers abstraits qui peuvent être prédiqués des particuliers concrets ». C'est cette prédicabilité du *Character* qui est en discussion et qu'on retrouve chez E. J. Lowe, dans *The Four Category Ontology*, Oxford, Clarendon Press, 2006, p. 18, p. 23, p. 31 et p. 110-117. Lowe pense que les tropes relationnels et monadiques sont des *modes*, qui *caractérisent* les substances (donc des particuliers-objets), alors que la relation d'exemplification est réservée à des propriétés prises pour des universaux. Selon lui, les propriétés sont instanciées par des *modes occurrents*. En revanche, les sortes (*kinds*) sont caractérisées par des propriétés non substantielles.

3. TO, p. 195-235.

de l'esprit qui se la représente ou qui en fait l'expérience perceptive (c'est la couleur du citron et de tout citron dans tous les mondes possibles). Sa *qualité*, par contre, est nettement particularisée en ceci que sa couleur jaune – que nous voyons affectée au zeste, mais qui est telle un épisode dans le champ visuel –, varie en même temps que sa forme. Williams affirme également à ce sujet que la localisation du particulier abstrait reste « externe », *au sens où un trope* per se *n'implique, ni ne nécessite, ni enfin ne détermine sa localisation relativement à n'importe quel autre trope*. Ces localités sont entre elles disconnectées, pour autant qu'on les considère *per se* : ce qui veut dire séparément, ou encore isolément, dans le champ visuel, olfactif, auditif et tactile [1].

Dans cette position théorique, défendue en 1953 et de nouveau par K. Campbell en 1990, le calcul des individus est pris pour cible qui assigne *a priori* une place, et fixe une affectation sémantique au *quale* – ce *quale* strictement décoloré par les classes de ressemblance et son appariement aux *spots* dans la logique de Goodman [2]. Le trope ainsi compris est plutôt – à l'inverse –, une *qualité abstractive absolue* pour reprendre une autre expression pertinente de Ramsey dans son article sur les universaux de 1925 ; ce n'est pas un *quale* ou le nom d'une propriété, ni son corrélat (le déterminé d'un déterminable). Williams nous parle bien d'entités *immédiatement abstraites, particulières et actuelles*. On remarquera que le vocabulaire des *propriétés* « particularisées », généralement admis, n'est pas le plus heureux : il supprime cette dualité d'appréhension cognitive et ontologique qui nous est bien naturelle (l'enfant catégorise et isole, abstrait une information, mais il perçoit en descente un *item* concret par ce moyen). Parler de *propriétés* particularisées entérine aussi, en arrière-plan, l'opposition entre des particuliers concrets et des universaux abstraits que nous voudrions raturer. Pour la petite histoire, rappelons que Stout, avant lui, ne considère pas *squareness* et *redness* comme des termes singuliers : ce sont pour lui des termes qui ressortissent de la caractérisation de cette unité distributive qu'il croit pouvoir discerner entre des choses carrées et rouges, comme elle le serait aussi entre des choses oblongues et jaunes. Il ne répugne donc pas à l'admission

1. L'une des questions disputées à cet égard est de savoir s'il faut considérer que les tropes sont *simples* et *à cette condition seule strictement ressemblants;* voir A. S. Maurin, *If Tropes*, Dordrecht, Springer Verlag, 2002, p. 11.

2. *Cf.* « Lequel est le *quale ?* », *Études de Philosophie, cahiers de l'Université de Provence*, 9-10, 2008-2011, p. 311-331, où nous discutons de cette qualité de localité et de son interprétation en tant que *class-place* (p. 329). Campbell discute clairement des arguments de Goodman et y répond par « Le problème des universaux », dans C. Panaccio (éd.), *Le nominalisme, Ontologie, langage et connaissance*, Paris, Vrin, p. 133-135. Ce ne sont que les « particuliers (concrets) complexes » qui peuvent satisfaire ses objections (coextension et communauté imparfaite), parce que des groupes de tropes disjoints sont régulièrement comprésents dans le monde réel. Mais si les particuliers *minces* sont des entités abstraites, le problème ne se pose plus, puisque la ressemblance (entre particuliers abstraits) est un *primitif objectif* et non pas un artefact humain, dit K. Campbell.

d'universaux comme la *carréité* ou la *rubéité.* Dans cette hypothèse, les « particuliers » qu'il évoque demeurent des *sujets sous-jacents*, et sont responsables de la liaison des caractères dans une chose concrète. Stout ajoute ici une nuance importante : « There is no need to consider the subject as being something distinct from the total complex of its characters. What we call the characters or attributes are united with each other by a form of unity as particuliar and ultimate as that which I have ascribed to a class or kind » [1]. Autrement dit encore, ces *underlying subjects* garantissent qu'il y a bien *coïncidence* des attributs en raison d'une forme de concrétude (*concreteness*), ultime et indéfinissable, *unifiant* ces caractéristiques abstractibles. Or le statut de ces entités les rend en pareil cas, d'après ce que je viens d'écrire, de certaine façon, superstitieuses, et pas seulement dans l'esprit de ceux qui leur contestent le droit d'exister. On ne sait plus de quoi nous parlons, puisque ces *spooky tropes*, qu'on imagine séparés de leurs porteurs, seraient mentalement impalpables, du point de vue même de Williams qui refuse pour sa part de fixer un *standard de concrétude* afin d'appuyer sur eux une conception réaliste [2]. L'écart qui sépare Stout et Williams est donc bien réel. Comment sortir de ce dilemme où une entité particulière abstraite est instanciée, mais n'a pas de concrétion nécessairement déterminée ? Faut-il qu'elle soit fantomatique ou disjonctive, et comment ces particuliers abstraits font-ils pour opérer la caractérisation des *concreta ?*

Tantôt l'on objecte en effet que ces « particuliers abstraits » ne sont pas de vrais particuliers (parce que ce sont des universaux déguisés, ou à l'inverse parce qu'ils sont introduits en contrebande comme des *juniors substances :* c'est la thèse de D. M. Armstrong) ; tantôt on met en doute leur nature essentiellement quidditative que je viens d'esquisser. C'est-à-dire qu'on suppose qu'ils ne seraient que des accidents individuels parfaitement extrinsèques à leurs substrats, alors que si ce sont des accidents, ce sont des accidents *essentiellement individuels* faisant partie intégrante de ce substrat-sujet, tout inconnaissable qu'il demeure. Et de fait le citron vert (*citrus aurantiifolia)* actualise un degré d'acidité bien supérieur à celui du citron ; au niveau botanique ce n'est pas un citron : sa peau est verte comme sa pulpe qui est sans pépins, ce qui signifie que son individuation est actée, indépendamment du trope de couleur, par d'autres paramètres. Dans l'occasion, sa *couleur-cum-saveur*, pour reprendre les termes de Williams, participe en effet symbiotiquement du substrat individuant. Les deux substrats sont distincts en raison du caractère objectif des *characters;* le *citrus* est décidément d'un vert acide et sans parfum, comme le citron odoriférant est jaune. Les couleurs et les qualités associées à la couleur ne sont pas fusionnables : chaque substrat citronné demeure indépendant de l'autre. La raison en est que l'essence

1. *God and Nature, op.cit.*, n. 4, p. 73-74.
2. D. C. Williams, « Les éléments de l'être », art. cit.

respective des deux variétés de *lime* (selon leur label botanique) interdit que les tropes de la classe des citrons et les tropes de la classe des *citrus* ne forment en rien une unité coextensive, en dépit de leur ressemblance partielle explicable génétiquement. Or, il n'est pas question ici de *l'identification sortale* par une référence plurielle aux diverses sortes d'agrume, mais de la *caractérisation qualitative abstraite* qui sert de fondement à chacune [1].

À la dualité d'appréhension cognitive et ontologique correspond de même dans la littérature une dualité d'acception technique qui se retrouve sous la stipulation qu'il y a des propriétés et des faisceaux de propriétés (*bundle*). Ce qui opposait déjà entre eux Stout à McTaggart, avant même Russell, avant même J. Van Cleve et L. A. Paul. Le nominalisme *austère* bannit l'existence des faisceaux : il n'y a que des particuliers concrets; tandis que la *standard view* pense que l'admission des faisceaux est une bonne manière de repenser les objets en partant de l'existence des propriétés (n'existent que des propriétés en faisceaux constitutives des objets). De fait, longtemps l'idée a prévalu que le *concretum* dans sa complexité était composé de ces ingrédients dits simples, considérés *in abstracto* telles des propriétés individualisées par un acte mental de séparation et de comparaison, dans une tradition qui remonte – pour nous aujourd'hui – à

1. Il est significatif de comparer ici avec la sorte d'*ensorcellement* que dénonce P. Van Inwagen, « Relational vs Constituent Ontologies » (2011), repris in *Existence*, Cambridge, CUP, 2014, p. 211. L'auteur évoque le cas de deux balles de tennis de 6,7 cms de diamètre, qui ont comme couleur commune *a certain rather distressing greenish yellow called « optical yellow »*. Pour lui les deux balles sont des parfaits *duplicata*, et comme il refuse autant l'attribution des propriétés à des universaux immanents qu'il ne le fait pour les tropes, il dit que la couleur de l'une *est* la couleur de l'autre *simpliciter*, autant que le diamètre de l'une *est* mesurable par la même quantité que le diamètre de l'autre, mais soutient ne pas comprendre en quoi une propriété serait la propriété *d'un* certain particulier. Refusant que cette propriété soit constituante et donc abstractible (une inférence bizarre venue de l'emploi du gérondif *spelling out*), il affirme que le *greenish optical yellow* est opaque à moins que la proposition *n'existe* qui elle dit "qu'il est vrai" que la balle de tennis a cette couleur. Pour l'A., le seul objet abstrait est la proposition et le *concretum* ne peut en aucun cas entrer dans cette proposition. Certes la proposition trivialement *n'est pas* jaune verdâtre. Néanmoins l'*optical yellowness* comme le *greenish* adverbial sont des abstractions verbales tout aussi suspectes. Au sens de Van Inwagen, le trope ne peut pas être un constituant (ce que je comprends bien), mais en son sens un objet abstrait tel qu'il l'entend (comme la proposition) ne peut être rendu vrai par aucune exemplification et ne nous fournit aucune explication sur l'existence de ce composant supposé (*the color of this yellowness*). Si les concepts de localisation et de causalité ne s'y s'appliquent pas, dit-il, au bénéfice d'une réduction physicaliste, Van Inwagen affirme n'y a pas de catégorie des « particuliers abstraits » qui puissent être revendiqués comme étant perçus, à la manière de J. Lowe et de L. A Paul (p. 219). – Une très abondante littérature sur la relation d'occupation d'une région de l'espace par une couleur pourrait aussi être évoquée, *cf.* B. Schnieder, « Counting the Colours », *in* A. Reboul (ed.), *Mind, Values and Metaphysics*, Springer, 2014, p. 171-183, qui met en doute l'existence de tropes monochromatiques.

l'*Aussonderung* de Carnap ou aux *idées* de Berkeley[1]. Armstrong a raison néanmoins de marquer ici une claire différence avec les propriétés de la physique (le blanc et le salé n'appartiennent que de manière contingente au chlorure de sodium), et de distinguer le particulier dans son asymétrie radicale : « Properties are properties of individuals [...] But individuals are not individuals of their properties »[2]. Les individus particuliers ne sont pas les particuliers *de leurs propriétés*. C'est plutôt l'inverse qui se produit, puisque *les choses se passent comme si les tropes étaient attachés par de la glue à leurs particuliers*[3]. Et de fait, pour parler de propriété particularisée, il faudrait que la propriété d'être particulière (pour une propriété) soit elle-même un particulier d'une espèce tout spéciale, ce qui devient évidemment circulaire. Il semble ainsi qu'il faille marquer la différence entre deux façons de particulariser une propriété pour briser le cercle[4].

Cette *fatale circularité* a été détectée par J. Lowe dès 1998 (p. 206) : elle impliquerait en effet que les tropes fussent dépendants des faisceaux, et concurremment que les faisceaux de tropes fussent dépendants des tropes qui les constituent[5]. Le risque théorique est d'élever les faisceaux de tropes au rang de substances individuelles, et face à ce risque le défenseur des tropes soutiendrait que ceux-ci ne dépendent pas des substances au titre de leurs conditions d'identité. Toutefois, la condition d'identité du trope, selon Jonathan Lowe, devient alors indiscernable : sa dépendance à l'égard d'une substance qu'il qualifie ne se dit plus que de façon quasi tautologique. Par exemple, sentir le goût du sel dans *cette* pincée de sel, ferait exister un trope ayant le goût du sel. Il semble impossible de justifier de la valeur de vérité d'un énoncé qui dirait que le trope salé de cette pincée de sel diffère du trope salé de *cette autre* pincée de sel. En bref, il n'y aurait plus de conditions d'identité numérique et l'existence des tropes serait compromise. Si l'on distingue maintenant *avec sa condition d'identification*, dans le sens épistémologique et non plus dans le sens d'une individuation métaphysique, on revient à une analyse sujet-attribut qui menacerait l'identité

1. Je renvoie (pour ce qui est du passage de la tradition empiriste de la ressemblance *par comparaison* à la formation des cercles de similitude chez Carnap) à F. Schmitz, *Le Cercle de Vienne*, Paris, Vrin, 2009, entre autres p. 109-112 et p. 158-167. Les cercles de qualité résultent d'une analyse d'abord quasi-intuitive, mais l'idée première est que les distributions de grandeurs appartenant à une propriété (*Beschaffenheit*) supposent dès l'origine une réduction des qualités, telles que blanc et salé pour le sel de cuisine (R. Carnap, *Physikalische Begriffsbildung*, 1926, p. 49 et p. 59 cité par Schmitz, p. 121).

2. D. M. Armstrong, *A Combinatorial theory of Possibility*, Cambridge, CUP, 1989, p. 44.

3. *Id.*, « Théorie combinatoire revue et corrigée », dans J.-M. Monnoyer (éd.), *La Structure du monde, Objets, propriétés, états de choses*, Paris, Vrin, 2004, p. 186.

4. R. K. Garcia, « Two ways to Particularize Peoperty », *Journal of the American Philosophical Association*, 1/4, 2015, p. 635-652.

5. J. E. Lowe, *The Possibility of Metaphysics*, Oxford, OUP, 1998 ; *A Survey of Metaphysics*, *op. cit.*

des substances[1] : le particulier abstrait paraît devoir être *existentiellement indépendant*, et ne rien devoir à la propriété générique dont il est l'attribut de façon seulement contingente (l'electronicité ne doit rien directement à la charge et la masse d'un électron). En pareil cas, le *moment dépendant* du trope n'a plus la fonction formelle qu'il avait. Toute reformulation de la théorie des faisceaux échoue sur cet écueil. Par exemple, il faudrait savoir si nous pouvons discriminer entre deux faisceaux de tropes, et même s'il y a des propriétés *relatantes* susceptibles de nous expliquer pourquoi une boule de billard ne communique jamais ses caractéristiques qualitatives en frappant une autre boule, et ne lui cède justement que son mouvement. La superstition voudrait que la boule rouge, frappant la blanche, devienne elle-même blanche, comme si le faisceau était défaisable. C'est pourquoi, et en ce sens même, les tropes doivent être rapportés à quelque chose comme leur *substrat*, bien qu'on ne sache pas encore ce que nous entendons par là. La thèse la plus hérétique serait de dire que les tropes pourraient se comporter tels des *substrata sans substance* – s'ils constituent, par leur réunion, une unité *quite ultimate and unanalysable*, comme l'affirmait Stout à son époque. Avec les *substrata sans substance* nous ne faisons que reproduire une formule d'Arda Denkel[2] : à ses yeux, les tropes se différencient en se ré-individuant qualitativement par le changement de situation et par le changement de leur relation d'appartenance, mais ils le font toujours indépendamment de l'objet. L'idée n'est pas nouvelle, et la critique des faisceaux est elle aussi ancienne. Les tropes en tant que tels, et selon leur définition, ne « s'attachent pas », ne se connectent pas entre eux, comme le rappelle de son côté D.W. Mertz d'une façon péremptoire :

> Tropes have no « attaching » aspects; their unity or « togetherness » in constituting a thick particular must be accounted for by positing some uniquely ordained relation of « compresence », which, to perform his ontic duty, must be predicative – that is actually relating[3].

On notera ici la contrainte qui les fait obéir à l'effectivité d'une relation *actuelle* en vertu de laquelle les tropes tiendraient ensemble par une nécessité ontique inexplicable; ce qui n'est pas exactement le rôle que l'on prête à la *relation de compresence*[4].

1. Je reprends cette distinction à M. Keinänen et J. Hakkarainen, « The Problem of Trope Individuation : A Reply to Lowe », *Erkenntnis*, 79/1, 2014 : leur conclusion est qu'il y a des tropes nucléaires qui fourniraient bien des conditions d'identité pour une substance simple (qu'on suppose être dotée de pouvoirs causaux) + des tropes contingents (existentiellement indépendants).

2. A. Denkel, *Object and Property*, Cambridge, CUP, 1996.

3. D. W. Mertz, *Moderate Realism and its Logic*, New Haven-London, Yale UP, 1996, p. 28.

4. Dans une théorie de la prédication, *a* ne serait dit F que si et seulement si le faisceau de tropes *comprésents* dans *a* et le faisceau de tropes *exactement ressemblants* en F se chevauchent. Si j'affirme qu'une rose est rouge et qu'il y a devant nous un bouquet de roses rouges, il n'y a pas addition d'une

Faut-il soutenir cette alternative : ou bien les substances simples (les objets concrets) ne sont que des assemblages de tropes comprésents, ou serait-ce que les tropes inhèrent dans un *substratum ?* Il n'est pas sûr que cette alternative soit correcte. Campbell soutient que si on individualise le *substratum*, il s'assimile à un *bare particular*, et que le résultat en serait un objet composite où s'agrègent des propriétés qui pourraient seulement être du *type* universaux[1]. La question change alors de nature. Car *the case of qualities*, comme Campbell le dit pertinemment, impose de se méfier tout autant de la relation d'inhérence. Williams pour sa part faisait prudemment en sorte que la relation de comprésence (entre tropes différents numériquement) et la relation de similarité entre tropes (différents *qualitativement*), ne se superposent pas : la seconde était résolue selon lui en une individualisation spatiale, écartant justement cette superposition métaphorique. Il est frappant que Jonathan Schaffer ait exploité la même idée de façon plus radicale[2], remplaçant le *this-such* quidditatif (l'être-tel du trope) par le *here-such*, soit l'occupation locale non substituable. Sa thèse est que l'individuation des tropes ne dépend en rien de ce vernis apparent (*gloss*) d'un « objet » *particulier* dans la mesure où notre concept d'objet est justement construit à partir des tropes dans la théorie classique telle que nous l'avons brièvement évoquée, et non l'inverse. Ce qui est trompeur est certainement de croire que l'individuation serait quantitative, tant il est vrai que celle-ci (nous l'avons noté) reste épistémologiquement problématique : *on ne perçoit pas plus de quantités qu'on ne perçoit de propriétés.* Car ce que nous percevons, ce sont des *qualités particulières.* Le seul problème est de savoir comment différencier ontologiquement des traits qualitatifs *indiscernablement* identiques : ces *thisnesses* primitives, puisqu'elles ont tendance à se brouiller, à s'évader de place en place (*swapping*) ou à s'empiler au même endroit (*piling*). L'élusivité des localités (*suchnesses*) ne semble pas moins intrigante et bizarre dans la proposition que fait Schaffer. Il lui faut convoquer toute la science d'un Paul Teller pour contrer Leibniz avec sa théorie des champs et la co-localisation des photons qui se configurent alternativement dans une fonction d'onde pour justifier de l'indiscernabilité des lieux et *écraser l'empilement* que nous imaginons[3]. Pour le sens commun, si je déambule dans un parking en plein air, je suis frappé au

qualité de rouge. Chaque rose rouge du bouquet de roses intensifie dans son contexte prochain la qualité du rouge qui ne se dénote pas plus d'une rose donnée qu'il ne fait d'une autre, et qui s'obtient dans la configuration du bouquet. La *Gestalt* de couleur de ce quasi-objet qu'est le bouquet est alors résultante d'un complexe au sens où Stout l'avait défini (*total complex*), mais elle n'est prédicable d'aucune fleur en particulier en tant que couleur du bouquet.

1. K. Campbell, *Abstract Particulars*, Oxford, Blackwell, 1990, p. 7.

2. J. Schaffer, « The Individuation of Tropes », *Australasian Journal of Philosophy*, 79/2, 2001, p. 249.

3. P. Teller, « Quantum Physics, The Identity of Indiscernables and Some Unanswered Questions », *Philosophy of Science*, 50, 1983, p. 309-319.

contraire du reflet éblouissant de la lumière sur les pare-brises de voitures rangées les unes à côté des autres qui ont la même inclinaison de leurs vitrages par rapport à moi en fonction de la direction des rayons du soleil : je perçois bien que cet amas d'énergie électromagnétique, brusquement réfléchi, est transférable d'un pare-brise à l'autre, à mesure que j'avance sous le soleil, quoique l'individuation qualitative me reste impénétrable.

Comme le dit pertinemment K. Fine : « les coïncidents matériels n'ont pas besoin de coïncider spatialement et les coïncidents spatiaux n'ont pas non plus besoin de coïncider matériellement » [1]. Bien des cas semblables sont aussi simples que troublants. Rien ne relie par exemple cette partie de ma feuille blanche et cette autre partie de la même feuille blanche, plus ou moins également éclairée, qui se trouve devant moi. L'argument de la *non-discrimination perceptive* que Stout avait initialement posé dans ces termes – en prenant ce même exemple –, demeure valide aux yeux de Schaffer. La concrétion qualitative est *obtuse* parce qu'elle est « ultime ». Si les substrats sont non transférables, comme le soutient de son côté Charlie B. Martin, c'est que cette blancheur locale *n'est pas une partie* de la feuille de papier que je peux discriminer ou percevoir ailleurs que là où elle se trouve, et c'est aussi que cette feuille blanche *n'est pas un objet* qui aurait des propriétés considérées comme ses « parties » : on ne confond pas son grammage, sa texture, sa quantité de cellulose, avec le trope de blancheur inhérent à la feuille que d'autres propriétés pourraient produire. On pourrait éclairer par un projecteur cette feuille de papier et l'éclairer opportunément d'un blanc éclatant. En résumé, les propriétés supposées d'un objet ne déterminent pas ce que le substrat *qua substratum* est, pas plus que la propriété rectangulaire du papier n'a de rapport avec sa blancheur. Dans son article influent, « Substance substantiated », Charlie Martin a brisé le consensus des interprètes en soutenant que le substratum *qua substratum* est ce qui est dit *à propos* d'un objet porteur des propriétés *(that* about *an object that is the bearer of properties*). Dans cette formule énigmatique, il n'est pas question de séparer l'objet d'avec ses propriétés : « the properties borne need only the bearer of them to be the object itself » [2]. Il n'y a donc pas vraiment de propriétés d'individu sauf celles qui le reconnaissent comme un sortal ordinaire : « what properties the substratum bears will not determine what the *substratum* is *qua substratum*, but will determine what kind the object is. The object *qua* object is both the bearer of the properties and the properties borne » [3]. Dans notre exemple, la feuille rectangulaire de papier blanc n'est qu'un terme sortal quelconque, par lequel on opère

1. K. Fine, « The non-identity of a material thing and its matter », *Mind*, 112/446, 2003, p. 195-234, trad. fr. L. Iglesias, « La non-identité d'une chose matérielle et de sa matière », *Études de Philosophie*, 9-10, 2008-2011, p. 155.

2. C. B. Martin, « Substance substantiated », *Australasian Journal of Philosophy*, 58/1, 1980, p. 7.

3. *Ibid.*, p. 9

la référence. Mais il ne s'ensuit pas de là que le particulier nu (*bare*) existe indépendamment des tropes qu'il possède, *comme s'il pouvait être à la fois la sorte de chose qui les a, et la chose qui les lie ensemble.* Cette lecture convenue du *substratum* semble caricaturale [1]. Selon nous, Martin entendrait plutôt dire que les deux concepts d'objet et de propriété sont mutuellement réductibles dans les termes de leurs conditions d'identité. Relisant ce même article de Martin, Lowe réinterprète lui aussi l'invocation de Locke et la fonction du concept même de substrat à partir de l'*Essay* (II, XXIII) [2]. Son éclairage permet de discuter du rôle du support, c'est-à-dire à nouveau de l'inhérence des attributs qualitatifs co-instanciés. Ceux-ci nous paraissent être (nous l'avons noté) dans une relation de dépendance ontologique à l'égard de ce qui n'est certainement pas qualifiable pour soi (*le* substrat *de la substance*) : nous en avons seulement une idée plus ou moins confuse nous dit Locke (*we know not what*). De fait si nous soutenions que le substrat est l'*individuateur* par excellence, on ne pourrait admettre que des substrats complexes sont jamais comprésents (ce qui est pourtant le cas) : le cerveau n'est pas un *subjectum* mais un *substrat*, et de fait il est impliqué dans tout l'organisme qui lui aussi est un *autre substrat*, et non une personne. Ce qui sous-entend que le lien entre tropes et substrat reste nécessairement occurrent, par quoi leur relation peut demeurer multigrade et changeante (la migraine est un événement neurologique – un orage cérébral –, mais je peux aussi la souffrir dans des nausées et autres troubles digestifs et végétatifs).

La réflexion de J. Lowe est intéressante : elle va à l'encontre de l'opinion commune pour laquelle le substrat n'est rien que le porteur ou le *supporter* des propriétés : lui affecter cette propriété, soutient J. Lowe, est parfaitement *ad hoc*, et conduit à une contradiction. Les substrats seraient à la fois sans propriété et auraient cette propriété relationnelle par surcroît : ils seraient à la fois *propertyless* et *propertied* [3]. Revenant sur les expressions de Locke et de Martin, Jonathan Lowe est forcé de reconnaître que les propriétés sont ainsi très mal nommées, à la fois inaptes à exister – indépendamment – sans être supportées, et incapables d'entrer (à la façon des universaux) dans une relation authentique avec l'objet où elles inhérent. L'apport de Martin, plus proche du texte de Locke, consiste effectivement à préférer les *qualités* comme les seuls accidents du substrat : *elles ne sont pourtant pas constitutives*, mais uniquement des *aspects* de l'objet (son exemple est la forme oblongue et la couleur pourpre du fruit de la passion). Supposons que cet objet demeure complexe, et ne soit point, comme y insiste Martin, une somme méréologique. Dans cette optique, *là où les propriétés lui sont extrinsèques, les qualités seraient intrinsèques au substrat.* Cette attaque

1. D. Edwards, *Properties*, Cambridge, Polity Press, 2014, p. 55.

2. E. J. Lowe, « Locke, Martin and Substance », *The Philosophical Quarterly*, 50/201, 2000, p. 500-514.

3. *Ibid.*, p. 509.

frontale de la théorie du faisceau a souvent été mal comprise dans la mesure même où elle entre aussi en conflit avec la théorie des particuliers nus. Au sens de l'abstractionnisme empiriste de Locke, nous ne connaissons toutefois que les qualités des choses sensibles, outre les opérations de notre esprit qui les appréhendent. L'idée pour lui est que ces qualités ne sont pas des entités subsistantes par soi, alors que les *substrata* relèveraient bien selon Locke de l'idée d'une *res per se subsistens*[1]. L'idée ingénieuse de Martin et sa contribution métaphysique sont reprises par J. Lowe de façon explicite : « On the view that I am recommending, a quality is a quality " of " its substratum which is the qualitied object itself, not some constituent, aspect or ingredient of the object »[2]. La qualité est une qualité du substrat, elle n'est pas un *ingrédient de l'objet*. Peu importe que ce détour historique paraisse un peu biscornu. Nous retenons que l'objet est *qualitied* ou *charactered* – pour être un objet, et qu'il est dans ce cas prélevé au *substratum* sous quelque rapport, ce que nous cherchions à démontrer. L'objet-trope quant à lui reste fin et relativement simple, fût-il présent dans un complexe donné.

Il est vrai que cette conception où le *substratum* concède ou abandonne temporairement (*defer*) son *caractère* à un objet (par exemple, si l'on va de la blancheur du papier à cette feuille de papier-ci) – ce que Denkel appelle *benign substratum*[3] – a d'illustres ancêtres. Par hypothèse, le substrat n'est pas en tant que tel individuant, ni individualisant. Ce n'est pas un sujet proprement dit, au sens qu'Aristote a forgé en une aporie célèbre dans *Métaphysique Zéta* 3. L'aporie se résume ainsi : puisque ce *sujet matériel* n'est pas isolable et n'est pas séparable de ses accidents, bien qu'il soit au sens strict la seule chose qui ne se prédique pas d'une autre, il y a contradiction dans sa notion. Par quoi il faut conclure que ce n'est jamais la matière première qui individue; c'est au contraire la substance qui se prédique de la matière (Z, 1029a). Tel est d'ailleurs ce qu'on dit en principe de toute matière (*plain stuff*), mais dans une version tropique du substrat, inspirée de Martin et de Lowe, on admettra néanmoins que ce dernier conserve toutes ses caractéristiques *actuelles* en chacune de ses manifestations. Comme l'a défendu J. Schaffer, dans *On What Grounds What*, les particuliers *épais* sont les entités concrètes par excellence et il s'ensuit selon lui que : « substratum et modes ne sont que des abstractions conçues à partir des particuliers épais »[4]. En ce sens, les tropes sont abstraits sans cesser de dépendre *existentiellement* de leurs substrats. Notons que ce résultat demeure inacceptable pour beaucoup. Une lecture bien informée du problème comme celle d'Anna-Sofia Maurin, présente cette

1. E. J. Lowe, « Locke, Martin and Substance », art. cit., p. 511.

2. *Ibid.*, p. 513.

3. A. Denkel, *Object and Property*, *op. cit.*, p. 98.

4. J. Schaffer, « On What Grounds What », *in* D. Chalmers, D. Manley et R. Wasserman (eds), *Metametaphysics*, Oxford, Clarendon Press, 2009, p. 379.

conception comme rigoureusement inconsistante : pour elle, le substrat n'est pas qualitatif; les particuliers (s'ils sont nus) n'ont pas de *nature;* et on ne voit pas du tout comment attribuer des « propriétés essentielles » au substrat[1]. Reconnaissant néanmoins l'originalité de la position de Martin exposée précédemment, elle estime que cette interprétation est minoritaire, même si nous la jugeons proche de celle de P. Simons dans sa théorie *nucléaire* – Simons remplace le substrat par un *noyau* de propriétés non perceptibles, et admet en grande partie ce qu'avance Charlie Martin – une interprétation reprise par J. Heil (qui identifie substrats et particuliers minces)[2], et plus récemment par M. Keinänen[3]. Dans son article de la *Stanford Encyclopedia of Philosophy* (2013), Anna Sofia Maurin quant à elle modère son point de vue initial en admettant que les tropes pourraient servir de prête-noms pour des états de choses dans le cadre d'« une théorie *qui poserait l'existence de substrats instanciant des universaux* »[4]. Malgré la disparité de ces lectures, la thèse qui se dégage alors est que le particulier concret (ou une simple substance) pourrait valoir comme un *substratum* où sont instanciés une pluralité de tropes distincts. Des objets concrets particuliers seraient composés de tropes fins, tout aussi particularisés[5].

N'y a-t-il pas une particularité de trop dans cette définition ? L'alternative est de voir les tropes comme s'ils étaient des *simples*, identifiables à des parties (spatiales ou temporelles) du complexe concrétionné, mais qui, en tant que tels, sont alors dénués de parties propres[6]. Toutefois cette alternative ne nous avance

1. A. S. Maurin, *If Tropes*, *op. cit.*, p. 123-124.

2. P. Simons, « Particulars in Particular Clothing : Three Trope Theories of Substance », *Philosophy and Phenomenological Research*, 54, 1994, trad. fr. M. Le Garzic, *Métaphysique Contemporaine*, Paris, Vrin, 2007 : « Des particuliers dans leurs habits particuliers : trois théories tropistes de la substance » (p. 55-84).

3. M. Keinänen a défendu une théorie plus forte que celle de P. Simons, mais revendique la fondation des tropes sur de simples substances. « Tropes – The Basic Constituents of Powerful Particulars », *Dialectica*, 65, issue 3, septembre 2011, p. 419-450.

4. A. S. Maurin, « Tropes », *Stanford Encyclopedia of Philosophy*, 2013, p. 5.

5. Une conception soutenue par R. K Garcia, « Is trope theory a divided house », *in* M. Loux et G. Galuzzo (eds), *The Problem of Universals in Contemporary Philosophy*, Cambridge, CUP, 2015, p. 143, sur laquelle nous revenons ensuite.

6. Voir D. Ehring, *Tropes, Properties, Objects and Mental Causation*, *op. cit.*, p. 26-29. S'il faut se garder de confondre les *simples* au sens métaphysique et la simplicité des tropes, c'est que dans le principe le trope est défini comme une qualité ou un attribut isolé singulièrement (*singly*). Mais la simplicité du trope ne s'ajoute pas à sa particularité et à sa nature pour former quelque réalité trinitaire (*cf.* A. S. Maurin, « Same but Different », *Metaphysica* 6, 2005, p. 129-146). On estime souvent que la complexité du trope vient de la conjugaison de sa particularité et de sa nature ou que sa simplicité viendrait de leur identification mutuelle. Or ces deux pistes de lecture sont peu vraisemblables. Pour H. Hochberg, « A Refutation of Moderate Realism », *op. cit.*, notamment, les deux énoncés « t et t* sont exactement ressemblants » et « t est numériquement distinct de t* » n'ayant pas les mêmes vérifacteurs, les tropes t et t* ne seraient pas des qualités simples, étant admis que seules des entités *logiquement indépendantes* peuvent être fondatrices. Mais l'argument là aussi ne tient pas,

pas beaucoup elle aussi, et ne justifie pas non plus un primitivisme des qualités que nous voudrions nous garder de soutenir de manière donquichottesque. Le jaune du citron ou le jaune *optique* de la balle de tennis, évoqués plus haut, ne sont nullement de pures *extantnesses*, pour solliciter une expression de K. McDaniel : ce ne sont pas des qualités flottantes (ou *free-floating*), parce que ces deux jaunes ont besoin d'un substrat foncièrement hétérogène. Chez Williams, le fondement intrinsèque du trope est autosuffisant; pour un interprète plus sophistiqué et plus récent comme D. Ehring, la nature du trope est déterminée par son appartenance contrefactuelle à différentes classes naturelles de ressemblance (puisque pour lui la similarité entre tropes est fondée sur leur nature), ce qui brouille les cartes en introduisant par la bande des *tropes de ressemblance* avec les classes naturelles qui leur correspondent. Il est facile de montrer alors que la co-localisation ou que la comprésence *ne peuvent être* en fin de compte *des relations fondatrices* à quelque niveau qu'on les considère. Ce sont, disait déjà Keith Campbell avec un peu humour, en prenant l'exemple d'une fourchette, qui pèse 35 grammes, qui est plate, et soluble dans l'acide, des relations *externes sans fondement* qui les réunissent dans un *nexus* (*tie*) contingent[1]. En revanche, ce dont on ne peut en aucun cas douter est que le trope *fonde* la dimension même du *character*.

Le moment est venu de discuter de cette assimilation fréquente entre *qualité* et *propriété*, dont j'ai parlé plusieurs fois ci-dessus et qui pourrait probablement intéresser le centre du problème. Ramsey a vivement critiqué cette distinction que faisait Johnston entre les deux. Mais les tropes (s'ils existent) sont bien par définition des *quality instances* : une expression qui n'est pas fictive, et remonterait historiquement à Ockham quand il dit que « les qualités signifient naturellement et sont genre et espèce en vertu de leur nature propre » – à la différence des mots qui sont une institution arbitraire[2]. On sait qu'elle a été ensuite

puisque des tropes peuvent être différenciables et isolables à partir d'états de choses complexes et structurés, par exemple il peut se faire qu'un trope soit une entité structurée qui réponde d'un substrat. Et il pourrait (presque) à la limite instancier un universel pour qualifier plus étroitement le substrat. C'est ce que défend S. R. Allen *A Critical introduction to Properties*, London, Bloomsbury Academic, 2016. p. 44-45, à partir de l'exemple de l'IKB 79 de Klein assimilé par elle à un universel chromatique – le bleu de W. Klein – par différence avec la qualité du monochrome peint observé *de visu* : le trope étant pour elle le bleu perçu à chaque fois, dans chaque tableau de cet artiste. Le numéro de la toile n'a évidemment rien à voir avec la particularité, ni avec le caractère intrinsèque de ce bleu qui reste un spécimen mental de l'extension spatiale (le surfaçage de la couleur par opposition à la coulure de la couleur). Mais l'idée que seul – ou en combinaison – ce même trope reste un bleu particulier, visuellement complexe, affiche bien sa nature : *a blue making nature* qui fonde le trope dans son caractère. Je remercie B. Langlet d'avoir porté mon attention sur cette objection de Hochberg.

1. K. Campbell, *Abstract Particulars, op. cit.*, p. 131.

2. Guillaume d'Ockham, « Sur l'universel », trad. fr. H. Poitevin, *Philosophie*, 30, 1991, p. 27.

défendue plus récemment par G. Bergmann dans *Realism*[1], qui soutient clairement que les propriétés *sont fondées sur des qualités* ou « natures ». Bergmann – qui s'en prend aussi à N. Goodman pour son monde atomisé de qualités, qui formerait une mosaïque arbitraire – définit la particularité d'un particulier comme ce qui est *drained out of the qualities*, puisque pour lui les universaux, ce sont bien ces qualités expurgées de leur inhérence dans des particuliers. Laissons de côté sa définition résultante des *perfect particulars*. Un autre texte de 1954[2], fixait déjà le rôle des qualités enfermant parmi leurs *differentiae* (puisqu'elles ne peuvent exister par soi) des propriétés dispositionnelles ou des pouvoirs. Pour Bergmann suivant Ockham, il n'y a en dehors de l'esprit, que des particuliers (ou substances) qui « présentent » des qualités distinctives. Ce qui ouvre la voie à la postulation des tropes se glissant entre les particuliers concrets et le réalisme des propriétés immanentes : ces *powerful particulars* que soutiennent aujourd'hui P. Unger et J. Heil. Je ne peux en discuter ici. Mais si l'*abstractum* blancheur est opposé pertinemment au concret *blanc*, et si ce dernier adjectif signifie par connotation la feuille de papier qui est blanche, c'est en effet que la blancheur y est référée en tant que qualité absolue : *hoc album est illud album* (le particulier et la qualité de blancheur sont identifiés l'un à l'autre dans cette chose-là).

À ce stade, on pourrait dire que les propriétés sont des entités métaphysiques rapportées aux objets, mais qu'elles sont alors déterminées par eux, y compris quand elles échappent à tout *cluster bundling*. La masse d'un objet est un exemple typique de propriété qui ne peut pas raisonnablement faire partie d'un faisceau de qualités perceptibles. Tout à l'inverse, les caractéristiques qualitatives *ne sont pas des propriétés d'objet* du fait qu'elles subsistent indépendamment de ces derniers. Je ne peux pas dire de ce que : *ceci est un carré* que *le blanc est carré*, puisque l'objet blanc n'est pas connoté au sens intentionnel retenu par Ockham. Les tropes identifiés à des *caractères*, en termes modernes, sont également individués, quand bien même l'acte mental d'abstraction ne serait pas lui-même mental en première estimation. Le rapport avec les entités concrètes est contrasté, et donc souvent polémique, dans cette théorie. Nous avons essayé de défendre que le substrat correctement défini permet d'échapper aux théories du faisceau comme à l'idée d'une comprésence pensée comme une relation interne. Dans cette conjecture, les tropes sont bien des *quality-bits* (tels certains sourires sur un visage – de satisfaction ou de mépris –, qui appartiennent à son substrat en autant de *moments dépendants*). L'erreur est de penser comme le fait Levinson, à la suite de C. Daly, que nous aurions inventé un découpage artificiel

1. G. Bergmann, *Realism, A Critique of Brentano et Meinong*, Madison, The University of Wisconsin Press, 1967, p. 23-25.

2. G. Bergman, « Some Remarks of the ontology of Ockham », *Collected Works*, vol. 1, *Selected papers 1*, Heusenstamm, Ontos Verlag, 1954, p. 209-218.

en isolant *a portion of abstract stuff*, comme si les tropes avaient une localisation unilatérale dans l'esprit – ou ailleurs –, qui les ferait échapper à leur correspondance avec des propriétés physiques. Il faut donc répondre à cette objection de l'abstraction vicieuse, plus vicieuse en un sens que toutes les régressions vicieuses, puisque c'est une *assomption vicieuse*. Les substrats justement ne sont pas des substances : ils sont là pour qualifier et *caractériser* ce qui arrive à un objet quelconque quand les tropes subviennent à sa concrétion [1].

Quelle serait en définitive la particularité intrinsèque du trope que nous évoquions en commençant ? Keith Campbell quant à lui ne faisait que repousser la vraie question en indiquant sobrement que la distinction entre la *nature du trope* et sa *particularité* est formelle, et qu'elle n'est pas une distinction réelle [2]. Dans le langage de Scot, cela signifierait qu'un fondement ontique justifie qu'on fasse la distinction entre la caractérisation et la raison naturelle du particulier ; or cela n'implique aucune complexité artificielle, telle « a union of particularity with a nature-providing property » [3]. Ce refus d'un individuateur séparé est, chez Campbell, assez net. Et cependant, Campbell ajoute ailleurs aussi en parlant des tropes : « Their role is dual : to be particular natures » [4]. Déstabiliser la nature du trope – faire entrer en concurrence cette essence quidditative et son instance qualitative *qui l'individualise par un caractère* – conduit, nous l'avons vu plus haut, à produire une sorte de crampe mentale. Il ne convient donc pas d'opposer cette accessibilité cognitive ou perceptive naturelle à l'endroit de ce qui est abstrait d'une substance, d'avec l'appréhension d'une qualité qui elle demeure numériquement différente puisque son individualisation fait justement son « caractère ». Il y a des exceptions cependant. Ainsi à supposer que la blancheur soit comme le veut Ockham une qualité universelle *equivoce*, on peut lui accorder que le bouillonnement de l'eau est, dans chaque cas, une production de blancheur qui n'appartient à aucun objet, qui n'est possédée par aucun objet, et nous semble par conséquent dépourvue d'aucune individualité. Leibniz l'a bien indiqué dans une lettre fameuse à Jacob Thomasius du 20 avril 1669 : le fractionnement de l'eau explique cette blancheur par un miroitement de lumière dans ses parties les plus fines, mais ne la qualifie pas à l'instar de la glace ou de la neige qui sont relativement plus blanches que l'eau qui bouillonne. Dans ce cas le substrat n'est pas *crassum* (épais), nous dit Leibniz : ce n'est pas l'eau, c'est la lumière qui

1. Cette définition est la même que celle de M. LaBossiere, « Substances and Substrata », *Australasian Journal of Philosophy*, 72, 1994, p. 360-370, lui-même se référant à Martin, « Substance substantiated », art. cit.

2. K. Campbell, *Abstract Particulars, op. cit.*, p. 56.

3. *Ibid.*

4. *Ibid.*

est substrat, en l'espèce matière première, dont l'*antitypie* (l'impénétrabilité) est caractéristique [1].

Reste encore à briser l'assomption vicieuse de l'abstraction. S'inspirant d'une suggestion de Michael Loux, qui sépare les tropes et les *tropers*, Robert K. Garcia a suivi les mêmes pistes que nous avons empruntées, mais pour en tirer des conclusions assez différentes. Pour M. Loux [2], le « trope » est un item aussi particulier que le tout unitaire concret qu'il compose avec d'autres tropes : souvent deux individus différents numériquement ont le même caractère apparent, aussi incluent-ils des tropes similaires ou quasi-similaires parmi leurs constituants. À moins de n'admettre, en effet, qu'il y a un *substratum* parmi les constituants, on se trouve condamné à adopter une version standard des faisceaux. Comment échapper à cette version standard ? Si on présente les *tropers* comme des *atomes métaphysiques*, c'est-à-dire tels des particuliers fins, on peut se dispenser des propriétés constitutives et dissocier franchement les tropes des universaux en insistant sur les dissimilarités qui touchent les premiers (ce que nous avons tenté de faire comprendre). Il faut pour avancer sortir de ce fossé métaphysique résiduel et catégorique entre *l'individu concret* – quand il est *pris pour objet*, et ses *constituants* (qu'on considère généralement comme étant des propriétés). On n'est pas obligé de penser que les constituants soient eux-mêmes des propriétés épaisses. Si la sphéricité d'un objet est *tropique*, alors elle *n'est pas eo ipso* sphérique : c'est la sphéricité de cette balle (qui peut être élastique) ou la sphéricité de cette boule de billard (qui peut être dure et brillante). On dira que nous avons là un *trope modifieur* de la forme de l'objet, indépendant de la qualité d'élasticité ou de dureté : *a troper*. Par contre, si la sphéricité d'un objet est un *trope modulaire*, elle est une sorte de chose dont la caractéristique sphérique est constitutive et s'attache basiquement au particulier considéré, comme si la géométrie de la forme n'était pas séparable de celui-ci. Pour un théoricien des universaux, les propriétés sont partageables, ainsi l'identité qualitative recoupe-t-elle l'identité numérique. Dans notre cas tout au contraire, les propriétés qualifiantes sont du même coup particularisantes et fondent le *caractère* que Stout voulait considérer comme prioritaire : ce sont des marqueurs du caractère ou des justificateurs du caractère affecté au trope en première instance (des *Character-makers* ou des *Character-grounders*), à l'image de ce que sont les *vérifacteurs* pour ce qui est de l'acquisition d'une valeur de vérité de nos énoncés. Cette distinction revient à dire que le *trope modulaire* servirait à caractériser un objet, alors que le *trope modifieur* ne caractériserait qu'une propriété ; une répartition

1. G. W. Leibniz, *Œuvres 1*, éd. L. Prenant, Paris, Aubier Montaigne, 1972, p. 77, p. 79 et p. 86.

2. M. J. Loux, « An Exercise in Constituent Ontology », *in* G. Gabriele et M. J. Loux Michael (ed.), *The Problems of Universals in Contemporary Philosophy*, Cambridge, CUP, 2015, p. 19 et p. 31.

des rôles pouvant paraître vaine et sophistique. Pourtant Garcia [1] pousse quant à lui cette distinction jusque ses dernières conséquences et soutient que les propriétés particularisées des tropes modulaires sont responsables de l'épaisseur des tropes (au sens où ils sont bien les particuliers concrets du nominalisme) : ce qui explique qu'il définisse à cet escient un trope modulaire tel un objet *maximalement fin* (*a module trope is a singly – or maximally-thinly charactered object*) [2]. Sa thèse consiste curieusement à penser que ce sont des objets sous-jacents qui sont *caractérisés*, au lieu que la conception classique se réfère à des *caractères qualitatifs* qui ne sont nullement des caractéristiques identificatrices d'un objet. Ce sont justement ces caractères, qui en principe devraient qualifier les instances concrètes d'une propriété (*quality-instances*).

Le travail fait pour déambiguiser la notion du trope est loin d'être achevé. C'est pourquoi Fréderic Nef a raison de résumer strictement le problème en demandant : 1) Est-ce que les tropes *existent ?*, 2) Est-ce qu'il y a *seulement* des tropes ?, 3) Sont-ils assimilables à des *vérifacteurs ?* On répondra oui, sauf pour le point n°2, qui pose effectivement problème. La *double nature du trope* selon Garcia paraît lui donner raison, puisque la caractérisation s'est éloignée de la simplicité première (il y a des tropes complexes), et parce que ce particulier abstrait paraît ne plus avoir de particularité primitive. La thèse de Robert K. Garcia défend consiste à dire qu'il n'y a pas de *sphéricités* numériquement distinctes, mais rien d'autre que des choses sphériques : ce que le nominaliste austère admet normalement [3]. L'instabilité du trope conduit à ce genre de conséquence. En quoi une forme serait-elle primitivement sphérique et non colorée ? Du point de vue de F. Nef, c'est la primitivité de la particularité qui est en jeu. Le trope *modifieur* de Loux et Garcia est un caractériseur qui n'est pas lui-même caractérisé, il est sans couleur et n'est même pas perceptible, tout comme le vérifacteur n'est pas lui-même vrai. Mais il n'y a pas de qualités rigoureusement indépendantes, et une certaine nuance de rouge tropiquement non-partageable avec une autre, n'en est pas moins un rouge particulier de certaine sorte. Les tropes *modulaires* (du genre : *être sphérique, être non-partageable, être localisé*), à l'inverse, sont assimilables à des espèces infimes qui ne sont jamais formellement caractérisées et de ce fait qui sont pauvrement primitives, là où les tropes *modifieurs* quand ils sont identifiés à des pouvoirs par exemple *disposent* leurs porteurs à réagir. C'est donc la question du porteur des tropes qui revient pour finir au centre du débat. Il est douteux que les tropes *modifieurs* puissent se passer de substrats et la tendance (si on se dispense de ces mystérieux substrats)

1. R. K. Garcia, « Is Trope Theory a Divided House ? », art. cit., p. 142.

2. *Ibid.*, p. 146.

3. *Id.*, « Two Ways to Particularize a Property », *Journal of the American Philosophical Association*, 1/4, p. 635-652.

serait sinon d'épaissir les tropes fins, comme le propose Garcia de façon assez cavalière.

L'hypothèse d'après laquelle les *substrata* pourraient jouer le rôle de la caractérisation ou être les sujets de la caractérisation implique en effet la disparition des particuliers nus (*bare particulars*) qui ne sont plus qu'une dénomination inutile. La conséquence proposée est d'accepter tropes et *substrata* comme des constituants *également légitimes*. J'estime néanmoins que la tropique du substrat initiée par Charlie B. Martin reste au final plus subtile que celle des interprètes contemporains (1980, 2008). Le substrat n'est pas situé *en dessous* et n'est pas une *materia signata*, puisqu'il est toute portion qualifiée de l'espace-temps [1]. La thèse centrale que défend Martin est éminemment signifiante : elle affirme que *les tropes fins fondent directement le caractère des objets*, en tant qu'on les suppose dotés de pouvoirs dispositionnels. L'interconnectivité des qualités et des dispositions, comme la corrélativité des causes et des effets expliquent chez Martin la nature de sa thèse, brisant le conflit entre nominalisme et réalisme des propriétés. Car pour lui en un sens beaucoup plus général, c'est la *similarité qualitative* qui explique que des signaux neurologiques internes soient corrélés à des signaux externes (allant des *stimuli* aux percepts), au point que sans un caractère qualitatif prononcé, une propriété physique ou neurologique, selon lui, ne serait pas complètement déterminée [2]. Le monde physique inclut le système cognitif et végétatif de l'être humain. Quand on demande toutefois : les tropes ont-ils par eux-mêmes le caractère qu'ils fondent – on demande bien en réalité, les tropes rouges sont-ils « rouges » (ce que réitère R. Garcia) ? Le faux dilemme consiste chez lui dans la cohabitation des deux sortes de tropes. Or toute la question revient à savoir si les substrats ont *par eux-mêmes* un caractère – et quand ils existent, s'ils sont combinables avec des universaux (telle la sphéricité pour la boule de billard) [3].

Dans notre propos, cette illustration du substrat comme étoffe ontologique doit beaucoup à la pensée du dernier Brentano qui ouvre à de vives discussions chez les exégètes. Mais il ne s'agirait pas de fabriquer pour l'occasion quelque autre abstraction vicieuse. Ainsi quand Brentano parle de *Sonanz* pour désigner la *substance musicale*, il laisse ouverte la possibilité que des effets de timbre aient un effet tropique tout différent de ceux de l'intensité acoustique ou de la progression mélodique : le même substrat, qui se distingue individuellement du

1. C. B. Martin, *The Mind in Nature*, Oxford, OUP, 2008, p. 1 et p. 43-44.

2. *Ibid.*, p. 136.

3. R. C. Koons et T. Pickavance, dans *Metaphysics : the Fundamentals*, Oxford, Wiley Blackwell, 2015, ont systématisé les idées de Garcia (voir notamment p. 109 à 123), mais leurs réponses valent plus pour les espèces et leurs individus, et en général pour tous les substrats biologiques (du genre « être un chêne »).

bruit, serait susceptible de sonner de différentes façons. Nous ne devons pas traiter l'individuation de façon extravagante. Le substrat sonore n'est en rien un identificateur suspect de la particularité de l'objet (quelques mesures, un thème et sa variation, parmi d'autres entités harmoniques qui demeurent discrètes). Ce ne sont pas des *propriétés d'objet* qui caractérisent la mélodie, sa cadence et son retour, mais des qualités instables, ou des moments – tels ces *mélismes* qu'affectionnait Brentano et qu'il entendait de façon presque synesthésique. Il suffirait de penser au substrat de la voix humaine pour le comprendre : celle-ci individue comme un marqueur puissant toute intonation. *A contrario, les substrats ou les substances ne sont pas individués par leurs tropes :* la relation avec ces derniers demeure anti-symétrique. On imite une voix; on siffle une chanson. La conclusion est donc que l'existence des tropes est dépendante – selon l'explication à mes yeux la plus plausible –, de celle des substances individuelles qui sont attachées à leurs accidents, mais qui ne le sont point comme à des péripéties ou à des parasites ; leur fondement reste lié au caractère même du trope, présumé *soustrait*, à défaut duquel il ne serait pas un *particulier abstrait.* On parle alors d'accidents réels et non plus de propriétés réelles.

ROGER POUIVET

POURQUOI LA MÉTAPHYSIQUE ?

I

Pourquoi la métaphysique ? Combien il eût été satisfaisant de donner à cette question une réponse brillante et décisive, dans la lignée de Frédéric Nef dans son livre *Qu'est-ce que la métaphysique ?* Les remarques suivantes n'ont pas cette prétention. Elles commencent avec une courte allusion biographique. Quand j'étais étudiant en philosophie, on n'avait pas souvent la chance d'avoir un professeur qui, comme Frédéric Nef, vantait la métaphysique et encourageait à s'y adonner sans retenue. Je tiens à le rappeler. Un portrait de la métaphysique contemporaine sera ensuite proposé. Il est quelque peu différent de celui qu'a dessiné Frédéric Nef dans son grand livre sur la métaphysique. À l'issue de ce panorama, cinq courtes et modestes réponses à la question « Pourquoi la métaphysique ? » apparaissent. C'est alors le moment de poser, de nouveau, la question aussi néfienne que leibnizienne : « Pourquoi y a-t-il quelque chose plutôt que rien ? » pour en venir finalement à dire quelques mots du « renouveau de la métaphysique ».

II

Deux choses me frappèrent particulièrement lors de ma première conversation avec Frédéric Nef, au milieu des années quatre-vingt du siècle dernier. D'abord son *kabig* doublé d'un élégant tissu écossais ; ensuite son enthousiasme débordant et communicatif pour la métaphysique. Mes professeurs et la gent philosophique que je fréquentais alors n'en parlaient pas ainsi si même ils en parlaient. La métaphysique, c'était un cadavre dans le placard. La philosophie du langage, florissante, ou les sciences cognitives naissantes, Nef avait tout pour elles. Il s'était adonné à la première; il s'intéressait aux secondes. Mais la métaphysique, la métaphysique, la métaphysique...C'était autre chose. Du sérieux. Et ses yeux brillaient. Les philosophes analytiques, très bien. Wittgenstein ou Goodman, oui, oui, si je voulais, à dose mesurée cependant (surtout Goodman). Mais Boèce, Anselme, Thomas, Duns Scot, Suarez aussi, et Leibniz surtout, à lire sans modération. Également les Pères de l'Église, et la théologie, y compris apophatique, Pseudo-Denys, et les Grands mystiques : Ruysbroeck, Angélus Silesius, Jean de Lacroix. La bonne question : Pourquoi y a-t-il quelque chose plutôt que rien ? Le livre à lire en priorité : David Lewis, *On the Plurality of Worlds,* encore tout chaud, une « nouveauté métaphysique » – si cette formule n'est pas une *contradictio in adjecto*.

Quelques mois après ma première rencontre avec Frédéric Nef, nous sommes tous deux allés faire des exposés sur Wittgenstein à un stage de professeurs de philosophie dans le froid humide de Quimper. Descendus du train, nous avons immédiatement visité la Cathédrale Saint Corentin. Accord complet entre nous : la vie bonne aurait été de nous consacrer, sous des voûtes gothiques, à la question de la simplicité ou de la toute-puissance divines, dans le temps que nous laisserait la prière. Mais nous savions aussi que telles n'étaient pas et ne seraient jamais nos existences académiques et peccamineuses. Nous avons alors mangé des galettes et bu du cidre. Le lendemain, nos exposés firent écho à l'élan spéculatif de la veille. Ils ont paru bien étranges à nos collègues. Frédéric Nef parla du *Tractatus* comme s'il avait été écrit aux alentours du XIIe siècle. Je commentais les *Recherches philosophiques* à la manière de ce qu'on trouve dans mon *Après Wittgenstein, saint Thomas* [1].

III

En 2004, Frédéric Nef publiait *Qu'est-ce que la métaphysique?* Le livre montre que la métaphysique n'est pas morte à la fin du XIXe siècle, comme on le racontait il y a peu encore, qu'elle a connu un profond renouvellement au XXe siècle, dans des systèmes spéculatifs (McTaggart, Whitehead, Hartshorne, Lonergan) et des développements analytiques (Russell, Quine, Armstrong, D. Lewis, Simons). Nef précise que « la métaphysique n'est ni verbeuse, ni stérile, ni autiste, [...] elle ne se réduit nullement à un pur palimpseste, pour historiens, grammairiens et archéologues, voire à une langue de schizo, mais [...] elle peut au contraire sur des points fondamentaux contribuer par des apports particulièrement éclairants aux débats intellectuels qui ont été renouvelés par les sciences de la cognition ou des sciences physiques » [2]. Non

1. R. Pouivet, *Après Wittgenstein, saint Thomas,* Paris, Vrin, 2014 (2e éd.).
2. QM, p. 25.

seulement la métaphysique n'est pas morte, mais elle se porte comme un charme ; elle constitue un apport « sur des points fondamentaux » aux sciences pures et dures. Le dernier chapitre du livre propose un tableau des courants contemporains de la métaphysique revigorée : métaphysique des mondes possibles, analyse conceptuelle, réalisme modéré, thomisme analytique, ontologie méréologique, métaphysique particulariste, néo-meinongianisme. Il présente aussi une liste des questions débattues : nature du changement, nature des propriétés, problème de l'identité à travers le temps, nature des états de choses, interrogations argumentées sur la nécessité de l'identité, sur l'existence d'essences individuelles, sur la nature de la causalité, sur la réalité du temps, sur l'abstrait et le concret, sur les universaux. La métaphysique a ainsi survécu à sa critique depuis la fin du XIXe siècle. Pour le dire avec Gilson, elle a enterré ses croque-morts. Mais encore convenait-il de le faire savoir. Ce que fait Nef avec enthousiasme.

Les philosophes modernes sont supposés avoir démontré l'existence d'une rupture radicale entre la réalité et la pensée, entre les choses et les concepts, entre ce qui existe et le modèle de ce qui existe. Cette affirmation est corrélative du rejet de deux thèses. Premièrement, le *réalisme épistémologique*, selon lequel nos pouvoirs cognitifs nous permettent de saisir la réalité elle-même. La thèse contraire, l'*antiréalisme épistémologique*, affirme que nous avons une représentation de la réalité ; la correspondance de cette représentation avec la réalité est incertaine, voire désespérée, car le projet de nous assurer de cette correspondance est absurde. Deuxièmement, les philosophes modernes rejettent la thèse du *réceptivisme épistémologique :* nos pouvoirs cognitifs s'adaptent à la réalité et nos concepts sont *intentionnellement* ce que sont les choses *réellement.* Dès lors il n'existe pas de fossé entre la réalité et l'espace des raisons. L'*antiréceptivisme épistémologique* affirme au contraire que la réalité ne peut pénétrer dans notre esprit ; la réalité n'est jamais, à proprement parler, le contenu de nos concepts ni la signification de notre langage. La raison fabrique des concepts indépendamment de la réalité extérieure ; ces concepts ne sont ainsi que des représentations mentales ou des signes.

On peut caractériser alors trois grands types de métaphysiciens contemporains.

Les métaphysiciens du premier type – chacun à sa façon, Quine, Goodman, Strawson, Putnam – rejettent le réalisme et le réceptivisme. Ils sont post-positivistes par leur critique de la métaphysique empiriste dans le projet du premier Carnap, celui de *La Construction logique du monde.* Ils se situent dans une tradition pragmatiste (particulièrement Quine, Goodman, Scheffler) ou kantienne (Strawson, Putnam), ou un mélange des deux.

Les métaphysiciens du deuxième type acceptent le réalisme épistémologique, mais ils n'acceptent pas le réceptivisme : Russell, Armstrong, Chisholm, Kripke, van Inwagen, D. Lewis, Lowe, et bien d'autres. Ces philosophes suivent la tradition de la philosophie classique (Descartes, Locke, Leibniz, Spinoza, Malebranche, Arnauld, Berkeley). Ce deuxième type comprend aussi des métaphysiciens dans la lignée du réalisme scolastique (revisité par Peirce), comme, là encore chacun à leur façon, Plantinga, Mellor, Mumford, Tiercelin. Dans ce deuxième type, se trouvent encore des métaphysiciens de la lignée phénoménologique de Brentano, Twardowski et du premier Husserl, poursuivie chez Roman Ingarden, comme Peter Simons par exemple. Tous ces métaphysiciens du deuxième type sont réalistes, mais non réceptivistes ; ils n'acceptent pas l'idée que *nous sommes faits pour connaître le monde tel qu'il est.*

Les métaphysiciens du troisième type, quant à eux, sont réalistes et réceptivistes. Ils adoptent une *anthropologie métaphysique* sans fossé ni même discontinuité entre le monde tel qu'il est et ce que nous en pensons. Nous n'avons pas à passer de nos représentations du monde au monde lui-même, au risque de n'y parvenir jamais. L'épistémologie consiste à comprendre pourquoi nous comprenons la réalité, non pas à relever le défi sceptique de l'impossible connaissance. Si le savoir scientifique a toute sa dignité, la métaphysique n'y trouve pas la norme de sa vérité ; elle se situe dans la connaissance la plus ordinaire et immédiate. Néo-aristotéliciens et, pour certains, thomistes, les métaphysiciens du troisième type se nomment Elizabeth Anscombe, Peter Geach, David Wiggins, John Haldane, Brian Leftow, Barry Miller, Michael Rea, Eleonore Stump, Jeffrey Brower.

Frédéric Nef n'ignore certes pas les métaphysiciens du troisième type, les néo-aristotéliciens et les néo-néo-thomistes. Mais dans son *Qu'est-ce que la métaphysique ?*, la priorité a été donnée d'une part à la critique des philosophes du premier type (à leur tendance conventionnaliste en particulier), et d'autre part à l'exposé des thèses défendues par les métaphysiciens du deuxième type, les *néo-classiques.* C'est Leibniz qui est derrière le projet néfien dans *Qu'est-ce que la métaphysique ?*

IV

Caractérisons maintenant un peu plus précisément les principales thèses des philosophes du troisième groupe de métaphysiciens. Pas plus que les deux autres groupes de métaphysiciens, ils ne forment une école. Mais un survol de leurs thèses nous permettra de répondre à la question « Pourquoi la métaphysique ? ». Voici les cinq thèses principales d'une métaphysique contemporaine d'inspiration scolastique.

Premièrement, la notion d'existence n'est pas réductible à la quantification logique du « Il existe un x tel que… ». Certains métaphysiciens néo-scolastiques acceptent la thèse d'une pluralité existentielle, c'est-à-dire de multiples modes d'être. D'autres se situent plutôt dans une « philosophie de l'être » et une « onto-théologie ». Un métaphysicien comme Barry Miller écrit une trilogie comprenant : *From Existence to God, A Most Unlikely God* et enfin *The Fulness of Being.* Les thèses de Kant, Frege et Russell au sujet de l'existence y sont systématiquement contestées et, à mon sens, très sérieusement malmenées. Contrairement à ce qui a pu être dit, l'existence est une propriété. Alors, pourquoi la métaphysique ? On a beaucoup à dire sur ce qu'est exister : c'est par cette propriété d'existence, et dans des modes d'existence, que toute chose possède ses autres propriétés, qu'elles soient nécessaires ou contingentes.

Deuxièmement, la notion métaphysique la plus fondamentale est celle de substance. Une substance possède une nature ou une essence. On peut, si on y tient, parler d'états de chose, d'événements, de processus. Mais un tel discours est finalement réductible : on revient toujours à la substance, à sa forme et à ses accidents. La distinction entre actualité et potentialité est ainsi fondamentale, car les substances peuvent réaliser ce qu'elles sont et actualiser leurs potentialités. L'hylémorphisme s'ensuit. Pourquoi la métaphysique ? Parce que nous comprenons la réalité (créée) en termes de substance, d'actualité, de potentialité et du composé de forme et de matière. Les catégories ontologiques les plus fondamentales sont celles d'universel et de particulier, d'actualité et de potentialité. Elles sont comprises dans toute description de la réalité. Il existe des modalités *de re,* correspondant à des processus réels d'actualisation de potentialités.

Troisièmement, la causalité n'est pas dans la description des choses (elle n'est donc pas humienne), mais dans les choses décrites. Elle n'est pas seulement efficiente, mais matérielle, motrice et finale. La théorie de la causalité est en réalité une théorie de l'explication. Pourquoi la métaphysique ? Parce qu'une explication de la réalité n'est pas réductible aux sciences de la nature (ou aux sciences humaines et sociales). Dans la description métaphysique, c'est la réalité, telle qu'elle est, qui est présentée. Se pose alors la question de savoir pourquoi les choses sont ainsi, et la métaphysique pousse l'explication jusque-là, c'est-à-dire pose la question de la cause première. (Les « cinq voies » de saint Thomas sont, à cet égard, exemplaires.)

Quatrièmement, deux distinctions sont fondamentales : entre les êtres qui ne vivent pas et les vivants ; entre les êtres matériels et immatériels ou partiellement immatériels (possédant une âme rationnelle). Pourquoi la métaphysique ? Pour expliquer cette différence décisive entre la vie matérielle et la vie immatérielle. Le recoupement des deux distinctions, vivants et non vivants et rationnels (donc immatériels, comme le montre l'anthropologie métaphysique) et non rationnels, conduit à, une hiérarchie de valeur métaphysique, une *échelle des êtres.* Il faut également expliquer pourquoi on ne peut identifier ce qui est réel à ce qui est matériel. Ce qui inévitablement conduit à limiter l'étendue de ce qu'on peut attendre du savoir scientifique. Mais comme il existe une connaissance métaphysique, cela ne conduit pas au scepticisme.

Cinquièmement, la distinction entre éternité et temporalité est fondamentale. Pourquoi la métaphysique ? Pour expliquer cette distinction sans laquelle nous ne pouvons rendre compte de ce qui existe et de la raison pour laquelle existe ce qui existe. Un être éternel est en dehors du temps ; le présent est actuel ; la persistance d'une chose à travers le temps consiste en son endurance. Toutes ces affirmations doivent être articulées avec une théorie de l'existence et à une théorie des modalités.

Les philosophes néo-aristotéliciens ou néo-néo-thomistes – les philosophes du troisième genre – ne sont pas des métaphysiciens de raccord, comme les néo-classiques, qui reviennent à la métaphysique afin de mieux comprendre les sciences de la nature et leur puissance explicative [1]. Tout particulièrement, ils développent une métaphysique complète. Leur métaphysique explique la réalité, et ne prétend pas seulement fonder ou expliciter les théories scientifiques. Dès lors, elle s'articule plus volontiers avec la théologie qu'avec les sciences physiques ; en insistant sur l'existence d'un être éternel, sur l'immatérialité de certains êtres, sur la différence fondamentale entre vivant et inerte, on fait de Dieu l'objet premier de la métaphysique, et de la métaphysique une théologie rationnelle. En revanche les philosophes du deuxième type adoptent souvent une attitude fondationnelle à l'égard de la science – dans la lignée des philosophes classiques, au moins de certains – et se satisfont souvent de sauter de difficulté en difficulté, sans adopter une perspective globale ou systématique (D. Lewis me semble être le meilleur exemple de cette attitude).

V [2]

Les métaphysiciens du troisième type pensent la métaphysique comme une théologie rationnelle. Répondre à la question « Pourquoi y a-t-il quelque chose plutôt que rien ? » devient alors possible. Elle peut être présentée en repartant d'une conversation entre le Père Copleston s. j. et Bertrand Russell, en 1948, sur les ondes de la BBC [3].

1. Certains d'entre eux, comme E. J. Lowe, n'en sont pas moins venus à développer la métaphysique pour elle-même, et non plus, comme dans la tradition russellienne, comme chez D. Lewis, pour résoudre des énigmes (puzzles) philosophiques.

2. Les pages qui suivent doivent beaucoup à la lecture d'un article de Brian Davies o.p. « Letter from America », *New Blackfriars,* July 2003, p. 371-384. Elles se situent aussi, je crois, dans la lignée de Peter Geach, Herbert McCabe et David Braine, etc.

3. Le texte se trouve dans B. Russell, *Why I am not a Christian,* London, Routledge, 2004.

Russell défend la thèse que le concept de cause provient de notre observation des choses particulières; nulle raison pour lui de penser que la totalité des choses, comme telle, a une cause, quelle qu'elle soit. Le concept de cause n'est simplement pas applicable à la totalité. Le Père Copleston demande à Russell : « Alors vous seriez d'accord avec Sartre pour affirmer que l'univers est, comme il le dit, "gratuit" ? »[1]. Réponse : « Eh bien, le mot "gratuit" suggère qu'il pourrait être quelque chose d'autre; je dirais simplement que l'univers est simplement là, et c'est tout ». Le Père Copleston surenchérit : « Mais comment pouvez-vous éliminer la légitimité de la question de savoir comment la totalité, ou même quoi que ce soit, en vient à être là ? Je ne le vois pas. Pourquoi y a-t-il quelque chose plutôt que rien ? Telle est la question. Le fait que notre connaissance provienne de la causalité empirique, de causes particulières, n'élimine en rien la possibilité de demander quelle est la cause de la série ».

Demandons-nous dans quel cas une réponse en « C'est comme ça, et c'est tout » – la réponse de Russell à la question « Pourquoi y a-t-il quelque chose plutôt que rien ? » – semble la seule légitime. Un détour par une histoire juive racontée par Peter Geach dans le chapitre XVII (intitulé « Explication ») de *Reason and Argument,* est utile. Deux savants rabbins examinent le tout début de la *Bible, Genèse* 1, 1, qui contient le mot « eretz » (terre).

– Pourquoi devrait-il y avoir un *gimel* dans « eretz » ?

– Mais il n'y a pas de *gimel* dans « eretz » !

– Pourquoi alors n'y a-t-il pas de *gimel* dans « eretz » ?

– Pourquoi devrait-il y avoir un *gimel* dans « eretz » ?

– Eh bien, c'est ce que je viens de vous demander !

Dans la première question, « pourquoi » ne joue en réalité aucun rôle. C'est le même cas quand on pose certaines questions négatives : « Pourquoi n'y a-t-il pas de X ? », auxquelles la seule réponse sensée est : « Pourquoi y aurait-il un X ? ». Par exemple, après avoir examiné la salle de bains d'une chambre d'hôtel, constatant l'absence de savon, quelqu'un appelle la réception pour demander : « Pourquoi n'y a-t-il pas de savon dans la salle de bains ? ». On peut penser à une réponse comme : « Désolé, c'est un oubli, le service d'étage va s'en occuper » ; ou, moins aimable : « Vous ne pensez tout de même pas qu'au prix de cette chambre, il y aura du savon dans la salle de bains ». Mais si la personne appelle la réception pour demander, après inspection de la salle de bains : « Pourquoi n'y a-t-il pas de serpent dans la salle de bains ? », la seule réponse sensée est « Mais pourquoi y

1. *Ibid.*, p. 134.

aurait-il un serpent dans la salle de bains ? ». Cette façon de répondre conteste la pertinence de la question « Pourquoi ? ». Elle est sans usage [1].

Remarquons que les questions « Pourquoi n'y a-t-il pas un *gimel* dans eretz ? » et « Pourquoi n'y a-t-il pas de serpent dans la salle de bains ? » sont négatives. On y répond valablement par « C'est ainsi, et rien d'autre ». Maintenant si on pose la question : « Pourquoi y a-t-il quelque chose plutôt que rien ? », s'agit-il d'une question négative comme celle du rabbin ou de la personne qui se demande pourquoi il n'y a pas de serpent dans la salle de bain ? Non. Dès lors, la réponse peut consister à indiquer une cause première. C'est aussi une réponse en termes de cause finale, comme dans « Pourquoi avez-vous demandé ma main ? » – « Parce que je veux vous épouser ». La réponse « J'ai juste demandé votre main, et c'est tout », n'aurait pas grand sens. Si la question « Pourquoi y a-t-il quelque chose plutôt que rien ? » est assimilée à une question fondamentalement négative, elle doit être formulée : « Pourquoi n'y a-t-il pas rien (ou un rien) plutôt que quelque chose ? ». La réponse serait « C'est ainsi, et rien d'autre ». Mais la question « Pourquoi y a-t-il quelque chose plutôt que rien ? » concerne l'existence des choses qui sont là, identifiables, sujettes à nos discours. Pourquoi la formuler de façon négative ? Si quelqu'un appelle la réception et demande « Pourquoi y a-t-il du savon dans la salle de bains plutôt que rien ? », la réponse appropriée est : « Monsieur, nous sommes un hôtel correct, et nous mettons du savon à la disposition de nos hôtes ». Une réponse en termes de cause efficiente et finale serait sensée : « Nous mettons du savon dans les salles de bains de notre établissement, et nous espérons que cela donnera pleine satisfaction à nos clients et hôtes ». Si la question est générale, « Pourquoi y a-t-il quelque chose plutôt que rien ? », la réponse ne doit pas faire seulement appel à d'autres choses au sujet desquelles la question se poserait. Parce que sinon ce serait sans fin ou circulaire. Bref, il s'agit d'y répondre une fois pour toutes (les choses). La réception de l'hôtel se contente de dire que le savon est là parce qu'il y a été mis et que c'est ainsi que les choses se passent dans les bons hôtels. Une réponse à la question métaphysique par excellence fait appel à un être nécessaire qui ne s'explique pas par autre chose.

La réponse de Russell à la question « Pourquoi y a-t-il quelque chose plutôt que rien ? » : « L'univers est simplement là, et c'est tout », signifie apparemment qu'aucune réponse *scientifique* n'est possible. On peut s'accorder avec lui sur ce point. On ajoutera que c'est la raison pour laquelle la réponse est métaphysique.

1. Le superstitieux pense qu'il est toujours possible de répondre à la question « Pourquoi ? ». Il suffit de mettre en relation deux événements A et B, même distincts l'un de l'autre, et donner A comme expliquant B, c'est-à-dire comme la réponse à la question « Pourquoi B ? ». Si A est *toucher une patte de lapin*, et B est *gagner à la loterie*, alors à « Il a une patte de lapin » est une réponse la question « Pourquoi Frédéric a-t-il gagné à la loterie ? ». Le complotisme fonctionne en gros de cette façon, en ajoutant que l'explication est cachée ou connue de certains seulement.

Une réponse scientifique porte sur des objets et des événements qui sont dans l'univers ; elle fait appel à d'autres objets et d'autres événements. Pour répondre à la question « Pourquoi y a-t-il quelque chose plutôt que rien ? », on fait appel à ce qui n'est pas dans l'univers. Autrement dit, la réponse est déjà dans la question : si vous voulez expliquer pourquoi il y a quelque chose plutôt que rien, parlez d'un Dieu créateur. La réponse ne peut pas consister à remonter dans une série de causes. Une première cause ne se situe pas simplement avant – parce qu'elle n'est pas elle-même dans l'univers dont elle explique qu'il soit là avec toutes ces belles choses qu'il comprend.

C'est bien connu, Wittgenstein dit dans le *Tractatus logico-philosophicus* (6. 44) : « Ce n'est pas *comment* est le monde qui est le Mystique, mais *qu'il soit* ». Puis, en 6.55 : « Nous sentons que, à supposer que toutes les questions scientifiques *possibles* soient résolues, les problèmes de notre vie demeurent encore intacts. À vrai dire, il ne reste plus aucune question ; et cela même est la réponse ». Alors, certes nous sommes aux limites même de ce qui peut être dit et compris. Wittgenstein et saint Thomas sont substantiellement d'accord à cet égard, encore une fois. La réponse à la question portant sur l'existence de quelque chose plutôt que rien, c'est Dieu, ou comme le dit Wittgenstein : c'est le Mystique. Ni de l'un ni de l'autre nous ne pouvons dire *ce que c'est* ou *comment c'est*.

Wittgenstein aboutit à sa dernière proposition du *Tractatus*, disant que « Sur ce dont on ne peut parler il faut garder le silence ». Mais il s'aperçoit ensuite combien une réponse de cet ordre repose sur une conception iconique du langage qu'il juge trompeuse. Saint Thomas ne dit bien sûr pas qu'au sujet de Dieu rien ne peut être dit et que rien n'est vrai. Dieu est absolument bon, tout-puissant, omniscient, et surtout il est simple. Nous devons rester attentifs, en parlant de Dieu, à ne pas lui attribuer des attributs qui sont essentiellement ceux d'être créés, c'est-à-dire d'objets ou d'événements qui sont dans l'univers. Rien de ce qui pourrait être vrai de ce qui ne peut pas être la cause de l'univers lui-même ne peut être dit de Dieu. Pourquoi y a-t-il quelque chose plutôt que rien ? Nous n'avons pas une réponse de la même sorte que celle donnée pour les choses du monde, comme le savon dans la salle de bains de l'hôtel ou, aussi bien, l'existence de telle ou telle personne. Mais la question n'est pas dépourvue de sens comme celle au sujet du *gimel* dans *eretz*, ou celle du serpent dans la salle de bains.

Si Russell veut dire que rien n'est énigmatique dans le fait que des choses existent plutôt que rien, on lui répondra que c'est justement que ce soit ainsi et non pas autrement qui fait toute l'énigme. La réponse de saint Thomas, et plus généralement d'un théiste, c'est que sans Dieu créateur il n'y aurait personne pour se poser la question de savoir pourquoi il y a quelque chose plutôt que rien. Ainsi la réponse est presque dans la question.

Dans le *De Potentia,* saint Thomas dit :

> Rien ne peut opérer sinon l'étant. Mais la nature ne peut exister que si Dieu opère, car elle retournerait au néant si la puissance divine par son action ne la conservait pas dans l'être, comme on le lit chez Augustin (*La Genèse au sens littéral*). Donc la nature ne peut agir que si Dieu agit. (III, 7, s. c.)
>
> Dieu est cause de n'importe quelle action dans la mesure où il donne le pouvoir d'agir, où il le conserve et il l'applique à l'action, et où tout autre pouvoir agit dans le sien. (III, 7, r.)

En répondant « Dieu » à la question de savoir pourquoi il y a quelque chose plutôt que rien, prétend-on rendre les choses bien plus claires ? Pas du tout ! Que sans Dieu il n'y aurait rien du tout on ne peut rien déduire au sujet de Dieu que nous puissions comprendre. Dire que sans Dieu il n'y aurait rien ni personne, qu'il est le Créateur, c'est formuler un mystère, celui de la création, ce n'est pas donner une information sur l'origine radicale de toutes choses. Ce n'est donc pas comme dire que le service d'étage a bien fait son travail en mettant du savon dans la salle de bains. La création n'est pas un effet adéquat à sa cause. Pour McCabe, « c'est la connaissance ou la croyance qu'il y a un *Quelque-chose-sans-quoi-il-n'y-aurait-rien-du-tout* qui nous permet de parler de Dieu » [1]. C'est cette conviction qui contrôle notre usage du mot « Dieu », non pas que nous connaissions sa nature. Mais en parlant d'un créateur, de sa création, en disant que cela explique qu'il y ait quelque chose plutôt que rien, nous affirmons que Dieu n'est pas quelque chose du monde, quelque chose dans le temps en particulier. Nous approchons du mystère de l'être. Comme les mystères chrétiens en général, Trinité, Incarnation, Rédemption, il fait comprendre sans constituer une explication au sens que cela peut avoir quand nous parlons des choses de ce monde, ou que nous proposons une théorie scientifique.

VI

Mon propos ne s'est-il pas beaucoup et trop éloigné de la conception que Frédéric Nef se fait de la métaphysique, et qu'il défend dans *Qu'est-ce que la métaphysique ?* Si la renaissance de la métaphysique dans la philosophie analytique signe le retour à de vieilleries théologiques, ne vaudrait-il pas mieux s'en passer, diront certains ? D'autres répondront que, justement, la métaphysique analytique a su retrouver l'élan spéculatif des Médiévaux et des philosophes classiques tout en se passant des arrières-mondes – ce que Frédéric Nef a bien su montrer. Mais les métaphysiciens du troisième type, selon la classification que je

1. H. McCabe OP, « God and Creation », *New Blackfriars,* July 2013, p. 386.

propose, ne distinguent pas vraiment métaphysique et théologie rationnelle. C'est inacceptable pour bien des philosophes ; et cela ne l'est pas moins pour beaucoup de théologiens contemporains [1]. Je ne suis pas sûr que ce soit inacceptable pour Frédéric Nef – et c'est pourquoi, même en insistant sur d'autres métaphysiciens contemporains que ceux qu'ils citent, je crois rester dans son esprit. La métaphysique du XXIe siècle sera théologique ou ne sera pas, pourrait-on dire, sans qu'il faille non plus prendre la formule dramatiquement.

Le renouveau de la philosophie serait alors celle d'une conception onto-théologique de la métaphysique, illustrée chez Boèce, saint Anselme et saint Thomas, et bien d'autres. Ce qui va dans la direction indiquée dans un passage du fameux « Discours de Ratisbonne » (12 septembre 2006) du Pape Benoît XVI :

> La foi de l'Église s'en est toujours tenue à la conviction qu'entre Dieu et nous, entre son esprit créateur éternel et notre raison créée, existe une réelle analogie, dans laquelle – comme le dit le IVe Concile du Latran, en 1215 – les dissimilitudes sont infiniment plus grandes que les similitudes, mais sans supprimer l'analogie et son langage. Dieu ne devient pas plus divin si nous le repoussons loin de nous dans un pur et impénétrable volontarisme, mais le Dieu véritablement divin est le Dieu qui s'est montré comme Logos et qui, comme Logos, a agi pour nous avec amour [2].

La question « Pourquoi la métaphysique ? » trouve là une réponse : le rôle de l'analogie, c'est-à-dire de Dieu comme cause première et cause finale. Le langage de l'analogie est, foncièrement, celui de la métaphysique [3]. Autrement dit, nous devons comprendre d'abord l'importance de l'incompréhensibilité de Dieu (si bien soulignée par saint Jean Chrysostome), mais aussi l'importance de *comprendre Dieu comme incompréhensible.* C'est tout le rôle de la métaphysique et sa valeur intellectuelle irréductible : la conception onto-théologique de Dieu

1. Voir F. Kerr, *Twentieth-Century Catholic Theologians, From Neoscholasticism to Nuptial Mysticism,* Oxford, Blackwell, 2007 ; R. Pouivet, « L'irrationnalisation de la religion », *La Reconstruction de la raison : Dialogues avec Jacques Bouveresse,* Paris, Collège de France, 2013, http://books.openedition.org/cdf/3530.

2. Benoît XVI, « Foi, Raison et Université : souvenirs et réflexions », http://w2.vatican.va/content/benedict-xvi/fr/speeches/2006/september/documents/hf_ben-xvi_spe_20060912_university-regensburg.html.

3. Il resterait à examiner le difficile problème de la relation entre métaphysique et vision béatifique. L'incompréhensibilité de Dieu est la conséquence épistémologique d'une disproportion ontologique. La vision béatifique – voire sa possible préfiguration mystique – ne change rien ; mais notre bonheur futur suppose la vision immédiate de l'essence divine. Ce sont des questions que saint Thomas examine dans son *Commentaire de saint Jean,* la onzième lecture, quand il discute Jean I, 18 : « Dieu, personne ne l'a jamais vu ». L'incompréhensibilité de Dieu est préservée dans la vision immédiate qui, en cela, n'est pas diminuée. Pourquoi la métaphysique le serait-elle plus alors ?

n'est en rien incompatible avec la spiritualité mystique[1]. Frédéric Nef s'est toujours efforcé de le montrer[2]; il n'a jamais séparé métaphysique et théologie, mais pas non plus métaphysique, théologie et mystique – se refusant de renvoyer cette dernière à une psychologie ou une phénoménologie[3]. C'est encore une leçon à retenir de toute une tradition à laquelle Frédéric Nef indéniablement appartient, celle d'une théologie certes négative, mais non pas de la négation de la théologie comme science[4]. Que cette tradition n'ait pas été la mieux représentée depuis une centaine d'années, aussi bien dans la philosophie, de tous bords, que dans la théologie, ne rend le travail de Frédéric Nef que plus précieux.

1. Voir aussi à ce sujet l'importance du livre du R. P. Réginald Garrigou-Lagrange OP, *Perfection chrétienne et contemplation selon S. Thomas et S. Jean de la Croix,* Saint Maximin (Var), Éditions de la vie spirituelle, 1923.

2. Voir FDV.

3. La théologie mystique est une science, non une collection de phénomènes – cela dit sans vouloir minimiser ni surtout moquer les signes concomitants, extatiques ou de lévitation, par exemple, qui font certes grande impression quand la vie est mystique est décrite.

4. Voir F. Nef, *La connaissance mystique,* Paris, Cerf, 2018.

YANN SCHMITT

LE RAISONNEMENT DANS LA THÉOLOGIE NÉGATIVE

En réhabilitant la métaphysique dans le paysage philosophique francophone, Frédéric Nef[1] nous a offert un grand bol d'air frais, à nous qui avions appris que tout cela était fini et que l'ontologie était la terre promise que tel Moïse nous ne foulerions jamais et verrions au seuil de la mort. Les questions métaphysiques peuvent continuer d'être discutées, sans naïveté, de manière rigoureuse et informée. Ce rappel de l'actualité de la métaphysique, Nef l'a formulé en insistant sur le réalisme métaphysique. Mais Dieu fait l'objet d'un traitement plus indirect, en lien avec la théologie négative[2].

Il y a une consonance à notre époque entre l'apophatisme religieux ou mystique et le scepticisme à l'égard de tout travail métaphysique. Le mysticisme est compris comme un moyen de conserver une expérience spirituelle indéterminée, individuelle, ayant une valeur existentielle hors de tout cadre institutionnel trop prégnant, conforme en cela au bricolage religieux que décrivent les sociologues. Un esprit religieux, s'il est peu enclin à l'argumentation et à la rigueur analytique, se sentira protégé de tout examen critique et pourra se réfugier dans l'élan du cœur et la ferveur enthousiaste qu'assombrit malgré tout, parfois, la nuit la plus obscure. La théologie négative constitue donc une manière courante de ne plus faire de métaphysique ou de ne plus s'inscrire dans la

1. QM.

2. Voir F. Nef, « Le rationalisme analogique en question ? À propos de la théorie cajétanienne de l'analogie », dans B. Pinchard et S. Ricci (dir.), *Rationalisme analogique et humanisme théologique. La culture de Thomas de Vio « Il Gaetano »*, Napoli, Vivarium, 1993 et F. Nef, « Comment parler de théologie négative ? », *Klesis*, 15, 2010. Je n'envisage pas dans la suite la possibilité d'une métaphysique naturaliste et anti-théiste parce que ce qui m'intéresse est l'évaluation du raisonnement dans la théologie négative et la métaphysique qui s'y rapporte.

tradition métaphysique réduite à une onto-théo-logie[1]. Nef dans QM a bien montré que la réduction de la métaphysique à l'onto-théo-logie est un coup de force on ne peut plus contestable. Selon les défenseurs de cette lecture de l'histoire de la philosophie occidentale, la rationalité qui se développe dans la métaphysique serait incapable d'être à la hauteur du questionnement métaphysique ou simplement philosophique qui interroge ce qui est ultimement et le rapport que nous devons avoir avec lui. La théologie négative et mystique offrirait à l'inverse une pensée – et non une métaphysique – capable d'entretenir l'authenticité de ce questionnement tout en montrant l'inanité philosophique de la raison analytique ou argumentative, et par là de la raison tout court.

L'expression « théologie négative » peut prêter à malentendus. Une théologie strictement négative serait une théologie où la voie négative ne s'articule pas avec une voie positive mais où la voie négative dépasse la voie positive sans rien en retenir. Il ne faut pas confondre théologie négative (au sens traditionnel de l'expression), apophatisme et *via negativa*[2]. L'apophatisme refuse le discours théorique prédicatif à propos de Dieu et se veut un appel à la contemplation que seul un discours strictement religieux, celui de la prière ou de la liturgie, peut accompagner. Il s'agit alors de développer une théologie mystique, c'est-à-dire des Mystères, dans laquelle la négation permet d'éviter une approche trop anthropomorphique du divin. Mais la voie négative n'est pas essentiellement liée à l'apophatisme et elle peut n'être qu'une voie d'accès à Dieu parmi d'autres, une voie qui n'est pas nécessairement exclusive si elle est articulée à une voie d'éminence où peut être accordée une légitimité à la voie positive. La question importante est celle de la place des négations par rapport aux affirmations. La dialectique du négatif avec ou contre le positif est un point essentiel. Si le négatif est l'occasion d'une destruction de toute théologie affirmative, alors une théologie passant nécessairement par la voie négative constitue apparemment une alternative critique à toute métaphysique supposant une légitimité de la prédication littérale et affirmative[3].

La position de Nef est, je crois, la suivante, elle est intermédiaire. La théologie négative et mystique échappe à la théorisation métaphysique *réaliste* car l'essence de Dieu ne se laisse pas comprendre par un discours conceptuel affirmatif, ni même purement négatif. Mais cette situation ne se gagne pas par une critique de la raison métaphysique. Au contraire, la logique du raisonnement de la théologie négative, car il y a bien une logique dans une telle démarche, permet de comprendre comment il est rationnel de sortir du jeu des affirmations et

1. J.-L. Marion, *L'idole et la distance : cinq études*, Paris, Grasset, 1977, p. 177-243.

2. Pour une présentation synthétique de ces thèmes, voir : Y. De Andia, « Théologie négative », dans J. Lacoste (dir.), *Dictionnaire Critique de Théologie*, Paris, P.U.F., 2002.

3. La voie positive serait peut-être justifiée *prima facie* pour le croyant mais il faudrait aussi que ce même croyant comprenne qu'il lui faut dépasser ce point de vue.

négations quand il s'agit de l'essence simple de Dieu. Je voudrais à l'inverse montrer qu'une ontologie réaliste et en partie affirmative de Dieu est compatible avec une lecture de la théologie négative ou plutôt de la voie négative à condition de préciser ce qu'est la simplicité divine. Un tel projet dépassant le cadre d'un article, je me propose dans la suite de reprendre l'essentiel de la théologie mystique de Denys [1]. Par la reconstruction de sa cohérence, par-delà Denys lui-même, il sera montré que certaines affirmations à propos de Dieu et de ses perfections sont définitivement affirmées, ce qui suppose un réexamen de la simplicité divine.

VOIE NÉGATIVE, THÉOLOGIE MYSTIQUE ET APOPHATISME

Schématiquement, trois étapes marquent le travail de l'union à Dieu selon Denys. Après la voie affirmative, il faut une voie négative puis une négation de la voie négative pour atteindre l'union à Dieu. Les négations, notamment les négations de la voie négative, sont des manières de se préparer à dire l'éminence et non la privation. Quand on nie que Dieu est vivant, on ne dit pas qu'il est privé de vie et donc mort mais qu'il transcende la vie comme la non-vie, ou plutôt que les noms « vie », « vivant » ou « mort » ne lui conviennent pas véritablement [2]. L'union à Dieu se prépare aussi dans le discours sur Dieu grâce aux préfixes *hyper* et *pro* (TM, I, 997a-b). Dieu est dit « surconnaissant », car le préfixe « sur » insiste sur la transcendance, sur l'unité de Dieu et sur l'absence de dispersion des attributs tandis que « connaissant » par différence d'avec « bon » suppose une diversité qui nait de Dieu et qui a un sens pour nous. Tous les attributs préfixés par « sur » renvoient à un même Dieu sans dispersion comme à un point ultime d'unité transcendante et de simplicité absolue que le discours désigne indirectement par différents prédicats qui sont affirmés, niés et ni affirmés ni niés. Chaque attribut donne lieu à une explicitation de sa légitimité et de son usage pour désigner un Dieu qui dépasse ce que nous pouvons connaître par la compréhension de ses attributs. Ainsi, Dieu ne connait pas par l'intellection des réalités individuelles ou des réalités en soi. Il n'est pas non plus ignorant. Il connait de manière suréminente ou mieux il est *dit* connaître de manière suréminente en tant qu'il a en lui-même le principe et la cause de tout ce qui est. « Il faut dire qu'il connaît tout en se connaissant lui-même tout comme il faut dire qu'il crée tout à partir de lui-même » (ND, 592d-593a). Dieu n'est donc pas ce qui connaît le plus parfaitement, il est au-delà de l'idéal du connaissant.

1. L'édition utilisée de Denys est la suivante : Pseudo-Denys L'Aréopagite, *Œuvres complètes*, Paris, Aubier, 1943. Nous citons en abrégé les œuvres suivantes : TM pour *Théologie mystique* et ND pour *Noms divins*, HE pour *Hiérarchie Écclésiastique*.

2. Pour l'usage de "vie", voir ND, VI et pour sa négation, TM, V.

On ne connaît et on ne parle de Dieu qu'à partir de ce qui nous est accessible, sensible ou intelligible, et non à partir de sa nature. On le connaît donc en tant que, comme Cause, il y a de la ressemblance et de la similitude entre le créé et l'incréé, bien que la dissemblance soit plus forte. De même, Dieu est sage de manière suréminente car nous pouvons dire, dans un premier temps (la cataphase) qu'il est sage, qu'il est le fondement et la Cause, non seulement de la sagesse créée, mais aussi de la sagesse en soi et plus généralement de toute essence et de tout ce qui est intelligible. Puis, il faut reconnaître qu'il n'est pas sage s'il est au-dessus de toute sagesse connue. Mais il n'est pas non plus ignorant. Il est ni sage ni ignorant. Ce mouvement se répète pour tous les attributs et même la suressence de Dieu n'est pas une essence, c'est-à-dire une essence connaissable, car elle est la source de toute essence et de tout être.

Le moment affirmatif est donc imparfait car relatif à notre situation de séparation de la transcendance divine. La voie négative (l'apophase) vient briser ce qui pouvait y avoir d'idolâtre dans la voie affirmative. C'est pourquoi, la pensée de Dieu à partir de la causalité ne peut être une fin de la pensée. Pour se préparer à contempler Dieu, il faut nier ce qui nous fait obstacle, les négations dans la voie négative et de cette voie elle-même permettant ce dépassement et ce retour à Dieu.

> En vérité, s'il convient de lui attribuer et d'affirmer d'elle [la Cause transcendante] tout ce qui se dit des êtres, parce qu'elle est leur cause à tous, il convient davantage encore de nier d'elle tous ces attributs, parce qu'elle transcende tout être, sans croire pour autant que les négations contredisent aux affirmations, mais bien qu'en soi, elle demeure parfaitement transcendante à toute privation, puisqu'elle se situe au-delà de toute position soit négative, soit affirmative [1].

L'attribution n'a donc de légitimité que si l'on reconnaît qu'elle ne permet que de désigner Dieu qui n'a pas réellement d'attributs comme ce vers quoi il faut faire tendre sa méditation. Dieu est absolument simple et son être ne se prête pas réellement à l'attribution, c'est-à-dire à la différence entre objet et propriété. La voie affirmative et ses raisonnements ne peuvent pas être défendus comme une manière de connaître Dieu qui garderait son sens et sa légitimité en restant extérieur au mouvement ascendant et critique de la théologie mystique puisque la voie positive n'est légitime que comme étape. Elle doit être dépassée par l'intermédiaire de la voie négative où le savoir non discursif vient de Dieu. La plus haute connaissance est l'inconnaissance propre à l'union extatique au-delà de l'intellect. Il semble bien que la théologie mystique qui s'accomplit par la voie négative se niant elle-même culmine dans une forme de silence du discours théorique ou philosophique que compensent les Écritures par lesquelles Dieu se dit et se révèle.

1. TM, 1000b.

En première lecture, toute la voie négative et la théologie mystique semblent tendues vers cet effort de contemplation donnée dans une grâce ou vers la déification par participation à la vie divine [1], car il ne s'agit ni d'une philosophie académique ni d'une théologie spéculative ou dogmatique où la connaissance se gagnerait exclusivement par l'argumentation et la conceptualisation. Mais le silence dans lequel culmine la voie ascendante n'est pas une privation de connaissance, l'image la plus proche de cet état est la représentation de Moïse entrant dans l'obscurité au-delà du Mont Sinaï (TM, 1000c-1001a, voir *Exode*, 19), état qui parait relever de la connaissance et de l'expérience affective sans que l'on puisse bien la décrire [2]. Il ne s'agit pas d'opposer foi et raison car le projet de Denys est bien de proposer une théosophie, une sagesse ou une parfaite philosophie de Dieu préservant son secret comme il l'annonce en ouverture de la *Théologie Mystique* (997a) [3]. De plus, toute la théologie appartient à un effort d'amour passant par la prière ou la liturgie qui seules donnent sens à la pratique de la nomination et de la prédication, en les inscrivant dans une pensée et une attitude appropriées à Dieu.

Le sommet de la théologie mystique est l'union dans l'inconnaissance et toutes les étapes qui précèdent sont rapportées à l'inconnaissance ultime. S'il faut sortir de soi pour atteindre l'union à Dieu, cette union se fait au-delà de l'intellect. Car Dieu n'est vraiment atteint que si, en termes néoplatoniciens, on dépasse les intelligibles connus par le *nous* et émanant de l'Un. Je ne peux discuter ici de l'interprétation de Platon dans le néoplatonisme [4], la question étant seulement de savoir si le mouvement ascendant de l'être humain vers Dieu décrit par Denys peut servir de modèle pour penser une sortie de la métaphysique réaliste tout en se rapportant à ce qui est l'ultime réalité. Mais il importe de remarquer que l'union est avant tout une déification par et dans la Trinité qui se révèle, par et dans l'amour créateur exposé dans des textes sacrés, ce qui n'est pas néoplatonicien (ND, 981a).

> Car c'est la Déité même qui, dans ces textes sacrés, a manifesté d'elle-même ce qui convenait à sa Bonté. [...] Le Bien en soi ne demeure pas totalement incommunicable à tout être, car de sa propre initiative et comme il convient à sa Bonté, il manifeste continûment ce rayonnement suressentiel qui demeure en lui, en illuminant chaque créature proportionnellement à ses puissances réceptives et il

1. On ne choisira pas ici entre les deux interprétations, l'une catholique, l'autre orthodoxe, si tant est qu'il faille choisir…

2. K. Corrigan et M. Harrington, « Pseudo-Dionysius the Areopagite », *in* E. N. Zalta (ed.), *The Stanford Encyclopedia of Philosophy*, 2008, 3.4.

3. V. Lossky, *Essai sur la théologie mystique de l'Église d'Orient*, Paris, Cerf, 2005, chap. I et II.

4. Pour une utile synthèse, voir P. Aubenque, *Faut-il déconstruire la métaphysique ?*, Paris, P.U.F., 2009, chap. III.

> entraîne les âmes saintes afin qu'elles le contemplent, qu'elles entrent en communion avec lui et qu'elles s'efforcent de lui ressembler [1].

La lecture et l'appropriation de ce texte (ou d'autres similaires) permettent de poser le problème de la portée de la raison telle que la tradition métaphysique l'a globalement assumée. Si la rationalité comporte essentiellement un moment propositionnel où par des concepts définissables, il est possible d'attribuer à un objet des propriétés, alors savoir si la voie affirmative est définitivement dépassée par la voie négative doit permettre de décider de la manière de mener le travail philosophique sur les questions ultimes : soit la parole religieuse prend la relève de l'analyse métaphysique et devient la source à partir de laquelle penser l'humain et le monde, soit la métaphysique peut encore interroger l'ultime, interroger au moins partiellement sa nature et son existence ainsi que la rationalité des croyances et discours qui s'y rapportent. L'extension du champ de la métaphysique est donc soit limité par la révélation [2] fondant le discours philosophique, soit limité seulement par la compréhension des limites du discours rationnel. Dans ce second cas, la question est de savoir si le raisonnement doit prendre une forme particulière réformant la prédication et l'attribution ou si un minimum de réalisme est à maintenir grâce à des formes courantes de prédications, d'attribution et de raisonnement.

Le tétralemme et l'attribution

On ne répètera jamais assez comme le fait Nef [3] qu'il y a bien des raisonnements dans la théologie négative en particulier ceux qui ont la forme du tétralemme. Ce dernier sert à mettre en question certaines prédications et donc à réfuter certaines affirmations qui se révèlent non pertinentes voire absurdes [4]. Le tétralemme peut prendre deux formes ontologiques. La première est la suivante.

A
non A
A et non A
ni A ni non A.

1. ND, 588c-588d.
2. Une question me brûle les lèvres : laquelle ? Car il en existe un certain nombre sur ce marché concurrentiel.
3. F. Nef, « Comment parler de théologie négative ? », art. cit.
4. FDV, chap. VI et VII.

La seconde est la suivante.

A est B
A est non B
A est B et non B
A n'est ni B ni non B.

Le tétralemme peut aussi prendre une forme épistémique.

Il est vrai que A
Il est faux que A
Il est vrai et il est faux que A
Il est ni vrai ni faux que A.

L'étape 4 vise, à chaque fois, à changer de terrain, à dépasser l'attribution ou la non-attribution de tel prédicat, ce qui n'implique pas encore un silence complet ni une remise en question du principe de non-contradiction. Appliquer à Dieu, on pourrait dire que Dieu est absolument simple car aucune attribution de propriété n'est tenable ultimement, aucune complexité ontologique (Dieu est A, Dieu est B, etc.) ne peut être acceptée. Nef rapproche le tétralemme du *catuskoti* utilisé notamment par Nagarjuna. Le *catuskoti* permet de mettre en défaut la substantialité que conventionnellement nous attribuons aux choses et au monde. Cette mise à l'épreuve de soi comme de ce que l'on croit et perçoit permet, selon Nef, non pas de nier toute ontologie mais de refuser toute ontologie substantialiste. Nef insiste sur la possibilité de conserver une ontologie particulariste où les tropes, les propriétés particulières mutuellement dépendantes, forment la structure du monde [1]. Se refusant à chercher un fondement substantiel aux choses, il retrouve par là l'interrogation de la théologie négative ou mystique à propos de l'essence divine inconnaissable. Mais il me semble aller trop loin en utilisant le tétralemme et sa logique pour changer de terrain, non pas en abandonnant la raison au profit du silence mais en abandonnant l'attribution réaliste de perfections à Dieu au profit d'une réaffirmation de la simplicité divine absolue [2]. Nef propose de conserver l'ontologie même quand il faut penser Dieu à condition de s'en tenir à la leçon qu'il tire de la théologie négative et de son mode de raisonnement.

Or toute ontologie à propos de Dieu qui veut assumer sa simplicité absolue se trouve prise à un moment ou un autre dans le problème suivant. Soient trois perfections divines p1, p2, p3 différentes au sens où être bon n'est pas être omniscient ni être créateur. Si Dieu est absolument simple, alors il n'y a aucune différence en Dieu et donc p1=p2=p3, ce qui est faux par hypothèse.

1. FDV, p. 266 et p. 304.

2. F. Nef, « La simplicité divine comme propriété positive », *ThéoRèmes*, « Renouveaux analytiques en philosophie de la religion », 2012, https://theoremes.revues.org/690

La contradiction provient, à mon sens, de la volonté de tenir Dieu pour absolument simple[1]. Pour défendre ce point, je propose ici de relire un pan de la tradition de la théologie négative et mystique pour voir comment l'attribution de propriétés à Dieu ne peut pas se mouler dans le dépassement par un tétralemme, ce qui revient à montrer que le raisonnement dans la théologie négative ne peut pas être le changement de terrain que vise l'étape 4.

RAISONNER SUR LES ATTRIBUTS DIVINS : DENYS ET GRÉGOIRE PALAMAS

Mon hypothèse est la suivante : il y a chez Denys une piste pour concilier la métaphysique réaliste et la réflexion sur la réalité ultime, piste que Grégoire Palamas a su exploiter tout en nous léguant un problème, déjà mentionné, à propos de la simplicité divine.

Dire que « Dieu est vivant » ou même que « Dieu est la vie-même » trouve son fondement dans la puissance (*dunameis*) de vie de Dieu. Les puissances procèdent par distinction (*diakriseis*) de Dieu en tant qu'il est suressentiel. Ce Dieu est le Dieu auquel la négation de la voie affirmative et la négation de la négation (sans synthèse) donnent accès dans l'inconnaissance extatique de son unité[2]. Les attributs divins ne sont donc apparemment pas des propriétés attribuées à Dieu, mais seulement des puissances issues de Dieu à partir desquelles Dieu suressentiel peut créer les créatures dépendant de ces puissances, ces dernières n'étant pas elles-mêmes des dieux créateurs. Néanmoins, la proposition <Dieu est vivant> signifierait que Dieu possède la puissance qu'est la vie en soi et par laquelle tout ce qui est vivant a la vie. Le vérifacteur de cette proposition serait alors cette puissance divine, ce qui offre un fondement pour une métaphysique réaliste prenant Dieu comme objet d'étude.

> Si nous nommons, par exemple, le Secret suressentiel ou Dieu ou Vie ou encore Essence, Lumière ou Raison, notre intelligence en ce cas ne saisit que ces puissances qui descendent [ou procèdent] de Lui vers nous, pour nous déifier, nous essentialiser, nous vivifier, nous assagir[3].

La différence entre Dieu et ses puissances justifierait que la voie affirmative soit finalement niée par celui qui vise l'union. Mais cette différence est-elle celle de la procession entre un principe et des entités de deuxième rang ? Ou, à rebours

1. Je résume ce que j'ai développé dans Y. Schmitt, « The deadlock of absolute divine simplicity », *International Journal for Philosophy of Religion*, 2012, p. 117-130.

2. Sur les puissances et les noms divins, voir Y. De Andia, *Henosis : l'union à Dieu chez Denys l'Aréopagite*, Leiden-New York-Köln, Brill, 1996.

3. ND, 645a.

de ce modèle néoplatonicien, cette différence n'est-elle que la différence entre les aspects d'un Dieu créateur qui n'est pas seulement l'Un dont émane toute une série d'entités moins parfaites, y compris les essences en soi ? Puisque seule la seconde alternative convient à un Dieu créateur, il faut suivre, pour le moment, Von Ivanka [1] quand il propose de comprendre les puissances comme les aspects de Dieu que nous connaissons inductivement par ses effets : le vivant tire sa vie de sa participation à la puissance divine de vie, à la vie en soi qui procède de Dieu vers le vivant, tout en étant un aspect de Dieu. Les puissances ne sont pas des dieux en plus du Dieu suressentiel [2], ce ne sont pas non plus les personnes de la Trinité, enfin elles ne sont pas non plus des propriétés ou des perfections divines attribuables à l'essence de Dieu car la voie affirmative sera niée. Les puissances sont néanmoins des aspects de Dieu auxquels nous pouvons nous référer dans des jugements prédicatifs affirmatifs.

On doit alors rapporter la voie positive à ce qui en Dieu se communique sans avoir été créé ni être l'essence divine (ou la Trinité). Les puissances comme Denys les nomme ou les énergies ou opérations (*energeia*) divines selon Grégoire Palams (1958) [3] pourraient jouer ce rôle. La voie positive relative aux énergies et la voie négative relative à l'essence imparticipable ou suressentielle seraient conciliées. Pour cela, il faudra expliquer en quoi l'attribution ne perd pas sa légitimité dans son intégration à la théologie mystique et comment elle peut continuer de recevoir une lecture ontologique réaliste.

Grégoire Palamas redoute fondamentalement un mauvais usage de Denys qui interdirait toute participation et toute nomination de Dieu, c'est un des points de la querelle religieuse et métaphysique avec Barlaam. Il avait à cœur de légitimer la déification à partir d'une juste nomination de Dieu compatible avec la reconnaissance de son essence imparticipable.

1. E. von Ivánka, *Plato Christianus : la réception critique du platonisme chez les Pères de l'Église*, Paris, P.U.F., 1990, p. 245-246 et p. 263-265.

2. Si les puissances étaient créées, leur statut de raisons créées et créatrices, comme chez Jean Scot Érigène, ne permettrait plus de justifier la voie positive puisqu'on ne pourrait plus parler de puissances de Dieu. Sur les puissances créées et créatrices chez Scot Érigène, voir la discussion de Lossky, dans *Essai sur la théologie mystique*, *op. cit.*, p. 92, qui souligne les limites de cette conception et voir aussi l'historique de J. Trouillard, « Les Puissances Divines selon Érigène » dans *Qu'est-ce que Dieu ?*, Bruxelles, Publications des Facultés Universitaires de Saint-Louis, 1985, p. 139-153.

3. Sur l'importance des énergies incréées afin de proposer une ontologie soutenant l'hésychasme, voir E. von Ivánka, *Plato Christianus*, *op. cit.*, chap. XI, notamment p. 378 et p. 391). Je ne veux cependant pas dire qu'il y a un théisme réaliste bien développé chez Grégoire Palamas, encore moins une théorie des vérifacteurs des propositions métaphysiques. Une greffe et une reconstruction argumentative sont proposées et non une interprétation historique, bien que je crois que ma reconstruction dans un idiome contemporain ne trahisse pas du tout le propos de Grégoire Palamas. Pour l'interprétation historique, j'ai suivi J. Meyendorff, *Introduction à l'étude de Grégoire Palamas*, Paris, Seuil, 1959 et *St Grégoire Palamas et la mystique orthodoxe*, Paris, Seuil, 2002.

> Nous disons pourtant qu'il est Vie, Bonté et autre chose semblable, en lui donnant ces noms à cause des énergies révélatrices et des puissances de cette Suressentialité. [...] Mais comme Dieu est présent tout entier dans chacune des énergies, chacune sert de nom ; il en résulte aussi qu'il les transcende toutes. [...]
> Les saints Pères affirment unanimement que l'on ne peut trouver de nom qui manifeste la nature de la Trinité incréée, mais que les noms s'appliquent aux énergies. [...] Mais ce qui dépasse tout nom n'est pas identique à ce que l'on nomme : l'essence et l'énergie de Dieu ne sont donc pas identiques [1].

Il semble clair que les noms attribués à Dieu le sont par référence à ce qui en Dieu se communique à nous. Dans ce modèle, dire que Dieu est omniscient serait justifié et rendu vrai (*truthmaking*) par l'énergie correspondante qui n'est ni l'essence de Dieu ni une des hypostases mais bien Dieu ou en Dieu, car le critère du divin est l'incréé.

La différence entre essence et énergies : quelle ontologie ?

Notre greffe est peut-être trop violente et ignore le refus d'une importation de la dialectique ou de l'aristotélisme dans le palamisme [2]. Une plus grande fidélité à l'approche des Pères et au palamisme devrait peut-être nous empêcher d'introduire des questions métaphysiques sur la vérité qui ne se posaient pas dans les termes que nous imposons. La différence entre l'essence et les énergies ne serait pas une différence ontologique, relative à des vérifacteurs finement distingués, mais une différence de points de vue fondée dans le sujet, une distinction permettant d'interpréter l'expérience mystique sans abolir la différence entre le créé et l'incréé dans l'union à Dieu qui reste fondamentalement imparticipable. La double affirmation antinomique d'une essence inconnaissable et d'une participation à des énergies prendrait alors sa source dans la représentation humaine et non dans des distinctions réelles en Dieu [3].

1. G. Palamas, *Défense des saints hésychastes*, trad. fr. J. Meyendorff. *Spicilegium Sacrum Lovaniense, Études et Documents*, Louvain, fascicule 11, 1958, II, II, 7 p. 654 et III, II, 10, p. 658. Voir aussi dans le même texte : III, I, 23 ; III, II, 4-7 ; III, II, 22-26. Pour un exposé clair de la doctrine des énergies incréées, voir V. Lossky, *Essai sur la théologie mystique*, *op. cit.*, chap. IV.

2. Sur la constitution du palamisme, voir J. Meyendorff, *Introduction*, *op. cit.*, p. 65-94 et *St Grégoire Palamas*, *op. cit.*, p. 63-75.

3. E. von Ivánka, *Plato Christianus*, *op. cit.*, p. 389-396 et p. 414-415.

Il nous semble que cet affaiblissement très kantien de la doctrine des énergies (ou puissances) déséquilibre le propos plutôt qu'il ne le protège contre une forme d'incohérence, et en cela, la théorie métaphysique des énergies peut aussi servir de raison pour refuser une critique transcendantale de la métaphysique[1].

Commençons par montrer les ambiguïtés présentes dans le texte de Denys pour justifier l'introduction d'un réalisme ontologique minimal. Étant donné les manifestations de Dieu, il faut bien reconnaître que procèdent de lui la vie, la sagesse, etc. Les noms ne sont légitimement attribués qu'à partir de cette induction. Au moins un nom paraît alors approprié à Dieu et pas seulement à ses puissances : celui de cause ou de créateur. Cependant, « Dieu est cause » ou « Dieu est créateur » ne sont que des désignations métaphoriques de ce qui transcende tout être et par conséquent ne peut avoir de puissance causale. Dire de Dieu qu'il est cause ou créateur, c'est finalement le louer pour ce qu'il produit et non parce que l'on sait quel il est. Intervient donc la question du point de vue : pour nous qui connaissons les effets, plusieurs puissances sont attribuables à Dieu, mais Dieu, pour qui ne l'envisage pas seulement par ses effets mais en lui-même (si une telle personne existe), est absolument simple et transcende ce qui procède de lui et il transcenderait même sa puissance créatrice.

Denys va même plus loin. Plutôt que cause, ce serait le nom de « bonté » ou « bien » qui conviendrait le mieux à Dieu. Ainsi dans les *Noms Divins*, I, § 2, la bonté sert à nommer le Dieu qui se révèle. De même au § 5, la bonté sert à dire le Dieu créateur et se manifestant. D'où les formules comme « Bien au-delà de tous noms » où « Bien » est réellement un nom, le seul qui puisse réguler le discours qui refuse la nomination. Ce discours semble bien affirmatif. Dire de Dieu qu'il est la bonté, sans confondre Dieu avec quelque chose de bon par participation, ni avec la bonté intelligible participée, permet toute une série d'affirmations déduites de l'affirmation fondamentale de la bonté. Certes, les Écritures ne sont pas absentes de la réflexion sur le créé, mais le principe régulateur du chapitre 4 des *Noms Divins* n'en reste pas moins l'affirmation centrale de la bonté identifiée à Dieu. Sans dire que la bonté est une propriété divine, il faut au moins dire que la bonté qu'est Dieu et que nous concevons et affirmons, a une signification ontologique, celle de réguler les attributions de noms à partir de ce qui convient à ce qu'*est* Dieu. Nécessairement, en Dieu, quelque chose doit justifier cette attribution.

Malgré tout, notre volonté de trouver un socle positif sur lequel fonder le discours symbolique rencontre des déclarations radicales et difficiles à inclure dans une conception équilibrée. Denys insiste.

1. Bien sûr, la place du kantisme et du transcendantal dans la métaphysique contemporaine n'est pas épuisé par cette rapide remarque.

> Même quand nous l'appelons Bien, ne croyons pas que ce nom lui convienne, mais il nous faut bien concevoir et exprimer quelque chose de son indicible nature et nous lui consacrons d'abord le plus vénérable des noms [1].

Denys en reste donc à un refus d'une attribution positive, Dieu n'est dit qu'en fonction de ce qui vient de lui et non en fonction de ce qu'il est. Est-ce la preuve que le tétralemme doit opérer sans exception ?

Pourquoi le nom de Bien ne convient-il pas à Dieu ? Parce qu'il n'a de sens que par rapport à des biens limités. Dans ce cas, il faut élargir sa signification, par l'affirmation d'une bonté parfaite ou infinie par exemple. Ce n'est pas ce que veut dire Denys. Le nom de Bien ne convient pas car aucun nom ne peut convenir. Mais pourquoi est-il légitime d'utiliser quand même le plus vénérable des noms ? Dans quel ordre prendre la justification : la bonté de Dieu est-elle la justification de l'usage du plus vénérable des noms ou la nécessité de recourir au plus vénérable des noms connus de nous, nous fait-elle appeler Dieu le Bien et croire qu'il est le Bien ? Le premier cas est exclu par le texte ci-dessus. Dans le deuxième cas, l'usage du plus vénérable des noms ne peut se faire que sur la base d'un concept que l'on juge approprié à Dieu et qui régule les autres nominations. On se trouve reconduit à la première possibilité. Les noms sont justifiés parce que nous pouvons affirmer que Dieu est la bonté même ou bien qu'il est parfait. Seule la reconnaissance de la bonté ou de la perfection de Dieu permet d'exiger le plus vénérable des noms. Cette reconnaissance suppose l'affirmation non niée de <Dieu est parfait> ou <Dieu est infiniment bon>. Quel que soit le sens de « existe », Dieu doit bien exister pour être celui que l'on dit être le Bien. Il parait bien difficile de faire l'économie d'un réalisme minimal pour comprendre la démarche même de la théologie négative et mystique.

Le dilemme de la théologie négative et mystique n'est donc pas seulement entre l'affirmation de l'essence imparticipable et la participation du croyant aux énergies comme le présente Grégoire Palamas mais entre :

– Une relativisation des affirmations sur Dieu et ses puissances à des représentations ou des points de vue humains, relativisation qui se fait en suivant la rigueur du tétralemme.

– Une justification théorique, ayant une portée ontologique, de la différence entre ce qui peut être affirmé positivement et qui concerne les puissances ou énergies et ce qui justifie la voie négative c'est-à-dire l'essence de Dieu.

Certes, ni Denys, ni Grégoire Palamas, ni les Pères n'ont explicité aussi catégoriquement la différence de l'essence et des puissances ou énergies. Cependant, l'attribution de propriétés à Dieu peut s'harmoniser avec l'attribution à Dieu

1. ND, XIII, 981a.

d'énergies procédant de la vie divine, énergies comprises comme les vérifacteurs des attributions. À la manière de Grégoire Palamas, il nous apparaît que la voie négative et la théologie mystique, contre le nominalisme religieux et métaphysique, doivent savoir reconnaitre positivement la juste place du connaissable et de l'inconnaissable. Ainsi la théologie négative et la théologie mystique ne fournissent pas une occasion de sortir de la métaphysique ou de limiter la métaphysique réaliste.

C'est pourquoi, une interprétation en termes de points de vue, d'inspiration kantienne, ne tient pas conceptuellement[1]. Grégoire Palamas n'évacue pas du tout la reconnaissance d'un fondement ontologique de la voie positive qu'il considère au contraire comme central, tout en réaffirmant la simplicité divine et en refusant le polythéisme, les puissances ou énergies n'ayant pas d'existence par soi. S'il existe, chez Grégoire, une « ambition [...] d'offrir une thèse métaphysique et ontologique »[2], ce n'est pas pour retomber dans le platonisme ou le néoplatonisme qui veulent expliquer la procession et la dégradation de l'essence vers les puissances ou énergies. Il est clair que ce n'est pas ce que visent Denys ou Grégoire Palamas, ni l'impression que l'on en retire à leur lecture[3]. Von Ivanka[4] reconnaît que la formulation ontologique est toujours limitée par l'affirmation de la simplicité. Si les interprètes comme Von Ivanka hésitent à valider les formulations ontologiques de Grégoire Palamas, il faut y voir une légitime inquiétude quant à la possibilité d'articuler simplicité et différence entre essence et puissances ou énergies increées. Le même scrupule paraît animer Nef[5] qui sans renier la démarche ontologique, refuse le réalisme des attributions à Dieu au nom de la simplicité divine absolue. Envisager une simplicité divine plus relative serait à mon avis indispensable pour le réalisme ontologique. Une telle simplicité serait plutôt celle d'un complexe nécessairement indécomposable car formant une unité très forte. Ce serait une simplicité malgré tout mais pas maximale comme le serait la simplicité absolue qui me paraît indéfendable à cause du problème d'identification de toutes les propriétés divines les unes aux autres.

1. E. von Ivánka parait proposer une lecture kantienne de la théologie mystique à l'inverse de J. Meyendorff (*Introduction*, *op. cit.*, p. 307-310) qui souligne le réalisme de Grégoire Palamas relisant Denys. Meyendorff nous parait plus proche de la vérité sur bien des points.

2. E. von Ivánka, *Plato Christianus*, *op. cit.*, p. 421.

3. J. Meyendorff, *Introduction*, *op. cit.*, p. 303-305.

4. E. von Ivánka, *Plato Christianus*, *op. cit.*, p. 406.

5. F. Nef, « La simplicité divine comme propriété positive », art. cit.

Conclusion

Sur la question de Dieu, la situation de la métaphysique a probablement toujours été de proposer soit une remontée vers l'Un ou l'absolument simple qui explicite comment le discours métaphysique et sa logique se maintiennent en se transformant par une dialectique ascendante, une analogie ou un tétralemme, soit une remontée vers l'Ultime et son infinité ou perfection qui détermine ce qui peut être dit dans le cadre certes limité mais réel de la prédication littérale où comme le disait Descartes, on peut concevoir sans forcément comprendre c'est-à-dire tout embrasser. Le raisonnement dans la théologie négative ne doit pas totalement faire changer de terrain, sous peine de mener soit à la misologie de l'extase antimétaphysique, soit à l'effondrement ontologique de l'affirmation de la simplicité absolue impliquant l'identité des perfections ou propriétés divines. Mais il faut pour cela reconnaître qu'il y a une complexité en Dieu, celle de ces énergies ou puissances, celle de l'infinité de ses perfections. Ce présupposé est certainement le plus important pour assurer d'une pensée rationnelle de Dieu au sein de la métaphysique.

PETER SIMONS

CONNEXIONS

C'est avec plaisir que j'apporte ma contribution à ce volume consacré à Frédéric Nef, ami de longue date et compagnon d'armes dans notre effort pour promouvoir une métaphysique scientifique sérieuse. L'étendue de son savoir et de son expertise est étonnante, sa production, notamment ses monographies est un petit miracle et il continue à livrer une philosophie très informée à un rythme qui fait honte à beaucoup d'entre nous. Mais assez d'éloges, place à la philosophie.

Pourquoi les choses tiennent-elles ensemble ?

Au chapitre VII de son *Traité d'ontologie pour les non-philosophes (et les philosophes)*, un livre exquis et court (pour lui), Nef pose la question suivante : « Pourquoi les choses tiennent-elles ensemble ? » [1]. C'est vraiment une très bonne question ontologique et c'est une question importante. Qu'il s'agit d'une question *ontologique* et non, disons, d'une question de physique, de biologie ou d'ingénierie, ses réponses le montrent. Il ne donne pas le genre de réponses que ces disciplines pourraient apporter, par exemple, les forces nucléaires fortes, l'attraction électromagnétique, la viscosité, la colle, les clous, les vis et les écrous, le ciment, etc. Ce sont de bonnes réponses dans leurs domaines respectifs, mais elles n'ont rien d'ontologique. Prenez par exemple les vis et les boulons qui aident en ingénierie et en architecture à tenir ensemble quantité de choses rigides. Ce sont des corps physiques dont la forme permet, s'ils sont utilisés comme il faut, de soumettre à des forces mécaniques les choses qu'ils relient en les empêchant de se séparer. Mais ils ne peuvent le faire que parce qu'ils sont eux-mêmes rigides. Cela ne marcherait pas avec des vis et des boulons en yaourt. Alors, qu'est-ce qui donne à ces corps leur rigidité ? On répondra que ce sont les forces électromagnétiques qui conservent les atomes métalliques dans une

1. TO, p. 236.

structure cristalline. Mais *quid* de ces atomes et de ces forces électromagnétiques ? Là, nous entrons dans le domaine de la physique. Les atomes sont eux-mêmes des complexes d'entités plus petites, à savoir les quarks et les électrons qui tiennent ensemble grâce aux forces nucléaires fortes et électromagnétiques. Les électrons et les quarks ne semblent pas avoir de structure interne et pourtant ils diffèrent les uns des autres par des caractéristiques comme le spin, la masse et la charge. Mais alors qu'est-ce qui fait tenir ensemble le spin, la masse et la charge d'une particule ? C'est ici que Nef apporte sa réponse ou plus exactement examine les propositions des autres. Il étudie en détail l'idée de Donald Cary Williams qui suggère que ces caractéristiques sont des tropes, c'est-à-dire des accidents individuels ou des individus abstraits, et que ce que nous considérons comme des individus plus substantiels sont des collections ou des faisceaux de tropes. D'où la question : qu'est-ce qui fait tenir ensemble ces tropes en un faisceau ? Cette question et d'autres connexes (par exemple qu'est-ce qui lie une force aux particules auxquelles elle s'applique ?), sont des questions que je me pose comme Nef se les pose dans le chapitre cité.

Structures et connexions

Pourquoi la comprésence ne suffit pas.

Partant de l'idée de Williams qu'une substance individuelle est un faisceau de tropes, nous pouvons examiner sa réponse. Les tropes qui constituent un faisceau sont *comprésents*. En supposant, pour éviter la circularité, que »comprésent » signifie autre chose que « être ensemble dans un faisceau », nous devons nous demander ce qu'est la comprésence. Je propose que ce soit, comme son nom l'implique, être ensemble au même moment à la même place, c'est-à-dire occuper la même région spatiotemporelle.

C'est une solution très simple et très séduisante. À mes yeux, elle a deux inconvénients majeurs. Le premier, c'est qu'elle n'est pas nécessaire. Le second, c'est qu'elle n'est pas suffisante. Elle n'est pas suffisante parce que des choses peuvent être comprésentes sans appartenir à un même faisceau. Par exemple, une odeur et un son peuvent être comprésents sans appartenir tous les deux à un faisceau alors que lorsque nous parlons d'évènements, il semble tout à fait plausible que des évènements distincts puissent être comprésents sans être un : par exemple une sphère métallique en rotation et le fait qu'elle chauffe peuvent occuper la même région. La comprésence n'est pas nécessaire parce que des choses qui appartiennent à un faisceau peuvent être éloignées les unes des autres, avec d'autres choses entre elles. Par exemple, dans un cas d'intrication quantique, des particules peuvent se trouver dans différentes parties d'un même dispositif ; ou encore une propriété d'une particule comme le spin peut être temporairement détachée de sa masse et pourtant continuer à appartenir à ce faisceau. En pareils cas, l'être ensemble spatiotemporel est un *symptôme* et non une *raison* de l'être ensemble.

Autre proposition

Ma préférence va à la solution proposée par Husserl dans ses *Recherches logiques,* au chapitre XXII de la troisième recherche. Lorsque nous avons un tout composé de plusieurs parties, ce qui fait en dernier ressort que les parties tiennent ensemble, ce sont ce que Husserl appelle les relations de fondation (*Fundierungsbeziehungen*). Ces dernières font plus que simplement tenir ensemble les choses comme des touts. En elles-mêmes, elles n'ont pas de formes, ou pour le dire autrement, ce ne sont pas des entités qui s'ajoutent dans les touts aux choses qu'elles relient. Si c'était le cas et si toute action de lier ensemble en un tout s'effectuait de cette façon, il y aurait, comme le note Husserl, une régression infinie de parties, et *in fine* rien ne serait unifié. Aussi, Husserl préfère parler de fondation comme de la pure nécessité de coexistence, ou comme une exigence de supplémentation de la part des entités qui se requièrent l'une l'autre. La fondation est ainsi une sorte de dépendance ontologique qui requiert que l'item dépendant soit ensemble avec d'autres.

Même si, pour bien des choses, l'unité est plus compliquée que cela, impliquant différentes sortes d'association de parties à différents niveaux de granularité, en fin de compte tout revient à des choses qui tiennent ensemble parce que ce sont des genres de choses qui ne peuvent tout simplement pas exister seules, mais requièrent que d'autres choses coexistent avec elles. La force de cette nécessité est-elle métaphysique ou seulement naturelle ? Cela dépend, mais il se peut bien que dans certains cas elle soit métaphysique, c'est-à-dire qu'elle puisse s'appliquer quel que soit ce qui existe ou quelles que soient les lois qui régissent la nature. L'idée que toute chose pourrait d'une manière ou d'une autre se défaire et errer est contraire à notre expérience qui est naturellement contrainte par les lois de la nature, mais c'est également une idée contre-intuitive pour tout le monde à l'exception peut-être d'un partisan acharné de l'atomisme et de l'indépendance humienne.

Encore d'autres régressions

Le recours à la fondation ou l'exigence immédiate de compagnonnage est un exemple de la solution générale qui vise à éviter en métaphysique une certaine difficulté, à savoir le cercle vicieux de la régression à l'infini. Il n'est pas rare en métaphysique de voir échouer des tentatives d'analyse de la nature ultime des choses parce qu'elles engendrent des régressions qui minent la tentative même de résolution du problème. L'argument du troisième homme chez Platon est typique de ce point de vue. Si nous faisons appel à un universel et une instanciation pour expliquer la ressemblance des choses, mais si dans le même temps nous exigeons que l'universel soit semblable à ses instances, alors il semble que nous ayons besoin d'un second universel pour expliquer cette ressemblance et ainsi de suite, à l'infini. À aucun moment la ressemblance n'est expliquée de manière adéquate : la régression est vicieuse. Ici, une solution fréquente (nominaliste) consiste à abandonner les universaux et à considérer comme primitive, la ressemblance entre particuliers. Mais puisque les choses peuvent être semblables et dissemblables de différentes manières, il semble que nous ayons besoin d'un grand nombre de relations de ressemblances spécifiques ou d'une catégorie de tropes dépendants des propriétés particulières entre lesquelles il puisse y avoir des ressemblances brutes. Dans ce cas, il ne faut pas s'attendre à ce que les ressemblances soient expliquées par des tropes relationnels de ressemblance parce qu'alors *leur* ressemblance aurait besoin d'être expliquée ; encore une régression remarquée par Husserl mais que Russell a fait largement connaître. Pour l'éviter Russell exigeait qu'il y ait au moins un universel, mais alors il lui fallait expliquer comment l'universel était instancié dans les particuliers et en quoi il consistait. Là, une autre régression célèbre était à craindre : celle de Francis Herbert Bradley. Selon Bradley pour qu'un particulier instancie une qualité, il faut qu'il y ait une relation entre le particulier et l'universel, faute de quoi ils ne sont pas connectés. Mais alors cette relation a besoin d'être rattachée à un particulier d'un côté et à un universel de l'autre et nous voilà embarqués à nouveau dans une vicieuse régression à l'infini. Les faits de Russell étaient censés contrôler cette régression, mais en fait ils la refoulent en eux ; un fait consiste en un universel et quelques particuliers convenablement liés ensemble, mais c'est le lien qui reste à expliquer. Plusieurs partisans des universaux et des faits comme Bergmann, Grossmann, Hochberg et Strawson ont tenté d'échapper à cette régression en distinguant d'une part les relations « ordinaires » et de l'autre les relations « spéciales », métaphysiques. Bergmann et Grossmann appellent ce genre de lien un *nexus*, Strawson parle d'un *lien non relationnel* tandis que pour *Hochberg* la solution consiste à avoir recours à des formes logiques distinctes pour les universaux et pour les faits afin de lier ensemble les constituants d'un fait sans engendrer une régression répétitive. Seule la solution de Hochberg ne semble pas pouvoir être suspectée de tromperie ou de double langage. Mais je reste sceptique parce qu'à mon avis les formes logiques sont abstraites des touts logiques plus qu'elles ne les tiennent ensemble.

Conscient de la menace d'un problème similaire, Frege décrit la relation entre une fonction et ses arguments comme une relation de *saturation* par d'autres entités, d'une entité non saturée. Il admet le caractère métaphorique de ce terme, emprunté à la chimie, mais demande au lecteur de le comprendre *cum grano salis*. Manifestement, la saturation était un lien basique d'un genre qui n'appartient qu'à lui, mais qui ne valait pas mieux qu'un nexus. Parfois Frege dit dans un langage qui n'est pas sans rappeler celui de Husserl, que des items non saturés comme les fonctions ont « besoin de supplémentation », mais comme ses fonctions ne sont pas des particuliers, cela donne lieu au paradoxe de la fonction perpétuellement non saturée ; la fonction carrée X^2 est saturée par le nombre 2 pour donner la valeur 4 mais elle demeure pourtant non saturée car elle a besoin d'être ouverte pour être saturée par 3 pour donner 9, par 4 pour donner 16, etc. À l'évidence, Frege a vu le problème mais sa « solution » consiste seulement à lui donner un autre nom et à le formuler autrement.

Autre régression à craindre, celle qui pourrait être déclenchée par une application imprudente du concept de causalité. Elle se présente comme suit. Supposons qu'un ou des évènements C causent un autre évènement E. Et supposons que nous demandions : en quoi cela consiste-t-il que C cause E ? Est-ce un évènement ou une relation spéciale ? Quel genre de fait est une occurrence de causation ? Si le fait que C cause E est un événement, quand a-t-il lieu, s'ajoute-t-il à C, est-il causé par C et cause-t-il E ? Dans tous les cas, nous pouvons déclencher une régression. Si nous évitons de parler de causalité, nous pouvons cependant vouloir savoir ce qui relie une cause à son effet. S'il s'agit d'une relation, quelle relation la cause entretient-elle avec l'effet ? Ici nous pouvons facilement retomber dans la régression de Bradley.

Comment éviter ces régressions

Comme pour les maladies, la meilleure manière de soigner les régressions c'est de faire en sorte qu'elles ne commencent pas. Puisqu'en métaphysique cela veut dire qu'il faut être très prudent dans la manière de comprendre les cas basiques, envisageons la voie déflationniste pour éviter toutes les régressions dont il a été question jusqu'ici, à savoir :

– La régression platonicienne des formes : abandonner les formes comme items et mettre la ressemblance à la base.

– La régression des ressemblances : ne pas considérer la ressemblance comme une entité supplémentaire.

– La régression des relations : ne pas considérer le fait d'être en relation comme une entité de plus à côté des entités liées.

– La régression de l'unité : ne pas considérer les relations de liaison comme des entités supplémentaires dans les touts complexes.

– Régression de causation : ne pas considérer causer comme une entité supplémentaire liant la cause à l'effet.

Toutes ces solutions impliquent que l'on se débarrasse d'une certaine entité dont l'intuition nous suggère qu'elle est requise pour expliquer le phénomène en question, qu'il s'agisse de la ressemblance, de l'unité ou de quelque autre connexion. Mais l'abandon pur et simple de ces choses-là n'est qu'un début car les phénomènes restent à expliquer. Les choses se ressemblent, elles forment des touts complexes, elles sont en relation. Bien sûr, on peut considérer tous ces cas comme des cas primitifs et indéfinissables, et il peut en être ainsi pour certains d'entre eux. Reste que nous voudrions savoir pourquoi, malgré l'absence de véritable explication, le phénomène est là.

Une forme générale

Nous cherchons toujours à expliquer pourquoi, par exemple ce trope-ci ressemble à ce trope-là, pourquoi cet objet (trope ou autre) est en cohésion avec cet autre, pourquoi celui-ci complète ou satisfait les besoins de celui-là, pourquoi ces choses sont ainsi et liées comme elles le sont. On peut désigner ces cas par une formule générale que je présenterai avant de faire une mise en garde. Dans tous ces cas, les entités en question sont reliées de *manière interne*. Cela ne veut pas dire qu'il y ait une entité appelée relation interne qui d'une manière ou d'une autre (comme un trope, un universel ou un composant d'un fait) les lie parce que cela donnerait à nouveau lieu au moins à l'une de ces régressions, à moins que nous nous résolvions à appeler ces relations des nexus, des liens ou de quel qu'autre nom trompeur. Mais on peut faire autrement.

Nous disons qu'une qualité ou une propriété d'un individu est essentielle si l'individu ne peut pas exister sans elle ou s'il ne peut pas ne pas exemplifier cette propriété, ou pour le dire plus simplement, s'il ne peut pas exister et ne pas être ainsi. Ici, le « ne peut » est métaphysique. Ainsi, par exemple, quelque chose ne pourrait pas être un corps et ne pas avoir une masse différente de zéro, ne pourrait pas être un organisme et ne pas métaboliser l'énergie, ne pourrait pas être un électron sauf s'il a une charge négative, ne pourrait pas être un avion sauf s'il est capable de voler, etc. Maintenant considérons des paires de choses, deux électrons par exemple. L'un ou l'autre ou les deux pourraient ne pas exister mais étant donné qu'ils existent tous les deux, leurs charges et leurs masses au repos ne peuvent pas ne pas être semblables. Ou encore, prenons deux événements, comme les batailles d'Austerlitz et de Waterloo. L'une ou l'autre de ces batailles, ou les deux auraient pu ne pas avoir lieu mais étant donné que les deux ont eu lieu, il ne pouvait pas être le cas que la bataille de Waterloo précédât celle d'Austerlitz. Bien sûr, il aurait pu y avoir à Waterloo une autre bataille et à Austerlitz une bataille différente et leur ordre aurait pu être différent, mais alors ni l'une ni l'autre n'aurait été *la* bataille décrite dans nos livres d'histoire. Supposons qu'un éclair ait causé un coup de tonnerre. Il n'y a pas une troisième chose entre l'un et l'autre, une relation de causation entre la cause et l'effet. La cause cause simplement l'effet. Étant donné que les deux arrivent, ce ne peut pas être le cas que le coup de tonnerre ne soit pas causé par l'éclair. Prenons un atome d'hélium : il a deux protons et son noyau comporte un ou deux neutrons. Cet atome d'hélium n'aurait pas pu exister et n'aurait pas pu ne pas avoir comme parties ces deux protons. Ainsi la ressemblance, la priorité temporelle, les relations tout/parties peuvent parfois appartenir à des choses simplement parce que ces choses existent. Nous disons alors qu'elles sont reliées de manière interne. Pour le dire dans un autre langage, les vérifacteurs respectifs des propositions suivantes

- Que ces deux électrons ont des charges similaires
- Que cette bataille a précédé cette autre bataille
- Que la foudre a causé le coup de tonnerre
- Que ce proton-ci est une partie de cet atome d'hélium

Sont simplement des entités dont la simple existence conjointe suffit à établir la vérité de la proposition en question :

- Les deux électrons
- Les deux batailles
- La décharge électrique et le son
- L'atome et le proton

La formule générale que l'on donne parfois à ces solutions est de poser « seulement A et B » parce que pour la vérité de ces propositions respectives rien d'autre n'est requis que les termes (A et B). Les relations à trois places ou plus peuvent s'appliquer aussi de manière interne; par exemple c'est une relation interne aux batailles d'Austerlitz, de Borodino et de Waterloo que la deuxième ait lieu entre la première et la troisième.

Pas d'être supplémentaire

Pour tous ces cas le résultat de la solution du type « seulement A et B » est double. Elle évite de postuler un item supplémentaire dont l'existence déclencherait une régression à l'infini. Et pourtant elle rend compte de la vérité qui est à expliquer, à savoir que les choses en question ne peuvent pas ne pas être reliées pour autant qu'elles existent. Le *Pourquoi* de leur existence n'est pas l'objet de la recherche : nous supposons qu'elles existent et en tirons les conséquences. Être lié n'implique aucune addition d'être à côté des termes liés.

Voilà, alors que cet essai s'intitule « connexions », ce qu'en nous disons, c'est qu'au niveau métaphysique de base, il n'y *a* pas de connexions : ce qui existe ce sont des entités connectées.

MATHIEU VIDAL

STRUCTURES LOGIQUES ET MÉTAPHYSIQUE SUR L'UTILISATION DE LA LOGIQUE EN MÉTAPHYSIQUE

INTRODUCTION

La philosophie analytique a fortement contribué à la renaissance tout à la fois de la logique et de la métaphysique. Les contributions de Frege, Russell et Wittgenstein à la logique classique [1], puis celles de Carnap, Kripke ou Hintikka aux logiques modales [2] ne sont que les exemples les plus évidents de notre première affirmation. La seconde se défend aisément si l'on songe par exemple aux travaux de Lewis, Armstrong, Lowe ou Simons [3]. Il n'est donc guère étonnant de constater que les études métaphysiques qui ont fleuri au sein de ce courant aient fortement utilisé les outils formels. À cet égard, les travaux de Frédéric Nef sont particulièrement intéressants. Expert de la métaphysique analytique mais également grand connaisseur des autres courants et de l'histoire de cette

1. G. Frege, *Begriffschrift* [1879], trad. fr. et introd. C. Besson, *L'idéographie*, Paris, Vrin, 1999; B. Russell et A. N. Whitehead, *Principia Mathematica*, Cambridge, CUP, 1910-1913; L. Wittgenstein, *Tractatus logico-philosophicus* [1921], trad. fr. G.-G. Granger, Paris, Gallimard, 1993.

2. R. Carnap, *Meaning and Necessity : A Study in Semantics and Modal Logic*, Chicago, University of Chicago Press, 1956 (2 e éd.), trad. fr. P. de Rouilhan et F. Rivenc : *Signification et nécessité*, Paris, Gallimard, 1997; S. Kripke, « A Completeness Theorem in Modal Logic », *Journal of Symbolic Logic*, 24/1, 1959; J. Hintikka, *Knowledge and Belief – An Introduction to the Logic of the Two Notions*, Ithaca, Cornell UP, 1962.

3. D. K. Lewis, *On the plurality of worlds*, Oxford, Blackwell, 1986, trad. fr. M. Caveribère et J.-P. Cometti, *De la pluralité des mondes*, Paris-Tel-Aviv, L'Éclat, 2007; D. M. Armstrong, *Universals : An Opinionated Introduction*, Boulder (CO), Westview Press, 1989, trad. fr. S. Dunand, B. Langlet et J.-M. Monnoyer, *Les universaux : une introduction partisane*, Paris, Ithaque, 2010; E. J. Lowe, *Kinds of Being : A Study of Individuation, Identity, and the Logic of Sortal Terms*, Oxford, Blackwell, 1989; P. M. Simons, *Parts*, Oxford, Clarendon Press, 1987.

discipline, il bénéficie aussi de son expérience passée de sémanticien formel[1]. De plus, ses travaux convoquent régulièrement la logique dans la présentation des thèses qu'il discute, que ce soit celles d'auteurs auxquels il se confronte ou lorsqu'il expose ses propres vues. Ceci l'a amené à questionner régulièrement les rapports étroits qu'entretiennent logique et métaphysique et les réflexions et remarques à ce sujet sont nombreuses dans son œuvre. Dans cet article, j'essaierai tout d'abord de réunir ces divers fragments en une présentation synthétique et ordonnée, avant de l'interroger plus avant sur ses positions.

Le plan de cet article est le suivant. Dans la section 2, nous présenterons comment les études métaphysiques, plutôt absentes dans un premier temps de la philosophie analytique, ont pu y fleurir à nouveau, en particulier à partir de l'arrivée des logiques modales. Nous en profiterons pour examiner aussi les bienfaits qu'apporte une utilisation de la logique dans les études métaphysiques. Dans la section 3, nous étudierons la possibilité d'une fondation des théories métaphysiques et en particulier ontologiques, *via* une approche issue du langage naturel ou de la logique. Finalement, dans la section 4, nous résumerons les positions atteintes et poserons deux questions à Frédéric Nef, la première sur la méthodologie à adopter en métaphysique et la seconde sur le statut des mondes possibles.

LA PLACE DE LA MÉTAPHYSIQUE DANS LA PHILOSOPHIE ANALYTIQUE ET L'UTILISATION DE LA LOGIQUE

Dans cette section, nous allons commencer par rappeler les rapports historiques entre métaphysique, ontologie et logique dans la philosophie analytique. Au cours des siècles, la métaphysique a changé de nombreuses fois de visage[2]. Elle a d'ailleurs été déclarée morte à plusieurs reprises mais a toujours su renaître de ses cendres. Son dernier avatar principal, apparu au sein de la philosophie analytique, a pour objet principal l'analyse des constituants ultimes du monde. Une première objection à cette thèse pourrait être que c'est à la physique d'assurer cette tâche, *via* une théorie ultime du tout rassemblant les approches relativistes et quantiques. Mais cette dernière analyse irait un peu vite en besogne. En effet, ces constituants ultimes de tous les aspects du monde ne peuvent être découverts à l'aide d'accélérateurs ou de collisionneurs toujours plus puissants car ils ne peuvent se réduire aux particules quantiques ou même aux éléments premiers d'une théorie physique du tout. Deux raisons principales existent quant à cette limitation de l'explication physique. Tout d'abord, il est douteux que toutes les sciences puissent être réduites en dernier recours à des

1. F. Nef, *Logique, langage et réalité*, Paris, Éd. Universitaires, 1991.
2. Je m'appuie dans ce chapitre principalement sur QM et TO.

analyses issues de la science physique. Chaque nouveau niveau de la réalité semble apporter de nouveaux types d'interaction et de nouvelles lois causales qui ne sont pas réductibles au niveau sous-jacent. En prenant un exemple extrême, il semble bien impossible d'exprimer la loi de Walras qui régit la théorie de l'équilibre général à l'aide de fermions et de bosons. L'autre attaque contre le réductionnisme physique est que les constituants physiques sont par nature inopérants dans l'analyse de nombreux éléments de notre réalité, tels les objets abstraits (par exemple les nombres), les possibilia (par exemple dans les phrases contrefactuelles) ou les qualia (en lien avec le problème difficile de la conscience). Ceci laisse donc encore le champ ouvert à la métaphysique contemporaine pour tenter de découvrir ces éléments ultimes qui nous permettraient de décrire de manière cohérente la totalité des aspects de notre monde. Tout en faisant souvent de cette question leur visée principale, les métaphysiciens contemporains n'hésitent pas non plus à inclure d'autres questionnements adjacents, tels ceux concernant le statut de l'espace, du temps, de la liberté, du changement ou de la causalité. Mais comparativement aux périodes passées, l'entreprise métaphysique n'est plus conçue comme ayant une visée directement éthique, mystique ou théologique. Elle se limite généralement à une entreprise descriptive.

La métaphysique analytique contemporaine a donc pour partie centrale l'ontologie. Ces deux disciplines, qui ont, toutes les deux, été nommées à partir des travaux d'Aristote, ont connu de manière parallèle une évolution de leur acception. Si l'on s'en tient à la seule ontologie, celle-ci est définie chez Aristote comme étant l'étude de l'être, et plus particulièrement de l'être en tant qu'être, c'est-à-dire de l'être considéré de la manière la plus générale possible. On n'étudie donc pas l'être en tant que composé de matière, en tant que nombre ou en tant que souvenir mais l'être dans son acception la plus universelle. Chez le Stagirite, cette entreprise est liée à une attitude intellectuelle qui est la recherche de la connaissance et de la sagesse suprême. Elle conduit donc vers un cheminement éthique, voire mystique. Tout comme pour la métaphysique, la philosophie contemporaine a évacué cette dimension éthique de l'ontologie. Si nous nous tournons maintenant vers une définition positive et plus actuelle, la position de Meinong est à cet égard particulièrement intéressante. Historiquement, le débat entre Russell et Meinong sur le statut des entités associées à une sémantique formelle se situe dans les premières années du courant qui sera appelé plus tard la philosophie analytique. Par sa théorie des descriptions définies, Russell rejette une dénotation directe pour les termes singuliers comme « l'actuel roi de France ». Au contraire, Meinong explore les différents modes de l'objet, comme les objets simplement possibles telle « la montagne d'or » ou même contradictoires comme « le carré rond ». Dans un premier temps, la position russellienne s'est imposée, faisant de la logique frégéenne la seule formalisation possible. Ce refus des spéculations ontologiques s'est renforcé avec le positivisme logique, qui a évacué purement et simplement tous les énoncés métaphysiques, car ceux-ci n'auraient aucune signification [1]. Mais un retournement s'opère durant la seconde moitié du XXe siècle, avec le foisonnement des logiques modales et non classiques. Leur interprétation philosophique nécessite alors de s'interroger sur le statut des nouveaux objets formels introduits dans ces théories. En particulier, on s'aperçoit que la notion de monde possible devient centrale et celle-ci est scrutée et interprétée de différentes manières selon les auteurs. De même, le statut des objets quantifiés *via* les mondes possibles apparaît comme fort mystérieux et doit recevoir une explication d'ordre philosophique. De manière ironique, les nouveaux développements de la logique ont donc contribué au retour des débats métaphysiques. Contrairement à la première moitié du XXe siècle, la position meinongienne devient alors centrale. Non pas que tous les métaphysiciens reprendraient la définition meinongienne de l'ontologie qui est celle d'une théorie générale de l'objet quelconque, loin s'en faut. Mais plutôt qu'un débat sur les structures ultimes du monde peut être mené de manière rationnelle, que ce débat est une tâche majeure de la philosophie et que la logique n'est pas la discipline totalisante, voire totalitaire qui empêcherait la tenue d'un tel débat.

À l'heure actuelle, la logique est un des outils offerts au métaphysicien dans sa quête, car elle lui permet d'analyser la forme des énoncés portant sur la réalité du monde. En effet, abordées de manière naïve, les phrases du langage peuvent s'avérer trompeuses. Comme nous l'avons déjà vu avec Russell, un énoncé tel que « le roi de France est chauve » peut être doué de sens et exprimer une proposition complète sans que cela implique l'existence d'un objet dénoté par le terme singulier. Cette analyse diffère de celle où un nom propre est employé, comme dans l'énoncé « Charles II est chauve », et qui implique l'existence d'un *denotatum*. Nous retrouvons un tel avertissement dans *Les propriétés des choses* [2] : « le langage naturel est cependant bien mauvais conseiller tant pour la logique, en ce qui concerne la syntaxe que pour l'ontologie, pour tout ce qui touche la morphologie et le lexique ». Il est donc communément admis que la logique conduit, partant de la forme de surface d'un énoncé, à en révéler la structure profonde. Ainsi, elle permet de mettre au jour les constituants implicites et postulés par le langage. Elle nous permet donc de mettre au jour les présupposés ontologiques du discours. Une ontologie au sens moderne est donc souvent liée au moins en partie à une logique, qui permet une expression des rapports de dépendance entre les différents constituants du monde. De plus, cette logique nous permet

1. Voir A. J. Ayer, *Language, Truth, and Logic*, London, Gollancz, 1936. Dans cet ouvrage, Ayer soutient que tout énoncé de connaissance doit être empiriquement vérifiable. Les énoncés métaphysiques, étant uniquement prescriptifs et non pas descriptifs, seraient « vides de sens ».

2. PDC, p. 266.

d'analyser les différents types de discours que nous portons sur la réalité. Elle permet d'en dégager les engagements ontologiques.

On constate d'ailleurs une fécondité entre les idées développées en logique et celles développées en ontologie [1]. On peut citer à titre d'exemple la définition des notions de possible et nécessaire à l'aide des logiques modales. Ces définitions ont conduit certains philosophes à s'interroger à nouveau sur la notion d'identité. En parlant d'un individu dans une situation possible mais non actuelle, quelles sont les caractéristiques qu'il doit garder ? Est-ce que certaines sont indispensables à la constitution intime de l'individu et font partie pour tout dire de son « essence » ? Ces réflexions ont fait apparaître des positions nouvelles sur ce type de problème.

Enfin, nous pouvons accorder un autre avantage à l'utilisation des outils logiques modernes en métaphysique. Ceux-ci permettent une expression précise des thèses soutenues, grâce à une formulation mathématique dépourvue d'ambiguïté. On évite ainsi toutes les acrobaties métaphoriques, tous les mots d'esprit qui bien souvent ne cachent que le manque d'une analyse de fond explicite, construite et argumentée. Dans le *Traité*, Nef présente cet argument d'une manière particulièrement incisive : « la sémantique formelle [est un] remède au bavardage philosophique, plus écœurant encore que le bavardage commun » [2]. À l'extrême, on peut même aboutir à ce que Zalta [3] appelle une métaphysique axiomatique. Des axiomes formulés de manière mathématique y décrivent les propriétés premières d'entités ontologiques. D'autres axiomes stipulent quelles sont les relations entre ces entités. Finalement, des règles de dérivation permettent d'obtenir des théorèmes qui sont de nouvelles propriétés de ces entités. Ces conséquences peuvent bien évidemment être inattendues, comparativement à une inspection préalable des axiomes. L'avantage d'une telle formalisation est, à la fois, descriptif et computationnel. Descriptif au sens où il devient plus aisé de décrire l'information ontologique d'un domaine particulier. Computationnel au sens où le maniement de telles informations peut être effectué de manière mécanique, par exemple *via* un ordinateur [4].

Pour conclure, l'apport de la logique à la métaphysique peut se résumer principalement aux trois points suivants. La logique permet de dégager les engagements ontologiques sous-jacents au langage naturel. L'apparition de nouveaux

1. G. Forbes, *The Metaphysics of Modalities*, New York, Clarendon Press, 1985, propose une introduction à ces questions dans le cadre de la logique modale.

2. TO, p. 302.

3. E. N. Zalta, *Abstract Objects : an Introduction to Axiomatic Metaphysics*, Dordrecht, D. Reidel, 1983.

4. On peut d'ailleurs voir une parenté entre la métaphysique axiomatique de Zalta et la notion d'ontologie telle qu'elle est utilisée pour la représentation des connaissances en intelligence artificielle. Sur ce rapport, voir N. Guarino (ed.), *Formal Ontology in Information Systems*, Amsterdam, IOS press, 1998.

outils formels nécessite une interprétation philosophique et féconde donc de nouvelles réflexions métaphysiques. Finalement, la logique apporte la précision et la rigueur mathématique aux formulations ontologiques.

LES LIMITES DU LOGICISME EN ONTOLOGIE

La précédente section nous a permis d'établir l'existence des liens profonds entre ontologie et logique, à la fois historiques et techniques. La présente section a pour objet de montrer qu'il existe, malgré tout, des écarts importants entre les deux disciplines, et que l'une ne peut se prévaloir de pouvoir fonder l'autre. En philosophie des mathématiques, le *logicisme* est un courant dont la thèse principale est que les mathématiques peuvent être fondées entièrement à partir de la logique[1]. Nous reprenons ce terme de logicisme pour qualifier ici une fondation de l'ontologie à partir de la logique. Nous allons voir qu'il existe certains obstacles importants, voire rédhibitoires, à ce projet.

Pour parler du monde, nous utilisons tous un langage qui est soit notre langue maternelle, soit une langue étrangère que nous avons apprise plus tardivement. Or, le langage naturel offre un pont reliant les investigations métaphysiques et logiques. En effet, il permet de décrire le monde et par là même d'en révéler les constituants. De plus, il possède une organisation interne obéissant à une grammaire qui se définit du moins dans ses grandes lignes à l'aide de règles syntaxiques ou sémantiques. La structuration logique du langage naturel pourrait donc être le reflet de la structuration ontologique de notre univers. Finalement, le langage naturel a l'avantage d'être immédiatement disponible à des fins d'investigation. La tentation est donc grande de faire de l'étude de la logique sous-jacente à notre langue le point privilégié d'accès aux constituants de l'ontologie. Néanmoins, Nef nous met en garde contre cette tentative : « l'argument qui consiste à dire que l'on doit admettre uniquement des propriétés générales, parce que les prédicats linguistiques ne sont pas morphologiquement particularisés vaudrait à condition que les prédicats et propriétés soient en correspondance étroite »[2]. La fondation de l'ontologie par le langage naturel nécessite donc un isomorphisme entre les éléments des deux théories.

Cet isomorphisme n'a rien d'évident et un examen plus poussé en révèle rapidement les difficultés. Tout d'abord, cette stricte correspondance entre structures logiques du langage et structures ontologiques apparaît comme douteuse lorsque l'on songe à la diversité des langues naturelles. Certes, les langues dites indo-européennes partagent un certain nombre de traits. Mais ces traits communs

1. Voir G. Frege, *Die Grundlagen der Arithmetik* [1884], trad. fr. C. Imbert, *Les fondements de l'arithmétique*, Paris, Seuil, 1969 ; B. Russell et A. N. Whitehead, *Principia Mathematica*, *op. cit.*

2. PDC, p. 266.

diminuent au fur et à mesure de la considération de langues de plus en plus éloignées. Il existe d'ailleurs encore des langues que nous restons incapables de comprendre. Par exemple, le linéaire A, langue de la Crète ancienne, reste encore indéchiffré. Si toutes les langues étaient un miroir non déformant de la structure ontologique du monde, elles devraient toutes partager une même grammaire, facilitant les traductions interlinguistiques [1]. Ceci n'est visiblement pas le cas [2].

De plus, l'examen du langage naturel ne suffit pas non plus à fonder la logique formelle. Alors que la logique aristotélicienne s'exprimait à travers la langue naturelle, sans passer par un formalisme spécifique, la démarche inverse est adoptée par la logique moderne. Celle-ci bénéficie d'une syntaxe qui est définie indépendamment de sa sémantique, les deux n'étant mises en correspondance que lors d'une étape ultérieure. De plus, la logique classique a pour visée principale la formalisation du raisonnement mathématique. Elle ne peut donc modéliser complètement le raisonnement de sens commun, par exemple son caractère non monotone. En mathématiques, une fois établi que A permet de déduire B, cette relation étant nécessaire, elle ne peut plus être remise en cause. Ce n'est pas le cas dans le raisonnement quotidien où nous pouvons considérer que dans le cas normal une prémisse, (par exemple « il fait beau ») permet de déduire une conséquence (par exemple « Eugénie sort se promener »), mais que cette dernière peut être remise en cause par l'ajout de prémisses supplémentaires (par exemple « Eugénie dort »). Un écart important existe donc entre le langage naturel et la logique classique concernant le connecteur conditionnel et la relation de conséquence. Ces divergences ne s'arrêtent pas là. Par exemple, la quantification universelle est valide en logique classique lorsqu'elle est appliquée à un domaine vide. Au contraire, dans la langue naturelle, l'expression « tous les A » présuppose qu'il existe au moins un représentant de A. Par exemple, la locution « tous les chats » implique qu'un certain nombre de chats existent. Cette différence a des répercussions sur la validité des arguments. Alors que dans le langage naturel, à partir de « tous les chats sont gris », nous pouvons déduire « il existe un chat gris », cette déduction n'est pas valide en logique classique. En particulier, elle est fausse dans le cas d'un domaine dénué de chats. Pour résumer, la langue naturelle serait donc bien en peine de fonder l'ontologie, alors qu'elle ne peut déjà pas servir de base solide à cette étape intermédiaire et indispensable qu'est la logique.

1. Même si l'on accepte l'idée d'une grammaire universelle telle que le propose la linguistique générative, nous sommes encore très loin d'une théorie ontologique.

2. La thèse de l'indétermination de la traduction de Quine vient renforcer cette analyse. Celle-ci est exposée dans le chap. II de W. V. O. Quine, *Word and Object*, Cambridge (Mass.), MIT Press, 1960, trad. fr. P. Gochet, *Le mot et la chose*, Paris, Flammarion, 1977.

Tournons-nous maintenant vers une autre approche possible dans notre tentative de fondation. Puisque la logique issue du langage naturel ne semble pas être l'instrument adéquat, pourquoi ne pas essayer plutôt la logique mathématique ? Celle-ci a plusieurs avantages. C'est une théorie bien structurée, qui a obtenu de nombreux résultats. De plus, on peut établir une correspondance relativement directe entre un certain nombre de constituants logiques et leurs pendants ontologiques. Par exemple, les prédicats seraient le miroir des propriétés et les constantes seraient le reflet des objets. Néanmoins, plusieurs difficultés intrinsèques et extrinsèques à la logique surgissent rapidement.

Tout d'abord, le théorème de Löwenheim-Skolem pose la question de la cardinalité des modèles obtenus *via* la logique classique. En effet, ce théorème nous apprend qu'une fois qu'un modèle infini a été trouvé pour une théorie T, il est possible de trouver d'autres modèles, toujours pour cette même théorie T, mais de cardinalité supérieure ou inférieure, tant que cette dernière reste du domaine de l'infini. Par exemple, ayant déterminé que T est valide dans un modèle M infini dénombrable, elle le sera aussi dans le modèle infini continu et dans tous les modèles d'ordre supérieur. Cette difficulté est mise en avant par Putnam[1]. Si l'on souhaite disposer d'une ontologie prenant en compte non seulement les objets physiques mais aussi les objets mathématiques, tout du moins les nombres naturels, il est nécessaire de mettre en place un modèle d'objets infinis. Mais alors, ce modèle ne pourra jamais être totalement fixé, puisque d'autres modèles équivalents du point de vue de la satisfiabilité mais différant du point de vue de la cardinalité existent. De plus, rien ne nous permet de choisir l'un préférentiellement à l'autre. En s'appuyant sur la logique classique, l'ontologie ne peut alors fixer un modèle d'objets défini. Son projet qui est la caractérisation de l'étant apparaît alors compromis. Nef en tire la leçon suivante : « … chercher les structures ontologiques à partir des structures sémantiques … était à la fois *inutile* et *incertain* »[2].

Alors que le début du XXe siècle voyait la naissance de la logique formelle, dominée de manière quasi-hégémonique par la logique classique, la situation a bien évolué depuis. En effet, de multiples systèmes plus ou moins déviants ont vu le jour, cherchant le plus souvent à pallier les limitations de la logique classique[3]. Certains de ces nouveaux formalismes n'en sont d'ailleurs pas restés à l'état de simples spéculations mathématiques, mais ont été appliqués avec succès à la modélisation de certains domaines, en particulier à l'informatique. La prolifération de ces systèmes démontre que par elle-même, la logique classique est

1. H. Putnam, « Models and Reality », *Journal of Symbolic Logic*, 45/3, 1980, p. 464-482.

2. TO, p. 302.

3. Une tentative de caractérisation des logiques philosophiques non classiques est faite dans F. Nef, « Les logiques non classiques sont-elles des logiques ? Dans quelle mesure sont-elles non classiques ? », *Travaux de logique*, 11, 1997, p. 1-13.

limitée. Elle est certes bien adaptée à la représentation du raisonnement mathématique[1] mais elle ne peut couvrir à elle seule la modélisation de l'ensemble des champs du réel. De plus, la multiplicité de ces différentes logiques rend leur unification difficile. Certaines tentatives existent[2]. Néanmoins, de tels projets ne peuvent au mieux qu'unifier les théories logiques existantes. En effet, il apparaît comme impossible de regrouper tous les développements potentiels futurs de la logique dans un formalisme unique. Cela signifierait être en capacité d'anticiper dès le départ toutes les révolutions conceptuelles à venir de la discipline, révolutions qui sont par nature inattendues. Devant cette prolifération des logiques, le projet d'un fondement logique de l'ontologie apparaît encore plus difficile. Quel système choisir parmi les multiples existants ? Auquel faut-il donner notre préférence et sur quels critères ? La logique classique a le mérite du poids de la tradition, mais ceci constitue plus un argument d'autorité qu'un argument de raison. Pour une entreprise fondationnelle, aucune option ne s'impose de manière évidente. La pluralité des logiques ne permet donc pas d'asseoir une ontologie de manière définitive, mais offre en contrepartie une diversité dans les moyens d'expression formelle utilisables par les différentes approches ontologiques.

Quel que soit le système adopté, reste une dernière difficulté attachée à la formalisation des structures ontologiques. Par essence, le logicisme reste une entreprise simplificatrice, qui cherche à ramener à quelques éléments la pluralité de ce qu'il décrit. Si l'on songe à la logique propositionnelle classique modélisant le langage naturel, le nombre de connecteurs que l'on obtient est particulièrement restreint : négation, conjonction, disjonction, conditionnel et biconditionnel. Ceci consiste en un appauvrissement des significations disponibles de notre langue. Par exemple, la particule « mais » ne reçoit pas de formalisation particulière mais est purement et simplement subsumée sous celle de la conjonction. Du point de vue de la logique classique, les phrases « A et B » et « A mais B » ont même valeur de vérité et donc même signification. Leur différence ne serait située qu'au niveau pragmatique, niveau qui permettrait d'expliquer les valeurs argumentatives différentes des deux phrases. Que l'on soit d'accord ou pas avec cette position, celle-ci illustre bien la difficulté du formalisme. À force de trop simplifier, celui-ci doit s'adosser à des théories annexes afin de pouvoir représenter le réel. De plus, la part de ces adjuvants est souvent énorme. Si l'on songe à la richesse du langage naturel et à toutes les subtilités argumentatives disponibles, la formalisation proposée par la logique classique

1. Sur la formalisation du raisonnement mathématique, notons tout de même l'importance d'autres courants, en particulier l'intuitionnisme ; voir J. Largeault, *Intuitionnisme et théorie de la démonstration*, Paris, Vrin, 1993.

2. Par exemple, J.-Y. Bézieau, *Logica Universalis : Toward a General Theory of Logic*, Basel, Birkhaüser, 2007.

apparaît comme particulièrement appauvrissante. Le problème est identique lorsque l'on cherche à appliquer la logique à l'ontologie. Par exemple, afin de se débarrasser des propriétés qualitatives manifestées dans l'expérience perceptive, le logicien peut *in fine* les ramener à des prédicats. Mais comme le dit Nef, « on peut pour gagner en précision éliminer ces choses et on est forcément conduit dans certains cas à des contorsions inévitables qui aboutissent en fin de compte à en réintroduire des équivalents »[1]. La régimentation et l'élimination à marche forcée aboutissent donc à une modélisation trop pauvre, que l'on doit bricoler ou suppléer par la suite afin d'atteindre un degré de précision dans la représentation qui soit suffisant.

La multiplicité des logiques nous amène à nous interroger aussi sur les raisons de cette diversité. De nouvelles logiques sont inventées quotidiennement, avec une diffusion et un succès plus ou moins grands. Elles cherchent le plus souvent à résoudre des incohérences, des paradoxes ou des manques de systèmes déjà établis. Elles fournissent alors de nouvelles descriptions des phénomènes[2] qu'elles cherchent à modéliser. Elles participent donc à un enrichissement des descriptions formelles du monde. La logique est trop souvent considérée comme une science « pure », sans rapport au monde. Mais on s'aperçoit rapidement que l'adoption de tel ou tel système dépend fréquemment de sa capacité à décrire correctement des phénomènes existants, par exemple les raisonnements déontiques que nous tenons tous ou les étapes déroulées par un programme informatique. La logique possède donc aussi un côté expérimental[3], dès lors qu'elle cherche à modéliser le plus fidèlement possible une forme particulière de raisonnement ou plus largement un processus ou un état du monde. C'est ce qui permet à Nef d'affirmer qu'« il y a donc projection du sémantique dans l'ontologique » et de poser la question suivante : « sur quoi survient ce niveau sémantique sinon sur un niveau ontologique ? »[4]. La logique n'est donc pas toujours une science pure, complètement détachée des contingences de notre monde. Elle a souvent une visée pratique qui justifie son utilisation.

Appliquée au problème de la fondation de l'ontologie, cette dernière constatation nous amène donc à nous demander si nous n'avons pas pris le problème dans le mauvais sens. Nous cherchions dans la logique une justification de tel ou tel système ontologique. Mais cette approche reste naïve car « les logiques reposent sur des choix ontologiques sous-jacents, [...] si les choix ontologiques

1. PDC, p. 173.

2. Nul sens kantien ou husserlien ne doit être attaché au mot « phénomène » tel qu'il est employé ici et plus loin dans le texte.

3. Ce point est plus longuement développé dans M. Vidal, « Speed up the conception of logical systems with test-driven development », *Journal of Logic, Language and Information*, 23/1, 2014, p. 83-103.

4. PDC, p. 206-207.

sont inévitables, il est plus raisonnable de les expliciter »[1]. En effet, il apparaît que le découpage entre entités fondamentales opéré par toute logique repose sur une ontologie implicite. Ce découpage se justifie s'il permet la modélisation correcte des phénomènes visés. Mais bien souvent, l'inadéquation de la description fournie par la même logique lorsqu'elle est appliquée à de nouveaux phénomènes ou à des phénomènes légèrement différents est due à ces choix ontologiques sous-jacents qui n'ont pas été explicités. L'entreprise ontologique n'est donc pas évacuée par un recours à telle ou telle logique permettant de fonder telle ou telle ontologie. Au contraire, la conception d'un nouveau système logique contient en partie des décisions qui relèvent de l'ontologie, même si le logicien n'en est pas toujours conscient. Le même rapport de dépendance se retrouve entre le langage naturel et l'ontologie. Nous avons déjà évoqué les difficultés d'une fondation de l'ontologie *via* la langue naturelle. Une part de ces obstacles vient des choix ontologiques implicites présents dans tout langage. Alors, « la véritable question n'est pas : comment le langage se connecte-t-il au monde, mais exactement l'inverse – comment le monde entre t'il en résonance avec le langage ? Cela met l'ontologie et non la sémantique au premier plan »[2].

Conclusion et questions

Somme toute, la logique est un auxiliaire, certes précieux, mais pas essentiel à l'entreprise métaphysique. Elle permet de clarifier le discours et de préciser les définitions et les concepts usités. De plus, elle permet de tirer des conséquences, parfois inattendues, d'une position métaphysique et elle permet donc d'en tester la robustesse. À ce titre, elle est un remède précieux contre toute construction intellectuelle qui ne serait que pur verbiage. Néanmoins, la logique ne peut pas nous fournir les raisons décisives du choix entre telle ou telle position métaphysique, car tout système formel repose sur un choix d'options ontologiques sous-jacent. La logique n'est donc pas l'outil fondationnel et universel dont certains avaient rêvé. Nef nous met en garde contre cette tentation et toute approche naïve de la question : « La logique ne s'identifie pas à la métaphysique ; elle n'est pas un obstacle à la pensée. Si la relation de la logique à la métaphysique n'est pas un rapport de projection, de réduction, il reste à la penser comme une survenance ou une émergence. Dans les deux cas, la métaphysique dépend de la logique sans s'y réduire. Ceci a l'avantage de correspondre à l'histoire réelle de la logique, qui se confond sur tant de points avec celle de la métaphysique »[3]. Partant de ce constat, je souhaite poser les deux questions suivantes.

1. PDC, p. 268.
2. PDC, p. 122.
3. PDC, p. 45.

Ma première interrogation concerne la méthodologie à adopter en métaphysique. Si la logique ne permet pas de trancher de manière définitive entre les différentes théories, comment faut-il alors procéder ? À lire les travaux de Frédéric Nef, il n'y a pas d'autres disciplines ou approches qui pourraient fournir cette fondation solide et inattaquable à la métaphysique. Quelles sont alors les options possibles ? Doit-on reprendre la métaphore du bateau de Neurath [1], popularisée par Quine [2], dans laquelle l'entreprise de la connaissance est comparée à la réparation d'un bateau en pleine mer, reconstruction toujours progressive et qui ne peut jamais débuter *ex nihilo ?* La cohérence du tout et les liens établis avec les autres disciplines du savoir serait alors la marque d'une théorie métaphysique solide. Doit-on pousser les conséquences d'une théorie métaphysique jusqu'à pouvoir la tester, que ce soit par des expériences de pensée qui s'appuieraient sur une forme d'intuition, ou par des expériences réelles, *via* les liens établis entre la métaphysique et des disciplines expérimentales ? Doit-on se baser sur une certaine beauté esthétique de la théorie proposée (simplicité, harmonie, symétrie, élégance), à l'image des jugements qui sont parfois émis à propos des théories mathématiques ? Peut-on alors réellement évacuer la dimension spirituelle, voire mystique de la métaphysique ?

Ma seconde interrogation touche au statut des mondes possibles dans la théorie modale des tropes, théorie défendue dans *Qu'est-ce que la Métaphysique* [3] et dont une formalisation a été proposée par Bacon [4]. Dans cet ouvrage, Bacon définit un monde possible comme un ensemble de tropes. Mais les modèles formels proposés [5] sont des structures utilisant comme éléments des ensembles de mondes possibles. Ceci montre qu'au niveau logique, les mondes possibles offrent pour le moins une simplicité et un confort qui seraient perdus si l'on utilisait plutôt les entités auxquelles ils sont censés être réductibles. De plus, dire qu'un monde possible est un ensemble de tropes, c'est considérer que les tropes peuvent valoir ailleurs que dans notre monde actuel. Mais alors où ? La réponse la plus simple semble être dans d'autres mondes possibles. Ceux-ci ne sont donc pas éliminés par une telle analyse. Notons que ce problème n'est pas propre à la théorie des tropes, mais se pose à toute théorie réductionniste des mondes possibles. J'aimerais donc connaître le sentiment de Frédéric Nef sur ces tentatives de réduction.

1. O. K. M. Neurath, *Anti-Spengler*, München, G. D. W. Callwey, 1921.
2. W. V. O. Quine, *Word and Object*, *op. cit.*
3. QM, p. 748.
4. J. Bacon, *Universals and Property Instances–The Alphabet of Being*, Oxford, Blackwell, 1995.
5. *Ibid.*, p. 60-62.

FRÉDÉRIC NEF

RÉPONSES ET COMMENTAIRES

DOMINIQUE BERLIOZ : « BERKELEY UN PROTO-TROPISTE ? »

Dominique Berlioz montre comment l'ontologie tropiste permet d'éclairer l'interprétation du Nouveau Principe « Exister c'est percevoir ou être perçu ». Elle montre que cette interprétation est meilleure que celle que l'on propose avec les idées internes à l'esprit. L'ontologie qu'elle encourage se passe de tout support matériel (immatérialisme de Berkeley) et même de toute substance étendue. Les idées ne peuvent être des attributs de l'esprit et elles sont dans l'esprit dans la mesure où elles sont dans la perception (métaphysique de Berkeley comme métaphysique de la perception). Dominique Berlioz montre aussi que la méréologie n'est pas suffisante pour l'ontologie. Elle se tourne vers la théorie des tropes de D. C. Williams, afin de dégager des constituants plus fins que les éléments ontologiques habituels. L'analyse métaphysique qu'elle propose est une analyse des constituants fins de la perception et de ce point de vue elle montre que l'opposition abstrait-concret est plus fondamentale que l'opposition universel-particulier (conception empiriste de la philosophie de Berkeley). Les particuliers fins sont abstraits, c'est-à-dire détachés des composants plus épais. L'odeur de cette rose est un composant plus fin que l'odeur de la rose qui est une classe de tropes – et non un conglomérat de tropes. En ce sens, l'idée générale est résiduelle, car « elle ne retient que certains tropes dans le trope complexe que je perçois ». La conclusion est que la Forme platonicienne ne doit pas être conçue comme un universel, mais comme « le réel lui-même ».

Dominique Berlioz s'interroge sur la nature des idées, ces êtres inertes, fugaces et dépendants. Les idées sont-elles des modifications ? Leur être dépendant incite à le croire. Mais une fois admis leur non-substantialité, quel est leur statut ? Comment sont-elles constituées ? Si nous distinguons des objets médiats et des objets immédiats des sens, quel est le rôle des idées ? Y a-t-il des idées des objets médiats des sens ? Dominique Berlioz montre le lien entre deux questions : le lien des idées à l'esprit (fondation, tout-partie ?) et la constitution des objets du monde. En ce sens, elle se montre capable d'articuler l'ontologie de l'esprit et l'ontologie de l'objet. Elle développe une sorte de science négative des idées : elles ne sont ni ceci, ni cela, ni un instrument externe de l'esprit, ni une partie de l'esprit.

Par le biais des constituants ultimes du perçu, Dominique Berlioz enchaîne la question de la constitution tropiste des objets avec son interrogation sur les idées. Elle rapproche les tropes des idées immédiates, en ouvrant un espace de réécriture et de réflexion sur Berkeley. La conclusion de Dominique Berlioz est que « le monde qui nous entoure serait ainsi fait de collections de propriétés particulières ou de tropes qui constituent des choses elles-mêmes inscrites dans des états de choses… ». Je ferai deux observations qui loin d'être critiques montrent uniquement mon intérêt. La première est que le mode de liaison des idées ou des tropes demande à être précisé, notamment pour décider s'il s'agit d'une liaison méréologique, tout-partie. La deuxième est qu'il est nécessaire d'avoir une liaison forte pour que les objets tiennent ensemble et que les états de choses tiennent ensemble. Habituellement, on recourt aux relations internes pour produire un ciment des choses. J'ai proposé récemment de substituer aux relations internes des connexions. Ne serait-il pas intéressant de reprendre cette question de la liaison ?

J'ai défendu l'ontologie tropiste à plusieurs reprises et notamment dans *Les propriétés des choses*. J'ai écrit avec Dominique Berlioz un texte sur Berkeley (« Berkeley ou l'idée contre la représentation »). J'ai soutenu à propos de Platon des vues voisines et progressivement je me suis agrégé à l'École Platonicienne, les arguments de simplicité en faveur de la philosophie péripatéticienne me convaincant de moins en moins (notamment je ne comprends pas le hiatus entre le particularisme ontologique et l'universalisme épistémologique d'Aristote), la tradition du Parménide me retenant de plus en plus, grâce à Gilles Kévorkian. Donc, avec cette apparente contradiction entre platonisme et tropisme, je suis prêt à souligner l'intérêt de l'interprétation de Berkeley par Dominique Berlioz. Cela signifie qu'elle et moi nous sommes des immatérialistes et non des idéalistes, des particularistes et non des nominalistes. Les tropes, comme Peter Simons, l'a rappelé, ne sont pas nommés. Les constituants ontologiques les plus fins n'ont pas de nom. Cela suffit, me semble-t-il à détruire la conception nominaliste courante suivant laquelle l'ontologie est une sémantique étendue du nom singulier. Donc je peux comme Dominique Berlioz proclamer : platonicien demeure, berkeleyen suis et nominaliste dénie. Il existe certainement plusieurs écoles dans le courant tropiste et je ne suis pas certain que le tropisme soit nécessairement nominaliste. Le tropisme nominaliste me semble déconnecté (comme le tropisme modéré du dernier Armstrong, après sa critique radicale du nominalisme de la ressemblance) et c'est tout autant la connexion que la division ou la ressemblance que le métaphysicien doit chercher à penser.

MURIEL CAHEN :
« CONNEXIONS TEMPORELLES »

La contribution de Muriel Cahen n'est nullement seulement critique : il s'agit plutôt pour elle d'examiner si ma théorie de la connexion est capable de formaliser et surtout de comprendre les relations temporelles objectives et sa réponse est plutôt positive. Elle constate en effet que j'applique cette théorie de la connexion aux relations subjectives, c'est-à-dire aux relations entre les dimensions subjectives du temps, passé, présent, futur, tout en privilégiant le présent, dans un quasi présentisme. Sa contribution n'est pas critique dans la mesure où elle se donne comme but de montrer qu'avec certaines corrections on peut effectivement concilier la théorie de la connexion et le temps objectif, c'est-à-dire le temps qui est fondamentalement constitué par des relations d'antériorité et de postériorité entre des événements conçus matériellement. Sa conclusion est qu'il est possible d'appliquer une telle théorie de la connexion à condition de renoncer à des erreurs de détail. Pour aboutir à un résultat aussi important, elle se fonde sur *Les propriétés des choses* et *L'anti-Hume*, notamment le dernier chapitre – en fait elle cherche (et elle trouve ?) dans le dernier chapitre, plus formel, une solution aux difficultés que l'on rencontre plus avant (difficultés que d'ailleurs je signale dans le texte).

La contribution de Murien Cahen est un modèle de discussion philosophique : elle pratique une véritable humilité (comme l'humilité kantienne ou humienne) qui en est la condition, et qui consiste à reconnaître les obstacles à première vue complètement inéliminables, obstacles qui ne viennent pas de la sottise de ce qu'elle discute (pourquoi alors perdre son temps ?) mais du caractère à première vue aporétique de son champ de discussion. Bien entendu elle relève des désaccords et des erreurs, mais elle reconnaît sur le fond la difficulté de la chose.

La question que se pose Muriel Cahen est la suivante : « Comment rendre compte des relations temporelles ? ». On sait que les relations temporelles sont les suivantes : Présent/Passé, Présent/Futur, Passé/Futur. On peut douter qu'il y ait une relation entre le passé et le futur (ou alors par la médiation du présent), reste donc les deux relations du présent avec le passé, ou avec le futur. Si le présent est en fait un « maintenant », les deux relations sont d'un maintenant à un passé ou un futur – mais le passé et le futur se définissent par rapport au maintenant avec l'antérieur et le postérieur. Si c'est le cas, toutes ces relations sont dépendantes d'une autre relation avec la perspective subjective – et cette relation de relation est alors définissable comme une connexion. Muriel Cahen trouve problématique l'introduction de ce « maintenant », essentiellement pour deux raisons : incompatibilité avec la théorie de la relativité, caractère douteux de l'objectivisme de la distinction des dimensions du temps (passé, présent, futur). Personnellement, je ne retiens pas des arguments tirés des théories physiques. Certes il n'y a pas de maintenant physique absolu, mais il me semble bien que cela ne pose pas de problème pour le maintenant linguistique. Ce dernier est-il absolu ? Enfin, le doute sur le caractère objectif de la distinction entre les trois extases temporelles me paraît discutable. Muriel Cahen semble lier l'objectivité et l'existence de vérifacteurs et je ne vois pas pourquoi. Finalement, le point sur lequel nous sommes d'accord est qu'une relation ne peut lier de l'existant (le présent) et du non existant (le futur et le passé), mais dans la mesure où je rejette les relations temporelles au profit des connexions, ce point est très délicat. Je suis sûr que le passé et le futur n'existent pas et je ne suis pas certain que le présent existe, car c'est une dimension nulle et changeante. En fait « présent » est un prédicat, le prédicat de ce qui est non présent et non futur. Ceci donnerait une version faible du présentisme. La différence entre Muriel Cahen et moi-même est que je serais volontiers prêt à accepter que le temps est une illusion subjective, ou même que le temps n'existe pas, au sens strict, en grande partie parce que le présent qui est le pivot de cette illusion est perspectival : c'est un néant qui est une perspective sur deux autres néants. On peut connecter des néants, même s'ils n'ont pas de relation.

Muriel Cahen examine de manière détaillée l'apport que pourrait constituer la connexion. Elle relève une affirmation centrale : « Dans le "maintenant" sont connectées les trois dimensions subjectives du temps, passé, présent et futur ». Cette affirmation s'oppose à la conception purement topologique du maintenant comme limite. Elle intègre par contre la conception aristotélicienne du maintenant, comme processus dynamique auto-contradictoire. La connexion temporelle, note Muriel Cahen intègre donc le passé et le futur (en fait un présent passé et un présent futur) dans le présent (en fait un présent présent) : la connexion temporelle est bien une relation de relation et de plus la connexion est un lien non relationnel (il n'y a pas de relation temporelle au sens strict entre les trois dimensions temporelles) et faiblement asymétrique : en connectant le passé et le présent, elle ne connecte pas le présent et le passé de manière symétrique. Muriel Cahen nie mes fortes tendances idéalistes (en ce qui concerne le temps, comme Dummett je pense que le réalisme est modulaire) et irréalistes (si on entend par là plutôt « nihilistes »). La raison qu'elle donne me semble fragile : ce serait l'échec de l'ontologie humienne qui ne réussit pas à établir des connexions entre les points d'espace-temps qui m'aurait conduit à introduire des connexions spatio-temporelles « réelles ». En fait je suis profondément d'accord avec Hume sur l'absence de connexion entre les points d'espace-temps. Les connexions spatio-temporelles réelles ne sont pas pour moi des relations entre des points, mais entre des régions qui sinon seraient déconnectées, car les relations topologiques (voisinage, distance continuité…) ne seraient pas suffisantes pour les connecter.

FABIEN CAYLA : « DÉFAITE DE L'UNIVERSEL ET VICTOIRE DU PARTICULIER ? »

Fabien Cayla n'avance pas des objections à proprement dit. Il traite deux points distincts qui peuvent être mis en relation avec mes travaux récents en métaphysique. Le premier point concerne « la place de la conscience dans la métaphysique analytique ». Je suis tout à fait prêt à admettre que j'ai laissé de côté cette question fondamentale. J'ai raisonné de la manière suivante : il est plus sensé, plus économique, d'aller du plus simple (ou supposé plus simple) au plus compliqué, c'est-à-dire de l'ontologie fondamentale à l'ontologie intentionnelle (au sens de Roderick Chisholm). Cette manière que je tends à penser contestable provient probablement de mon éducation anti-psychologiste ou même anti-psychologique. La véritable raison est que, sans l'avoir prouvé, je suis fictionaliste pour le moi, la personne et donc la conscience. Dans *L'anti-Hume*, j'ai accepté une grande partie des interprétations nouvelles de Hume, notamment celles de Galen Strawson, qui, si je comprends bien, combine fictionalisme de l'esprit et réalisme de la théorie humienne de la connexion. J'apprécie tout particulièrement l'anti-réductionnisme de Fabien Cayla ; j'apprécie aussi la pertinence remarquable de la critique de la métaphysique comme réalisation d'un formalisme. Si j'estime avoir échappé progressivement à ce piège du formalisme (en métaphysique), je reconnais aussi avoir été trop silencieux sur le sujet de l'expérience pour la raison que je viens d'articuler et qui concerne le fait que le sujet n'existe pas pour moi. Ayant fréquenté longuement Jonathan Lowe, (je l'ai même traduit et il m'avait fait l'amitié plusieurs fois de me faire lire ses textes avant leur parution) après sa fin prématurée et vraiment regrettée, j'aurais pu sortir de cette ignorance, car la partie de son œuvre qui concerne la philosophie de l'esprit, par exemple le livre *Subjects of Experience*, est vraiment remarquable.

Le deuxième point de son attaque incisive concerne l'idéalisme. Fabien Cayla est un grand connaisseur de l'idéalisme (et de Brentano aussi, sur lequel il a écrit une thèse sous ma direction il y a une trentaine d'années). Je conçois son développement sur l'idéalisme comme un reproche subtil de ne pas avoir précisé ma position dans la lente évolution vers l'idéalisme que Fabien Cayla ne peut pas ne pas avoir remarquée. Ce reproche implicite m'atteint car dans les années passées j'ai beaucoup discuté avec le logicien Mathieu Marion de la richesse de l'idéalisme britannique. Il affirme (et je suis pleinement d'accord avec lui) que l'idéalisme sous sa forme analytique, britannique ou américaine, est soit un idéalisme de l'émergence (Samuel Alexander, Alfred North Whitehead…), soit un idéalisme panpyschiste (Leibniz, Strong, Eddington, Sprigge, Nagel…), soit un idéalisme neutre (James, Bergson…) ou enfin absolu (Bradley). J'hésite entre un idéalisme absolu et un idéalisme qui synthétiserait l'émergence et le panpsychisme, comme David Chalmers le fait ou tente de le faire dans son esquisse : « Panpsychism, Emergence and Russelian Monism or : the Hegelian Argument for Panpsychism ».

Une des tâches de la métaphysique à venir me semble de penser le passage de la matière à la vie et de la vie à l'esprit, ce qui implique l'abandon du naturalisme et même du matérialisme, – ce qui passe donc par une spécification de l'idéalisme. Cela ne signifie par pour moi un abandon du réalisme et je pourrais parler d'un réalisme immatérialiste, d'une ontologie d'abstraits, où la concrétude n'est pas première.

François Clementz : « Un peu de liant : des relations aux connexions et retour »

François Clementz examine si la distinction entre relation et connexion « correspond bien à une authentique dichotomie métaphysique », ou bien s'il ne s'agit que d'un doublet lexical. Il remarque que les motivations philosophiques en faveur de la distinction vont dans au moins deux directions contradictoires : les connexions pourraient être un type de liens plus étroits, plus forts, ou bien des liens plus faibles, ontologiquement moins exigeants. F. Clementz fait des premières plus que de simples relations et des deuxièmes moins que de simples relations. Il choisit de parler d'hyper-relations pour le premier cas et d'hypo-relations pour le second.

François Clementz recherche les raisons qui font que les relations ne sont pas suffisamment fortes pour servir de « ciment effectif » et trouve deux « lectures passablement différentes ». Dans la première, la connexion serait requise chaque fois qu'un tout structural est censé donner naissance à une nouvelle entité. Il est frappant que F. Clementz ne reprenne pas l'exemple sur lequel je suis revenu à plusieurs reprises, celui de l'angle droit de Sprigge. L'intersection de deux droites est un tout structural et l'angle droit est une nouvelle entité qui naît de ce tout structural. Il cite toute une série de connexions, mais ne donne pas d'arguments précis pour rejeter l'idée qu'il y a le plus souvent création d'une entité. Il a tendance à procéder par de simples affirmations. Par exemple : « selon moi une relation "structurale" n'est pas autre chose en fait qu'une relation interne ou elle est […] une relation constitutive ». Il expliquera un peu plus par la suite, mais il faut avouer que cette affirmation dans son premier état est assez dogmatique.

Ce dogmatisme se retrouve dans l'affirmation selon laquelle chacun des exemples que j'ai avancés pourrait être ramené à des types de relations. François Clementz déclare : « je ne suis pas sûr de bien comprendre [...] en quoi il serait nécessaire d'opérer une distinction de principe entre relations et connexions ». Cette affirmation est finalement guère étayée et elle concerne les hypo-connexions, d'après ce qui vient après sur les hyper-connexions. François Clementz déclare que les hyper-connexions ne sont rien d'autre qu'une relation authentique « qui relie effectivement plus ou moins intimement les termes ». Il n'a pas tort de s'interroger sur le sens de cette affirmation : qu'est-ce qu'une relation authentique, qu'est-ce que relier intimement ? La réponse qu'apporte François Clémentz provient de la tradition aristotélicienne et scolastique et elle consiste à distinguer « relation réelle » et « relation de raison ». Une relation réelle est en fait une connexion et elle obéit à trois contraintes :

(i) Elle rapporte l'un à l'autre deux termes réellement existants ;

(ii) ses termes sont eux-mêmes réellement distincts ;

(iii) elle repose sur un fondement au moins dans l'un de ses relata.

La relation réelle telle qu'elle est définie relie des termes. La nature des relata n'est pas très claire. Cela pose un problème dans la mesure où les connexions sont réelles et lient des entités réelles. Comment entendre des « termes réellement existants » ?

ALAIN DE LIBERA : « *ET HOC NOMEN EST PERSONA*. SUR LA NON EXISTENCE DES PERSONNES »

La contribution d'Alain de Libera dresse un parallèle entre la théorie antico-médiévale de la personne et la théorie que nous avons défendue, Xiyin Zhou et moi, de sa non-existence. Cette contribution pose le problème de la comparaison des doctrines anciennes et des doctrines contemporaines. Il conclut en montrant l'abîme qui existe entre notre forme de nihilisme et de fictionnalisme et la négation par Stirner de la forme classique de la philosophie de la personne. L'intention profonde d'Alain de Libera, me semble-t-il, est de mettre en cause l'opposition tranchée et un peu simpliste que nous avons mise en place entre substances et tropes, entre théorie substantielle et théorie tropiste de la personne : si je le comprends bien, l'analyse de doctrines antiques montre qu'en fait il y a compatibilité entre les deux, ou plutôt compatibilité entre tropes et substratum, qui est une figure de la substance, ce qui est une bonne nouvelle. Alain de Libera résume bien les deux thèses de notre papier : a) il n'y a pas de fondement substantiel, il y a des tropes et de la vacuité (si on réhabilite les substrats, et qu'on veut garder cette thèse, il faudra que les substrats ne soient pas fondateurs, ne fondent rien), b) il n'y a pas de personnes (au niveau métaphysique profond – il y a tout de même des artefacts personnels). Les thèses (a) et (b) sont toutes deux des thèses éliminativistes, d'où une grande proximité avec le nihilisme métaphysique. Le résultat de (a) et (b) serait une thèse (c) : les artefacts personnels sont vides (« dépendance sans arrêt », doctrine bouddhiste de la voie du milieu, comme le retient Alain de Libera de La force du vide) et étant composé de tropes ils sont rhapsodiques : la connexion entre les tropes personnels est minimale (Alain de Libera cite une version de cette théorie, celle de Katherin Trettin). Si je saisis bien la thèse d'Alain de Libera, il rejette la thèse (c), même s'il accepte en partie les thèses (a) (il retient en partie la théorie des tropes qu'il a été un de ceux à introduire en France) et (b) (il n'est pas un personnaliste ontologique comme le montre son œuvre sur la métaphysique du sujet). En fait, Alain de Libera montre d'une part que la version de Locke par Law est très convenable pour les thèses (a) et (b), et d'autre part qu'elle est non rhapsodique, ce qui détruit en partie notre théorie, qui apparaît comme un nihilisme non seulement pas fondé, mais autodestructeur (ce qui ne fut nullement notre intention).

Je ne discuterai pas un point de la discussion d'Alain de Libera : le fait que le « domaine d'origine » de l'ontologie de la personne est la théologie. Il est certain que les personnes trinitaires font partie de la réalité métaphysique profonde if any et il est également indubitable qu'une ontologie des personnes humaines qui a un fondement théologique, la liberté et la raison étant des attributs qui les rapprochent des personnes divines, fait de ces personnes humaines des éléments de la réalité métaphysique. Je laisserai donc ce point de côté. On pourrait faire de l'essence divine une non-détermination (quelque chose comme la déité) et concevoir la personne comme participant à cette essence sans médiation ni faculté, la liberté (de choix) et la raison (discursive) étant effectivement des artefacts. J'envisage d'écrire sur cette conception mystique de l'essence, cette destruction de la personne dans le repliement des puissances sur le rien. La personne n'est pas quelque chose quand elle se déplie dans des facultés, des dispositions, mais quand elle se replie dans le rien qui est ni individuel, ni universel. Il nous semble que l'expérience subjective est plus proche de la mystique que de la théologie.

Alain de Libera introduit un élément historique extrêmement important : les distinctions qu'il ne faudrait pas manquer de faire entre suppôt (*suppositum*), hypostases et substances individuelles (ou personnes). Il montre que la thèse selon laquelle les personnes sont des substances dérivées ne serait pas comprise comme nous l'entendons si nous faisions ces distinctions nécessaires. Nous serions victimes de notre ignorance de modernes : « l'histoire de la personne comme celle du "sujet" est dans une large mesure issue d'une confrontation entre sujet *hypokeimenon* et hypostase (suppôt) non reconnue comme telle ». Alain de Libera montre une autre faille de notre travail : ne pas avoir saisi le lien entre la problématique des universaux et celle des personnes (ou des sujets).

Il existe un dispositif thomiste, discuté par Alain de Libera, qui s'oppose frontalement à la négation du fondement substantiel de toutes choses : la définition de la personne à partir de la subsistance, de l'individualité et de la rationalité, comme conditions de son agentivité. Je ne suis pas certain de comprendre pourquoi cette définition s'oppose à la thèse de la Force du Vide, comme le soutient Alain de Libera. Certes, seuls les suppôts dotés de pouvoir, empire et maîtrise sont des personnes dans cette manière de voir les choses, mais comme semble le reconnaître Alain de Libera l'ontologie des tropes (par exemple sous la forme de théorie des faisceaux, *bundle theory*) pourrait constituer un dispositif valable pour cette ontologie, ou théologie de la personne. Il suffirait de concevoir les suppôts comme des agglomérations de particuliers, de tropes, les individus comme des « syndromes d'accidents (*concursus accidentium*) ». C'est en ce sens que les développements sur l'ontologie de l'hypostase, ou du suppôt, permettent une « rencontre » entre l'ontologie tropiste et l'ontologie substantialiste. Cette avancée devrait être complétée par une recherche sur « la définition de la personne comme "complexe de tropes" ». C'est dans cette optique que Alain de Libera critique à juste titre notre interprétation de l'imputation.

Alain de Libera débouche sur une opposition historique pleine d'intérêt : les Pères Grecs (il cite Jean Damascène) combineraient en fait l'ontologie substantialiste et l'ontologie tropiste de la personne. Je n'ai pas sous la main le *De la Foi Orthodoxe* aussi je ne puis développer ce point. Mais en dehors même de l'intérêt historique de ce rapprochement, il est extraordinairement intéressant de saisir que l'origine théologique de la personne n'implique pas un refus complet de l'ontologie tropiste.

Une meilleure connaissance de la littérature antico-médiévale nous aurait permis de ne pas opposer brutalement le paradigme tropiste et le paradigme substantialiste. L'erreur que nous avons commise a consisté sans doute à vouloir échapper au substantialisme de la personne comme fondement de ses activités (action, raisonnement…) au prix d'un nihilisme de la personne quasi complet, distinct de celui de Stirner mais qui appelle cependant la comparaison de manière révélatrice. On pourrait oser dire que le nihilisme de la personne de Stirner est anarchiste et le nôtre bouddhiste (Xiyin Zhou penchant elle vers Spinoza) – d'où ces derniers mots d'Alain de Libera : « Rien [Stirner] n'est plus éloigné de la "voie du milieu" ».

JÉRÔME DOKIC : « L'INEXISTANT OU DE L'UTILITÉ DE FAIRE DE LA MÉTAPHYSIQUE »

Le texte de Jérôme Dokic s'inscrit dans une longue discussion entre nous. J'avais critiqué dans *Les propriétés des choses* le conceptualisme frégéen de Jérôme Dokic appliqué à la perception, ce qu'il a appelé par la suite la thèse de la neutralité métaphysique pour la perception. Il a répondu dans *Métaphysique Contemporaine*, recueil de textes édités par Emmanuelle Garcia et moi-même. J'ai par la suite critiqué cette neutralité métaphysique au nom d'une investigation dont François Loth a montré le caractère franchement réaliste :

> Une telle investigation métaphysique nécessite un engagement réaliste solide et sans appel : « Il y a une structure ontologique de la réalité, indépendante de nos sens et de notre esprit, structure qui est la même pour le singes, les robots, les anges, les fourmis, les extra-terrestres (s'il y en a) et nous-mêmes »(p. 310). Le projet métaphysique défendu et développé dans ce livre s'appuie donc sur une idée que la métaphysique ne doit pas seulement traiter de questions merveilleuses, mais est au service d'un éclaircissement de la structure de la réalité [1].

La neutralité métaphysique commande deux choses différentes. D'une part, l'indépendance de la théorie de la perception pour l'engagement ontologique vis-à-vis d'entités (nommément les tropes, les événements, les situations, les objets, y compris non existants, etc.) et d'autre part, le refus de rendre solidaires les traits (caractères atomiques « pré-objectuels directement perçus ») et les tropes (« propriétés particularisées »). J'ai l'impression en ce qui concerne ce second point d'avoir été dans *Les propriétés des choses*, extrêmement prudent sur le fait de donner à la perception un pouvoir causal pour rendre solidaires traits et tropes. J'ai défendu me semble-t-il la thèse que nous ne percevions pas les tropes et que la correspondance entre les traits et les tropes n'était pas donnée dans la structure métaphysique de la perception. Quand à l'indépendance de la théorie de la perception, elle découle probablement de cette non-correspondance. On peut se demander alors quelle est la différence entre la neutralité selon Dokic et le réalisme métaphysique que j'ai tendance à revendiquer même pour la perception. La conclusion de Jérôme Dokic est que la théorie de la perception (dont on peut se demander si elle existe à l'état unitaire – n'y a-t-il pas une grande variété de théories de la perception ?) « ne fournit pas de raison de renoncer à la conception classique de l'existence qui identifie l'être [...] à l'existence ». Ceci est parfaitement cohérent avec le rejet de l'ontologie meinongienne, avec effectivement un classicisme métaphysique issu de Quine (on se rappelle *On What There Is*). On sait que dans *L'objet quelconque* j'ai critiqué cette position de Quine et soutenu la distinction de l'être et de l'existence. Récemment dans une

1. http://www.francoisloth.com/les-proprietes-des-choses-de-frederic-nef.

entrée d'encyclopédie rédigée avec Gilles Kévorkian (« Essence »), nous avons accepté cette distinction. Le rabattement de l'être sur l'existence (ou le contraire) chez Quine me semble provenir de la dépendance de l'ontologie à l'égard de la quantification. Si on garde l'ontologie meinongienne tout en maintenant la procédure quantificationnelle (dériver les engagements des phrases existentielles formalisées), alors on tombe dans les difficultés de la quantification meinongienne que David Lewis a critiqué de manière à la fois injuste et pertinente. La critique de Jérôme Dokic me met face à un dilemme.

FILIPE DRAPEAU VIEIRA CONTIM : « LA RIGIDITÉ SANS L'IDENTITÉ »

Filipe Drapeau Vieira Contim (FDVC) m'attribue correctement la vue suivant laquelle la modalité *de re* doit s'appuyer sur la relation de contrepartie et non sur la relation d'identité à travers les mondes (*transword identity*). Il relève deux failles importantes dans ma pensée modale. D'une part, j'aurais laissé de côté la différence mise en lumière par Kripke entre les termes authentiquement référentiels (comme les noms propres) et les descriptions définies et d'autre part, dans mon passage de la sémantique à l'ontologie j'aurais malheureusement abandonné la philosophie du langage. Il entreprend de montrer que le lien entre les relations de contrepartie et d'identité transmondaine n'est pas un lien de franche opposition, ou pis d'exclusion. Il m'offre par là même la possibilité d'une réconciliation entre mes deux contreparties, sémantique et ontologique. Son but n'est donc pas de montrer l'incohérence de ma pensée, mais de réparer les dégâts d'un tournant pris un peu trop à la corde.

Je voudrais dans ma réponse examiner les chances d'une telle réconciliation des deux Nef, le sémanticien et le métaphysicien, pour m'exprimer comme lui. Je voudrais tout de même faire d'emblée une remarque : paradoxalement je me félicite que FDVC voit un hiatus entre ces deux composants, car de nombreux spécialistes de métaphysique m'ont accusé de continuer à faire de la philosophie du langage sous le déguisement de la métaphysique, ce qui assurerait la cohérence sous les dehors du mensonge – je préfère que FDVC me considère authentique et incohérent.

FDVC montre que la différence entre la théorie des contreparties (TC) et la thèse de l'identité à travers les mondes (TIM) est une différence ontologique dans la construction des domaines qui servent à évaluer les modalités *de re* : TC implique que tout individu appartienne à un seul monde, tandis que TIM admet des recouvrements entre des mondes tels qu'un individu peut appartenir à plus d'un monde. Par exemple « Sarkozy aurait pu gagner en 2012 » interprété dans TIM donne : il y a un Sarkozy qui a gagné en 2012 (en plus de celui qui a raté) et l'identité de Sarkozy-le-perdant et de Sarkozy-le-vainqueur repose sur la rigidité du nom propre « Sarkozy ». L'interprétation TC stipule qu'il y a un seul Sarkozy, celui qui a perdu, et que le Sarkozy qui appartient à un monde où le résultat des élections de 2012 est différent est une contrepartie de Sarkozy. Il y a donc une relation de contrepartie et non d'identité entre les deux Sarkozy (pour ainsi dire). FDVC insiste sur le fait que les métaphysiciens préfèrent TC (moins baroque ontologiquement que TIM, avec la possibilité d'avoir Sarkozy identique à une casserole), alors que les philosophes du langage préfèrent TIM, parce que la thèse de la rigidité des noms propres (pour simplifier) leur semble une pierre angulaire de la structure sémantique de la langue naturelle. On comprend dès lors le titre de la contribution de FVDC : ne serait-il pas possible de conserver la thèse de la rigidité, tout en rejetant TIM dans ce qu'elle a de baroque et même d'insensé si on pousse à bout la transformation des individus de monde à monde ? FVDC a raison de localiser dans mon essentialisme, dû en grande partie à la lecture et à la fréquentation de Lowe, le refus des aspects de TIM qui n'empêchent pas d'assurer une identité entre des individus qui n'ont plus aucune essence commune.

FVDC voit dans l'intuition de la rigidité une condamnation de TC. Si nous reprenons son exemple « Sarkozy aurait pu être une femme », il pose qu'il est évident que Sarkozy-femme et Sarkozy-homme sont un seul même individu, dans deux mondes possibles. Dans cette théorie les mondes possibles ne servent qu'à déconnecter l'essence. Dans TC, il y a un seul Sarkozy, le Sarkozy actuel et le Sarkozy-femme est une contrepartie. Cette relation de contrepartie n'est pas une relation d'identité, c'est correctement me semble-t-il une relation partielle entre des propriétés de Sarkozy actuel et sa contrepartie, où en l'occurrence on modifie la propriété de genre. Je n'ai pas d'intuition de l'identité, et je ne sais si c'est déficience de l'intuition qui fait que je n'adhère pas à la rigidité forte des noms propres : dans cet exemple de Sarkozy qui change de sexe, je n'adhère pas à l'identité transgenre. FVDC a raison : c'est peut-être le poids que je reconnais au vague modal qui a contribué à miner chez moi la croyance en la thèse de la rigidité. J'ai travaillé sur le vague modal au départ chez Leibniz, dans sa *Correspondance avec Arnaud* où il accepte l'idée qu'il y ait toute une famille d'Adams possibles, mais évidemment reliés par des relations vagues de possibilité. Notons en passant que Leibniz accepte la thèse centrale de TC : un individu par monde, pas plus, et des répliques de cet individu dans les mondes possibles (cf. *Théodicée in fine*).

La thèse de la rigidité en elle-même n'a pas de contenu ou de portée ontologique : elle signifie simplement que si une expression rigide fonctionne comme une fonction dont le domaine de départ est un ensemble de monde et comme domaine de départ un ensemble d'individus, cet ensemble est composé d'un singleton : F(a)= i où a est un nom et i un individu, i= c, c pour une constante.

Par exemple « Humphrey » est une fonction constante qui dans tous les mondes donne l'individu Humphrey. On comprend dès lors que cette thèse de la rigidité soit neutre à l'égard de TC ou de TIM. Par contre la différence entre TC et TIM est une différence métaphysique. La relation entre un individu et sa contrepartie est une relation de ressemblance (Sarkozy gagnant les élections de 2012 ressemble au Sarkozy actuel), tandis que la relation entre un individu dans notre monde et ce même individu dans un autre monde est une relation d'identité, et on sait qu'identité et ressemblance n'ont pas les mêmes propriétés. On peut noter que TIM a des conséquences trop fortes. Par exemple dans le cas d'un jugement contrefactuel, la référence rigide fait que nous devons poser une relation d'identité entre l'individu et sa version dans le monde contrefactuel, ce qui est exagéré. Par exemple, si j'ai l'énoncé « Si la porte avait été fermée, Paul ne serait pas ici », alors dans le monde contrefactuel où la porte est fermée, Paul est un individu complet, doté d'une essence individuelle complète, et il y aurait identité entre le Paul dans m et le Paul dans mc (le monde contrefactuel). C'est un cas me semble-t-il où TC est beaucoup plus économique et vraisemblable : Paul dans mc est comme Paul dans m à l'exception d'une propriété – être bloqué par une porte fermée – et la contrepartie dans mc est simplement Paul avec cette propriété (la ressemlance dans ce cas étant quasi maximale). L'identité réclame une relation entre les deux individus, donc deux sommes complètes de propriétés. Métaphysiquement cela a des conséquences sur la conception des mondes possibles : mc devra être conçu comme un monde complet, ce qui est peu vraisemblable.

PASCAL ENGEL :
« PROLÉGOMÈNES À UNE MÉTAPHYSIQUE FUTURE DE LA CONNAISSANCE »

Le texte de Pascal Engel ne me concerne pas directement ; je suis cité en bas de page au fond d'une note pour être rapproché de Jonathan Lowe en ce qui concerne les relations entre l'épistémologie et la connaissance – effectivement Jonathan Lowe et moi partagions l'anti-kantisme, c'est à dire l'idée que l'on ne doit pas commencer à faire de la métaphysique une fois que l'on a fixé les normes et les limites de la connaissance. J'ai traduit dans la *Revue de Métaphysique et de Morale* le texte dans lequel Jonathan Lowe rejetait le kantisme en métaphysique. Mais le texte de Pascal Engel ne concerne nullement la question de l'épistémologie de la métaphysique, qu'il mentionne au début de son texte comme un type de métaphysique de la connaissance. Le texte de Pascal Engel concerne la métaphysique de la connaissance, à partir des travaux essentiellement de Hossack, Williamson, Sosa, c'est-à-dire essentiellement des philosophes de la connaissance ou des épistémologues – quoique Pascal Engel classe au détour d'une phrase Williamson dans la métaphysique réaliste.

L'intérêt du texte de Pascal Engel est de montrer que pour une métaphysique de la connaissance nous avons besoin d'une métaphysique de l'action et d'une métaphysique de la perception (voir dans ce volume le texte de Dokic). D'autre part il montre que la métaphysique de la connaissance est une métaphysique du concept. Enfin, ce texte a l'intérêt de discuter d'un problème ontologique : celui de la nature des entités engagées dans la relation de connaissance : doit-on en particulier penser que la connaissance porte sur des faits (comme Hossack) ou des attitudes correctes (comme Sosa) ?

On peut se demander comment raccrocher ces développements au thème de ce volume, le renouveau de la métaphysique. Pascal Engel traite du futur de l'épistémologie (« métaphysique future de la connaissance »), mais il y a certainement un lien entre ce que nous devons déterminer comme le programme de l'épistémologie et la résurrection de la métaphysique (si on pense cela dans un contexte de renaissance où elle avait été déclarée morte par Nietzsche, Deleuze ou Derrida). Je pense qu'il y a des points d'accord de deux natures. Tout d'abord, examiner les conséquences métaphysiques des choix linguistiques (par exemple les événements), la métaphysique étant facilement connectée au niveau linguistique. Ce fut une partie de mon programme de recherche dans les années 1980 (et ce n'est un mystère pour personne que Pascal Engel a toujours regretté que je sorte de ce domaine, que je passe de la philosophie du langage à l'ontologie et il est certain que j'ai choisi le Chas de l'Aiguille (Marc X, 25), alors qu'un boulevard s'offrait à moi). L'autre point d'accord concerne la nature des faits. Sur ce point, je me sens particulièrement démuni. J'ai travaillé à plusieurs reprises sur l'atomisme logique et c'est à cette occasion que j'ai réfléchi sur l'ontologie des faits. Tous ceux qui m'ont lu et ont la moindre idée de ma physionomie intellectuelle savent que j'ai toujours privilégié les états de choses. C'est une chose compliquée sur laquelle je ne m'étendrai pas ici.

GHISLAIN GUIGON : « PARCIMONIE HUMIENNE »

Mon dernier livre a pour titre *L'Anti-Hume, de la logique des relations à la métaphysique des connexions*. Ghislain Guigon qui a soutenu une thèse sur la ressemblance, malgré le fait qu'il se soit intéressé par la suite à l'ontologie spinoziste, s'est rangé dans le camp des nominalistes. Son texte est une défense brillante du nominalisme humien et par là même une critique radicale de mes positions réalistes et qui ont évolué vers l'idéalisme. Adoptant le *moto* de Barry Smith (un des philosophes dont j'apprécie le plus la compagnie) « Pourquoi faire simple quand on peut faire compliqué ? », je ne peux pas endosser sans réflexion l'idéal de parcimonie. On peut trouver qu'il y a une contradiction dans ma pensée, puisque mon ontologie est minimaliste, ne comportant fondamentalement que des tropes et des connexions, et que je suis extrêmement réservé sur les normes d'économie et de parcimonie. La raison de cette apparente contradiction est simple : je ne veux pas que l'économie soit normative. Je ne vois pas de raison métaphysique particulière de soutenir l'économie ontologique (le vide n'a rien d'économique !). Cependant si dans mon travail à la fois descriptif et explicatif j'arrive en fin de course à une ontologie très minimale, je l'accepte volontiers et j'accorde que ce minimalisme a une résonance esthétique. Par contre, pour reprendre le *moto* de Barry Smith, je n'écarte nullement les solutions très complexes qui mettent en jeu un nombre peut-être trop élevé à première vue d'entités, comme par exemple les discussions sur les vérifacteurs de propositions modales ou négatives. Je voudrais faire remarquer que « parcimonie » et « économie » ne sont pas identiques. Enfant, on m'a bien appris à être économe (par exemple de mon argent de poche), et à surtout pas être parcimonieux (on définissait la parcimonie comme le fait d'être chiche dans les partages, d'être avare dans les rapports avec autrui). Mon *moto* serait donc : « Parcimonieux ne suis, économe demeure ».

Ghislain Guigon critique mon texte sur la thèse de la survenance humienne (TSH) et je ne voudrais répondre que sur un aspect de cette critique, ce qui concerne le rapport à la physique mathématique. En fait, dans mon texte sur TSH, je me suis inspiré des travaux de John Butterfield sur le pointillisme de la thèse de Lewis. TSH en effet ne peut régir une physique dans laquelle il existe des relations à longue distance entre des particules. TSH est à peine capable de s'appliquer à la physique newtonienne (à peine, car je ne vois pas très bien comment expliquer la gravitation avec TSH). Il est étonnant de voir Ghislain Guigon partager les réticences de Lewis à l'égard de l'interprétation de la mécanique quantique, réticences qui remontent aux années 1990. Or, l'état actuel de l'interprétation de la mécanique quantique est actuellement le suivant : on est en présence d'une opposition entre l'interprétation pragmatique qui par définition élimine l'investissement métaphysique, et l'interprétation d'Everett, notamment par David Wallace qui fournit une base solide pour une comparaison entre les mondes de Lewis et les mondes d'Everett. Je ne dirai rien sur le réalisme de Lewis et le non-réalisme de Everett-Wallace (bien que « non-réalisme » soit peut-être trop simple et à reprendre).

Une autre critique de Ghislain Guigon porte sur le structuralisme ontologique. Il ne tient pas compte de mon introduction des structures ontologiques dans *Qu'est-ce que la métaphysique ?* (au même moment que Lorenz Puntel dans *Struktur und Sein*, 2006, qui fit le voyage de Munich au Rocher-aux-Bœufs pour discuter des structures ontologiques) et dans *le Traité d'ontologie*. La critique de Ghislain Guigon est contenue dans son principe de parcimonie structurelle (PPS) :

PPS : Il ne faut pas structurer la réalité i.e. connecter les choses qui la composent (*sic*) au-delà de toute nécessité.

Ce qui pose problème dans PPS, c'est « au-delà de toute nécessité ». Que faut-il entendre ici par « nécessité » ? Ghislain Guigon veut éliminer mon concept de connexion, ce qui est son droit, mais avec le PPS, il donne comme argument que la connexion est au-delà de la nécessité. Or, on sait qu'il y a deux nécessités, *de dicto* et *de re*. La connexion telle que je l'entends est *de re*. Est-ce que PPS signifie qu'il faut une nécessité *de dicto ?* Cette dernière consisterait à faire de la connexion un lien cognitif ou linguistique. Or mon hypothèse ontologique est que la connexion nécessaire *de re* ne doit pas être confondue avec la connexion contingente *de dicto*.

JÉRÔME HAVENEL : « OROPÉDEUTIQUE À UNE CLASSIFICATION DES CONTINUS ET DES MODES DE CONNEXION : UNE APPROCHE PEIRCIENNE »

Jérôme Havenel qui est engagé dans le procès de publication des œuvres de Peirce est à la fois mathématicien et philosophe. Il est donc équipé pour étudier les œuvres logiques et métaphysiques du polymathe de Harvard. Peirce est un philosophe du continu et le continu est pour lui ce qui est connecté – donc en un certain sens Peirce est un penseur de la connexion.

Jérôme Havenel s'appuie sur la philosophie de Peirce pour soutenir la thèse qu'on peut percevoir des connexions nécessaires (voir les textes et réponses aux textes de Dokic et Guigon pour la thèse adverse, notamment en ce qui concerne le néo-huméanisme de Guigon). Jérôme Havenel s'appuie sur l'existence d'un contre-exemple à la thèse selon laquelle on ne perçoit pas des connexions nécessaires, à l'intérieur même du texte de Peirce. Il s'agit du texte sur l'origine des idées décrivant un dégradé de couleurs bleu, du bleu le plus clair au bleu le plus foncé (Hume, *Traité de la Nature Humaine*, section II, « sur l'origine des idées ») dans lequel une couleur a été retirée et *perçue comme manquante* (je souligne). Selon Jérôme Havenel, cela démontre que nous sommes « capables de percevoir une relation transitive nécessaire entre ces nuances de bleu ». On peut rapprocher ce contre-exemple du contre-exemple au principe d'indépendance (il n'y a pas de relations nécessaires entre les états de choses) de Armstrong, que nous avons critiqué Muriel Cahen et moi-même. David Armstrong rejetait la transitivité nécessaire de *before* parce que si a *before b* et *b before c* implique *a before c*, cet état de choses est nécessairement impliqué par les deux autres et le principe d'indépendance violé. Peirce est radicalement opposé au principe d'indépendance. Dans le contre-exemple de Peirce la couleur qui est perçue comme manquante n'est pas indépendante des deux adjacentes. Elle appartient à un continu et un continu n'est pas composé de choses indépendantes. Jérôme

Havenel donne un second contre-exemple, tiré des sciences cognitives, celui de la perception d'une symétrie verticale qui est si rapide qu'elle ne peut être le résultat d'un raisonnement et se situe au niveau bas de la perception, la symétrie correspondant à la comparaison de parties potentielles. Selon Jérôme Havenel, « la perception reposerait en réalité sur la capacité à faire des hypothèses et des inférences subconscientes ». De même Peirce traite l'hypothèse de Müller-Lyer comme relevant de « véritables liens de connexion entre la perception et l'abduction » (*Collected Papers* 5.182, 1903).

On peut donc percevoir des connexions nécessaires. Et cette opposition à Hume se retrouve de manière plus générale dans la thèse de la réalité des connexions, les deux étant liées : les connexions sont réelles parce qu'on en perçoit la nécessité. Les connexions réelles sont « des connexions nécessaires non seulement entre les idées mais entre les événements qui se suivent dans la réalité » (R. Roth).

L'ontologie de la connexion de Peirce (que je me reproche d'avoir négligée dans *L'Anti-Hume*) correspond au synéchisme, une partie de la métaphysique, à côté de l'agapisme (métaphysique de l'amour) et du tychisme (métaphysique du hasard). Le synéchisme est peut-être la partie centrale de la philosophie de Peirce, puisque la continuité, comme il le déclare lui-même, est le cœur de son système. La continuité a pour Peirce un sens modal. La conséquence est que la pensée est un processus sémiotique dynamique et continu. Une épistémologie et une ontologie réalistes supposent donc que la régularité des connexions dépend non de leur simple représentation mais de leur existence réelle. Jérôme Havenel va jusqu'à déclarer, avec Claudine Tiercelin, qu'« une telle ontologie met en avant non pas la substance mais la connexion, sous forme de dispositions ou de lois de la nature ». Jérôme Havenel conclut ainsi à propos de l'ontologie peircienne de la connexion : « les trois catégories du possible, de l'actuel et du continu sont au cœur de l'ontologie défendue par Peirce, et correspondent [...] au fait de privilégier dans l'ontologie la relation et la connexion sur la substance ou au fait de privilégier en mathématique la topologie sur la théorie des ensembles ». Dans le chapitre V de *L'Anti-Hume*, j'ai comparé les différentes topologies de la connexion (y compris les méréo-topologies) et dans *Les propriétés des choses* (où j'ai consacré un chapitre à l'ontologie des probabilités chez Peirce), j'ai développé une ontologie non substantialiste. Je suis donc en accord complet avec l'ontologie de Jérôme Havenel et je partage aussi son désir d'élever la métaphysique au rang de science véritable – après tout, la logique a accédé très tardivement à ce rang. Dans la suite de son texte, il montre comment la logique de la continuité trouve son site formel et conceptuel dans la théorie des graphes. C'est une manière de garder la connexion au centre de la discussion car « les diagrammes sont des icônes qui sont le miroir des connexions contenues entre des objets rationnellement reliés » (MS 293, p. 11)

Jérôme Havenel ne formule pas d'objections. Par contre il montre dans le détail que Peirce est un métaphysicien de la connexion et se montre plus précis sur un grand nombre de points. Jérôme Havenel rappelle le rôle central de la continuité chez Peirce. Implicitement j'entends cela comme une critique : dans l'anatomie conceptuelle de la connexion, j'ai certainement sous-estimé ce qui concerne la topologie du continu.

GILLES KÉVORKIAN : « LOGIQUE ET ONTOLOGIE : LA QUANTIFICATION EST-ELLE FONDAMENTALE ? »

Gilles Kévorkian montre que je n'ai pas maîtrisé l'équilibre entre la logique et l'ontologie. Il admet ma critique de l'engagement ontologique quinien comme seule voie de la logique à l'ontologie, il s'intéresse à la conception structuraliste de l'ontologie, mais il soumet mon projet à une série de critiques systématiques extrêmement utiles, même si elles sont souvent sévères. J'apprécie tout particulièrement la comparaison entre le structuralisme de Sider et le mien – il n'est pas si courant d'opérer ce genre de comparaison. Sa perspective est à la fois celle de la métamétaphysique et celle d'une réflexion sur les limites de cette discipline (sans cependant mettre en branle un redoublement infini via une méta-métamétaphysique). Pour toutes ces raisons, je considère ces critiques comme importantes et utiles. Cependant, j'essaierai d'apporter des réponses à certaines des objections – je n'ai pas suffisamment pris conscience des présupposés métaphysiques de mon éloignement de l'ontologie de Quine et Peter van Inwagen (que par ailleurs j'admire très profondément, notamment pour son livre *Material Beings* et son article « The Possibility of Resurrection »). Gilles Kévorkian ne s'est pas trompé sur l'importance de l'œuvre de Kit Fine, qui, depuis ma lecture de *Arbitrary Objects* et de « Essence and Modality », n'a cessé de me nourrir. Gilles Kévorkian me situe à l'intérieur d'un triangle dont les sommets sont Sider, van Inwagen et Fine, ce qui est parfaitement exact.

La question que Gilles Kévorkian me pose est : ai-je eu raison de (vouloir) dissocier quantification et structure ? Ai-je eu raison de ne pas (plus) prendre la quantification comme guide du fondamental ? Je ne suis pas sûr d'avoir voulu dissocier quantification et structure. Pour moi, la quantification, qui déborde très largement les quantificateurs existentiel et universel (*cf.* la quantification généralisée de J. Barwise et Ed Keenan), est un type de structure logique qui correspond à une propriété d'ordre supérieur (Frege). J'ai toujours été perplexe devant l'assimilation de $\exists$ à une quantification existentielle. Formellement la théorie des quantificateurs généralisés fait correspondre à $\exists$ une dénotation d'un ensemble M non vide : $M \neq \varnothing$. Je vois là une condition formelle, non une formule à portée ontologique. Pour admettre qu'il y ait un engagement ontologique avec $\exists$, il faut comprendre ce quantificateur comme existentiel, ce qui est loin d'être évident. En bref, je ne pense pas avoir « dissocié » quantification et structure, j'ai plutôt eu tendance à réduire la quantification à une structure qui concerne dans les modèles les domaines d'individus, sans voir précisément comment cette manière de les concerner entraîne plus particulièrement une ontologie. D'ailleurs, Gilles Kévorkian donne plusieurs versions de ce qu'est une ontologie (« plate », catégorielle, structurelle) et si je comprends bien, seule l'ontologie plate donne lieu à un engagement ontologique.

Gilles Kévorkian critique aussi la conception qui serait la mienne de l'ontologie. Il critique donc une dissociation (quantification et structure) tout en me reprochant une association (logique et ontologie). Il me reproche de déterminer la logique par des choix externes, des choix ontologiques et pas seulement par des choix internes. D'après lui donc, je séparerai à tort la quantification et la structure ontologique (parce que comme je viens de l'expliquer, je doute fort de la théorie de l'engagement ontologique), tout en ne respectant pas le principe d'autonomie de la logique. En fait, si ce double reproche était justifié, non seulement je commettrais deux fautes symétriques très graves, mais en plus je soutiendrais un point de vue complètement incohérent. Un peu plus haut, j'ai mis en cause la séparation entre structure et quantification, il me reste ici à expliquer comment j'envisage la question de l'hétéronomie de la logique, que l'on me reproche d'avoir soutenue. Notons en passant que Gilles Kévorkian fait dépendre ma thèse de l'hétéronomie de la logique d'un déséquilibre en faveur de l'expressivité, par rapport à l'aspect formel de la logique. Si l'hétéronomie était le revers de l'expressivité, cela signifierait que pour moi la logique est un simple outil de manipulation et de représentation de contenus intuitifs, psychologiques ou linguistiques. Gilles Kévorkian pense de cette manière probablement parce que, comme il le mentionne à plusieurs reprises, je ne ferais qu'« empiler » des logiques les unes sur les autres, la plupart d'entre elles étant non classiques. Au petit bonheur la chance, je piquerais au hasard des langages formels et la logique serait dépendante de ce qui lui est extérieur. Cette manière de voir les choses me semble un peu inexacte. Il faudrait sur ce point lire mon *Logique et Langage : Essais de sémantique intensionnelle* (1988) qui expose la grammaire de Montague et, de manière assez détaillée, la logique intensionnelle. Ce livre expose aussi le passage des situations de Barwise et Perry aux représentations discursives de Kamp. Dans ce livre, j'expose en détail la différence entre logique extensionnelle et logique intensionnelle. Les logiques que Gilles Kévorkian mentionne (avec le dédain caractéristique d'un extensionnaliste quinien) d'une part sont discrètement utilisées par moi, d'autre part font partie de la logique intensionnelle (*cf.* Montague 1974), qui englobe la logique extensionnelle – on ne peut parler d'empilement plus ou moins hasardeux au gré des besoins. On peut se référer à

E. Zalta *Intensional Logic and the Metaphysics of Intentionality* (1988) pour le lien entre la thèse de l'intentionnalité et la logique intensionnelle. La logique intensionnelle permet de donner une architecture à la multiplicité des logiques dites non standard (*cf.* J. van Benthem, *Manual of Intensional Logic*) ou non classiques. Par exemple la logique temporelle priorienne a un lien étroit avec la logique modale (*cf.* A. N. Prior *Time and Modality*, 1957 et *Past, Present and Future*, 1968). En fait, Gilles Kévorkian me reproche peut-être de réduire la logique à la logique appliquée.

Je dois mentionner un point de désaccord avec Gilles Kévorkian. Celui-ci critique la thèse de l'enchâssement des univers de discours. Cette thèse est la suivante : il n'y a pas d'emblée de discours unitotal et la théorie des structures de représentation discursive procède en incluant progressivement les représentations des entités et des relations. Si nous admettons que la construction de l'univers de discours est progressive au fur et à mesure de l'interprétation des discours, on peut parler d'enchâssement des discours. Hans Kamp, dans *A Theory of Truth and Semantic Representation* (1984), a développé un modèle formel d'enchâssement. Dans la théorie des Structures de Représentation Discursive, qui représente une des alternatives à une théorie de la vérité dans le discours, ce modèle de Hans Kamp est fréquemment utilisé. C'est lui donc qui devrait être critiqué par Gilles Kévorkian : il vaut toujours mieux critiquer ce qui est le plus excellent. De plus Gilles Kévorkian met apparemment en rapport mon incapacité à obtenir au terme de l'interprétation un modèle global et la « multiplication des langages de description sans que rien ne garantisse leur concordance ». Il ne s'agit pas de langages de description. La logique temporelle ne décrit pas le temps, la logique modale ne décrit pas les mondes, etc. Il s'agit dans toute cette période du développement de la sémantique et de la logique intensionnelles (Barwise, Zalta, Kamp ...) de l'interprétation, élargie à des contextes, des mondes etc.

Gilles Kévorkian fournit dans sa critique un *conspectus*, un synopsis, un digeste de la philosophie de la quantification. Il distingue la métaontologie de Peter van Inwagen, issue directement de l'engagement ontologique quinien, liée au déflationisme radical de Elie Hirsch, de la théorie de Sider, qu'il critique fortement. Il mentionne en passant les travaux de Kit Fine, pour les opposer à ceux de Peter van Inwagen, ce qui est correct (on peut se référer surtout à « The Question on Ontology », sur internet, site de métaphysique analytique de Buffalo). Gilles Kévorkian compare les théories philosophiques de la quantification de Sider et de moi-même. Vu la force des critiques à mon égard, me donner par instant raison relativement à Sider revient à la critiquer vraiment radicalement. Par exemple Gilles Kévorkian insiste sur le fait que Sider élimine les quantificateurs de second ordre, les quantificateurs généralisés, ce qu'il appelle la façon « baroque » de faire de la logique, alors que je multiplierai cette inflation baroque pour tordre la logique « aux fins de l'ontologie ».

Pour conclure, Gilles Kévorkian me conseille de pratiquer l'équilibre réfléchi (au lieu de la « dissymétrie réfléchie » un peu plus haut) entre logique et ontologie. Cet équilibre réfléchi permettrait une harmonie entre expressivité et rigueur formelle. Mais apparemment je n'aurais pas respecté cet équilibre, faute de réflexion.

BAPTISTE LE BIHAN : « LES THÉORIES MÉRÉOLOGIQUES DU FAISCEAU »

Baptiste le Bihan prend comme point de départ une des deux questions métaphysiques que je juge essentielles : comment les choses tiennent-elles ensemble (question anti-humienne, *pace* Beebee qui aborde cette question dans un contexte humien, dans son article de 2006 paru dans *Synthese :* « Does Anything Hold the World Together ? ») ? La deuxième question concerne la fondation : y a-t-il une fondation ultime des structures ontologiques ? Les deux questions sont liées – s'il y a une fondation ultime, les choses tiennent ensemble par cette fondation même, mais on peut aussi avoir une connexion des choses sans fondation (c'est ma position dans *La force du vide*). Je laisse de côté ces deux questions qui finalement sont amplement discutées dans mes trois derniers livres. Je discuterai plutôt les développements de Baptiste Le Bihan sur les versions des faisceaux : réaliste et éliminativiste. Si je comprends bien, Baptiste Le Bihan me range parmi les réalistes, pour lesquels la relation liante (je dirais plutôt le lien, qui recouvrirait la relation et la connexion) est réelle (il ajoute « naturelle » mais je ne comprends pas cet adjectif ici, probablement il veut dire que le lien réaliste est non construit). Pour les éliminativistes, le lien n'existe pas, ce qui est la position que je défends dans *La force du vide*. Baptiste Le Bihan dans ce texte critique s'intéresse plus particulièrement aux théories méréologiques du lien, que l'on pourrait alors appeler « composition ». Le but de Baptiste Le Bihan est de montrer que le choix entre deux théories du lien (réaliste *vs* éliminativiste, ontologie commune de l'objet *vs* ontologie non commune de l'objet) « influe sur l'ontologie des objets ordinaires ». Le problème est que je ne me suis jamais intéressé aux objets ordinaires. Dans *L'objet quelconque*, j'ai longuement expliqué pourquoi mon point de départ de l'ontologie de l'objet précisément n'était pas l'objet ordinaire et pourquoi je ne voyais pas d'intérêt ou même de possibilité d'appliquer à l'objet ordinaire l'ontologie de l'objet quelconque. J'ai même défendu l'idée que l'ontologie de l'objet ordinaire était un obstacle pour une ontologie de l'objet en général. J'ai pris les choses à l'envers en choisissant comme point de départ l'objet dénoté par la variable, l'objet quelconque. J'ai établi une ontologie classificatoire des objets, en prenant bien soin de ne pas la construire avec un paradigme d'objets tridimensionnels, ou perceptifs.

Baptiste Le Bihan donne son point de vue sur la connexion à partir des objets matériels et il identifie la connexion d'une part à la cohésion de l'objet matériel (pourquoi l'objet matériel ne tombe pas en morceaux – comme tout ce qui entoure le narrateur dans *l'Autre Côté* de Alfred Kubin), d'autre part à la composition méréologique, c'est-à-dire les règles logiques pour les relations entre touts et parties. Un point important (et tout à fait positif selon moi) est que Baptiste Le Bihan laisse de côté la conception nominaliste des propriétés. Ceux qui ont lu *Les propriétés des choses* se rappellent avec quelle force je rejette la conception ensembliste et extensionnelle des propriétés. Le rejet du nominalisme est une condition de la compréhension de la structure interne des objets comme des faisceaux de propriétés. Bien entendu, certains identifient tropisme et nominalisme sur la base du rejet des universaux, mais c'est absurde car le nominalisme des concrets conduit forcément au rejet des tropes qui sont des *abstracta*. Ceux qui identifient tropisme et nominalisme identifient nominalisme et nominalisme des particuliers. Mais les tropes sont des particuliers abstraits et le nominalisme des concrets est sans doute aussi important, peut-être plus dans le refus du platonisme par exemple.

Dans la l'étude de la connexion, qui est l'objet central de son texte, Baptiste Le Bihan distingue la relation de compresence et la connexion (je préfère ici ce terme à relation liante, qui me semble au moins à première vue une répétition creuse). Mon point de vue a toujours été que la compresence n'est pas une relation (ou alors une relation hyper-faible de colocalisation, une relation d'équivalence). La relation de compresence n'est par une connexion car elle n'est pas productive ontologiquement et ce n'est pas une relation non plus qui est productive logiquement car elle ne fait qu'établir une équivalence entre les choses qui partagent la même localisation. Baptiste Le Bihan a raison d'affirmer que la compresence « est une condition nécessaire mais non suffisante à l'existence d'une relation liante ». Deux choses connectées doivent être colocalisées, mais le fait d'être colocalisé n'implique pas la connexion. Bien entendu, on peut remarquer, avec Baptiste Le Bihan, que les particules dans la mécanique quantique sont à la fois non colocalisées (quoi que cela se discute) et connectées (eu égard à l'action à distance). Cet exemple est complètement opposé à la thèse de la survenance humienne chez Lewis, qui suppose une réalité physique pointilliste et cela est tout à fait cohérent avec le huméanisme de David Lewis.

Baptiste Le Bihan distingue deux théories fondamentales de la connexion (en mon sens) : celle qui fait des objets des conglomérats d'états de choses (John O'Leary-Hawthorne et J.A. Cover) et celle qui réduit la connexion à la composition méréologique (Laurie Paul) – je préfère dire que cette théorie réduit la connexion à la composition plutôt que de dire qu'elle identifie les deux. Baptiste

Le Bihan préfère la théorie de Laurie Paul parce qu'elle n'élimine pas la colle ontologique. Cependant il a raison de remarquer que la composition méréologique n'est pas collante au sens strict. Cette difficulté conduit Laurie Paul à quelque chose d'ennuyeux : la composition de propriétés doit être restreinte. Certes pour être liante la relation de composition doit être sélective, mais on se demande sur quelles bases opère cette sélection. Pourquoi se restreindre à des propriétés de vie ou de conscience par exemple ?

Baptiste Le Bihan rapproche donc ma thèse de la connexion de celle Laurie Paul. Il s'agit de l'acceptation ou du rejet de la thèse suivante :

(TC) les constituants des objets sont des parties des objets.

Baptiste Le Bihan dit à juste titre que je rejette TC. En effet, j'accepte que la masse d'un objet soit une partie d'un objet matériel, tout en affirmant qu'elle n'est pas une partie matérielle au sens strict. Cela me conduit à dire que la masse est un constituant non matériel et Baptiste Le Bihan rapproche cette notion de constituant non matériel de la notion de partie non matérielle, ou de « partie logique » (expression dont je désapprouve l'usage pour beaucoup de raisons) chez Laurie Paul. Baptiste Le Bihan expose les grandes lignes de la théorie éliminativiste du faisceau (il n'y a pas de connexion, de relation liante) mais ne tranche pas entre les trois possibilités de théorie méréologique du faisceau : toutes trois éliminativistes, et soit nihiliste, soit éliminativiste, soit réaliste. Comme lui, je rejette la théorie du substrat pour le faisceau, mais alors qu'il choisit la prudence, je crois avoir hésité entre le nihilisme et le réalisme, tout en n'adoptant pas la composition méréologique. Le texte de Baptiste Le Bihan de ce point de vue me met face à de réelles difficultés que nous partageons en partie.

MICHEL LE DU : « L'INTROSPECTION INTROUVABLE »

Le texte de Michel Le Du ne présente pas au moins à première vue un rapport direct avec le thème général du volume, le renouveau de la métaphysique. Il présente une relation ténue et indirecte avec mon propre travail, par le biais de deux citations en note d'un texte inédit sur la perception interne chez Brentano. D'une manière un peu paradoxale ce texte qui traite surtout de l'introspection chez Wittgenstein et de l'obstacle créé par la métaphore de la vision à propos justement de l'introspection, me reconduit à l'intérêt que je n'ai jamais cessé de soutenir pour la philosophie de Brentano. Ce texte m'oblige aussi à préciser mon attitude à l'égard de la philosophie de Wittgenstein. Ayant lu cet auteur depuis pratiquement ma conversion à la philosophie analytique, j'ai constamment modifié mon attitude. Je commencerai donc par Wittgenstein, à rebours de l'ordre chronologique.

J'ai commencé par lire le *Tractatus*, que je pense n'avoir mieux compris qu'assez récemment. Au départ je n'ai pas compris le nihilisme sémantique de ce texte, mais j'étais intuitivement choqué par ce nihilisme qui allait à l'encontre de tout mon travail en sémantique logique ou linguistique. En fait ce qui m'intéressait était l'ontologie autrichienne implicite ou sous-jacente, notamment l'ontologie des états de choses. D'autre part la critique interne de la philosophie analytique me fascinait. La découverte des textes postérieurs m'a laissé perplexe. Je dois confesser que je fais partie des philosophes (par exemple Mathieu Marion, Kit Fine) qui n'estiment pas *a priori* ce que l'on a appelé "le second Wittgenstein". La plupart des analyses grammaticales auxquelles se réduit la philosophie et l'obstination à défaire la philosophie de son ambition théorique m'a m'ont toujours semblé peu convaincantes. Autant je suis non systématique, autant je refuse de tomber dans le dénigrement de la théorie. Cela dit, j'admire profondément la lecture de Wittgenstein par Michel Le Du qui me semble proche de cette tendance de la philosophie wittgensteinienne, le wittgensteinianisme anglais (Anscombe, Kenny...). Je n'ai jamais compris comment on pouvait mêler Aristote et Wittgenstein, deux philosophes que tout oppose, mais Michel Le Du donne à la critique des faux semblants et des confusions (comme par exemple ceux de la vision et de l'introspection) autant de poids qu'il est possible par un style fin et systématique.

J'ai découvert Brentano à travers Meinong. J'ai lu le livre de Gustav Bergman *Realism : A Critique of Brentano and Meinong* (1967) en 1990 et j'ai été plus intéressé par ce qui concernait Meinong. Une grande partie de *L'objet quelconque* est consacré à cet auteur. Un de mes étudiants, Thibaut Giraud, a soutenu récemment une thèse sur la logique meinongienne (voir le site de l'Institut Jean-Nicod). Cependant j'ai donné un séminaire sur la *Psychologie d'un point de vue empirique* dès les années 90 à Rennes et Fabien Cayla a soutenu une thèse sur la thèse brentanienne de l'intentionalité à Rennes en 1996. Probablement le voisinage dans la même UFR du traducteur de Husserl, Twardowski et Bolzano, Jacques English (1937-2015) a stimulé une saine concurrence dans l'interprétation de que l'on appelait alors "la philosophie autrichienne". Le colloque de Cerisy sur la Philosophie Autrichienne où j'ai rencontré Barry Smith qui a lu en trois jours mon manuscrit de *L'objet* quelconque m'a permis de discuter de la philosophie de Brentano, avec des connaisseurs comme Thomas Baldwin, Kevin Mulligan. L'intérêt qui m'a saisi à la lecture de Brentano provenait du lien que ce dernier établissait entre la psychologie et la métaphysique. J'ai été élevé, éduqué, dans l'anti-psychologisme radical. Ma génération hésitait entre l'anti-psychologisme husserlien et dans une moindre mesure l'anti-psychologisme analytique – les choses sont certes plus compliquées de ce côté-là, mais beaucoup de ceux qui découvraient à cette époque la philosophie analytique avaient transporté dans leur désertion leur anti-psychologisme phénoménologique. J'ai dépassé cette attitude trop univoque grâce à la lecture de *Psychologie et Philosophie* (1996) de Pascal Engel. J'ai écrit le texte, qui sert de point de départ à Michel Le Dû, dans ce contexte et j'ai voulu dans ce texte lutter contre un type d'anti-psychologisme que je trouvais naïf et qui consistait à faire de Brentano un psychologue archaïque, puisqu'il utilisait les concepts et les méthodes du passé, sans tenir compte de la psychologie scientifique à la Wundt ou de la psychologie des profondeurs de Sigmund Freud.

PIERRE LIVET :
« PROCESSUS ET CONNEXION »

Pierre Livet me semble profondément en accord avec l'ontologie de la connexion. Il affirme par exemple que la connexion « remplacerait avantageusement la comprésence » (*cf.* le texte de Baptiste Le Bihan sur ce point et ma réponse à ce texte, notamment à propos de Laurie Paul) et sa conclusion est que l'ontologie qu'il préfère, celle des processus, ou des cours (qu'il a introduit dans notre livre *Les Êtres Sociaux*), est compatible avec celle de la connexion. Cependant, il propose une ontologie qui pourrait l'englober, celle précisément des processus. Si Pierre Livet, avec qui j'ai collaboré depuis si longtemps, de manière non surprenante, est en accord avec l'orientation de la connexion, il avance un certain nombre de critiques et d'objections auxquelles j'aimerais avoir le temps de répondre, mais que je ne puis ici que mentionner, en indiquant rapidement ma réponse. Je ne pourrai pas discuter du long passage sur la mécanique quantique, quoique là aussi je sois fondamentalement d'accord, à la réserve près que je serai plus du côté d'Everett-Wallace que de Saunders.

Pierre Livet entame son texte avec la distinction de l'ontologique et de l'épistémique. En ce qui concerne la théorie de la connexion, l'ontologique concerne la question de la nature : qu'est-ce que connecte la connexion, et celle de la fondation : sur quoi est fondée une connexion ? L'épistémique concerne l'ensemble des règles par lesquelles les connexions sont établies, c'est-à-dire dans le langage de Pierre Livet les opérations de différenciation ou d'identification. Pierre Livet à juste titre me reproche (plus ou moins implicitement) de séparer les questions ontologiques et les questions épistémiques. En fait, Pierre Livet, sans l'expliciter, critique une conception unilatéralement ontologique, parce qu'elle renforcerait l'idée suivant laquelle la théorie de la connexion serait *ad hoc*. En effet pour que l'introduction de la connexion dans la métaphysique de la composition matérielle ou formelle ne soit pas *ad hoc*, il faut qu'elle soit constituée d'un *recto*, l'ontologique et d'un *verso*, l'épistémique. Je suis d'accord avec cette critique de Pierre Livet. Si j'ai prudemment mis de côté l'épistémique, c'est-à-dire les opérations de différenciation et d'identification, c'est pour la raison suivante : il me semblait que, dans l'évaluation des poids théoriques, l'orientation réaliste était capitale et donc qu'il fallait mettre l'ontologie aux commandes. À tort ou à raison, j'envisage le réalisme comme une direction d'ajustement qui va de l'ontologique à l'épistémique, et naturellement à l'inverse l'anti-réalisme comme une direction d'ajustement qui va de l'épistémique à l'ontologique, avec la possibilité de faire de l'ontologique une simple projection de l'épistémique – concrètement cela voudrait dire considérer l'ontologique comme une construction dérivée fondée sur la connaissance.

Pierre Livet est en accord avec *l'Anti-Hume* sur le fait que la connexion n'est ni une relation externe, ni une relation interne (*pace Engel*). En effet il attribue, correctement selon moi, un pouvoir unificateur à la connexion et, ce qui est plus important, il attribue à la connexion un pouvoir émergent. Si, par exemple, les charges d'un champ électromagnétique sont connectées, la connexion a un pouvoir unificateur et ce qui émerge c'est le potentiel du champ électromagnétique. Pierre Livet critique la conception de la connexion externe de l'identification séparée. La réduction de la connexion aux relations par identification séparée provient d'une négligence de l'aspect dynamique de la connexion. En effet, l'émergence est un phénomène dynamique, ce n'est pas un ensemble de relations statiques (survenance, etc.). Dans l'exemple canonique des deux droites dont l'intersection produit un angle droit, ce dernier émerge de la rencontre des deux droites. Il n'y a pas de relation interne entre les deux droites, car on ne peut obtenir l'angle droit en disposant séparément ces deux droites. Il faut tenir compte de ce que Pierre Livet appelle un processus ou un cours. Si je le comprends bien dans cet exemple nous sommes en présence d'un « cours caractéristique d'une convergence ». Ce qui est important, c'est qu'il pourrait y avoir un « cours caractéristique d'une divergence » qui serait une connexion : pensons à deux droites qui divergeraient à l'infini. Cela permet de ne pas confondre la connexion avec un type de contact, ce que la mécanique quantique permet de voir très clairement (je laisse ce point de côté). Le pointillisme de Hume, des humiens, dont David Lewis, ne doit pas être compris simplement comme une absence de contact. La connexion permet la composition de touts dont les parties ne sont pas en contact, tandis que la métaphysique humienne nie tout simplement la possibilité de touts en réduisant ce qui existe à des points matériels instanciant des coordonnées spatio-temporelles.

L'originalité des remarques critiques de Pierre Livet se marque aussi dans ce qui concerne la séparation. Pour lui, deux choses connectées résistent plus ou moins à une séparation. Il reprend mon exemple du collage et du vissage. Deux morceaux de bois qui sont connectés ou par la colle, ou par un clou, peuvent être séparés (ce en quoi la connexion est contingente, à la différence de la relation interne : je ne peux manipuler la relation interne entre une couleur claire et une couleur foncée). La force qu'il faut pour séparer deux choses connectées est variable. Pierre Livet a raison d'affirmer que la force de la connexion est corrélative de la force de séparation.

Pierre Livet apporte un nouvel élément avec le rapprochement de la connexion, dont je me suis occupé : le rapprochement avec les connexions en ontologie formelle (dont je ne me suis pas occupé du tout). Les connecteurs logiques relèvent de la connexion, mais j'ai envisagé dans mon livre *l'Anti-Hume*, les choses à l'envers : au lieu d'étudier les connecteurs logiques comme un type de connexion, j'ai recherché (dans le chapitre V) plutôt les propriétés de la connexion à partir d'une représentation *via* des opérateurs logiques standard (la conjonction par exemple). Pierre Livet plus correctement entend analyser les propriétés des connecteurs de la logique linéaire et à partir de là approfondir les propriétés de la connexion en général – n'oublions pas que cette connexion aussi générale soit-elle n'est qu'une région des processus. En gros, il faudrait penser que les opérateurs de la logique linéaire sont des modèles des processus (ou des cours) et que les connexions sont simplement une classe de processus. Si je vais en voiture de Nogent-le-Rotrou à La Ferté Bernard, le cours convergeant de ce voyage n'est pas une connexion ; si par contre je fais bouillir de l'eau et que de la vapeur s'échappe, il y a une connexion qui est aussi un processus (la connexion causale est un type de processus).

Le texte de Pierre Livet contient de nombreuses critiques, mais de manière plus profonde il propose un élargissement de ma théorie de la connexion. Je suis d'accord sur le fait que la connexion est un processus (sans que l'inverse soit vrai), mais la description des propriétés formelles de la connexion, notamment à partir de la méréologie de Whitehead, à ma connaissance n'a pas été mis en parallèle avec la formalisation que privilégie Pierre Livet et qui est influencée par la logique linéaire de Jean-Yves Girard, qui, si j'ai bien compris s'appliquerait mieux à la mécanique quantique que la composition méréologique. Je n'ai pas l'espace ici pour discuter de la mécanique quantique. Je crois que j'aurais tendance à ne pas identifier la réalité physique avec le monde quantique ; j'aurais plus d'intérêt dans ce qui émerge de ce monde quantique, et je serais même prêt à voir là une limitation de type kantien : la connaissance métaphysique serait limitée à ce qui a émergé. Mais c'est un autre problème (et je dois préciser pour finir que je suis partisan de l'interprétation everettienne de la mécanique quantique : ce que je viens d'écrire ne doit pas se lire comme une fuite loin de la mécanique quantique).

FRANÇOIS LOTH :
« RENDRE COMPTE DES PROPRIÉTÉS »

François Loth qui est sceptique à propos des tropes (il hésite entre le réalisme *a posteriori* Armstrongien et l'ontologie du double standard, substantiel et tropiste de C. B. Martin et Peter Simons) et il me reproche d'une part, de m'enfermer dans la distinction entre le trope comme propriété et le trope comme constituant, et d'autre part, de choisir le trope comme constituant sans donner d'argument. Je serais donc coupable des deux fautes fondamentales en métaphysique : confusion et dogmatisme, ou pour reprendre les termes de François Loth : déséquilibre et instabilité.

La critique la plus aiguë des tropes porte dans ce texte sur l'explication de la causalité en termes tropistes. Cette critique passe par la discussion d'un certain nombre d'exemples. Retenons l'exemple de marcher sur la neige pour un homme d'un certain poids. François Loth déclare que ce n'est pas la propriété (générale ou universelle) d'avoir ce poids qui creuse la neige. Mais si effectivement on a le même problème que la propriété soit générale ou particulière, on voit mal en quoi l'explication tropiste est coupable de confusion plus que l'universalisme. Cela indique plutôt qu'on a posé la relation causale de manière absurde et que sur cette manière absurde on a introduit des propriétés. François Loth a raison de soutenir que le tropiste probablement verrait dans la masse du corps qui creuse la neige le vecteur de l'imputation causale. Il faut remarquer ici que c'est seulement en partie vrai : si le corps est rond, le corps s'enfoncera peu, mais si le corps est de forme d'une aiguille, le corps s'enfoncera beaucoup plus, et l'on sait que cette forme du corps est connectée à la masse elle-même. Dans l'exemple de François Loth, je crois que « peser 80 kg » est une propriété générale et pas une propriété particulière. Une propriété particulière ou un trope ne peut être une classe d'objets et « peser 80 kg » dénote une classe d'objets. L'expression de Kevin Mulligan *et alii* (1984), citée par François Loth, « la ϕ –té de x » a l'avantage de désigner un singulier. En ce sens c'est la ϕ –té de x qui creuse la neige (plus exactement une surface *s* de neige, de tension superficielle *t*). J'ai insisté sur l'importance de la forme de x pour cette relation causale (il y a évidemment une connexion entre la forme de x et la tension superficielle de la surface de neige concernée). La forme de l'énoncé causal dans ce cas est alors : CAUSE (la ϕ –té de x et la F–té de x (pour « F » comme la forme) de x), (dépression de *s*, *t*). CAUSE est une connexion. Je n'ai pas compliqué cet exemple pour le plaisir, mais pour donner une idée des problèmes que poserait l'application de l'ontologie tropiste sur la causalité.

Je voudrais terminer cette réponse par l'expression d'un accord et l'expression d'un désaccord. François Loth affirme que « le tropisme n'est pas un nominalisme », ce avec quoi je suis profondément d'accord. La raison que donne François Loth est la suivante : l'objet se distingue de ses propriétés. On sait que le nominalisme nie l'existence des propriétés, donc si l'on doit distinguer l'objet de ses propriétés, alors il y a des propriétés et il n'y a pas de nominalisme. Cependant cet argument présente la faiblesse de ne pas préciser de quel nominalisme il s'agit – s'agit-il du nominalisme dirigé contre les universaux ou du nominalisme dirigé contre les objets abstraits (Gonzalo Rodriguez-Pereyra 2015) ? S'il s'agit du nominalisme dirigé contre l'abstrait, l'argument peut être modifié de manière intéressante : les tropes sont des abstraits, c'est-à-dire des éléments de la structure ontologique des objets qui par une véritable *aphairesis* (abstraction-séparation-soustraction) [1] sont détachés de ces objets. Donc le nominalisme serait essentiellement anti-tropiste.

Il y a par contre un point sur lequel je suis en désaccord. François Loth affirme que David Armstrong proposerait comme une interprétation du « lien fondamental » (entre l'universel et le particulier), qui à travers sa théorie aristotélicienne des universaux décrirait « l'instanciation comme immanente, non méréologique, faisant des états de choses des particuliers et rendant non séparable l'universel du particulier » [2]. Si effectivement il s'agit bien de la « théorie aristotélicienne des universaux », presque à chaque pas, nous sommes exposés à une difficulté. Qu'est-ce qu'une instanciation immanente ? Le rouge de la fleur serait-il immanent à la fleur ? Est-ce que Platon séparerait le rouge de la fleur de la fleur ? Le rouge de la fleur participerait-il au rouge ? Est-ce une relation transcendante ? Que signifie « non méréologique » ? Je ne comprends pas ce qu'est une relation méréologique. Veut-on dire une relation tout/partie ? Cela veut-il dire que la théorie aristotélicienne de l'instanciation ne fait pas de ce qui instancie un tout et de ce qui est instancié une partie ? Mais Platon à ma connaissance n'a jamais proposé une relation méréologique d'instanciation en ce sens. Les Formes sont des individus, et le rouge de cette fleur n'est pas une partie de la Forme du rouge. Enfin, en ce qui concerne la séparabilité de l'universel, je laisse de côté la difficulté sur le sens véritable de cette séparation.

François Loth, dans son scepticisme, a bien fait porter certaines objections sur des points délicats de la théorie des tropes. Personnellement, j'ai été séduit par la théorie des tropes pour trois raisons :

– cette ontologie traduit fidèlement la singularité de tout existant ;

– le paradoxe qui consiste à faire du concret une collection d'*abstracta* me semble bien traduire le mécanisme même de la concrétude (*cf.* J.-M. Monnoyer) ;

1. *Cf.* la notice « abstraction » dans *l'Encyclopedia Britanica*, 1911.
2. *Cf.* D. M. Armstrong, *A World of States of Affairs*, *op. cit.*, p. 118.

– le tropisme me semble capable de nous faire échapper au nominalisme de la ressemblance.

François Loth, lui, porte au crédit de la théorie des tropes de nous faire échapper « au mystère non élucidé de l'instanciation ». C'est ce point qui me laisse personnellement perplexe.

JEAN-MAURICE MONNOYER : « TROPES ET SUBSTRATS »

Jean-Maurice Monnoyer soutient une théorie des tropes qui les associe à des substrats, ce qui à première vue est surprenant puisque les tropes sont des abstraits et qu'on peut difficilement attribuer le statut d'abstraits aux substrats. Il semble qu'à la complication de la comprésence, à la difficulté d'établir une connexion entre les tropes, Monnoyer ajoute une nouvelle difficulté : quelle est la nature des liens entre les tropes et les substrats ? Sommes-nous en présence d'une ontologie bi-catégorielle (substrats et tropes ?), ou d'une ontologie mono-catégorielle à la Laurie Paul (des tropes seuls), ou bien d'un réisme à la Brentano (des substrats concrets seuls) ?

J'ai développé dans *Les propriétés des choses* une ontologie des propriétés particulières et une théorie de la perception des particuliers. Le *Traité d'ontologie* ne fait qu'offrir une synthèse introductive, comme il est le cas dans tout cet ouvrage qui n'a pas spécialement pour but de développer des vues originales (sauf peut-être sur les structures ontologiques). Je comprends dans la proposition de Monnoyer une préférence pour les « qualités instables ». Je pense que Monnoyer cherche la nature des tropes du côté d'une phénoménologie (au sens brentanien). Personnellement, dans *Les propriétés des choses*, j'ai écarté explicitement cette manière de voir les choses. Il y a un problème de la perception des tropes : a-t-elle vraiment lieu ? Percevons-nous uniquement des tropes complexes ?

Dans la conclusion de Monnoyer, il y a un seul point avec lequel je suis complètement en désaccord : « les tropes peuvent bien en principe migrer d'un substrat à un autre ». Si le recours aux substrats a pour conséquence la négation de la non-migration des tropes, traditionnelle depuis au moins Boèce, Abélard et jusqu'à Alain de Libera[1], et que j'ai toujours reprise, alors je suis prêt à abandonner les substrats (qui ne m'inspirent pas beaucoup de sympathie, comme on le sait).

1. *Cf.* Alain de Libera, « Des accidents aux tropes. Pierre Abélard », art. cit.

ROGER POUIVET : « POURQUOI LA MÉTAPHYSIQUE ? »

Roger Pouivet replace ma défense et illustration de la métaphysique dans une double classification, ce qui a pour effet de m'obliger à préciser ce que l'on appelait dans les années 1970 et 1980 sa « position ». Le but de *Qu'est-ce que la métaphysique ?* n'était pas de défendre une position personnelle cohérente (je me le suis même interdit pour laisser l'horizon ouvert), mais de montrer deux choses : d'une part, la thèse de la fin de la métaphysique était étroite dans la mesure où elle gommait la philosophie empiriste et logique, provoquant le parallèle cocasse d'une déploration et d'un progrès vertigineux de la discipline (que l'on pense à Russell, McTaggart et Whitehead) ; d'autre part, si l'on choisit un axe directeur du développement de la métaphysique, alors on peut observer non une rupture, mais une continuité – j'ai choisi le fil directeur de la modalité, de Duns Scot à Kripke, Lewis et Armstrong. Je profite de cette très brève mise au point pour insister sur un troisième point : ce livre bien sûr se proposait surtout de venger la métaphysique, mais il contient aussi en ce qui concerne la métaphysique analytique des apport originaux : par exemple à ma connaissance, en 2004 il n'existait pas de comparaison systématique des théories des propriétés de David Lewis et David Armstrong, et cette comparaison a servi de soubassement aux *Propriétés des choses*, ce qui établissait un pont entre la trilogie (*L'objet quelconque, Les propriétés des choses, L'Anti-Hume)* et les ouvrages pédagogiques (*Qu'est-ce que la métaphysique ?, Traité d'ontologie*).

Roger Pouivet distingue d'une part le réalisme épistémologique (pouvoir saisir la réalité elle-même), l'anti-réalisme épistémologique (la représentation de la réalité est peut-être globalement infidèle) et d'autre part le réceptivisme épistémologique (nos pouvoirs cognitifs s'adaptent à la réalité – contrairement au projectivisme anti-réaliste), l'anti-réceptivisme épistémologique (la réalité ne peut pénétrer dans notre esprit). Cette série de distinctions produit une classification qui sépare trois types de métaphysiciens d'après leur attitude à l'égard du réalisme et du réceptivisme. Si l'on note R pour le réalisme, r pour le réceptivisme, on a les trois types de métaphysiciens : 1) métaphysiciens du premier type R-, r- : tradition pragmatisme ou criticiste post kantienne (Goodman, Putnam…) ; 2) métaphysiciens du second type R+, r- : philosophie analytique classique, ou phénoménologique réaliste ; 3) métaphysiciens du troisième type R+, r+ : métaphysiciens néo-aristotéliciens, thomistes… (Anscombe, Geach…). Roger Pouivet me range dans les métaphysiciens du second type, qui rejetteraient le réceptivisme. Je ressens cependant certaines difficultés pour définir le réceptivisme et donc je ne sais quelle est ma position à son égard. Le terme *receptio* à ma connaissance n'est pas utilisé dans la *Somme* de Saint Thomas d'Aquin ; dans la philosophie néo-scolastique il forme un couple avec la contemplation, ou l'intuition (*cf.* par exemple Dr Seb Reinstadler, *Elementa Philosophiae Scolasticae*, vol. 1, Fribourg en Brigau, Herder, 1911, p. 45) : la réception est une opération cognitive intellectuelle, tandis que la *contemplatio* est une opération cognitive sensible : « *Contemplatio* silicet primum fit sensitivae vel *receptio* quam sequitur intellectiva impressio » (*ibid*). Si je retiens cette définition de la réception comme une opération cognitive intellectuelle, je peux la mettre en rapport avec la téléologie cognitive d'Aristote, selon lequel la structure de l'âme humaine est finalisée par l'acte de connaissance, dans sa partie agente ou active. Je vois un problème dans le fait que la réception est par essence passive (c'est en ce sens que Kant par exemple conçoit la réceptivité), alors que la connaissance, surtout intellectuelle voire suprême, est active. La question n'est donc pas que j'ignore ou pas les métaphysiciens du troisième type (quoique je doive avouer une relative ignorance de certains d'entre eux), mais que j'ai du mal à comprendre la théorie aristotélicienne de la connaissance non sensible.

Roger Pouivet à partir de R+/- et r +/- dégage cinq thèses de métaphysiciens du troisième type à propos desquelles je vais indiquer mon accord ou mon désaccord.

I

On ne peut réduire l'existence à la quantification logique. S'il s'agit de réduire l'existence au quantificateur existentiel, je suis pleinement d'accord avec cette thèse des métaphysiciens du troisième type. Mais si implicitement on vise toute théorie de l'engagement ontologique, je demande à voir, pour parler trivialement. J'ai écrit récemment un texte, « Logique et ontologie », dans lequel je prends mes distances à l'égard de la quantification quinienne. Si refuser de réduire l'existence au quantificateur implique que l'on considère que l'existence est une propriété de premier ordre, contrairement à Frege et Russell, je me distingue de ce point de vue, et je me réserve le droit de préciser le mien de manière précise et détaillée.

II

La notion métaphysique la plus fondamentale est celle de substance. Il s'agit à nouveau d'identifier les métaphysiciens du troisième type avec le néo-aristotélisme (depuis Brentano et Léon XIII Aristote est devenu un penseur catholique ou plutôt le penseur du catholicisme). Depuis que j'ai commencé à écrire de la philosophie, j'ai rejeté l'ontologie de la substance. La raison est que, comme presque tous les concepts ou les doctrines fondamentales d'Aristote dans le domaine de la métaphysique j'ai du mal à les saisir : comment l'universel habite-t-il dans le particulier? Comment saisir la singularité de la substance individuelle? Qu'est-ce que l'être? Je ne crois pas que nous saisissions la réalité

(« créée » pour reprendre l'adjectif de Roger Pouivet) en termes de substance, d'actualité, de potentialité. Je ne crois pas que les catégories ontologiques les plus fondamentales soient celles d'universel et de particulier, de potentialité, de composé de forme et de matière. Je considère l'universel et le particulier comme des catégories logiques, je ne suis pas hylémorphiste (car pour les êtres mathématiques je suis platonicien, comme presque tous les mathématiciens). La deuxième thèse devrait donc suffire au troisième groupe de métaphysiciens. Selon moi, les catégories ontologiques les plus fondamentales sont les suivantes : propriété, particulier concret, particulier abstrait, essence, existence, possibilité, nécessité…, et je n'y ferai pas figurer la substance (ni la forme et la matière, ni la puissance et l'actualité, ce qui est je pense cohérent).

III

La causalité n'est pas dans la description des choses. *Totum concedo.* (En passant : je ne comprends pas l'assertion de Roger Pouivet : « La théorie de la causalité est en réalité une théorie de l'explication »). L'existence de mon *Anti-Hume* peut assurer Roger Pouivet que nous sommes là *sur la même longueur d'onde*, peut-être pas pour exactement les mêmes raisons.

IV

Il existe une hiérarchie de valeur métaphysique, une échelle des êtres (*cf.* Lovejoy). Je veux bien qu'il y ait une hiérarchie d'anges (au sommet), d'hommes et d'animaux (en bas), hiérarchie qui explique que si l'homme veut faire l'ange, il fait la bête, vu l'instabilité de son statut ontologique, je vois un problème dans « la différence décisive entre la vie matérielle et la vie immatérielle ». En effet, je vois une contradiction dans l'expression « vie matérielle » car étant un adepte du panpsychisme, il y a pour moi psychisme dès qu'il y a vie. Plus exactement j'appartiens au groupe des panpsychistes (*cf.* T. Nagel) qui acceptent l'existence d'un mécanisme d'émergence (on peut être panpsychiste non émergentiste). Selon ces philosophes, la conscience émerge chez les chiens et la vie du chien est une partie dans le tout de la vie. Une telle manière de voir les choses, holiste idéaliste, émergentiste est difficilement compatible avec une dualité dichotomique entre matière et non-matière. Un panpyschiste est immatérialiste, éventuellement idéaliste. Comment établir une échelle des êtres dans le panpsychisme ?

V

La distinction entre temporalité et éternité est fondamentale. C'est une deuxième thèse avec laquelle je suis pleinement d'accord. Par contre je ne pense pas qu'un être éternel soit « en dehors du temps ». Etant assez conservateur, je ferais plutôt du présent éternel – le *Nunc Stans* de Boèce et non la chanson éponyme du groupe de Hard Rock *Cynic* – inscrit dans le temps la véritable éternité. Le problème est que j'aurais alors tendance à donner une version présentiste de l'éternité, ce qui offre de multiples difficultés.

Le résultat est donc mitigé : je suis d'accord avec les thèses I et III, en désaccord avec les thèses II et IV, à moitié d'accord sur la thèse V. Évidemment, il faudrait que je montre que ma version des thèses I et III entraîne une cohérence dans leur relation. De même, il faudrait que je montre que le désaccord sur II entraîne le désaccord sur IV. Tout ceci demanderait plus de place et de travail.

Je voudrais pour conclure comparer un *ko an* avec l'histoire juive rapportée par Geach. Cette histoire est très connue. Un jeune moine gyrovague demande à un maître un ermitage pour se poser un peu. Le maître lui dit de faire trois prières compliquées au coucher du soleil pour qu'il n'y ait pas d'attaque de tigres. Le jeune moine s'exclame : il n'y en a jamais eu dans la région. Et le maître répond : Justement. Normalement le jeune moine connaît l'illumination, mais laissons ce point de côté. Les deux histoires jouent sur la quantification existentielle. Mais je ne suis pas sûr que le *ko an* bouddhiste soit équivalent à une question comme « Pourquoi quelque chose plutôt que rien ? » (ou à l'autre question brillamment analysée par Roger Pouivet : « Pourquoi n'y a-t-il pas de savon dans la salle de bain ? »). Ce serait plutôt « Pourquoi rien plutôt que quelque chose ? » – Pourquoi pas de tigres ? – Parce qu'on a prié ?

YANN SCHMITT : « LE RAISONNEMENT DANS LA THÉOLOGIE NÉGATIVE »

Yann Schmitt s'adresse à une difficulté qui est également centrale pour moi dans la philosophie française contemporaine ou actuelle : le fait de mêler plus ou moins inextricablement le refus de la métaphysique, ou même de la théorie philosophique, et l'apophatisme théologique, si l'on entend pas apophatisme le régime de discours qui correspond à une négation radicale et généralisée – Dieu n'est ni Lumière, ni Ténèbres, ni Un, ni Plusieurs, etc. Le refus de la théologie positive, affective ou même symbolique au profit de l'apophase est quelquefois le revers d'une négation de l'être : que Dieu doive être privé de l'être est considéré comme un modèle d'une pensée qui irait au-delà de la métaphysique de l'être, c'est-à-dire de l'ontologie. Comme le dit admirablement Yann Schmitt (qui renvoie à Jean-Luc Marion, *L'idole et la distance : cinq études*, Paris, Grasset, 1977, p. 177-243) : « La théologie négative constitue donc une manière courante de ne plus faire de métaphysique ou de ne plus s'inscrire dans la tradition réduite à une onto-théo-logie ». On a l'impression que des heideggériens chrétiens (ce qui est un oxymore) comme Marion voient dans l'apophase théologique un détachement de la pensée en avant de la cavalerie positive (son livre *Certitudes négatives* va jusqu'à faire de toute certitude capitale une certitude négative). L'apophase serait en d'autres mots l'issue hors de l'onto-théo-logie.

Yann Schmitt examine brièvement l'apophase dionysienne, noyau germinatif de la tradition mystique, pour démythologiser l'apophase. C'est une stratégie que je trouve tout à fait sensée. Le Pseudo-Denys, qui est un auteur néo-platonicien, proche de Proclus, et qui distingue très précisément théologie symbolique et théologie négative, donne à cette dernière une série de caractéristiques rationnelles. Le fait que Dieu soit saisissable au-delà de l'intellect ne signifie pas que le Pseudo-Denys ait *jeté par-dessus bord* la rationalité (les formes de raisonnement déductives ou inductives, les théorèmes, les axiomes, etc.). Comme le souligne Yann Schmitt, le but du Pseudo Denys est de mettre en place une « parfaite philosophie de Dieu ». (*Théologie Mystique*, 997a) et non pas de lâcher la bride à l'extase. Il ne s'agit sûrement pas d'une théologie dogmatique et rationnelle au sens d'un enrégimentement dans la raison instrumentale, mais il ne s'agit pas plus d'un déchaînement loin de la théologie. Le Pseudo-Denys distingue la démonstration proprement dite (*apodeixis*) et la monstration (*deixai*, *cf.* Kevin Corrigan et Michael Harrington, « Pseudo Dionysus the Areopagite », *Stanford Encyclopedia of Philosophy*, § 4.3). La fuite loin du sensible, « seul avec le Seul » pour reprendre une formule classique, ne signifie pas la fuite loin de la raison. L'apophase par ailleurs suppose une sémantique extrêmement réglée. Proclus avait déjà dans sa *Théologie Platonicienne* distingué analogie, négation et éminence, et le fondement de cette distinction est parfaitement rationnel, ce qui donne à la conception de la négation une parfaite rationalité. Il ne faut pas confondre la Ténèbre divine avec le sommeil de la raison : nous sommes dans la Ténèbre quand nous rentrons dans la suressence divine (puisque le Pseudo-Denys distingue une essence et une suressence) et que cette suressence échappe à notre intellect (qui raisonne en termes d'essences), mais cette suressence n'est pas la négation de l'essence et n'ouvre pas la voie à l'abandon de la raison.

Yann Schmitt consacre la dernière partie de son texte (§ 3, § 4) à Grégoire Palamas. Présenté comme pouvant livrer une solution à la difficulté de l'ontologie de Dieu et de ses puissances et attributs : comment Dieu peut-il être simple et posséder des propriétés ? Yann Schmitt et moi-même avons proposé des solutions différentes à ce problème qu'il ne m'appartient pas de discuter ici (F. Nef, « La simplicité divine comme propriété positive », *ThéoRèmes*, 2012). Pour le Pseudo-Denys « les puissances procèdent par distinction (*diakriseis*) de

Dieu en tant qu'il est suressentiel ». Les attributs dionysiens ne sont donc pas des propriétés, mais des puissances (des puissances créatrices) : « notre intelligence [...] ne saisit que ces puissances qui descendent (ou procèdent) de Lui, pour nous essentialiser, nous vivifier, nous assagir » (*Noms Divins* 645an, p. 84). Yann Schmitt distingue une interrogation sur la simplicité divine en termes d'essence(s) et en termes de puissances. Ceci conduit à un intérêt pour un grand théologien, byzantin, qui est peut-être à première vue plus éloigné de l'ontologie grecque que le Pseudo Denys qui après tout essaye de penser la hiérarchie céleste et ecclésiastique dans les cadres de l'ontologie néo-platonicienne. Un pas de plus est franchi avec Grégoire Palamas quand celui-ci pense sur le mode des énergies les puissances divines. On ne peut ici évoquer les difficultés qu'il rencontre pour extraire le concept d'énergie de l'hylémorphisme aristotélicien. Ce qui est important, c'est de tracer la voie pour une recherche concernant la théologie mystique qui ne serve pas de caution à un irrationalisme massif et ne justifie pas le rejet du religieux.

PETER SIMONS : « CONNEXIONS »

Peter Simons est l'auteur du classique d'ontologie formelle consacré à la méréologie, *Parts*, 1987. Dans ce livre il discute et examine la méréotopologie de Whitehead, qui correspond à une méréologie connectée, c'est-à-dire une science des touts et des parties où les parties sont connectées les unes aux autres. En ce qui le concerne, la notion de connexion a donc joué un rôle important et en ce qui me concerne la lecture de ses écrits m'a conduit à réfléchir sur la notion formelle de connexion. Pour cette raison, j'attache une grande importance à son texte.

Peter Simons prend comme point de départ la question que j'ai posée dans le *Traité d'ontologie* : « Pourquoi les choses tiennent-elles ensemble ? » (p. 236). Il fait une chose que je n'ai pas faite : il distingue soigneusement le tenir ensemble ontologique et le tenir ensemble physique, de façon à passer du niveau physique au niveau ontologique. En effet, si nous examinons un corps (par exemple un caillou) pour comprendre comment il tient ensemble (et que ses parties n'aillent pas au diable), nous arriverons dans la décomposition du corps en parties, à le scinder en particules et ensuite nous irons plus loin, décomposant les particules en spin, masse, charge. Pour Peter Simons c'est le moment où l'ontologie intervient : il n'y a pas de lien physique pour connecter ces trois choses. Nous sautons alors des particules aux tropes. La question se transforme : « qu'est-ce qui fait tenir les tropes en faisceaux ? ». Cela revient à penser le spin, la masse et la charge comme des tropes, c'est-à-dire des propriétés particulières. J'ai proposé dans *La force du vide* de faire du vide physique le lien des tropes. On pourrait penser que je m'abaisse devant les néo-humiens en niant la connexion réelle. Il n'en est rien car j'attribue comme les physiciens une force causale au vide, ce qui est le contraire des humiens. Ces derniers veulent décomposer et répandre des points matériels sans connexion réelle, ce qui est l'opposé de ce que j'ai fait dans l'*Anti-Hume* – et Peter Simons reconnaît que notre intuition (métaphysique ?) va dans le sens de la connexion, seuls les néo-humiens acceptant l'explosion, la dispersion, ou la séparation ontologique radicale [1].

Peter Simons pense que la comprésence ne suffit pas pour tenir les choses ensemble (ni la structure ontologique, ni la composition méréologique, ni finalement la connexion, je vais y revenir). Il donne sa préférence à la fondation husserlienne (*Troisième Recherche Logique*, chap. XXII). Si on résume on dispose des concepts suivants d'unification ontologique avec chaque fois le défaut principal :

– Comprésence (D.C. Williams, Russell) ; relation non nécessaire, alors qu'une relation (ou connexion) ontologique doit être nécessaire.

– Structure ontologique (Lorenz Puntel, Frédéric Nef 2004), multiplication d'entités et déplacement du problème de la liaison à l'intérieur de la structure, risque d'hypostasier des structures linguistiques ou logiques.

– Composition méréologique (Laurie Paul, Baptiste Le Bihan) : insuffisant pour assurer une connexion ou un lien ontologique.

– Connexion (Nef, 2016) ; connexion + vide (Nef 2011) : possibilité de confusion du niveau physique et du niveau ontologique.

– *Nexus* (Bergman 1967, Reinhardt Grossmann) : implique l'existence d'un particulier nu, entité problématique.

– Fondation (Husserl, Peter Simons), voir *infra*.

La fondation est une « pure nécessité de coexistence », une « exigence de supplémentation de la part des entités requises », et donc c'est une « sorte de dépendance ontologique ». Personnellement je ne vois pas alors ce qu'il y a de plus dans la fondation que dans la connexion. Si deux choses sont connectées, elles sont ontologiquement dépendantes et il y bien coexistence nécessaire. Par contre il y a *plus* dans la connexion, puisque j'ai insisté sur l'aspect productif de la connexion. Je ne vois dans la fondation à la Peter Simons qu'une variante de la comprésence.

1. « Causation and observation », *in* H. Beebee, C. Hitchcock, P. Menzies (eds), The Oxford Handbook of Causation, Oxford, OUP, 2009, chap. XXII.

MATHIEU VIDAL : « STRUCTURES LOGIQUES ET MÉTAPHYSIQUES. AUTOUR DE L'UTILISATION DE LA LOGIQUE EN MÉTAPHYSIQUE »

Mathieu Vidal examine la portée du rôle de la logique en métaphysique. Sa conclusion est que la logique ne peut être considérée remplir un rôle décisif, en ontologie notamment à cause du théorème de Lövenheim-Skolem qui met selon lui (qui s'inspire de Putnam « Models and Reality ») un terme à la tentative de dériver des ontologies des modèles. Sa conclusion peut être considéré comme un critique de ma tentative de mettre sur pied plus ou moins explicitement une théorie des structures ontologiques fondée sur la théorie des modèles.

Il n'est pas totalement exact que je cherche actuellement « une fondation des théories métaphysiques en particulier ontologiques, via une approche issue du langage naturel ou de la logique », projet que Mathieu Vidal m'attribue implicitement. Cette position était la mienne dans les années 1990 quand j'ai recherché dans la logique intensionnelle les bases d'une ontologie, sous l'influence de Montague. J'ai abandonné cette position quand j'ai souhaité pratiquer directement l'ontologie et non indirectement à partir des présuppositions des modèles de la logique intensionnelle, la raison étant que je me suis rendu compte que les choix ontologiques étaient relativement indépendants de l'interprétation des langages dénotant des entités.

Je ne suis pas sûr que la métaphysique actuelle « se limite généralement à une entreprise descriptive » – entreprise descriptive que Mathieu Vidal oppose à une « visée, éthique, mystique ou théologique » (*ibid*). On oppose habituellement une métaphysique descriptive (Strawson par exemple) à une métaphysique réformatrice (van Inwagen par exemple), mais on attribue très rarement à la métaphysique réformatrice un contenu religieux, voire éthique. Il existe dans le domaine de la philosophie de la religion une métaphysique de la religion qui a un lien étroit avec la métaphysique dite « descriptive » par Mathieu Vidal : par exemple la métaphysique de la résurrection dans la métaphysique analytique de la religion de Dean Zimmerman ou Peter van Inwagen est étroitement liée à la métaphysique de la personne chez Lewis, Parfit qui comporte me semble-t-il un aspect descriptif important.

Je ne suis pas sûr non plus que la logique fasse partie des outils d'analyse de « la forme des énoncés portant sur la réalité du monde ». En effet le choix et la détermination de cette classe d'énoncés ne me semble pas dépendre des outils d'analyse logique : ce n'est pas cette dernière semble-t-il qui décide quels sont les énoncés qui portent sur « la réalité du monde ». La métaphysique dans mon cas comporte un fort composant réaliste qui se voue à l'étude des moyens de détection des différents types de réalité et parmi ces moyens de détection il y a certes des éléments du langage, mais aussi la perception ou même probablement l'imagination (Dokic). Je ne suis donc pas sûr que nous possédions un langage de représentation de la réalité dont les énoncés seraient susceptibles d'une analyse logique en vue précisément de décrire le lien avec la réalité. J'ai défendu plus ou moins une théorie de ce type dans *Langage, Logique et Réalité*, mais j'ai dépassé depuis longtemps ce point de vue.

J'ai quelques réserves en ce qui concerne le détournement du terme « logicisme » pour « la fondation de l'ontologie à partir de la logique ». Certes Mathieu Vidal pense que ce projet serait voué à l'échec, opinion que je partage, mais je ne suis pas sûr que le déplacement du logicisme, qui implique le réemploi du terme, soit éclairant. Ce que l'on entend par « logicisme », en philosophie des mathématiques concerne la réduction des mathématiques à la logique. C'est une position dont le but est de surmonter les paradoxes de la théorie des ensembles, position rivale du formalisme et de l'intuitionnisme. Quand Mathieu Vidal opère ce déplacement du logicisme des mathématiques à l'ontologie, il parle de fondation de l'ontologie à partir de la logique. À mon avis, on ne peut identifier radicalement réduction et fondation. Le parallèle consisterait à affirmer que l'ontologie se réduit à la logique, c'est-à-dire que la forme pure d'une ontologie serait une théorie mathématique, ce qui est différent de la fondation, qui va plus du côté de la dépendance.

LISTE DES CONTRIBUTEURS

Dominique BERLIOZ –Université de Rennes 1
Muriel CAHEN – Professeur de classes préparatoires
Fabien CAYLA – Docteur en philosophie Université de Rennes I
François CLEMENTZ – Université d'Aix-Marseille
Alain DE LIBERA – Collège de France
Jérôme DOKIC – École des Hautes Études en Sciences Sociales
Filipe DRAPEAU VIEIRA CONTIM – Université de Rennes 1
Pascal ENGEL – École des Hautes Études en Sciences Sociales
Ghislain GUIGON– Bureau des Brevets, Bâle
Jérôme HAVENEL – Collège Ahuntsic, Montréal
Gilles KÉVORKIAN – Lycée du Parc, Lyon
Baptiste LE BIHAN – Université de Genève
Michel LE DU – Université d'Aix-Marseille
Pierre LIVET – Université d'Aix-Marseille
François LOTH – Université de Rennes 1
Jean-Maurice MONNOYER – Université d'Aix-Marseille
Roger POUIVET – Université de Lorraine
Yann SCHMITT – Professeur de classes préparatoires
Peter SIMONS – Trinity College de Dublin
Mathieu VIDAL – Docteur en philosophie EHESS

TABLE DES MATIÈRES

AVANT-PROPOS par Dominique BERLIOZ, Filipe DRAPEAU VIEIRA CONTIM et François LOTH 7

Brève autobiographie philosophique
par Frédéric NEF 9

PUBLICATIONS DE Frédéric NEF 23

Berkeley, un proto tropiste ?
par Dominique BERLIOZ 35

Connexions temporelles
par Muriel CAHEN 49

Défaite de l'universel et victoire du particulier
par Fabien CAYLA 65

Un peu de liant : des relations aux connexions et retour
par François CLEMENTZ 75

Et hoc nomen est persona. Sur la non-existence des personnes
par Alain DE LIBERA 91

Percevoir l'inexistant, ou de l'utilité et de la nécessité de faire de la métaphysique
par Jérôme DOKIC 105

La rigidité sans l'identité
par Filipe DRAPEAU VIEIRA CONTIM 123

Prolégomènes à une métaphysique future de la connaissance
par Pascal ENGEL 141

Parcimonie humienne
par Ghislain GUIGON 155

Propédeutique à une classification des continus et des modes de connexion : une approche peircienne
par Jérôme HAVENEL ... 169

Logique et ontologie : la quantification est-elle fondamentale ?
par Gilles KÉVORKIAN ... 193

Les théories méréologiques du faisceau
par Baptiste LE BIHAN ... 211

L'introspection introuvable
par Michel LE DU ... 225

Processus et connexion
par Pierre LIVET ... 241

Rendre compte des propriétés
par François LOTH ... 255

Tropes et substrats
par Jean-Maurice MONNOYER ... 267

Pourquoi la métaphysique ?
par Roger POUIVET ... 287

Le raisonnement dans la théologie négative
par Yann SCHMITT ... 299

Connexions
par Peter SIMONS ... 313

Structures Logiques et Métaphysique. Sur l'utilisation de la Logique en Métaphysique
par Mathieu VIDAL ... 321

Réponses et commentaires
Réponse à Dominique Berlioz ... 333
Réponse à Muriel Cahen ... 335
Réponse à Fabien Cayla ... 337
Réponse à Alain de Libera ... 338
Réponse à François Clementz ... 339
Réponse à Jérôme Dokic ... 342
Réponse à Filipe Drapeau Vieira Contim ... 343
Réponse à Pascal Engel ... 345
Réponse à Ghislain Guigon ... 346
Réponse à Jérôme Havenel ... 348

Réponse à Gilles Kévorkian 350
Réponse à Baptiste Le Bihan 353
Réponse à Michel Le Du 355
Réponse à Pierre Livet 357
Réponse à François Loth 360
Réponse à Jean-Maurice Monnoyer 362
Réponse à Roger Pouivet 363
Réponse à Yann Schmitt 366
Réponse à Peter Simons 368
Réponse à Mathieu Vidal 370

LISTE DES CONTRIBUTEURS 373

TABLE DES MATIÈRES 375

Achevé d'imprimer en décembre 2021
sur les presses de
La Manufacture - Imprimeur – 52200 Langres
Tél. : (33) 325 845 892

N° imprimeur : 211314 - Dépôt légal : janvier 2022
Imprimé en France